Über dieses Buch Die vielbändigen Werkausgaben, in denen die Schriften von Karl Marx und Friedrich Engels bisher publiziert wurden, belegen die beispiellose Produktivität der Begründer des Historischen Materialismus. Zahlreiche philosophische, ökonomische, historische und politische Analysen, teilweise breit angelegt und von großem Detailreichtum, machen es auch dem wissenschaftlich geschulten Leser nicht leicht, die dahinter liegenden gedanklichen Entwürfe zu verstehen und in ihrer Entfaltung nachzuvollziehen. Die vorliegende Studienausgabe in vier Bänden bietet demgegenüber einen Extrakt: Zentrale theoretische Texte sowie eine Auswahl von politischen Artikeln vermitteln die wesentlichen Züge des Marxschen Denkens; Streichungen und Zusätze in den Manuskripten sind in den Anmerkungen aufgeführt und bieten Einblicke in die intellektuelle Arbeit der Autoren. Dem weiteren Studium dienen aktualisierte Literaturangaben.

Der vorliegende Band II enthält Schriften zur Kritik der politischen Ökonomie. Liest man sie in chronologischer Folge, so wird sehr deutlich, wie Marx vom Standpunkt einer humanistischen Anthropologie – für den die *Ökonomisch-philosophischen Manuskripte* bezeichnend sind – allmählich zu einer immanenten Kritik der bestehenden kapitalistischen Wirtschaftsform gelangte. Diese neue Methode, anhand der inneren Widersprüche der Warenwirtschaft deren zwangsläufig inhumane Folgen aufzuzeigen, erscheint am ausgeprägtesten in *Lohn, Preis, Profit* und vor allem im *Kapital,* dessen berühmtes erstes Kapitel in der weniger bekannten, aber aufschlußreichen Fassung der Erstausgabe wiedergegeben wird. Entscheidende Impulse verdankte Marx bei dieser Entwicklung einer frühen Schrift von Engels, *Umrisse zu einer Kritik der Nationalökonomie;* Privateigentum und das daraus resultierende Konkurrenzprinzip werden hier bereits einer immanenten, ökonomischen Kritik unterzogen.

Der Herausgeber Iring Fetscher (geb. 1922) war bis 1988 Professor für Politische Wissenschaft an der Universität Frankfurt am Main. Zahlreiche Standard-Publikationen zur Theorie und Geschichte des Marxismus und der politischen Philosophie.

Karl Marx
Friedrich Engels
Studienausgabe in 4 Bänden

Herausgegeben von
Iring Fetscher

Karl Marx
Friedrich Engels

Band II

Politische Ökonomie

Fischer
Taschenbuch
Verlag

Ergänzte Neuausgabe
Veröffentlicht im Fischer Taschenbuch Verlag GmbH,
Frankfurt am Main, September 1990

Umschlaggestaltung: Buchholz/Hinsch/Hensinger
Satz: Fotosatz Gutfreund, Darmstadt
Druck und Bindung: Clausen & Bosse, Leck
Printed in Germany
ISBN 3-596-10244-8

Inhalt

Einleitung

Nach Umfang und Intensität stehen die Arbeiten zur Kritik der politischen Ökonomie an der Spitze der wissenschaftlichen Studien von Karl Marx. In den Nachkriegsjahren aber hat sich das Interesse der Forschung zunächst einseitig zu den philosophischen Frühschriften verlagert. Hier, in den Pariser Manuskripten, in der *Heiligen Familie* und in der *Deutschen Ideologie* wurde der eigentliche, bedeutende, tiefe Marx gesucht und gefunden. Inzwischen ist endlich der Punkt erreicht, wo in West wie Ost energisch und präzise die Frage nach dem Verhältnis des philosophischen zum kritisch-ökonomischen Marx gestellt werden muß.[1] Es geht nicht länger an, den jungen gegen den alten Marx auszuspielen oder den einen auf Kosten des anderen abzuwerten. Sein Werk muß in seiner einheitlichen Intention und in seiner folgerichtigen Genesis interpretiert werden. Belehrt durch die vertiefte Kenntnis der Frühschriften kann der Forscher mit neuen und schärfer blickenden Augen die kritisch-ökonomischen Arbeiten der ›Reifejahre‹ studieren. Im Grunde wird das Thema schon 1844 in den Pariser Manuskripten angeschlagen, die denn auch in der vorliegenden Studienausgabe nicht im Band Philosophie, sondern hier unter den ökonomischen Schriften aufgeführt werden. Es geht Marx nicht darum, die politische Ökonomie der Klassiker weiterzubilden und zu vertiefen, sondern um die Gewinnung einer Methode, die zugleich die theoretische Kritik und die praktische Umwälzung der bürgerlichen Ökonomie ermöglicht. *Kritik der politischen Ökonomie* so lautet der Titel seiner Schrift von 1859 und der Untertitel des *Kapital* von 1867, aber so könnte auch schon der Arbeitstitel von *Nationalökonomie und Philosophie* von 1844 heißen. Kritik der Ökonomie, das bedeutet zugleich Kritik der Wirtschaftsweise und ihres (notwendig unangemessenen, aber doch dazugehörigen) theoretischen Bewußtseins. Die *Theorien über den Mehrwert,* welche die bürgerliche Nationalökonomie entwickelt hat, werden in diesem Zusammenhang (als Band IV des *Kapital*) ebenso kritisch gesichtet wie die Phänomene der Warenwirtschaft samt ihrer sonstigen theoretischen »Reflexe« im Bewußtsein der Warenproduzenten. Es ist daher irreführend, Marx als »Ökonomen« zu bezeichnen. Kritisch die Lehren der Ökonomie sichtend, geht es ihm immer um mehr und anderes als theoretische Reproduktion der Realität der Wirtschaft. Die ökonomische

Theorie, wie sie in der modernen warenproduzierenden Gesellschaft entsteht, ist selbst ein Erzeugnis der Arbeitsteilung und der durch sie bewirkten »Entfremdung«. Sie subsumiert menschliches Verhalten einseitig unter den Gesichtspunkt der Profitmaximierung und abstrahiert dabei notwendig von allen anderen – gleichfalls isolierten – Aspekten der Ethik, Religion, Kunst und so weiter. Der Ökonom bekommt den Menschen nur unter einem einseitigen Aspekt zu Gesicht, läßt ihn als »homo oeconomicus« zu einem sonderbaren Kunstprodukt werden. In den Frühschriften erfolgt die Marxsche Kritik an der Unreflektiertheit und Einseitigkeit der Ökonomie vom Standpunkt einer humanistischen Anthropologie aus, die – nirgends systematisch zusammengefaßt – doch aus den verschiedenen Arbeiten rekonstruiert werden kann. Privateigentum und Lohnarbeit werden als einander wechselseitig bedingende und erzeugende Momente kapitalistischer Marktwirtschaft erkannt und die Entfremdung sowohl der Produktionsmittelbesitzer wie der Arbeiter von allen Seiten her untersucht. Der Weg zur Aufhebung der Entfremdung erscheint als logisch konsequent durch die aufeinander folgenden sozialistischen und kommunistischen Theorien vorgezeichnet. An seinem Ende steht der soziale Mensch der menschlichen Sozietät. Was hier – 1844 – noch gänzlich fehlt, ist die Untersuchung der dynamischen Bewegungsgesetze der kapitalistischen Produktionsweise selbst. »Nationalökonomie und Philosophie« stellt sich dar als eine kritische Reflexion über die unbewußt von den Nationalökonomen als »ewig« und »natürlich« vorausgesetzten Kategorien (Privateigentum, Arbeitsteilung, Tausch, Lohnarbeit) und eine theoretische Deutung der sozialistischen Lehren. Beides aber war veranlaßt worden durch die Engelsschen *Umrisse einer Kritik der Nationalökonomie* – die als die erste geniale Skizze einer sozialistischen Kritik bürgerlicher Wirtschaftsweise angesehen werden können – und durch die Begegnung mit dem Frühsozialismus namentlich Frankreichs.

Schon 1846/47 in seiner Kritik an P. J. Proudhons *Philosophie de la Misère* ist Marx einen Schritt über die 1844 angedeutete Kritik der politischen Ökonomie hinausgelangt. Die Kritik an Proudhons Lehre vom »zu konstituierenden Wert«, durch den soziale Gerechtigkeit realisiert werden soll, zwang Marx, wenigstens im Ansatz seine eigne Werttheorie zu entwickeln und zugleich von den Klassikern und ihrer moralisierenden Mißdeutung durch Proudhon abzuheben.

In *Lohnarbeit und Kapital* (1847) findet man bereits das Gerüst der Argumentation des 1. Bandes des *Kapital*, nur daß Marx damals noch unzulänglich vom Verkauf der »Arbeit« und der zur Ware gewordenen Arbeit, nicht von der Ware *Arbeitskraft* sprach. In dem vorliegenden Band wurde daher nicht diese erste populäre Kurzfassung der Kritik der kapitalistischen Ökonomie, sondern die spätere Arbeit *Lohn, Preis, Profit* (1865) aufgenommen, in der Marx schon die endgültige Gestalt seiner kritischen Theorie erreicht hat. Zuvor bringe ich ein erst 1939 erstmals veröffentlichtes Manuskript, das am umfassendsten von allen Marxschen Arbeiten über die ökonomischen Formationen der vorkapitalistischen Zeit berichtet. Hier wird vor allem auch die präziseste Interpretation der »asiatischen Produktionsweise« gegeben, die seit einiger Zeit – wegen ihrer aktuellen Bedeutung für die Entwicklungsländer Asiens – wieder starke Beachtung gefunden hat.[2]

Das erste Kapitel aus Band I des *Kapital* von 1867 wird vor allem deshalb hier abgedruckt, weil, von teuren Nachdrucken und dem Band II, 5 der neuen MEGA (Berlin 1983) abgesehen, diese erste Formulierung der methodisch schwierigsten und zentralen Gedanken des *Kapital* heute kaum irgendwo zugänglich ist. Marx hat von der zweiten Auflage an dieses erste Kapitel – auf Anraten Engels' – gründlich umgearbeitet und gekürzt. Wie oft bietet aber auch hier die ursprüngliche Fassung den wesentlichen Vorteil, deutlicher die Intention des Verfassers hervortreten zu lassen. Selbstverständlich kann ein Kapitel – und sei es noch so bedeutsam – nicht die Lektüre des *Kapital* ersetzen. Aber ich hielt es für ebensowenig angebracht, durch eine umfangreiche Auswahl von Exzerpten die Illusion einer Vollständigkeit zu erzeugen, die auf dem engen Raum ohnehin nie erreicht werden kann. Unzulängliche Vorbilder schrecken!

Die abgedruckten Seiten aus den Exzerptheften enthalten alle wesentlichen Formulierungen über die entfremdete Warengesellschaft und eine menschliche Gesellschaft, in der die Individuen als humane füreinander produzieren und einander in ihren Produktionen als Ergänzungen und Bereicherungen begegnen; so wird noch einmal der eingangs betonte enge Zusammenhang von philosophischer und ökonomischer Kritik sichtbar.

Die vorgelegte Auswahl Marxscher und Engelsscher Texte zur Kritik der politischen Ökonomie kann und will nicht mehr als eine erste Einführung vermitteln. Dabei gilt es, neben dem nachdrücklichen Hinweis auf den engen Zusammenhang zwischen der frühen philosophischen und der späteren Kritik – die ohne die philosophische nie angemessen verstanden werden kann – auch noch andere, meist übersehene Aspekte der ›Kritik der politischen Ökonomie‹ zur Geltung zu bringen. Anfänger werden ihre Lektüre am besten mit der Engelsschen Schrift beginnen, um dann sogleich die populär gehaltenen Vorträge von Marx über *Lohn, Preis, Profit* zu lesen. So vorbereitet werden sie mit mehr Gewinn die übrigen Arbeiten in chronologischer Reihenfolge studieren können. Am schwierigsten zu verstehen sind die *ökonomisch-philosophischen Manu-*

skripte (1844) und die Erstfassung des 1. Kapitels des *Kapital* (1867). In beiden steckt sehr viel Hegelsches Erbe, das – namentlich Studierenden der Nationalökonomie – das Verständnis erschwert. Wer von der Lektüre der philosophischen Arbeiten in Band I unserer Ausgabe herkommt, wird diese Schwierigkeiten weit weniger stark empfinden.

Für den Hinweis auf die Bedeutung des ersten Kapitels der Erstausgabe des *Kapital* bin ich Hans Georg Backhaus zu Dank verpflichtet. Die logische Struktur und Funktion der von Marx entwickelten kritischen Begriffe ist noch längst nicht angemessen erkannt worden. Solange diese methodologische Vorarbeit jedoch nicht geleistet ist, bleiben die Versuche, eine den zeitgenössischen Verhältnissen entsprechende umfassende Darstellung des Kapitalismus zu liefern, notwendig unbefriedigend, sie fallen theoretisch hinter das von Marx erreichte Niveau zurück. H. Wagner erklärte schon 1967 selbstkritisch: daß »es in der politischen Ökonomie des Kapitalismus heute noch keine ausgearbeitete Methodologie gibt, mit der eine so komplexe Frage« (wie der Wirkungsmechanismus des modernen Kapitalismus) »angegangen werden kann ... Man braucht eine Metatheorie der politischen Ökonomie, also eine Analyse der Struktur ... der Wissenschaft der politischen Ökonomie ... Der Begriffsapparat der politischen Ökonomie des Kapitalismus ist zur Zeit noch ungenügend entwickelt.« Einiges spricht dafür, daß unter den Bedingungen einer freieren wissenschaftlichen Diskussion in der Sowjetunion auch die Kritik der politischen Ökonomie, deren Entwicklung lange Zeit stagnierte, einen Aufschwung erfährt.

FRIEDRICH ENGELS

Umrisse zu einer Kritik der Nationalökonomie (1844)

Die Nationalökonomie entstand als eine natürliche Folge der Ausdehnung des Handels, und mit ihr trat an die Stelle des einfachen, unwissenschaftlichen Schachers ein ausgebildetes System des erlaubten Betrugs, eine komplette Bereicherungswissenschaft.

Diese aus dem gegenseitigen Neid und der Habgier der Kaufleute entstandene Nationalökonomie oder Bereicherungswissenschaft trägt das Gepräge der ekelhaftesten Selbstsucht auf der Stirne. Man lebte noch in der naiven Anschauung, daß Gold und Silber der Reichtum sei, und hatte also nichts Eiligeres zu tun, als überall die Ausfuhr der ›edlen‹ Metalle zu verbieten. Die Nationen standen sich gegenüber wie Geizhälse, deren jeder seinen teuren Geldsack mit beiden Armen umschließt und mit Neid und Argwohn auf seine Nachbarn blickt. Alle Mittel wurden aufgeboten, um den Völkern, mit denen man im Handelsverkehr stand, soviel bares Geld wie möglich abzulocken und das glücklich Hereingebrachte hübsch innerhalb der Mautlinie zu behalten.

Die konsequenteste Durchführung dieses Prinzips hätte den Handel getötet. Man fing also an, diese erste Stufe zu überschreiten; man sah ein, daß das Kapital im Kasten tot daliegt, während es in der Zirkulation sich stets vermehrt. Man wurde also menschenfreundlicher, man schickte seine Dukaten als Lockvögel aus, damit sie andere mit sich zurückbringen sollten, und erkannte, daß es nichts schadet, wenn man dem A zuviel für seine Ware bezahlt, solange man sie noch bei B für einen höheren Preis loswerden kann.

Auf dieser Basis erbaute sich das *Merkantilsystem.* Der habgierige Charakter des Handels wurde schon etwas versteckt; die Nationen rückten sich etwas näher, sie schlossen Handels- und Freundschaftstraktate, sie machten gegenseitig Geschäfte und taten einander, um des größern Gewinns willen, alles mögliche Liebe und Gute an. Aber im Grunde war es doch die alte Geldgier und Selbstsucht, und diese brach von Zeit zu Zeit in den Kriegen aus, die in jener Periode alle auf Handelseifersucht beruhten. In diesen Kriegen zeigte es sich auch, daß der Handel, wie der Raub, auf dem Faustrecht beruhe; man machte sich gar kein Gewissen daraus, durch List oder Gewalt solche Traktate zu erpressen, wie man sie für die günstigsten hielt.

Der Hauptpunkt im ganzen Merkantilsystem ist die Theorie von der Handelsbilanz. Da man nämlich noch immer an dem Satz festhielt, daß Gold und Silber der Reichtum sei, so hielt man nur die Geschäfte für vorteilbringend, die am Ende bares Geld ins Land brächten. Um dies ausfindig zu machen, verglich man die Ausfuhr und Einfuhr. Hatte man mehr aus- als eingeführt, so glaubte man, daß die Differenz in barem Gelde ins Land gekommen sei, und hielt sich um diese Differenz reicher. Die Kunst der Ökonomen bestand also darin, dafür zu sorgen, daß am Ende jedes Jahres die Ausfuhr eine günstige Bilanz gegen die Einfuhr gebe; und um dieser lächerlichen Illusion willen sind Tausende von Menschen geschlachtet worden! Der Handel hat auch seine Kreuzzüge und seine Inquisition aufzuweisen.

Das achtzehnte Jahrhundert, das Jahrhundert der Revolution, revolutionierte auch die Ökonomie; aber wie alle Revolutionen dieses Jahrhunderts einseitig waren und im Gegensatz steckenblieben, wie dem abstrakten Spiritualismus der abstrakte Materialismus, der Monarchie die Republik, dem göttlichen Recht der soziale Kontrakt entgegengesetzt wurde, so kam auch die ökonomische Revolution nicht über den Gegensatz hinaus. Die Voraussetzungen blieben überall bestehen; der Materialismus griff die christliche Verachtung und Erniedrigung des Menschen nicht an und stellte nur statt des christlichen Gottes die Natur dem Menschen als Absolutes gegenüber; die Politik dachte nicht daran, die Voraussetzungen des Staates an und für sich zu prüfen; die Ökonomie ließ sich nicht einfallen, nach der *Berechtigung des Privateigentums* zu fragen. Darum war die neue Ökonomie nur ein halber Fortschritt; sie war genötigt, ihre eigenen Voraussetzungen zu verraten und zu verleugnen, Sophistik und Heuchelei zu Hilfe zu nehmen, um die Widersprüche, in die sie sich verwickelte, zu verdecken, um zu den Schlüssen zu kommen, zu denen sie, nicht durch ihre Voraussetzungen, sondern durch den humanen Geist des Jahrhunderts getrieben wurde. So nahm die Ökonomie einen menschenfreundlichen Charakter an; sie entzog ihre Gunst den Produzenten und wandte sie den Konsumenten zu; sie affektierte einen heiligen Abscheu gegen die blutigen Schrecken des Merkantilsystems und erklärte den Handel für ein Band der Freundschaft und Einigung zwischen Nationen wie zwischen Individuen. Es war alles lauter Pracht und Herrlichkeit – aber die Voraussetzungen machten sich bald genug wieder geltend und erzeugten im Gegensatz zu dieser gleißenden Philanthropie die Malthussche Bevölkerungstheorie, das rauhste barbarischste System, das je existierte, ein System der Verzweiflung, das alle jene schönen Redensarten von Menschenliebe und Weltbürgertum zu Boden schlug; sie erzeugten und hoben das Fabriksystem und die moderne Sklaverei, die der alten nichts nachgibt an Unmenschlichkeit und Grausamkeit. Die neue Ökonomie, das auf Adam Smiths ›*Wealth of Nations*‹ gegründete System der Handelsfreiheit, erweist sich als dieselbe Heuchelei, Inkonsequenz und Unsittlichkeit, die jetzt auf allen Gebieten der freien Menschlichkeit gegenübersteht.

Aber war denn das Smithsche System kein Fortschritt? – Freilich war es das, und ein notwendiger Fortschritt dazu. Es war notwendig, daß das Merkantilsystem mit seinen Monopolen und Verkehrshemmungen gestürzt wurde, damit die wahren Folgen des Privateigentums ans Licht treten konnten; es war notwendig, daß alle diese kleinlichen Lokal- und Nationalrücksichten zurücktraten, damit der Kampf unserer Zeit ein allgemeiner, menschlicher werden konnte; es war notwendig, daß die Theorie des Privateigentums den rein empirischen, bloß objektiv untersuchenden Pfad verließ und einen wissenschaftlicheren Charakter annahm, der sie auch für die Konsequenzen verantwortlich machte und dadurch die Sache auf ein allgemein menschliches Gebiet herüberführte; daß die in der alten Ökonomie enthaltene Unsittlichkeit durch den Versuch ihrer Wegleugnung und durch die hereingebrachte Heuchelei – eine notwendige Konsequenz dieses Versuches – auf den höchsten Gipfel gesteigert wurde. Alles dies lag in der Natur der Sache. Wir erkennen gern an, daß wir erst durch die Begründung und Ausführung der Handelsfreiheit in den Stand gesetzt sind, über die Ökonomie des Privateigentums hinauszugehen, aber wir müssen zu gleicher Zeit auch das Recht haben, diese Handelsfreiheit in ihrer ganzen theoretischen und praktischen Nichtigkeit darzustellen.

Unser Urteil wird um so härter werden müssen, je mehr die Ökonomen, die wir zu beurteilen haben, in unsere Zeit hineinfallen. Denn während Smith und Malthus nur einzelne Bruchstücke fertig vorfanden, hatten die Neueren das ganze System vollendet vor sich; die Konsequenzen waren alle gezogen, die Widersprüche traten deutlich genug ans Licht, und doch kamen sie nicht zu einer Prüfung der Prämissen, und doch nahmen sie noch immer die Verantwortlichkeit für das ganze System auf sich. Je näher die Ökonomen der Gegenwart kommen, desto weiter entfernen sie sich von der Ehrlichkeit. Mit jedem Fortschritt der Zeit steigert sich notwendig die Sophisterei, um die Ökonomie auf der Höhe der Zeit zu erhalten. Darum ist z. B. *Ricardo* schuldiger als *Adam Smith* und *MacCulloch* und *Mill* schuldiger als *Ricardo*.

Die neuere Ökonomie kann nicht einmal das Merkantilsystem richtig beurteilen, weil sie selbst einseitig und noch mit den Voraussetzungen desselben behaftet ist. Erst der Standpunkt, der sich über den Gegensatz der beiden Systeme erhebt, der die gemeinsamen Voraussetzungen beider kritisiert und von einer rein menschlichen, allgemeinen Basis ausgeht, wird beiden ihre richtige Stellung anweisen können. Es wird sich zeigen, daß die Verteidiger der Handelsfreiheit schlimmere Monopolisten sind als die alten Merkantilisten selbst. Es wird sich zeigen, daß hinter der gleisnerischen Humanität der Neueren eine Barbarei steckt, von der die Alten nichts wußten; daß die Begriffsverwirrung der Alten noch einfach und konsequent ist gegen die doppelzüngige Logik ihrer Angreifer und daß keine der beiden Parteien der andern etwas vorwerfen könne, was nicht auf sie selbst zurückfällt. – Darum kann auch die neuere liberale Ökonomie die Restauration des Merkantilsystems durch List nicht begreifen, während die Sache für uns ganz einfach ist. Die Inkonsequenz und Doppelseitigkeit der liberalen Ökonomie muß sich notwendig wieder in ihre Grundbestandteile auflösen. Wie die Theologie entweder zum blinden Glauben zurück-, oder zur freien Philosophie vorwärtsgehen muß, so muß die Handelsfreiheit auf der einen Seite die Restauration der Monopole, auf der andern die Aufhebung des Privateigentums produzieren.

Der einzig *positive* Fortschritt, den die liberale Ökonomie gemacht hat, ist die Entwicklung der Gesetze des Privateigentums. Diese sind allerdings in ihr enthalten, wenn auch noch nicht bis zur letzten Konsequenz entwickelt und klar ausgesprochen. Hieraus folgt, daß in allen Punkten, wo es auf die Entscheidung über die kürzeste Manier, reich zu werden, ankommt, also in allen strikt-ökonomischen Kontroversen, die Verteidiger der Handelsfreiheit das Recht auf ihrer Seite haben. Wohlverstanden – in Kontroversen mit den Monopolisten, nicht mit den Gegnern des Privateigentums, denn daß diese imstande sind, in ökonomischen Fragen auch ökonomisch richtiger zu entscheiden, haben die englischen Sozialisten längst praktisch und theoretisch bewiesen.

Wir werden also bei der Kritik der Nationökonomie die Grundkategorien untersuchen, den durch das System der Handelsfreiheit hineingebrachten Widerspruch enthüllen und die Konsequenzen der beiden Seiten des Widerspruchs ziehen.

Der Ausdruck Nationalreichtum ist erst durch Verallgemeinerungssucht der liberalen Ökonomen aufgekommen. Solange das Privateigentum besteht, hat dieser Ausdruck keinen Sinn. Der ›Nationalreichtum‹ der Engländer ist sehr groß; und doch sind sie das ärmste Volk unter der Sonne. Man lasse entweder den Ausdruck ganz fallen, oder man nehme Voraussetzungen an, die ihm einen Sinn geben. Ebenso die Ausdrücke Nationalökonomie, politische, öffentliche Ökonomie. Die Wissenschaft sollte unter den jetzigen Verhältnissen *Privat*ökonomie heißen, denn ihre öffentlichen Beziehungen sind nur um des Privateigentums willen da.

Die nächste Folge des Privateigentums ist der *Handel,* der Austausch der gegenseitigen Bedürfnisse, Kauf und Verkauf. Dieser Handel muß unter der Herrschaft des Privateigentums, wie jede Tätigkeit, eine unmittelbare Erwerbsquelle für den Handeltreibenden werden; d.h., jeder muß suchen, so teuer wie möglich zu verkaufen und so billig wie möglich zu kaufen. Bei jedem Kauf und Verkauf stehen sich also zwei Menschen mit absolut entgegengesetzten Interessen gegenüber; der Konflikt ist entschieden feindselig, denn jeder kennt die Intentionen des andern, weiß, daß sie den seinigen entgegengesetzt sind. Die erste Folge ist also auf der einen Seite gegenseitiges Mißtrauen, auf der andern die Rechtfertigung dieses Mißtrauens, die Anwendung unsittlicher Mittel zur Durchsetzung eines unsittlichen Zwecks. So ist z.B. der erste Grundsatz im Handel die Verschwiegenheit, Verheimlichung alles dessen, was den Wert des fraglichen Artikels herabsetzen könnte. Die Konsequenz daraus: Es ist im Handel erlaubt, von der Unkenntnis, von dem Vertrauen der Gegenpartei den möglichst großen Nutzen zu ziehen, und ebenso, seiner Ware Eigenschaften anzurühmen, die sie nicht besitzt. Mit *einem* Worte, der Handel ist der legale Betrug. Daß die Praxis mit dieser Theorie übereinstimmt, kann mir jeder Kaufmann, wenn er der Wahrheit die Ehre geben will, bezeugen.

Das Merkantilsystem hatte noch eine gewisse unbefangene, katholische Geradheit und verdeckte das unsittliche Wesen des Handels nicht im mindesten. Wir haben gesehen, wie es seine gemeine Habsucht offen zur Schau trug. Die gegenseitig feindselige Stellung der Nationen im achtzehnten Jahrhundert, der ekelhafte Neid und die Handelseifersucht waren die konsequenten Folgen des Handels überhaupt. Die öffentliche Meinung war noch nicht humanisiert, was sollte man also Dinge verstekken, die aus dem unmenschlichen feindseligen Wesen des Handels selbst folgten.

Als aber der *ökonomische Luther,* Adam Smith, die bisherige Ökonomie kritisierte, hatten sich die Sachen sehr geändert. Das Jahrhundert war humanisiert, die Vernunft hatte sich geltend gemacht, die Sittlichkeit fing an, ihr ewiges Recht in Anspruch zu nehmen. Die erpreßten Handelstraktate, die kommerziellen Kriege, die schroffe Isolierung der Nationen stießen zu sehr gegen das fortgeschrittene Bewußtsein an. An die Stelle der katholischen Geradheit trat protestantische Gleisnerei. Smith bewies, daß auch die Humanität im Wesen des Handels begründet sei; daß der Handel, anstatt »die fruchtbarste Quelle der Zwietracht und der Feindseligkeit« zu sein, ein »Band der Einigung und Freundschaft zwischen den Nationen wie zwischen Individuen« (vgl. ›*Wealth of Nations*‹ B. 4, c. 3, § 2) werden müsse; es liege ja in der Natur der Sache, daß der Handel im ganzen und großen *allen* Beteiligten vorteilhaft sei.

Smith hatte recht, wenn er den Handel als human pries. Es gibt nichts absolut Unsittliches in der Welt; auch der Handel hat eine Seite, wo er der Sittlichkeit und Menschlichkeit huldigt. Aber welch eine Huldigung! Das Faustrecht, der platte Straßenraub des Mittelalters wurde humanisiert, als er in den Handel, der Handel, als seine erste Stufe, welche sich durch das Verbot der Geldausfuhr charakterisiert, in das Merkantilsystem überging. Jetzt wurde dieses selbst humanisiert. Natürlich ist es im Interesse des Handelnden, mit dem einen, von welchem er wohlfeil kauft, wie mit dem andern, an welchen er teuer verkauft, sich in gutem Vernehmen zu halten. Es ist also sehr unklug von einer Nation gehandelt, wenn sie bei ihren Versorgern und Kunden eine feindselige Stimmung nährt. Je freundschaftlicher, desto vorteilhafter. Dies ist die Humanität des Handels, und diese gleisnerische Art, die Sittlichkeit zu unsittlichen Zwecken zu mißbrauchen, ist der Stolz des Systems der Handelsfreiheit. Haben wir nicht die Barbarei der Monopole gestürzt, rufen die Heuchler aus, haben wir nicht die Zivilisation in entfernte Weltteile getragen, haben wir nicht die Völker verbrüdert und die Kriege vermindert? – Ja, das alles habt ihr getan, aber *wie* habt ihr es getan! Ihr habt die kleinen Monopole vernichtet, um das *eine* große Grundmonopol, das Eigentum, desto freier und schrankenloser wirken zu lassen; ihr habt die Enden der Erde zivilisiert, um neues Terrain für die Entfaltung eurer niedrigen Habsucht zu gewinnen; ihr habt die Völker verbrüdert, aber zu einer Brüderschaft von Dieben, und die Kriege vermindert, um im Frieden desto mehr zu verdienen, um die Feindschaft der einzelnen, den ehrlosen Krieg der Konkurrenz, auf die höchste Spitze zu treiben! – Wo habt ihr etwas aus reiner Humanität, aus dem Bewußtsein der Nichtigkeit des Gegensatzes zwischen dem allgemeinen und individuellen Interesse getan? Wo seid ihr sittlich gewesen, ohne interessiert zu sein, ohne unsittliche, egoistische Motive im Hintergrunde zu hegen?

Nachdem die liberale Ökonomie ihr Bestes getan hatte, um durch die Auflösung der Nationalitäten die Feindschaft zu verallgemeinern, die Menschheit in eine Horde reißender Tiere – und was sind Konkurrenten anders? – zu verwandeln, die einander eben deshalb auffressen, *weil* jeder mit allen andern gleiches Interesse hat, nach dieser Vorarbeit blieb ihr nur noch ein Schritt zum Ziele übrig, die Auflösung der Familie. Um diese durchzusetzen, kam ihr ihre eigene schöne Erfindung, das Fabriksystem, zu Hilfe. Die letzte Spur gemeinsamer Interessen, die Gütergemeinschaft der Familie, ist durch das Fabriksystem untergraben und – wenigstens hier in England – bereits in der Auflösung begriffen. Es ist etwas ganz Alltägliches, daß Kinder, sobald sie arbeitsfähig, d.h. neun Jahre alt werden, ihren Lohn für sich verwenden, das elterliche Haus als ein bloßes Kosthaus ansehen und den Eltern ein Gewisses für Kost und Wohnung vergüten. Wie kann es anders sein? Was kann anders aus der Isolierung der Interessen, wie sie dem System der Handelsfreiheit zugrunde liegt, folgen? Ist ein Prinzip einmal in Bewegung gesetzt, so arbeitet es sich von selbst durch alle seine Konsequenzen durch, die Ökonomen mögen Gefallen daran haben oder nicht.

Aber der Ökonom weiß selbst nicht, welcher Sache er dient. Er weiß nicht, daß er mit all seinem egoistischen Räsonnement doch nur ein Glied in der Kette des allgemeinen Fortschrittes der Menschheit bildet. Er weiß nicht, daß er mit seiner Auflösung aller Sonderinteressen nur den Weg bahnt für den großen Umschwung, dem das Jahrhundert entgegengeht, der Versöhnung der Menschheit mit der Natur und mit sich selbst.

Die nächste durch den Handel bedingte Kategorie ist der *Wert.* Über diese, sowie über alle andern Kategorien, existiert kein Streit zwischen den älteren und neueren Ökonomen, weil die Monopolisten in ihrer unmittelbaren Wut der Bereicherung keine Zeit übrig hatten, um sich mit Kategorien zu beschäftigen. Alle Streitfragen über derartige Punkte gingen von den Neueren aus.

Der Ökonom, der von Gegensätzen lebt, hat natürlich auch einen *doppelten* Wert; den abstrakten oder realen Wert und den Tauschwert. Über das Wesen des Realwertes war ein langer Streit zwischen den Engländern, die die Produktionskosten als den Ausdruck des Realwertes bestimmten, und dem Franzosen Say, der diesen Wert nach der Brauchbarkeit einer Sache zu messen vorgab. Der Streit hat seit dem Anfang dieses Jahrhunderts geschwebt und ist eingeschlafen, nicht entschieden. Die Ökonomen können nichts entscheiden.

Die Engländer – MacCulloch und Ricardo besonders – behaupten also, der abstrakte Wert einer Sache werde durch die Produktionskosten bestimmt. Wohlverstanden, der abstrakte Wert, nicht der Tauschwert, der *exchangeable value,* der Wert im Handel – das sei etwas ganz andres. Weshalb sind die Produktionskosten das Maß des Wertes? Weil – hört, hört! – weil niemand eine Sache, unter gewöhnlichen Umständen und das Verhältnis der Konkurrenz aus dem Spiele gelassen, für weniger verkaufen würde als ihm ihre Produktion kostet – verkaufen würde? Was haben wir hier, wo es sich nicht um den *Handelswert* handelt, mit ›Verkaufen‹ zu tun? Da haben wir ja gleich wieder den Handel im Spiel, den wir ja gerade herauslassen sollen – und was für einen Handel! einen Handel, wobei die Hauptsache, das Konkurrenzverhältnis, nicht in Anschlag kommen soll! Erst einen abstrakten Wert, jetzt auch einen abstrakten Handel, einen Handel ohne Konkurrenz, d.h. einen Menschen ohne Körper, einen Gedanken ohne Gehirn, um Gedanken zu produzieren. Und bedenkt der Ökonom denn gar nicht, daß, sowie die Konkurrenz aus dem Spiele gelassen wird, gar keine Garantie da ist, daß der Produzent seine Ware gerade zu den Produktionskosten verkauft? Welche Verwirrung!

Weiter! Geben wir für einen Augenblick zu, daß dem allem so sei, wie der Ökonom sagt. Angenommen, es machte jemand mit ungeheurer Mühe und enormen Kosten etwas ganz Unnützes, etwas, wonach kein Mensch begehrt, ist das auch die Produktionskosten wert? Ganz und gar nicht, sagt der Ökonom, wer wird das kaufen wollen? Da haben wir also auf einmal nicht nur die verschrieene Saysche Brauchbarkeit, sondern – mit dem ›Kaufen‹ – das Konkurrenzverhältnis daneben. Es ist nicht möglich, der Ökonom kann seine Abstraktion nicht einen Augenblick festhalten. Nicht nur das, was er mit Mühe entfernen will, die Konkurrenz, sondern auch das, was er angreift, die Brauchbarkeit, kommt ihm jeden Augenblick zwischen die Finger. Der abstrakte Wert und seine Bestimmung durch die Produktionskosten sind eben nur Abstraktionen, Undinge.

Aber geben wir noch einmal für einen Augenblick dem Ökonomen recht – wie will er uns dann die Produktionskosten bestimmen, ohne die Konkurrenz in Anschlag zu bringen? Wir werden bei der Untersuchung der Produktionskosten sehen, daß auch diese Kategorie auf die Konkurrenz basiert ist, und auch hier wieder zeigt es sich, wie wenig der Ökonom seine Behauptungen durchführen kann.

Gehen wir zu Say über, so finden wir dieselbe Abstraktion. Die Brauchbarkeit einer Sache ist etwas rein Subjektives, gar nicht absolut zu Entscheidendes – wenigstens solange man sich noch in Gegensätzen herumtreibt, gewiß nicht zu entscheiden. Nach dieser Theorie müßten notwendige Bedürfnisse mehr Wert besitzen als Luxusartikel. Der einzig mögliche Weg, zu einer einigermaßen objektiven, *scheinbar* allgemeinen Entscheidung über die größere oder geringere Brauchbarkeit einer Sache zu kommen, ist unter der Herrschaft des Privateigentums das Konkurrenzverhältnis, und das soll ja gerade beiseite gelassen werden. Ist aber das Konkurrenzverhältnis zugelassen, so kommen auch die Produktionskosten herein; denn niemand wird für weniger verkaufen, als er selbst bei der Produktion angelegt hat. Auch hier also geht die eine Seite des Gegensatzes wider Willen in die andere über.

Versuchen wir, Klarheit in diese Verwirrung zu bringen. Der Wert einer Sache schließt beide Faktoren ein, die von den streitenden Parteien mit Gewalt und, wie wir gesehen haben, ohne Erfolg getrennt werden. Der Wert ist das Verhältnis der Produktionskosten zur Brauchbarkeit. Die nächste Anwendung des Wertes ist die Entscheidung darüber, ob eine Sache überhaupt produziert werden soll, d. h., ob die Brauchbarkeit die Produktionskosten aufwiegt. Dann erst kann von der Anwendung des Wertes für den Tausch die Rede sein. Die Produktionskosten zweier

Dinge gleichgesetzt, wird die Brauchbarkeit das entscheidende Moment sein, um ihren vergleichungsmäßigen Wert zu bestimmen.

Diese Basis ist die einzig gerechte Basis des Tausches. Geht man aber von derselben aus, wer soll über die Brauchbarkeit der Sache entscheiden? Die bloße Meinung der Beteiligten? So wird jedenfalls *einer* betrogen. Oder eine auf die inhärente Brauchbarkeit der Sache unabhängig von den beteiligten Parteien gegründete und ihnen nicht einleuchtende Bestimmung? So kann der Tausch nur durch *Zwang* zustande kommen, und jeder hält sich für betrogen. Man kann diesen Gegensatz zwischen der wirklichen inhärenten Brauchbarkeit der Sache und zwischen der Bestimmung dieser Brauchbarkeit, zwischen der Bestimmung der Brauchbarkeit und der Freiheit der Tauschenden nicht aufheben, ohne das Privateigentum aufzuheben; und sobald dies aufgehoben ist, kann von einem Tausch, wie er jetzt existiert, nicht mehr die Rede sein. Die praktische Anwendung des Wertbegriffs wird sich dann immer mehr auf die Entscheidung über die Produktion beschränken, und da ist seine eigentliche Sphäre.

Wie aber stehen die Sachen jetzt? Wir haben gesehen, wie der Wertbegriff gewaltsam zerrissen ist und die einzelnen Seiten jede für das Ganze ausgeschrieen werden. Die Produktionskosten, durch die Konkurrenz von vornherein verdreht, sollen für den Wert selbst gelten; ebenso die bloß subjektive Brauchbarkeit – denn eine andere kann es jetzt nicht geben. – Um diesen lahmen Definitionen auf die Beine zu helfen, muß in beiden Fällen die Konkurrenz in Anspruch genommen werden; und das beste ist, daß bei den Engländern die Konkurrenz, gegenüber den Produktionskosten, die Brauchbarkeit vertritt, während sie umgekehrt bei Say, der Brauchbarkeit gegenüber, die Produktionskosten hereinbringt. Aber was für eine Brauchbarkeit, was für Produktionskosten bringt sie herein! Ihre Brauchbarkeit hängt vom Zufall, von der Mode, von der Laune der Reichen ab, ihre Produktionskosten gehen auf und ab mit dem zufälligen Verhältnis von Nachfrage und Zufuhr.

Dem Unterschiede zwischen Realwert und Tauschwert liegt eine Tatsache zum Grunde – nämlich daß der Wert einer Sache verschieden ist von dem im Handel für sie gegebenen sogenannten Äquivalent, d. h., daß dies Äquivalent kein Äquivalent ist.

Dies sogenannte Äquivalent ist der *Preis* der Sache, und wäre der Ökonom ehrlich, so würde er dies Wort für den ›Handelswert‹ gebrauchen. Aber er muß doch immer noch eine Spur von Schein behalten, daß der Preis mit dem Werte irgendwie zusammenhänge, damit nicht die Unsittlichkeit des Handels zu klar ans Licht komme. Daß aber der *Preis* durch die Wechselwirkung der Produktionskosten und der Konkurrenz bestimmt wird, das ist ganz richtig und ein Hauptgesetz des Privateigentums. Dies war das erste, was der Ökonom fand, dies rein empirische Gesetz; und hiervon abstrahierte er dann seinen Realwert, d. h. den Preis zu der Zeit, wenn das Konkurrenzverhältnis sich balanciert, wenn Nachfrage und Zufuhr sich decken – dann bleiben natürlich die Produktionskosten übrig, und das nennt dann der Ökonom Realwert, während es nur eine Bestimmtheit des Preises ist. So steht aber alles in der Ökonomie auf dem Kopf; der Wert, der das Ursprüngliche, die Quelle des Preises ist, wird von diesem, seinem eigenen Produkt, abhängig gemacht. Bekanntlich ist diese Umkehrung das Wesen der Abstraktion, worüber Feuerbach zu vergleichen.

Nach dem Ökonomen bestehen die Produktionskosten einer Ware aus drei Elementen: dem Grundzins für das nötige Stück Land, um das rohe Material zu produzieren, dem Kapital mit dem Gewinn darauf und dem Lohn für die Arbeit, die zur Produktion und Verarbeitung erforderlich waren. Es zeigt sich aber sogleich, daß Kapital und Arbeit identisch sind, da die Ökonomen selbst gestehen, Kapital sei ›aufgespeicherte Arbeit‹. So bleiben uns also nur zwei Seiten übrig, die natürliche, objektive, der Boden, und die menschliche, subjektive, die Arbeit, die das Kapital einschließt – und außer dem Kapital noch ein Drittes, woran der Ökonom nicht denkt, ich meine das geistige Element der Erfindung, des Gedankens, neben dem physischen der bloßen Arbeit. Was hat der Ökonom mit dem Erfindungsgeist zu schaffen? Sind ihm nicht alle Erfindungen ohne sein Zutun zugeflogen gekommen? Hat ihrer *eine* ihm etwas gekostet? Was also hat er bei der Berechnung seiner Produktionskosten sich darum zu kümmern? Ihm sind Land, Kapital, Arbeit die Bedingungen des Reichtums, und weiter braucht er nichts. Die Wissenschaft geht ihn nichts an. Ob sie ihm durch Berthollet, Davy, Liebig, Watt, Cartwright usw. Geschenke gemacht hat, die ihn und seine Produktion unendlich gehoben haben – was liegt ihm daran? Dergleichen weiß er nicht zu berechnen; die Fortschritte der Wissenschaft gehen über seine Zahlen hinaus. Aber für einen vernünftigen Zustand, der über die Teilung der Interessen, wie sie beim Ökonomen stattfindet, hinaus ist, gehört das geistige Element allerdings mit zu den Elementen der Produktion und wird auch in der Ökonomie seine Stelle unter den Produktionskosten finden. Und da ist es allerdings befriedigend, zu wissen, wie die Pflege der Wissenschaft sich auch materiell belohnt, zu wissen, daß eine einzige Frucht der Wissenschaft, wie James Watts Dampfmaschine, in den ersten fünfzig Jahren ihrer Existenz der Welt mehr eingetragen hat, als die Welt von Anfang an für die Pflege der Wissenschaft ausgegeben.

Wir haben also zwei Elemente der Produktion, die Natur und den Menschen, und den letzteren wieder physisch und geistig, in Tätigkeit und können nun zum Ökonomen und seinen Produktionskosten zurückkehren.

Alles, was nicht monopolisiert werden kann, hat keinen Wert, sagt der Ökonom – ein Satz, den wir später näher untersuchen werden. Wenn wir sagen, hat keinen *Preis*, so ist der Satz richtig für den auf dem Privateigentum beruhenden Zustand. Wäre der Boden so leicht zu haben wie die Luft, so würde kein Mensch Grundzins bezahlen. Da dem nicht so ist, sondern die Ausdehnung des in einem speziellen Fall in Beschlag kommenden Bodens beschränkt ist, so bezahlt man Grundzins für den in Beschlag genommenen, das heißt monopolisierten Boden, oder erlegt einen Kaufpreis dafür. Es ist aber sehr befremdlich, nach dieser Auskunft über die Entstehung des Grundwerts vom Ökonomen hören zu müssen, daß Grundzins der Unterschied zwischen dem Ertrage des Zins bezahlenden und des schlechtesten, die Mühe der Bebauung lohnenden Grundstückes sei. Dies ist bekanntlich die von Ricardo zuerst vollständig entwickelte Definition des Grundzinses. Diese Definition ist zwar praktisch richtig, wenn man voraussetzt, daß ein Fall der Nachfrage *augenblicklich* auf den Grundzins reagiert und sogleich eine entsprechende Quantität des schlechtesten bebauten Landes außer Bearbeitung setzte. Allein dies ist nicht der Fall, die Definition ist darum unzureichend; zudem schließt sie die Kausation des Grundzinses nicht ein und muß schon deshalb fallen. Oberst T. P. Thompson, der Antikorngesetz-Leaguer, erneuerte im Gegensatz zu dieser Definition die Adam Smithsche und begründete sie. Nach ihm ist der Grundzins das Verhältnis zwischen der Konkurrenz der sich um den Gebrauch des Bodens Bewerbenden und der beschränkten Quantität des disponiblen Bodens. Hier ist wenigstens eine Rückkehr zur Entstehung des Grundzinses; aber diese Erklärung schließt die verschiedene Fruchtbarkeit des Bodens aus, wie die obige die Konkurrenz ausläßt.

Wir haben also wieder zwei einseitige und deswegen halbe Definitionen für einen Gegenstand. Wir werden, wie beim Wertbegriff, wiederum diese beiden Bestimmungen zusammenzufassen haben, um die richtige, aus der Entwicklung der Sache folgende und darum alle Praxis umfassende Bestimmung zu finden. Der Grundzins ist das Verhältnis zwischen der Ertragsfähigkeit des Bodens, der natürlichen Seite (die wiederum aus der *natürlichen* Anlage und der *menschlichen* Bebauung, der zur Verbesserung angewandten Arbeit besteht) – und der menschlichen Seite, der Konkurrenz. Die Ökonomen mögen über diese ›Definition‹ ihre Köpfe schütteln; sie werden zu ihrem Schrecken sehen, daß sie alles einschließt, was auf die Sache Bezug hat.

Der *Grundbesitzer* hat dem Kaufmanne nichts vorzuwerfen.

Er raubt, indem er den Boden monopolisiert. Er raubt, indem er die Steigerung der Bevölkerung, welche die Konkurrenz und damit den Wert seines Grundstücks steigert, für sie ausbeutet, indem er zur Quelle seines persönlichen Vorteils macht, was nicht durch sein persönliches Tun zustande gekommen, was ihm rein zufällig ist. Er raubt, wenn er *verpachtet,* indem er die von seinem Pächter angelegten Verbesserungen zuletzt wieder an sich reißt. Dies ist das Geheimnis des stets steigenden Reichtums der großen Grundbesitzer.

Die Axiome, welche die Erwerbsart des Grundbesitzers als Raub qualifizieren, nämlich daß jeder ein Recht auf das Produkt seiner Arbeit hat, oder daß keiner ernten soll, wo er nicht gesät hat, sind nicht unsre Behauptung. Der erste schließt die Pflicht der Ernährung der Kinder, der zweite schließt jede Generation vom Recht der Existenz aus, indem jede Generation den Nachlaß der vorangehenden Generation antritt. Diese Axiome sind vielmehr Konsequenzen des Privateigentums. Entweder führe man seine Konsequenzen aus, oder man gebe es als Prämisse auf.

Ja, die ursprüngliche Appropriation selbst wird durch die Behauptung des noch frühern *gemeinsamen* Besitzrechtes gerechtfertigt. Wohin wir uns also wenden, das Privateigentum führt uns auf Widersprüche.

Es war der letzte Schritt zur Selbstverschacherung, die Erde zu verschachern, die unser Eins und Alles, die erste Bedingung unsrer Existenz ist; es war und ist bis auf den heutigen Tag eine Unsittlichkeit, die nur von der Unsittlichkeit der Selbstveräußerung übertroffen wird. Und die ursprüngliche Appropriation, die Monopolisierung der Erde durch eine kleine Anzahl, die Ausschließung der übrigen von der Bedingung ihres Lebens, gibt der späteren Verschacherung des Bodens an Unsittlichkeit nichts nach.

Lassen wir hier wieder das Privateigentum fallen, so reduziert sich der Grundzins auf seine Wahrheit, auf die vernünftige Anschauung, die ihm wesentlich zugrunde liegt. Der als Grundzins vom Boden getrennte Wert desselben fällt alsdann in den Boden selbst zurück. Dieser Wert, der zu messen ist durch die Produktionsfähigkeit gleicher Flächen bei gleicher darauf verwendeter Arbeit, kömmt allerdings als Teil der Produktionskosten bei der Wertbestimmung der Produkte in Anschlag und ist wie der Grundzins das Verhältnis der Produktionsfähigkeit zur Konkurrenz, aber zur *wahren* Konkurrenz, wie sie ihrer Zeit entwickelt werden wird.

Wir haben gesehen, wie Kapital und Arbeit ursprünglich identisch sind; wir sehen ferner aus den Entwicklungen des Ökonomen selbst, wie das Kapital, das Resultat der Arbeit, im Prozesse der Produktion sogleich wieder zum Substrat, zum Material der Arbeit gemacht, wie also die für einen Augenblick gesetzte Trennung des Kapitals von der Arbeit sogleich wieder in die Einheit beider aufgehoben wird; und doch trennt der Ökonom das Kapital von der Arbeit, doch hält er die Entzweiung fest, ohne die Einheit daneben anders als durch die Definition des Kapitals: ›aufgespeicherte Arbeit‹, anzuerkennen. Die aus dem Privateigentum folgende Spaltung zwischen Kapital und Arbeit ist nichts als die diesem entzweiten Zustande entsprechende und aus ihm hervorgehende Entzweiung der Arbeit in sich selbst. Und nachdem diese Trennung bewerkstelligt, teilt sich das Kapital nochmals in das ursprüngliche Kapital und in den Gewinn, den Zuwachs des Kapitals, den es im Prozesse der Produktion empfängt, obwohl die Praxis selbst diesen Gewinn sogleich wieder zum Kapital schlägt und mit diesem in Fluß setzt. Ja, selbst der Gewinn wird wieder in Zinsen und eigentlichen Gewinn gespalten. In den Zinsen ist die Unvernünftigkeit dieser Spaltung auf die Spitze getrieben. Die Unsittlichkeit des Zinsenverleihens, des Empfangens ohne Arbeit, für das bloße Borgen, ist, obwohl schon im Privateigentum liegend, doch zu augenscheinlich und vom unbefangenen Volksbewußtsein, das in diesen Dingen meistens recht hat, längst erkannt. Alle diese feinen Spaltungen und Divisionen entstehen aus der ursprünglichen Trennung des Kapitals von der Arbeit und der Vollendung dieser Trennung in der Spaltung der Menschheit in Kapitalisten und Arbeiter, einer Spaltung, die alle Tage schärfer und schärfer ausgebildet wird und die sich, wie wir sehen werden, immer steigern *muß*. Diese Trennung, wie die schon betrachtete Trennung des Bodens von Kapital und Arbeit, ist aber in letzter Instanz eine unmögliche. Es ist durchaus nicht zu bestimmen, wieviel der Anteil des Bodens, des Kapitals und der Arbeit an einem bestimmten Erzeugnisse betrage. Die drei Größen sind inkommensurabel. Der Boden schafft das rohe Material, aber nicht ohne Kapital und Arbeit, das Kapital setzt Boden und Arbeit voraus, und die Arbeit setzt *wenigstens* den Boden, meistens auch Kapital voraus. Die Verrichtungen der drei sind ganz verschiedenartig und nicht in einem vierten gemeinsamen Maße zu messen. Wenn es also bei den jetzigen Verhältnissen zur Verteilung des Ertrages unter die drei Elemente kommt, so gibt es kein ihnen inhärentes Maß, sondern ein ganz fremdes, ihnen zufälliges Maß entscheidet: die Konkurrenz oder das raffinierte Recht des Stärkeren. Der Grundzins impliziert die Konkurrenz, der Gewinn auf Kapital wird einzig durch die Konkurrenz bestimmt, und wie es mit dem Arbeitslohn aussieht, werden wir gleich sehen.

Wenn wir das Privateigentum fallenlassen, so fallen alle diese unnatürlichen Spaltungen. Der Unterschied von Zinsen und Gewinn fällt; Kapital ist nichts ohne Arbeit, ohne Bewegung. Der Gewinn reduziert seine Bedeutung auf das Gewicht, das bei der Bestimmung der Produktionskosten das Kapital in die Waage legt, und bleibt so dem Kapital inhärent, wie dies selbst in seine ursprüngliche Einheit mit der Arbeit zurückfällt.

Die *Arbeit,* die Hauptsache bei der Produktion, die ›Quelle des Reichtums‹, die freie menschliche Tätigkeit, kommt bei dem Ökonomen schlecht weg. Wie das Kapital schon von der Arbeit getrennt wurde, so wird jetzt wieder die Arbeit zum zweitenmal gespalten; das Produkt der Arbeit steht ihr als Lohn gegenüber, ist von ihr getrennt und wird wieder, wie gewöhnlich, durch die Konkurrenz bestimmt, da es für den Anteil der Arbeit an der Produktion, wie wir gesehen haben, kein festes Maß gibt. Heben wir das Privateigentum auf, so fällt auch diese unnatürliche Trennung, die Arbeit ist ihr eigner Lohn, und die wahre Bedeutung des früher veräußerten Arbeitslohnes kommt an den Tag: die Bedeutung der Arbeit für die Bestimmung der Produktionskosten einer Sache.

Wir haben gesehen, daß am Ende alles auf die Konkurrenz hinausläuft, solange das Privateigentum besteht. Sie ist die Hauptkategorie des Ökonomen, seine liebste Tochter, die er in einem fort hätschelt und liebkost – und gebt acht, was für ein Medusengesicht da herauskommen wird.

Die nächste Folge des Privateigentums war die Spaltung der Produktion in zwei entgegengesetzte Seiten, die natürliche und die menschliche; den Boden, der ohne die Befruchtung des Menschen tot und steril ist, und die menschliche Tätigkeit, deren erste Bedingung eben der Boden ist. Wir sahen ferner, wie sich die menschliche Tätigkeit wieder in die Arbeit und das Kapital auflöste und wie diese Seiten sich wieder feindselig gegenübertraten. Wir hatten also schon den Kampf der drei Elemente gegeneinander, anstatt der gegenseitigen Unterstützung der drei; jetzt kommt noch dazu, daß das Privateigentum die Zersplitterung jedes dieser Elemente mit sich bringt. Ein Grundstück steht dem andern, ein Kapital dem andern, eine Arbeitskraft der andern gegenüber. Mit andern Worten: Weil das Privateigentum jeden auf seine eigne rohe Einzelheit isoliert und weil jeder dennoch dasselbe Interesse hat wie sein Nachbar, so steht ein Grundbesitzer dem andern, ein Kapitalist dem andern, ein Arbeiter dem andern feindselig gegenüber. In dieser Verfeindung der gleichen Interessen eben um ihrer Gleichheit willen ist die Unsittlichkeit des bisherigen Zustandes der Menschheit vollendet; und diese Vollendung ist die Konkurrenz.

Der Gegensatz der *Konkurrenz* ist das *Monopol.* Das Monopol war das Feldgeschrei der Merkantilisten, die Konkurrenz der Schlachtruf der liberalen Ökonomen. Es ist leicht einzusehen, daß dieser Gegensatz wieder ein durchaus hohler ist. Jeder Konkurrierende *muß* wünschen, das Monopol zu haben, mag er Arbeiter, Kapitalist oder Grundbesitzer sein. Jede kleinere Gesamtheit von Konkurrenten muß wünschen, das Monopol für sich gegen alle andern zu haben. Die Konkurrenz beruht auf dem Interesse, und das Interesse erzeugt wieder das Monopol; kurz, die Konkurrenz geht in das Monopol über. Auf der andern Seite kann das Monopol den Strom der Konkurrenz nicht aufhalten, ja es erzeugt die Konkurrenz selbst, wie z.B. ein Einfuhrverbot oder hohe Zölle die Konkurrenz des Schmuggelns geradezu erzeugen. – Der Widerspruch der Konkurrenz ist ganz derselbe wie der des Privateigentums selbst. Es liegt im Interesse jedes einzelnen, alles zu besitzen, aber im Interesse der Gesamtheit, daß jeder gleich viel besitze. So ist also das allgemeine und individuelle Interesse diametral entgegengesetzt. Der Widerspruch der Konkurrenz ist: daß jeder sich das Monopol wünschen muß, während die Gesamtheit als solche durch das Monopol verlieren und es also entfernen muß. Ja, die Konkurrenz setzt das Monopol schon voraus, nämlich das Monopol des Eigentums – und hier tritt wieder die Heuchelei der Liberalen an den Tag – und solange das Monopol des Eigentums besteht, solange ist das Eigentum des Monopols gleichberechtigt; denn auch das einmal gegebene Monopol ist Eigentum. Welche jämmerliche Halbheit ist es also, die kleinen Monopole anzugreifen und das Grundmonopol bestehen zu lassen. Und wenn wir hierzu noch den früher erwähnten Satz des Ökonomen ziehen, daß nichts Wert hat, was nicht monopolisiert werden kann, daß also nichts, was nicht diese Monopolisierung zuläßt, in diesen Kampf der Konkurrenz eintreten kann, so ist unsere Behauptung, daß die Konkurrenz das Monopol voraussetzt, vollkommen gerechtfertigt.

Das Gesetz der Konkurrenz ist, daß Nachfrage und Zufuhr sich stets und ebendeshalb nie ergänzen. Die beiden Seiten sind wieder auseinandergerissen und in den schroffen Gegensatz verwandelt. Die Zufuhr ist immer gleich hinter der Nachfrage, aber kommt nie dazu, sie genau zu decken; sie ist entweder zu groß oder zu klein, nie der Nachfrage entsprechend, weil in diesem bewußtlosen Zustande der Menschheit kein Mensch weiß, wie groß diese oder jene ist. Ist die Nachfrage größer als die Zufuhr, so steigt der Preis, und dadurch wird die Zufuhr gleichsam irritiert; sowie sie sich im Markte zeigt, fallen die Preise, und wenn sie größer wird als jene, so wird der Fall der Preise so bedeutend, daß die Nachfrage dadurch wieder aufgereizt wird. So geht es in einem fort, nie ein gesunder Zustand, sondern eine stete Abwechslung von Irritation und Erschlaffung, die allen Fortschritt ausschließt, ein ewiges Schwanken, ohne je zum Ziel zu kommen. Dies Gesetz mit seiner steten Ausgleichung, wo, was hier verloren, dort wieder gewonnen wird, findet der Ökonom wunderschön. Es ist sein Hauptruhm, er kann sich nicht satt daran sehen und betrachtet es unter allen möglichen und unmöglichen Verhältnissen.

Und doch liegt auf der Hand, daß dies Gesetz ein reines Naturgesetz, kein Gesetz des Geistes ist. Ein Gesetz, das die Revolution erzeugt. Der Ökonom kommt mit seiner schönen Theorie von Nachfrage und Zufuhr heran, beweist euch, daß »nie zuviel produziert werden kann«, und die Praxis antwortet mit den Handelskrisen, die so regelmäßig wiederkehren wie die Kometen und deren wir jetzt durchschnittlich alle fünf bis sieben Jahre eine haben. Diese Handelskrisen sind seit achtzig Jahren ebenso regelmäßig gekommen wie früher die großen Seuchen – und haben mehr Elend, mehr Unsittlichkeit mit sich gebracht als diese (vgl. Wade, ›Hist[ory] of the Middle and Working Classes‹, London 1835, p. 211). Natürlich bestätigen diese Handelsrevolutionen das Gesetz, sie bestätigen es im vollsten Maße, aber in einer andern Weise, als der Ökonom uns glauben machen möchte. Was soll man von einem Gesetz denken, das sich nur durch periodische Revolutionen durchsetzen kann? Es ist eben ein Naturgesetz, das auf der Bewußtlosigkeit der Beteiligten beruht. Wüßten die Produzenten als solche, wieviel die Konsumenten bedürften, organisierten sie die Produktion, verteilten sie sie unter sich, so wäre die Schwankung der Konkurrenz und ihre Neigung zur Krisis unmöglich. Produziert mit Bewußtsein, als Menschen, nicht als zersplitterte Atome ohne Gattungsbewußtsein, und ihr seid über alle diese künstlichen und unhaltbaren Gegensätze hinaus. Solange ihr aber fortfahrt, auf die jetzige unbewußte, gedankenlose, der Herrschaft des Zufalls überlassene Art zu produzieren, solange bleiben die Handelskrisen; und jede folgende muß universeller, also schlimmer werden als die vorhergehende, muß eine größere Menge kleiner Kapitalisten verarmen und die Anzahl der bloß von der Arbeit lebenden Klasse in steigendem Verhältnisse vermehren – also die Masse der zu beschäftigenden Arbeit, das Hauptproblem unserer Ökonomen, zusehends vergrößern und endlich eine soziale Revolution herbeiführen, wie sie sich die Schulweisheit der Ökonomen nicht träumen läßt.

Die ewige Schwankung der Preise, wie sie durch das Konkurrenzverhältnis geschaffen wird, entzieht dem Handel vollends die letzte Spur von Sittlichkeit. Von *Wert* ist keine Rede mehr; dasselbe System, das auf den Wert soviel Gewicht zu legen scheint, das der Abstraktion des Wertes im Gelde die Ehre einer besonderen Existenz gibt – dies selbe System zerstört durch die Konkurrenz allen inhärenten Wert und verändert das Wertverhältnis aller Dinge gegeneinander täglich und stündlich. Wo bleibt in diesem Strudel die Möglichkeit eines auf sittlicher Grundlage beruhenden Austausches? In diesem fortwährenden Auf und Ab *muß* jeder suchen, den günstigsten Augenblick zum Kauf und Verkauf zu treffen, jeder muß Spekulant werden, d. h. ernten, wo er nicht gesät hat, durch den Verlust anderer sich bereichern, auf das Unglück anderer kalkulieren oder den Zufall für sich gewinnen lassen. Der Spekulant rechnet immer auf Unglücksfälle, besonders auf Mißernten, er benutzt alles, wie z. B. seinerzeit den Brand von New York, und der Kulminationspunkt der Unsittlichkeit ist die Börsenspekulation in Fonds, wodurch die Geschichte und in ihr die Menschheit zum Mittel herabgesetzt wird, um die Habgier des kalkulierenden oder hasardierenden Spekulanten zu befriedigen. Und möge sich der ehrliche, ›solide‹ Kaufmann nicht pharisäisch über das Börsenspiel erheben – ich danke dir Gott usw. Er ist so schlimm wie die Fondsspekulanten, er spekuliert ebensosehr wie sie, er muß es, die Konkurrenz zwingt ihn dazu, und sein Handel impliziert also dieselbe Unsittlichkeit wie der ihrige. Die Wahrheit des Konkurrenzverhältnisses ist das Verhältnis der Konsumtionskraft zur Produktionskraft. In einem der Menschheit würdigen Zustande wird es keine andre Konkurrenz als diese geben. Die Gemeinde wird zu berechnen haben, was sie mit den ihr zu Gebote stehenden Mitteln erzeugen kann, und nach dem Verhältnis dieser Produktionskraft zur Masse der Konsumenten bestimmen, inwieweit sie die Produktion zu steigern oder nachzulassen, inwieweit sie dem Luxus nachzugeben oder ihn zu beschränken hat. Um aber über dies Verhältnis und die von einem vernünftigen Zustande der Gemeinde zu erwartende Steigerung der Produktionskraft richtig zu urteilen, mögen meine Leser die Schriften der englischen Sozialisten und zum Teil auch Fouriers vergleichen.

Die subjektive Konkurrenz, der Wettstreit von Kapital gegen Kapital, Arbeit gegen Arbeit usw., wird sich unter diesen Umständen auf den in der menschlichen Natur begründeten und bis jetzt nur von Fourier erträglich entwickelten Wetteifer reduzieren, der nach der Aufhebung der entgegengesetzten Interessen auf seine eigentümliche und vernünftige Sphäre beschränkt wird.

Der Kampf von Kapital gegen Kapital, Arbeit gegen Arbeit, Boden gegen Boden treibt die Produktion in eine Fieberhitze hinein, in der sie alle natürlichen und vernünftigen Verhältnisse auf den Kopf stellt. Kein Kapital kann die Konkurrenz des andern aushalten, wenn es nicht auf die höchste Stufe der Tätigkeit gebracht wird. Kein Grundstück kann mit Nutzen bebaut werden, wenn es nicht seine Produktionskraft stets steigert. Kein Arbeiter kann sich gegen seine Konkurrenten halten, wenn er nicht seine ganzen Kräfte der Arbeit widmet. Überhaupt keiner, der sich in den Kampf der Konkurrenz einläßt, kann ihn ohne die höchste Anstrengung seiner Kräfte, ohne die Aufgebung aller wahrhaft menschlichen Zwecke aushalten. Die Folge von dieser Überspannung auf der einen Seite ist notwendig Erschlaffung auf der andern. Wenn die Schwankung der Konkurrenz gering ist, wenn Nachfrage und Zufuhr, Konsumtion und Produktion sich beinahe gleich sind, so muß in der Entwicklung der Produktion eine Stufe eintreten, in der so viel überzählige Produktionskraft vorhanden ist, daß die große Masse der Nation nichts zu leben hat, daß die Leute vor lauter Überfluß verhungern. In dieser wahnsinnigen Stellung, in dieser lebendigen Absurdität befindet sich England schon seit geraumer Zeit. Schwankt die Produktion stärker, wie sie es infolge eines solchen Zustandes notwendig tut, so tritt die Abwechslung von Blüte und Krisis, Überproduktion und Stockung ein. Der Ökonom hat sich diese verrückte Stellung nie erklären können; um sie zu erklären, erfand er die Bevölkerungstheorie, die ebenso unsinnig, ja noch unsinniger ist als dieser Widerspruch von Reichtum und Elend zu derselben Zeit. Der Ökonom *durfte* die Wahrheit nicht sehen; er durfte nicht einsehen, daß dieser Widerspruch eine einfache Folge der Konkurrenz ist, weil sonst sein ganzes System über den Haufen gefallen wäre.

Uns ist die Sache leicht zu erklären. Die der Menschheit zu Gebote stehende Produktionskraft ist unermeßlich. Die Ertragsfähigkeit des Bodens ist durch die Anwendung von Kapital, Arbeit und Wissenschaft ins Unendliche zu steigern. Das ›übervölkerte‹ Großbritannien kann nach der Berechnung der tüchtigsten Ökonomen und Statistiker (vgl. *Alisons ›Principle of population‹*, Bd. 1, Cap. 1 et 2) in zehn Jahren dahin gebracht werden, daß es Korn genug für das Sechsfache seiner jetzigen Bevölkerung produziert. Das Kapital steigert sich täglich; die Arbeitskraft wächst mit der Bevölkerung, und die Wissenschaft unterwirft den Menschen die Naturkraft täglich mehr und mehr. Diese unermeßliche Produktionsfähigkeit, mit Bewußtsein und im Interesse aller gehandhabt, würde die der Menschheit zufallende Arbeit bald auf ein Minimum verringern; der Konkurrenz überlassen, tut sie dasselbe, aber innerhalb des Gegensatzes. Ein Teil des Landes wird aufs beste kultiviert, während ein andrer – in Großbritannien und Irland 30 Millionen Acres gutes Land – wüst daliegt. Ein Teil des Kapitals zirkuliert mit ungeheurer Schnelligkeit, ein andrer liegt tot im Kasten. Ein Teil der Arbeiter arbeitet vierzehn, sechzehn Stunden des Tages, während ein andrer faul und untätig dasteht und verhungert. Oder die Verteilung tritt aus dieser Gleichzeitigkeit heraus: Heute geht der Handel gut, die Nachfrage ist sehr bedeutend, da arbeitet alles, das Kapital wird mit wunderbarer Schnelligkeit umgeschlagen, der Ackerbau blüht, die Arbeiter arbeiten sich krank – morgen tritt eine Stockung ein, der Ackerbau lohnt nicht der Mühe, ganze Strecken Landes bleiben unbebaut, das Kapital erstarrt mitten im Flusse, die Arbeiter haben keine Beschäftigung, und das ganze Land laboriert an überflüssigem Reichtum und überflüssiger Bevölkerung. Diese Entwickelung der Sache darf der Ökonom nicht für die richtige erkennen; er müßte sonst, wie gesagt, sein ganzes Konkurrenzsystem aufgeben; er müßte die Hohlheit seines Gegensatzes von Produktion und Konsumtion, von überflüssiger Bevölkerung und überflüssigem Reichtum einsehen. Um aber, da das Faktum einmal nicht zu leugnen war, dies Faktum mit der Theorie ins gleiche zu bringen, wurde die Bevölkerungstheorie erfunden.

Malthus, der Urheber dieser Doktrin, behauptet, daß die Bevölkerung stets auf die Subsistenzmittel drückt, daß, sowie die Produktion gesteigert wird, die Bevölkerung sich in demselben Verhältnis vermehrt und daß die der Bevölkerung inhärente Tendenz, sich über die disponiblen Subsistenzmittel hinaus zu vermehren, die Ursache alles Elends, alles Lasters ist. Denn wenn zuviel Menschen da sind, so müssen sie auf die eine oder die andre Weise aus dem Wege geschafft, entweder gewaltsam getötet werden oder verhungern. Wenn dies aber geschehen ist, so ist wieder eine Lücke da, die sogleich wieder durch andre Vermehrer der Bevölkerung ausgefüllt wird, und so fängt das alte Elend wieder an. Ja, dies ist unter allen Verhältnissen so, nicht nur im zivilisierten, sondern auch im Naturzustande; die Wilden Neuhollands, deren *einer* auf die Quadratmeile kommt, laborieren ebensosehr an Übervölkerung wie England. Kurz, wenn wir konsequent sein wollen, so müssen wir gestehen, daß *die Erde schon übervölkert war, als nur ein Mensch existierte.* Die Folgen dieser Entwicklung sind nun, daß, da die Armen gerade die Überzähligen sind, man nichts für sie tun soll, als ihnen das Verhungern so leicht als möglich zu machen, sie zu überzeugen, daß es sich nicht ändern läßt und daß für ihre ganze Klasse keine Rettung da ist als in einer möglichst geringen Fortpflanzung, oder wenn dies nicht geht, so ist es noch immer besser, daß eine Staatsanstalt zur schmerzlosen Tötung der Kinder der Armen, wie sie ›Marcus‹ vorgeschlagen hat, eingerichtet wird – wonach auf jede Arbeiterfamilie zweiundeinhalbes Kind kommen dürfen; was aber mehr kommt, schmerzlos getötet wird. Almosengeben wäre ein Verbrechen, da es den Zuwachs der überzähligen Bevölkerung unterstützt; aber sehr vorteilhaft wird es sein, wenn man die Armut zu einem Verbrechen und die Armenhäuser zu Strafanstalten macht, wie dies bereits in England durch das »liberale« neue Armengesetz geschehen ist. Es ist zwar wahr, diese Theorie stimmt sehr schlecht mit der Lehre der Bibel von der Vollkommenheit Gottes und seiner Schöpfung, aber »es ist eine schlechte Widerlegung, wenn man die Bibel gegen Tatsachen ins Feld führt«!

Soll ich diese infame, niederträchtige Doktrin, diese scheußliche Blasphemie gegen die Natur und Menschheit noch mehr ausführen, noch weiter in ihre Konsequenzen verfolgen? Hier haben wir endlich die Unsittlichkeit des Ökonomen auf ihre höchste Spitze gebracht. Was sind alle Kriege und Schrecken des Monopolsystems gegen diese Theorie?

Und gerade sie ist der Schlußstein des liberalen Systems der Handelsfreiheit, dessen Sturz den des ganzen Gebäudes nach sich zieht. Denn ist die Konkurrenz hier als die Ursache des Elends, der Armut, des Verbrechens nachgewiesen, wer wird ihr dann noch das Wort zu reden wagen?

Alison hat die Malthussche Theorie in seinem oben zitierten Werk erschüttert, indem er an die Produktionskraft der Erde appellierte und dem Malthusschen Prinzip die Tatsache entgegensetzte, daß jeder erwachsene Mensch mehr produzieren kann, als er selbst gebraucht, eine Tatsache, ohne die die Menschheit sich nicht vermehren, ja nicht einmal bestehen könnte; wovon sonst sollten die Heranwachsenden leben? Aber Alison geht nicht auf den Grund der Sache und kommt daher zuletzt wieder zu demselben Resultate wie Malthus. Er beweist zwar, daß Malthus' Prinzip unrichtig ist, kann aber die Tatsachen nicht wegleugnen, die diesen zu seinem Prinzip getrieben haben.

Hätte Malthus die Sache nicht so einseitig betrachtet, so müßte er gesehen haben, daß die überzählige Bevölkerung oder Arbeitskraft stets mit überzähligem Reichtum, überzähligem Kapital und überzähligem Grundbesitz verknüpft ist. Die Bevölkerung ist nur da zu groß, wo die Produktionskraft überhaupt zu groß ist. Der Zustand jedes übervölkerten Landes, namentlich Englands, von der Zeit an, wo Malthus schrieb, zeigt dies aufs deutlichste. Dies waren die Tatsachen, die Malthus in ihrer Gesamtheit zu betrachten hatte und deren Betrachtung zum richtigen Resultate führen mußte; statt dessen griff er eine heraus, ließ die andern unberücksichtigt und kam daher zu seinem wahnsinnigen Resultate. Der zweite Fehler, den er beging, war die Verwechslung von Subsistenzmitteln und Beschäftigung. Daß die Bevölkerung stets auf die Mittel der Beschäftigung drückt, daß soviel Menschen beschäftigt werden können, soviel auch erzeugt werden, kurz, daß die Erzeugung der Arbeitskraft bisher durch das Gesetz der Konkurrenz reguliert worden und daher auch den periodischen Krisen und Schwankungen ausgesetzt gewesen ist, das ist eine Tatsache, deren Feststellung Malthus' Verdienst ist. Aber die Mittel der Beschäftigung sind nicht die Mittel der Subsistenz. Die Mittel der Beschäftigung werden durch die Vermehrung der Maschinenkraft und des Kapitals nur in ihrem Endresultate vermehrt; die Mittel der Subsistenz vermehren sich, sobald die Produktionskraft überhaupt um etwas vermehrt wird. Hier kommt ein neuer Widerspruch der Ökonomie an den Tag. Die Nachfrage des Ökonomen ist nicht die wirkliche Nachfrage, seine Konsumtion ist eine künstliche. Dem Ökonomen ist nur der ein wirklich Fragender, ein wirklicher Konsument, der für das, was er empfängt, ein Äquivalent zu bieten hat. Wenn es aber eine Tatsache ist, daß jeder Erwachsene mehr produziert als er selbst verzehren kann, daß Kinder wie Bäume sind, die die auf sie verwandte Auslage überreichlich wiedererstatten – und das sind doch wohl Tatsachen? –, so sollte man meinen, jeder Arbeiter müßte weit mehr erzeugen können, als er braucht, und die Gemeinde müßte ihn daher gern mit allem versorgen wollen, was er nötig hat, so sollte man meinen, eine große Familie müßte der Gemeinde ein sehr wünschenswertes Geschenk sein. Aber der Ökonome in der Roheit seiner Anschauung kennt kein andres Äquivalent, als das ihm in handgreiflichem barem Gelde ausgezahlt wird. Er sitzt so fest in seinen Gegensätzen, daß die schlagendsten Tatsachen ihn ebensowenig kümmern wie die wissenschaftlichsten Prinzipien.

Wir vernichten den Widerspruch einfach dadurch, daß wir ihn aufheben. Mit der Verschmelzung der jetzt entgegengesetzten Interessen verschwindet der Gegensatz zwischen Übervölkerung hier und Überreichtum dort, verschwindet das wunderbare Faktum, wunderbarer als alle Wunder aller Religionen zusammen, daß eine Nation vor eitel Reichtum und Überfluß verhungern muß; verschwindet die wahnsinnige Behauptung, daß die Erde nicht die Kraft habe, die Menschen zu ernähren. Diese Behauptung ist die höchste Spitze der christlichen Ökonomie – und daß unsre Ökonomie wesentlich christlich ist, hätte ich bei jedem Satz, bei jeder Kategorie beweisen können und werde es seinerzeit auch tun; die Malthussche Theorie ist nur der ökonomische Ausdruck für das religiöse Dogma von dem Widerspruch des Geistes und der Natur und der daraus folgenden Verdorbenheit beider. Diesen Widerspruch, der für die Religion und mit ihr längst aufgelöst ist, hoffe ich auch auf dem ökonomischen Gebiet in seiner Nichtigkeit aufgewiesen zu haben; ich werde übrigens keine Verteidigung der Malthusschen Theorie für kompetent annehmen, die mir nicht vorher aus ihrem eignen Prinzip heraus erklärt, wie ein Volk von lauter Überfluß verhungern kann, und dies mit der Vernunft und den Tatsachen in Einklang bringt.

Die Malthussche Theorie ist übrigens ein durchaus notwendiger Durchgangspunkt gewesen, der uns unendlich weitergebracht hat. Wir sind durch sie, wie überhaupt durch die Ökonomie, auf die Produktionskraft der Erde und der Menschheit aufmerksam geworden und nach der Überwindung dieser ökonomischen Verzweiflung vor der Furcht der Übervölkerung für immer gesichert. Wir ziehen aus ihr die stärksten ökonomischen Argumente für eine soziale Umgestaltung; denn selbst wenn Malthus durchaus recht hätte, so müßte man diese Umgestaltung auf der Stelle vornehmen, weil nur sie, nur die durch sie zu gebende Bildung der Massen diejenige moralische Beschränkung des Fortpflanzungstriebes möglich macht, die Malthus selbst als das wirksamste und leichteste Gegenmittel gegen Übervölkerung darstellt. Wir haben durch sie die tiefste Erniedrigung der Menschheit, ihre Abhängigkeit vom Konkurrenzverhältnisse kennengelernt; sie hat uns gezeigt, wie in letzter

Instanz das Privateigentum den Menschen zu einer Ware gemacht hat, deren Erzeugung und Vernichtung auch nur von der Nachfrage abhängt; wie das System der Konkurrenz dadurch Millionen von Menschen geschlachtet hat und täglich schlachtet; das alles haben wir gesehen, und das alles treibt uns zur Aufhebung dieser Erniedrigung der Menschheit durch die Aufhebung des Privateigentums, der Konkurrenz und der entgegengesetzten Interessen.

Kommen wir indes, um der allgemeinen Übervölkerungsfurcht alle Basis zu nehmen, noch einmal auf das Verhältnis der Produktionskraft zur Bevölkerung zurück. Malthus stellt eine Berechnung auf, worauf er sein ganzes System basiert. Die Bevölkerung vermehre sich in geometrischer Progression: 1 + 2 + 4 + 8 + 16 + 32 usw., die Produktionskraft des Bodens in arithmetischer: 1 + 2 + 3 + 4 + 5 + 6. Die Differenz ist augenscheinlich, ist schreckenerregend; aber ist sie richtig? Wo steht erwiesen, daß die Ertragsfähigkeit des Bodens sich in arithmetischer Progression vermehre? Die Ausdehnung des Bodens ist beschränkt, gut. Die auf diese Fläche zu verwendende Arbeitskraft steigt mit der Bevölkerung; nehmen wir selbst an, daß die Vermehrung des Ertrags durch Vermehrung der Arbeit nicht immer im Verhältnis der Arbeit steigt; so bleibt noch ein drittes Element, das dem Ökonomen freilich nie etwas gilt, die Wissenschaft, und deren Fortschritt ist so unendlich und wenigstens ebenso rasch als der der Bevölkerung. Welchen Fortschritt verdankt die Agrikultur dieses Jahrhunderts allein der Chemie, ja allein zwei Männern – Sir Humphrey Davy und Justus Liebig? Die Wissenschaft aber vermehrt sich mindestens wie die Bevölkerung; diese vermehrt sich im Verhältnis zur Anzahl der letzten Generation; die Wissenschaft schreitet fort im Verhältnis zu der Masse der Erkenntnis, die ihr von der vorhergehenden Generation hinterlassen wurde, also unter den allergewöhnlichsten Verhältnissen auch in geometrischer Progression – und was ist der Wissenschaft unmöglich? Es ist aber lächerlich, von Überbevölkerung zu reden, solange »das Tal des Mississippi wüsten Boden genug besitzt, um die ganze Bevölkerung von Europa dorthin verpflanzen zu können«, solange überhaupt erst ein Drittel der Erde für bebaut angesehen werden und die Produktion dieses Drittels selbst durch die Anwendung jetzt schon bekannter Verbesserungen um das Sechsfache und mehr gesteigert werden kann.

Die Konkurrenz setzt also Kapital gegen Kapital, Arbeit gegen Arbeit, Grundbesitz gegen Grundbesitz, und ebenso jedes dieser Elemente gegen die beiden andern. Im Kampf siegt der Stärkere, und wir werden, um das Resultat dieses Kampfes vorauszusagen, die Stärke der Kämpfenden zu untersuchen haben. Zuerst sind Grundbesitz und Kapital jedes stärker als die Arbeit, denn der Arbeiter muß arbeiten, um zu leben, während der Grundbesitzer von seinen Renten und der Kapitalist von seinen Zinsen, im Notfalle von seinem Kapital oder dem kapitalisierten Grundbesitz leben kann. Die Folge davon ist, daß der Arbeit nur das Allernotdürftigste, die nackten Subsistenzmittel zufallen, während der größte Teil der Produkte sich zwischen dem Kapital und dem Grundbesitz verteilt. Der stärkere Arbeiter treibt ferner den schwächeren, das größere Kapital das geringere, der größere Grundbesitz den kleinen aus dem Markt. Die Praxis bestätigt diesen Schluß. Die Vorteile, die der größere Fabrikant und Kaufmann über den kleinen, der große Grundbesitzer über den Besitzer eines einzigen Morgens hat, sind bekannt. Die Folge hiervon ist, daß schon unter gewöhnlichen Verhältnissen das große Kapital und der große Grundbesitz das kleine Kapital und den kleinen Grundbesitz nach dem Recht des Stärkeren verschlingen – die Zentralisation des Besitzes. In Handels- und Agrikulturkrisen geht diese Zentralisation viel rascher vor sich. – Großer Besitz vermehrt sich überhaupt viel rascher als kleiner, weil von dem Ertrag ein viel geringerer Teil als Ausgaben des Besitzes in Abzug kommt. Diese Zentralisation des Besitzes ist ein dem Privateigentum ebenso immanentes Gesetz wie alle andern; die Mittelklassen müssen immer mehr verschwinden, bis die Welt in Millionäre und Paupers, in große Grundbesitzer und arme Taglöhner geteilt ist. Alle Gesetze, alle Teilung des Grundbesitzes, alle etwaige Zersplitterung des Kapitals hilft nichts – dies Resultat muß kommen und wird kommen, wenn nicht eine totale Umgestaltung der sozialen Verhältnisse, eine Verschmelzung der entgegengesetzten Interessen, eine Aufhebung des Privateigentums ihm zuvorkommt.

Die freie Konkurrenz, das Hauptstichwort unserer Tagesökonomen, ist eine Unmöglichkeit. Das Monopol hatte wenigstens die Absicht, wenn es sie auch nicht durchführen konnte, den Konsumenten vor Betrug zu schützen. Die Abschaffung des Monopols öffnet aber dem Betruge Tor und Tür. Ihr sagt, die Konkurrenz hat in sich selbst das Gegenmittel gegen den Betrug, keiner wird schlechte Sachen kaufen – d. h., jeder muß für jeden Artikel ein Kenner sein, und dies ist unmöglich – daher die Notwendigkeit des Monopols, die sich auch in vielen Artikeln zeigt. Die Apotheken usw. *müssen* ein Monopol haben. Und der wichtigste Artikel, das Geld, hat gerade das Monopol am meisten nötig. Das zirkulierende Medium hat jedesmal, sowie es aufhörte, Staatsmonopol zu sein, eine Handelskrisis produziert, und die englischen Ökonomen, unter andern Dr. Wade, geben die Notwendigkeit des Monopols hier auch zu. Aber das Monopol schützt auch nicht vor falschem Gelde. Man stelle sich auf welche Seite der Frage man wolle, die eine ist so schwierig wie die andere, das Monopol erzeugt die freie Konkurrenz und diese wieder das Monopol; darum müssen beide fallen und diese Schwierigkeiten durch die Aufhebung des sie erzeugenden Prinzips gehoben werden.

Die Konkurrenz hat alle unsre Lebensverhältnisse durchdrungen und die gegenseitige Knechtschaft, in der die Menschen sich jetzt halten, vollendet. Die Konkurrenz ist die große Triebfeder, die unsere alt und schlaff werdende soziale Ordnung, oder vielmehr Unordnung, immer wieder zur Tätigkeit aufstachelt, aber bei jeder neuen Anstrengung auch einen Teil der sinkenden Kräfte verzehrt. Die Konkurrenz beherrscht den numerischen Fortschritt der Menschheit, sie beherrscht auch ihren sittlichen. Wer mit der Statistik des Verbrechens sich etwas bekannt gemacht hat, dem muß die eigentümliche Regelmäßigkeit aufgefallen sein, mit der das Verbrechen alljährlich fortschreitet, mit der gewisse Ursachen gewisse Verbrechen erzeugen. Die Ausdehnung des Fabriksystems hat überall eine Vermehrung der Verbrechen zur Folge. Man kann die Anzahl der Verhaftungen, Kriminalfälle, ja die Anzahl der Morde, der Einbrüche, der kleinen Diebstähle usw. für eine große Stadt oder einen Bezirk mit jedesmal zutreffender Genauigkeit alljährlich vorausbestimmen, wie dies in England oft genug geschehen ist. Diese Regelmäßigkeit beweist, daß auch das Verbrechen von der Konkurrenz regiert wird, daß die Gesellschaft eine *Nachfrage* nach Verbrechen erzeugt, der durch eine angemessene *Zufuhr* entsprochen wird, daß die Lücke, die durch die Verhaftung, Transportierung oder Hinrichtung einer Anzahl gemacht, sogleich durch andere wieder ausgefüllt wird, gerade wie jede Lücke in der Bevölkerung sogleich wieder durch neue Ankömmlinge ausgefüllt wird, mit andern Worten, daß das Verbrechen ebenso auf die Mittel der Bestrafung drückt wie die Völker auf die Mittel der Beschäftigung. Wie gerecht es unter diesen Umständen, abgesehen von allen andern, ist, Verbrecher zu bestrafen, überlasse ich dem Urteil meiner Leser. Mir kommt es hier bloß darauf an, die Ausdehnung der Konkurrenz auch auf das moralische Gebiet nachzuweisen und zu zeigen, zu welcher tiefen Degradation das Privateigentum den Menschen gebracht hat.

In dem Kampfe von Kapital und Boden gegen die Arbeit haben die beiden ersten Elemente noch einen besonderen Vorteil vor der Arbeit voraus – die Hülfe der Wissenschaft, denn auch diese ist unter den jetzigen Verhältnissen gegen die Arbeit gerichtet. Fast alle mechanischen Erfindungen z.B. sind durch den Mangel an Arbeitskraft veranlaßt worden, so besonders Hargreaves', Cromptons und Arkwrights Baumwollspinnmaschinen. Die Arbeit ist nie sehr gesucht gewesen, ohne daß daraus eine Erfindung hervorging, die die Arbeitskraft bedeutend vermehrte, also die Nachfrage von der menschlichen Arbeit ablenkte. Die

Geschichte Englands von 1770 bis jetzt ist ein fortlaufender Beweis dafür. Die letzte große Erfindung in der Baumwollspinnerei, die Selfacting Mule, wurde ganz allein durch die Frage nach Arbeit und den steigenden Lohn veranlaßt – sie verdoppelte die Maschinenarbeit und beschränkte dadurch die Handarbeit auf die Hälfte, warf die Hälfte der Arbeiter außer Beschäftigung und drückte dadurch den Lohn der andern auf die Hälfte herab; sie vernichtete eine Verschwörung der Arbeiter gegen die Fabrikanten und zerstörte den letzten Rest von Kraft, mit dem die Arbeit noch den ungleichen Kampf gegen das Kapital ausgehalten hatte (vgl. *Dr. Ure, ›Philosophy of Manufactures‹*, Bd. 2). Der Ökonom sagt nun zwar, daß im Endresultate die Maschinerie günstig für die Arbeiter sei, indem sie die Produktion billiger mache und dadurch einen neuen größeren Markt für ihre Produkte schaffe und so zuletzt die außer Arbeit gesetzten Arbeiter doch wieder beschäftige. Ganz richtig; aber vergißt der Ökonom denn hier, daß die Erzeugung der Arbeitskraft durch die Konkurrenz reguliert wird, daß die Arbeitskraft stets auf die Mittel der Beschäftigung drückt, daß also, wenn diese Vorteile eintreten sollen, bereits wieder eine Überzahl von Konkurrenten für Arbeit darauf wartet und dadurch diesen Vorteil illusorisch machen wird, während der Nachteil, die plötzliche Wegnahme der Subsistenzmittel für die eine und der Fall des Lohns für die andere Hälfte der Arbeiter, nicht illusorisch ist? Vergißt der Ökonom, daß der Fortschritt der Erfindung nie stockt, daß also dieser Nachteil sich verewigt? Vergißt er, daß bei der durch unsere Zivilisation so unendlich gesteigerten Teilung der Arbeit ein Arbeiter nur dann leben kann, wenn er an dieser bestimmten Maschine für diese bestimmte kleinliche Arbeit verwendet werden kann? Daß der Übergang von einer Beschäftigung zu einer andern, neuern, für den erwachsenen Arbeiter fast immer eine entschiedene Unmöglichkeit ist?

Indem ich die Wirkungen der Maschinerie ins Auge fasse, komme ich auf ein anderes, entfernteres Thema, das Fabriksystem, und dieses hier zu behandeln, habe ich weder Lust noch Zeit. Ich hoffe übrigens bald eine Gelegenheit zu haben, die scheußliche Unsittlichkeit dieses Systems ausführlich zu entwickeln und die Heuchelei des Ökonomen, die hier in ihrem vollen Glanze erscheint, schonungslos aufzudecken.

Karl Marx

Ökonomisch-philosophische Manuskripte (1844)

[Erstes Manuskript:] Arbeitslohn

[I] Arbeitslohn wird bestimmt durch den feindlichen Kampf zwischen Kapitalist und Arbeiter. Die Notwendigkeit des Siegs für den Kapitalisten. Kapitalist kann länger ohne den Arbeiter leben als dieser ohne jenen. Verbindung unter den Kapitalisten habituell und von Effekt, die der Arbeiter verboten und von schlechten Folgen für sie. Außerdem können[1] der Grundeigentümer und Kapitalist ihren Revenuen industrielle Vorteile hinzufügen, der Arbeiter seinem industriellen Einkommen weder Grundrente, noch Kapitalinteressen. Darum die Konkurrenz unter den Arbeitern so groß. Also für den Arbeiter allein ist die Trennung von Kapital, Grundeigentum und Arbeit eine notwendige, wesentliche und schädliche Trennung. Kapital und Grundeigentum brauchen nicht in dieser Abstraktion stehn zu bleiben, wohl aber die Arbeit des Arbeiters.

Für den Arbeiter also die Trennung von Kapital, Grundrente und Arbeit tödlich.

Die niedrigste und die einzig notwendige Taxe für den Arbeitslohn ist die Subsistenz des Arbeiters während der Arbeit und so viel mehr, daß er eine Familie ernähren kann und die Arbeiterrasse nicht ausstirbt. Der gewöhnliche Arbeitslohn ist nach Smith der niedrigste, der mit der simple humanité, nämlich einer viehischen Existenz, verträglich ist.

Die Nachfrage nach Menschen regelt notwendig die Produktion der Menschen wie jeder andren Ware. Ist die Zufuhr viel größer als die Nachfrage, so sinkt ein Teil der Arbeiter in den Bettelstand oder den Hungertod herab. Die Existenz des Arbeiters ist also auf die Bedingung der Existenz jeder andren Ware reduziert. Der Arbeiter ist zu einer Ware geworden, und es ist ein Glück für ihn, wenn er sich an den Mann bringen kann. Und die Nachfrage, von der das Leben des Arbeiters abhängt, hängt von der Laune der Reichen und Kapitalisten ab[2]. Üb[ertrifft] [die] Quantität der Zufuhr die Nachfrage, so ist ein[er] der den Preis konsti[tuierenden][3] Teile, Profit, Grundrente, Arbeitslohn, unter dem *Preis* gezahlt, [ein Teil dies]er Leistungen entzieht sich also dieser Anwendung, und so gravitiert der Marktpreis [nach dem] natürlichen Preis als Zentralpunkt. Aber 1) ist es dem Arbeiter bei einer großen Teilung der Arbeit am schwersten, seiner Arbeit eine andere Richtung zu geben, 2) trifft ihn, bei seinem subalternen Verhältnis zum Kapitalisten, zunächst der Nachteil.

Bei der Gravitation des Marktpreises zum natürlichen Preise verliert also der Arbeiter am meisten und unbedingt. Und grade die Fähigkeit des Kapitalisten, seinem Kapital eine andere Richtung zu geben, macht den auf einen bestimmten Arbeitszweig eingeschränkten Ouvrier entweder brotlos oder zwingt ihn, sich allen[4] Forderungen dieses Kapitalisten zu unterwerfen.

[II] Die zufälligen und plötzlichen Schwankungen des Marktpreises treffen weniger die Grundrente als den in Profit und Saläre aufgelösten Teil[5] des Preises, aber weniger den Profit als den Arbeitslohn. Auf einen Arbeitslohn, der steigt, kömmt meistens einer, der *stationär* bleibt, und einer, der *fällt.*

Der Arbeit[er] braucht nicht notwendig zu gewinnen mit dem Gewinn des Kapitalisten, aber er verliert notwendig mit ihm. So gewinnt der Arbeiter nicht, wenn der Kapitalist durch Fabrik- oder Handelsgeheimnis, durch Monopole[6] oder günstige Lage seines Grundstücks den Marktpreis über dem natürlichen Preis hält.[7]

Ferner: *die Arbeitspreise sind viel konstanter als die Preise der Lebensmittel.* Oft stehn sie in entgegengesetztem Verhältnis. In einem teuern Jahr Arbeitslohn vermindert wegen der Verminderung der Nachfrage, erhöht wegen der Erhöhung der Lebensmittel. Also balanciert. Jedenfalls eine Quantität Arbeiter außer Brot gesetzt. In wohlfeilen Jahren Arbeitslohn erhöht wegen[8] der Erhöhung der Nachfrage, vermindert wegen der Preise der Lebensmittel. Also balanciert.

Ein andrer Nachteil des Arbeiters:

Die Arbeitspreise der verschiednen Arten von Arbeitern sind viel[9] verschiedner als die Gewinne der verschiednen Zweige, worauf das Kapital sich legt. Bei der Arbeit tritt die ganze natürliche, geistige und soziale Verschiedenheit der individuellen Tätigkeit heraus und wird verschieden belohnt, während das tote Kapital immer denselben Tritt geht und gleichgültig gegen die *wirkliche* individuelle Tätigkeit ist.

Überhaupt ist zu bemerken, daß da, wo Arbeiter und Kapitalist gleich leiden, der Arbeiter an seiner Existenz, der Kapitalist am Gewinn seines toten Mammons leidet.

Der Arbeiter muß nicht nur um seine physischen Lebensmittel, er muß um die Erwerbung von Arbeit[10], d. h. um die Möglichkeit, um die Mittel kämpfen, seine Tätigkeit verwirklichen zu können. Nehmen wir die drei Hauptzustände, in denen die Gesellschaft sich befinden kann, und betrachten die Lage des Arbeiters in ihr.

1) Ist der Reichtum der Gesellschaft im Verfall, so leidet der Arbeiter am meisten, denn: Obgleich die Arbeiterklasse nicht so viel gewinnen

kann als die der Eigentümer im glücklichen Zustand der Gesellschaft, *aucune ne souffre aussi cruellement de son déclin que la classe des ouvriers.*

[III] 2) Nehmen wir nun eine Gesellschaft, in welcher der Reichtum fortschreitet. Dieser Zustand ist der einzige dem Arbeiter günstige. Hier tritt Konkurrenz unter den Kapitalisten ein. Die Nachfrage nach Arbeitern überschreitet ihre Zufuhr: Aber:

Einmal: Die Erhöhung des Arbeitslohns führt *Überarbeitung* unter den Arbeitern herbei. Je mehr sie verdienen wollen, je mehr müssen sie ihre Zeit aufopfern und vollständig aller Freiheit sich entäußernd im Dienst der Habsucht Sklavenarbeit vollziehn. Dabei kürzen sie dadurch ihre Lebenszeit ab. Diese Verkürzung ihrer Lebensdauer ist ein günstiger Umstand für die Arbeiterklasse im Ganzen, weil dadurch immer neue Zufuhr nötig wird. Diese Klasse muß immer einen Teil ihrer selbst opfern, um nicht ganz zu Grunde zu gehn.

Ferner: Wann befindet sich eine Gesellschaft in fortschreitender Bereicherung? Mit dem Wachstum von Kapitalien und Revenuen eines Landes. Dies ist aber nur möglich α) dadurch, daß viele Arbeit zusammen gehäuft wird, denn Kapital ist aufgehäufte Arbeit; also dadurch, daß dem Arbeiter immer mehr von seinen Produkten aus der Hand genommen wird, daß seine eigne Arbeit ihm immer mehr als fremdes Eigentum gegenübertritt und die Mittel seiner Existenz und seiner Tätigkeit immer mehr in der Hand des Kapitalisten sich konzentrieren.

β) Die Häufung des Kapitals vermehrt die Teilung der Arbeit, die Teilung der Arbeit vermehrt die Zahl der Arbeiter; umgekehrt vermehrt die Zahl der Arbeiter die Teilung der Arbeit, wie die Teilung der Arbeit die Aufhäufung der Kapitalien vermehrt. Mit dieser Teilung der Arbeit einerseits und der Häufung der Kapitalien andrerseits wird der Arbeiter immer mehr rein von der Arbeit und einer bestimmten, sehr einseitigen, maschinenartigen Arbeit abhängig. Wie er also geistig und leiblich zur Maschine herabgedrückt und aus einem Menschen eine abstrakte Tätigkeit und ein Bauch wird, so wird er auch immer abhängiger von allen Schwankungen des Marktpreises, der Anwendung der Kapitalien und der Laune der Reichen. Ebensosehr wird durch die Zunahme der nur *[IV]* arbeitenden Menschenklasse die Konkurrenz der Arbeiter erhöht, also ihr Preis erniedrigt. In dem Fabrikwesen erreicht diese Stellung des Arbeiters ihren Gipfelpunkt.

γ) In einer Gesellschaft, welche sich in zunehmendem Wohlstand befindet, können nur mehr die Allerreichsten vom Geldzins leben. Alle übrigen müssen mit ihrem Kapital ein Geschäft treiben oder es in den Handel werfen. Dadurch wird also die Konkurrenz unter den Kapitalien[11] größer. Die Konzentrationen der Kapitalien wird größer[12], die großen Kapitalisten ruinieren die kleinen, und ein Teil der ehemaligen Kapitalisten sinkt zu der Klasse der Arbeiter herab, welche durch diese Zufuhr teils wieder eine Herabdrückung des Arbeitslohns erleidet und in eine noch größere Abhängigkeit von den wenigen großen Kapitalisten gerät; indem die Zahl der Kapitalisten sich vermindert hat, ist ihre Konkurrenz in Bezug auf die Arbeiter fast nicht mehr vorhanden, und indem die Zahl der Arbeiter sich vermehrt hat, ist ihre Konkurrenz unter sich um so größer, unnatürlicher und gewaltsamer geworden. Ein Teil von dem Arbeiterstand fällt daher ebenso notwendig in den Bettel- oder Verhungerungsstand, wie ein Teil der mittleren Kapitalisten in den Arbeiterstand.

Also selbst in dem Zustand der Gesellschaft, welcher dem Arbeiter am günstigsten ist, ist die notwendige Folge für den Arbeiter Überarbeitung und früher Tod, Herabsinken zur Maschine, Knecht des Kapitals, das sich ihm gefährlich gegenüber aufhäuft, neue Konkurrenz[13], Hungertod oder Bettelei eines Teils der Arbeiter.

[V] Die Erhöhung des Arbeitslohnes erregt im Arbeiter die Bereicherungssucht des Kapitalisten, die er aber nur durch Aufopferung seines Geistes und Körpers befriedigen kann. Die Erhöhung des Arbeitslohns setzt die Häufung des Kapitals voraus und führt sie herbei; stellt das Produkt der Arbeit also immer fremder dem Arbeiter gegenüber. Ebenso macht die Teilung der Arbeit ihn immer einseitiger und abhängiger, wie sie die Konkurrenz nicht nur der Menschen, sondern auch der Maschinen herbeiführt. Da der Arbeiter zur Maschine herabgesunken ist, kann ihm die Maschine als Konkurrent gegenübertreten. Endlich wie die Häufung des Kapitals[14] die Quantität der Industrie, also die Arbeiter, vermehrt, bringt durch diese Akkumulation dieselbe Quantität der Industrie eine *größere Quantität Machwerk* herbei, die zur Überproduktion wird, und entweder damit endet, einen großen Teil Arbeiter außer Arbeit zu setzen oder ihren Lohn auf das kümmerlichste Minimum zu reduzieren. Das sind die Folgen eines Gesellschaftszustandes, der dem Arbeiter am günstigsten ist, nämlich des Zustandes des *wachsenden, fortschreitenden* Reichtums.

Endlich aber muß dieser wachsende Zustand doch einmal seinen Höhepunkt erreichen. Welches ist nun die Lage des Arbeiters?

3) »In einem Land, welches die letztmögliche Stufe seines Reichtums erreicht hätte, wären beide, Arbeitslohn und Kapitalinteresse, sehr niedrig. Die Konkurrenz unter den Arbeitern, um Beschäftigung zu erhalten, wäre so groß, daß die Saläre auf das reduziert wären, was zur Erhaltung der nämlichen Zahl von Arbeitern hinreicht, und da das Land sich schon hinreichend bevölkert hätte[15], könnte sich diese Zahl nicht vermehren.« Das + mußte sterben.

Also im abnehmenden Zustand der Gesellschaft progressives Elend des Arbeiters, im fortschreitenden Zustand kompliziertes Elend, im vollendeten Zustand stationäres Elend.

[VI] Da aber nach Smith eine Gesellschaft nicht glücklich ist, wo die Majorität leidet, da aber der reichste Zustand der Gesellschaft zu diesem Leiden der Mehrzahl und da die Nationalökonomie (überhaupt die Gesellschaft des Privatinteresses) zu diesem reichsten Zustand führt, so ist also das *Unglück* der Gesellschaft der Zweck der Nationalökonomie.

In Bezug auf das Verhältnis zwischen Arbeiter und Kapitalist ist noch zu bemerken, daß die Erhöhung des Arbeitslohnes[16] dem Kapitalisten durch die Verringerung der Quantität der Arbeitszeit mehr als kompensiert wird und daß die Erhöhung des Arbeitslohns und die Erhöhung des Kapitalinteresses auf den[17] Warenpreis wie einfaches und zusammengesetztes Interesse wirken.

Stellen wir uns nun ganz auf den Standpunkt des Nationalökonomen und vergleichen wir nach ihm die theoretischen und praktischen Ansprüche[18] der Arbeiter.

Er sagt uns, daß ursprünglich und dem Begriffe nach das *ganze Produkt* der Arbeit dem Arbeiter gehört. Aber er sagt uns zugleich, daß in der Wirklichkeit dem Arbeiter[19] der kleinste und allerunumgänglichste Teil des Produkts zukömmt; nur so viel als nötig ist, nicht damit er als Mensch, sondern damit er als Arbeiter existiert, nicht damit er die Menschheit, sondern damit er die Sklavenklasse der Arbeiter fortpflanzt.

Der Nationalökonom sagt uns, daß alles mit Arbeit gekauft wird und daß das Kapital nichts als aufgehäufte Arbeit ist, aber er sagt uns zugleich, daß der Arbeiter, weit entfernt alles kaufen zu können, sich selbst und seine Menschheit verkaufen muß.

Während die Grundrente des trägen Landbesitzers meistens den dritten Teil des Erdproduktes und der Profit des geschäftigen Kapitalisten sogar das Doppelte des Geldzinses beträgt, beträgt das Mehr, was sich der Arbeiter im besten Fall verdient, so viel, daß auf 4 Kinder ihm 2 verhungern und sterben müssen. *[VII]* Während nach den Nationalökonomen die Arbeit das Einzige ist, wodurch der Mensch den Wert der Naturprodukte vergrößert, während die Arbeit sein tätiges Eigentum ist, ist nach derselben Nationalökonomie der Grundeigentümer und Kapitalist, die qua Grundeigentümer und Kapitalist[20] bloß privilegierte und müßige Götter sind, überall dem Arbeiter überlegen und schreiben ihm Gesetze vor.

Während nach den[21] Nationalökonomen die Arbeit der einzig unwandelbare Preis der Dinge ist, ist nichts zufälliger als der Arbeitspreis[22], nichts größeren Schwankungen ausgesetzt.

Während die Teilung der Arbeit die produktive Kraft[23] der Arbeit, den Reichtum und die Verfeinerung der Gesellschaft erhöht, verarmt sie den

Arbeiter bis zur Maschine. Während die Arbeit die Häufung der Kapitalien und damit den zunehmenden Wohlstand der Gesellschaft hervorruft, macht sie den Arbeiter immer abhängiger vom Kapitalisten, bringt ihn in eine größere Konkurrenz, treibt ihn in die Hetzjagd der Überproduktion, der eine eben solche Erschlaffung folgt.

Während das Interesse des Arbeiters nach den Nationalökonomen nie dem Interesse der Gesellschaft gegenübersteht, steht die Gesellschaft immer und notwendig dem Interesse des Arbeiters gegenüber.

Nach den Nationalökonomen steht das Interesse des Arbeiters nie dem der Gesellschaft gegenüber, 1) weil die Erhöhung des Arbeitslohns sich mehr als ersetzt durch die Verminderung in der Quantität der Arbeitszeit, nebst den übrigen oben entwickelten Folgen, und 2) weil in Bezug auf die[24] Gesellschaft das ganze Bruttoprodukt Nettoprodukt ist und nur in Bezug auf den Privatmann das Netto eine Bedeutung hat.

Daß die Arbeit aber selbst nicht nur unter den jetzigen Bedingungen, sondern insofern überhaupt ihr Zweck die bloße Vergrößerung des Reichtums ist, ich sage, daß die Arbeit selbst schädlich, unheilvoll ist, das folgt, ohne daß der Nationalökonom es weiß, aus seinen Entwicklungen.

Nach dem Begriff sind Grundrente und Kapitalgewinn *Abzüge,* die der Arbeitslohn erleidet. Aber in der Wirklichkeit ist der Arbeitslohn ein Abzug, den Erde und Kapital dem Arbeiter zukommen lassen, eine Konzession des Produktes der Arbeit an die Arbeiter, an die Arbeit.

Im verfallenden Zustand der Gesellschaft, leidet der Arbeiter am schwersten. Er verdankt die spezifische Schwere seines Druckes seiner Stellung als Arbeiter, aber den Druck überhaupt der Stellung der Gesellschaft.

Aber im fortschreitenden Zustand der Gesellschaft ist der Untergang und die Verarmung des Arbeiters das Produkt seiner Arbeit und des von ihm produzierten Reichtums. Das Elend, welches also aus dem *Wesen* der heutigen Arbeit selbst hervorgeht. Der reichste Zustand der Gesellschaft, ein Ideal, das aber doch annähernd erreicht wird, wenigstens der Zweck der Nationalökonomie wie der bürgerlichen Gesellschaft ist, ist *stationäres Elend* für die Arbeiter.

Es versteht sich von selbst, daß die Nationalökonomie den *Proletarier,* d. h. den, der ohne Kapital und Grundrente, rein von der Arbeit und einer einseitigen, abstrakten Arbeit lebt, nur als *Arbeiter* betrachtet. Sie kann daher den Satz aufstellen, daß er ebenso wohl wie jedes Pferd so viel erwerben muß, um arbeiten zu können. Sie betrachtet ihn nicht in seiner arbeitslosen Zeit, als Mensch, sondern überläßt diese Betrachtung der Kriminaljustiz, den Ärzten, der Religion, den statistischen Tabellen, der Politik und dem Bettelvogt.

Erheben wir uns nun über das Niveau der Nationalökonomie und suchen aus der bisherigen, fast mit den Worten der Nationalökonomen gegebnen Entwicklung zwei Fragen zu beantworten.

1) Welchen Sinn, in der Entwicklung der Menschheit, hat diese Reduktion des größten Teils der Menschheit auf die abstrakte Arbeit?

2) Welche Fehler begehn die Reformatoren en détail, die entweder den Arbeitslohn *erhöhn* und dadurch die Lage der Arbeiterklasse verbessern wollen oder die *Gleichheit* des Arbeitslohns (wie Proudhon) als den Zweck der sozialen Revolution betrachten?

[25]Die Arbeit kömmt nur unter der Gestalt der *Erwerbstätigkeit* in der Nationalökonomie vor.

[VIII] »Das läßt sich behaupten, daß solche Beschäftigungen, die spezifische Anlagen oder längere Vorbildung voraussetzen, im Ganzen einträglicher geworden sind; während der verhältnismäßige Lohn für die mechanisch einförmige Tätigkeit, auf welche der Eine wie der Andere leicht und schnell abgerichtet werden kann, bei der wachsenden Konkurrenz gefallen ist und notwendig fallen mußte. Und gerade *diese* Art der Arbeit ist bei dem jetzigen Stande ihrer Organisation noch weit die zahlreichste. Wenn also ein Arbeiter der ersten Kategorie jetzt siebenmal so viel, ein Anderer der zweiten ebenso viel erwirbt, als etwa vor 50 Jahren, so erwerben beide im *Durchschnitte* freilich viermal so viel. Allein wenn in einem Lande die erste Kategorie der Arbeit mit nur 1000, die zweite mit einer Million Menschen besetzt ist, so sind 999000 nicht besser als vor fünfzig Jahren daran, und sie sind *schlimmer* daran, wenn zugleich die Preise der Lebensbedürfnisse gestiegen sind. Und mit solchen oberflächlichen *Durchschnittsberechnungen* will man sich über die zahlreichste Klasse der Bevölkerung täuschen[26]. Überdies ist die Größe des *Arbeitslohns*[27] nur ein Moment für die Schätzung des *Arbeitereinkommens*[28], weil für die Bemessung des letzteren noch wesentlich die gesicherte *Dauer* desselben in Anschlag kommt, wovon doch in der Anarchie der sogenannten freien Konkurrenz mit ihren immer wiederkehrenden Schwankungen und Stockungen schlechthin keine Rede ist. Endlich ist noch die früher und die jetzt gewöhnliche Arbeits*zeit* ins Auge zu fassen. Diese ist aber für die englischen Arbeiter in der Baumwollemanufaktur seit etwa 25 Jahren, also gerade seit Einführung der Arbeit ersparenden Maschinen, durch die Erwerbssucht der Unternehmer *[IX]* auf 12–16 Stunden täglich erhöht worden, und die Steigerung in einem Lande und in einem Zweige der Industrie mußte sich, bei dem überall noch anerkannten Rechte einer unbedingten Ausbeutung der Armen durch die Reichen, mehr oder minder auch anderswo geltend machen.« *Schulz:* Bewegung der Produktion, p. 65.

»Allein selbst wenn es so wahr wäre, als es falsch ist, daß sich das Durchschnittseinkommen *aller* Klassen der Gesellschaft vergrößert hätte, können dennoch die Unterschiede und *verhältnismäßigen* Abstände des Einkommens größer geworden sein und hiernach die Gegensätze des Reichtums und der Armut schärfer hervortreten. Denn gerade *weil* die Gesamtproduktion steigt und in demselben Maße, als dies geschieht, vermehren sich auch die Bedürfnisse, Gelüste und Ansprüche, und die *relative* Armut kann also zunehmen, während die *absolute* sich vermindert. Der Samojede ist nicht arm bei Tran und ranzigen Fischen, weil in seiner abgeschlossenen Gesellschaft Alle die gleichen Bedürfnisse haben. Aber in einem *voranschreitenden* Staate, der etwa im Laufe eines Jahrzehends seine Gesamtproduktion im Verhältnisse zur Gesellschaft[29] um ein Drittel vergrößerte, ist der Arbeiter, der vor und nach 10 Jahren gleich viel erwirbt, nicht eben so wohlhabend geblieben, sondern um ein Drittel bedürftiger geworden.« ibid., p. 65, 66.

Aber die Nationalökonomie kennt den Arbeiter nur als Arbeitstier, als ein auf die striktesten Leibesbedürfnisse reduziertes Vieh.

»Ein Volk, damit es sich geistig freier ausbilde, darf nicht mehr in der Sklaverei seiner körperlichen Bedürfnisse stehn, nicht mehr der Leibeigene des Leibes sein. Es muß ihm also vor allem *Zeit* bleiben, auch geistig schaffen und geistig genießen zu *können.* Die Fortschritte im Organismus[30] der Arbeit gewinnen diese Zeit. Verrichtet doch jetzt, bei neuen Triebkräften und verbessertem Maschinenwesen, ein einziger Arbeiter in den Baumwollefabriken nicht selten das Werk von hundert, ja von 250–350 früheren Arbeitern. Ähnliche Folgen in allen Zweigen der Produktion, weil äußere Naturkräfte immer mehr zur Teilnahme *[X]* an der[31] menschlichen Arbeit gezwungen werden[32]. War nun früher, zur Abfindung eines Quantums materieller Bedürfnisse, ein Aufwand von Zeit und menschlicher Kraft erforderlich, der sich später um die Hälfte vermindert hat; so ist zugleich, ohne irgend eine Einbuße an sinnlichem Wohlbehagen, der Spielraum für geistiges Schaffen und Genießen um so viel erweitert worden ... Aber auch über die Verteilung der Beute, die wir dem alten Kronos selbst auf seinem eigensten Gebiete abgewinnen, entscheidet noch das Würfelspiel des blinden, ungerechten Zufalls. Man hat in Frankreich berechnet, daß bei dem jetzigen Standpunkte der Produktion eine durchschnittliche Arbeitszeit von täglich fünf Stunden auf jeden Arbeitsfähigen zur Befriedigung aller materiellen Interessen der Gesellschaft ausreichen würde ... Ungeachtet der Zeitersparnisse durch Vervollkommnung des Maschinenwesens hat sich die Dauer der Sklavenarbeit in den Fabriken für eine zahlreiche Bevölkerung nur vergrößert.« 67, 68 ibid.

»Der Übergang von der zusammengesetzten Handarbeit setzt eine

Zerlegung derselben in ihre einfachen Operationen voraus. Nun wird aber zunächst nur *ein Teil* der gleichförmig wiederkehrenden Operationen den Maschinen, ein andrer Teil aber den Menschen anheimfallen. Nach der Natur der Sache und nach übereinstimmenden Erfahrungen ist eine solche anhaltend einförmige Tätigkeit ebenso nachteilig für Geist, als Körper; und so müssen denn bei dieser *Verbindung* des Maschinenwesens mit der bloßen Teilung der Arbeit unter zahlreichere Menschenhände auch noch alle Nachteile der letzteren zum Vorschein kommen. Diese Nachteile zeigen sich unter anderem in der größeren Sterblichkeit der Fabrik-*[XI]*arbeiter ... Diesen großen Unterschied, wie weit die Menschen *durch* Maschinen, oder wie weit sie *als* Maschinen arbeiten, hat man nicht ... berücksichtigt.« ibid. p. 69.

»Für die Zukunft des Völkerlebens aber werden die in den Maschinen wirkenden, verstandeslosen Naturkräfte unsere Sklaven und Leibeigenen sein.« ibid. p. 74.

»In den englischen Spinnereien sind nur 158818 Männer und 196818 Weiber beschäftigt. Auf je 100 Arbeiter in den Baumwollfabriken der Grafschaft Lancaster kommen 103 Arbeiterinnen, und in Schottland sogar 209. In den englischen Flachsfabriken von Leeds zählte man auf 100 männliche Arbeiter 147 weibliche; in Druden und an der Ostküste Schottlands sogar 280. In den englischen Seidenfabriken ... viele Arbeiterinnen; in den Wollefabriken, die größere Arbeitskraft[33] erfordern, mehr Männer ... Auch in den nordamerikanischen Baumwollefabriken waren im Jahre 1833 nebst 18593 Männern nicht weniger als 38927 Weiber beschäftigt. Durch die Veränderungen im Organismus der Arbeit ist also dem weiblichen Geschlechte ein weiterer Kreis von Erwerbstätigkeit zugefallen ... die Frauen eine ökonomisch selbständigere Stellung ... die beiden Geschlechter in ihren sozialen Verhältnissen einander näher gerückt.« p. 71, 72 ibid.

»In den von Dampf und Wasser getriebenen englischen Spinnereien arbeiteten im Jahr 1835: 20558 Kinder zwischen 8–12 Jahren; 35867 zwischen 12–13 und endlich 108208 zwischen 13–18 Jahren ... Freilich wirken die weiteren Fortschritte der Mechanik, da sie alle einförmigen Beschäftigungen den Menschen mehr und mehr aus der Hand nehmen, auf eine allmähliche Beseiti-*[XII]*gung des Mißstandes hin. Allein diesen rascheren Fortschritten selbst steht gerade noch der Umstand im Wege, daß sich die Kapitalisten der Kräfte der unteren Klassen, bis in das Kindesalter hinein, auf die leichteste und wohlfeilste Weise aneignen können, um sie *statt* der Hilfsmittel der Mechanik zu brauchen und zu verbrauchen.« p. 70, 71. *Schulz:* Bew. d. Produkt.

»Lord Brougham's Zuruf an die Arbeiter ›Werdet Kapitalisten!‹ ... das ... das Übel, daß Millionen nur durch anstrengende, körperlich zerrüttende, sittlich und geistig verkrüppelnde Arbeit sich ein knappes Auskommen zu erwerben vermögen; daß sie sogar das Unglück, eine *solche* Arbeit gefunden zu haben, für ein Glück halten müssen.« p. 60 ibid.

»Pour vivre donc, les non-propriétaires sont obligés de se mettre directement ou indirectement *au service* des propriétaires, c'est à dire sous leur dépendance.« Pecqueur, Théorie nouvelle d'économie soc. etc. p. 409.

Domestiques – gages; ouvriers – salaires; employés – traitement ou émoluments. ibid. p. 409, 410.

»louer son travail«, »prêter son travail à l'intérêt«, »travailler à la place d'autrui.«

»louer la matière du travail«, »prêter la matière du travail à l'intérêt«, »faire travailler autrui à sa place«. ibid. [p. 411, 412.]

[XIII] »Cette constitution économique condamne les hommes à des métiers tellement abjects, à une dégradation tellement désolante et amère, que la sauvagerie apparaît en comparaison, comme une royale condition.« l. c. p. 417, 418. »La prostitution de la classe non propriétaire sous toutes les formes.« p. 421 sq. Lumpensammler.

Ch. Loudon in der Schrift: Solution du problème de la population, etc., Paris, 1842, gibt die Zahl der Prostituierten in England auf 60–70000 an. Die Zahl der femmes d'une vertu douteuse sei ebenso groß. p. 228.

»La moyenne vie de ces infortunées créatures sur le pavé, après qu'elles sont entrées dans la carrière du vice, est d'environ six ou sept ans. De manière que pour maintenir le nombre de 60 à 70000 prostituées, il doit y avoir, dans les 3 royaumes, au moins 8 à 9000 femmes qui se vouent à cet infâme métier chaque année, ou environs vingt-quatre nouvelles victimes par jour, ce qui est la moyenne d'*une* par heure; et conséquemment, si la même proportion a lieu sur toute la surface du globe, il doit y avoir constamment un million et demi de ces malheureuses.« ibid. p. 229.

»La population des misérables croît avec leur misère, et c'est à la limite extrême du dénûment que les êtres humains se pressent en plus grand nombre pour se disputer le droit de souffrir ... En 1821, la population de l'Irlande était de 6801827. En 1831, elle s'était élevée à 7764010; c'est 14 p. % d'augmentation en dix ans. Dans le Leinster, province où il y a le plus d'aisance, la population n'a augmenté que de 8 p. %, tandis que, dans le Connaught, province la plus misérable, l'augmentation s'est élevée à 21 p. %. (Extrait des Enquêtes publiées en Angleterre sur l'Irlande. Vienne, 1840.)« *Buret,* De la misère etc. t. I. p. [36,] 37. Die Nationalökonomie betrachtet die Arbeit abstrakt als eine Sache; le travail est une marchandise; ist der Preis hoch, so ist die Ware sehr gefordert; ist er niedrig, so ist sie sehr angeboten; comme marchandise, le travail doit de plus en plus baisser de prix; teils die Konkurrenz zwischen Kapitalist und Arbeiter, teils die Konkurrenz unter den Arbeitern zwingt hierzu. »La population ouvrière, marchande de travail, est forcément réduite à la plus faible part du produit ... la théorie du travail marchandise est-elle autre chose qu'une théorie de servitude déguisée?« l. c. p. 43. »Pourquoi donc n'avoir vu dans le travail qu'une valeur d'échange?« ib. p. 44. Die großen Ateliers kaufen vorzugsweise die Arbeit von Frauen und Kindern, weil diese weniger kostet, als die der Männer. l. c. »Le travailleur n'est point vis à vis de celui qui l'emploie dans la position d'un *libre vendeur*[34] ... le capitaliste est toujours libre d'employer le travail, et l'ouvrier est toujours forcé de le vendre. La valeur du travail est complètement détruite, s'il n'est pas vendu à chaque instant. Le travail n'est susceptible, ni d'accumulation, ni même d'épargne, à la différence des véritables [marchandises]. *[XIV]* Le travail c'est la vie, et si la vie ne s'échange pas chaque jour contre des aliments, elle souffre et périt bientôt. Pour que la vie de l'homme soit une marchandise, il faut donc admettre l'esclavage.« p. 49, 50 l. c. Wenn die Arbeit also eine Ware ist, so ist sie eine Ware von den unglückseligsten Eigenschaften. Aber selbst nach nationalökonomischen Grundsätzen ist sie es nicht, weil nicht *le libre résultat d'un libre marché*. Das jetzige ökonomische Regime abaisse à la fois et le prix et la rémunération du travail, il perfectionne l'ouvrier et dégrade l'homme. p. 52, 53 l. c. »L'industrie est devenue une guerre et le commerce un jeu.« l. c. p. 62.

Les machines à travailler le coton (in England) repräsentieren allein 84000000 Handwerker.

Die Industrie befand sich bis jetzt im Zustand des Eroberungskriegs, »elle a prodigué la vie des hommes qui composaient son armée avec autant d'indifférence que les grands conquérants. Son but était la possession de la richesse, et non le bonheur des hommes.« Buret, l. c. p. 20. »Ces intérêts (sc. économiques), librement abandonnés à eux-mêmes ... doivent nécessairement entrer en conflit; ils n'ont d'autre arbitre que la guerre, et les décisions de la guerre donnent aux uns la défaite et la mort, pour donner aux autres la victoire ... c'est dans le conflit des forces opposées que la science cherche l'ordre et l'équilibre: la *guerre perpétuelle*[35] est selon elle le seul moyen d'obtenir la paix; cette guerre s'appelle la concurrence.« l. c. p. 23.

Der industrielle Krieg, um mit Erfolg geführt zu sein, erfordert zahlreiche Armeen, die er auf denselben Punkt aufhäufen und reichlich dezimieren kann. Und weder aus Devouement noch aus Pflicht ertragen die Soldaten dieser Armee die Anstrengungen, die man ihnen auferlegt; nur um der harten Notwendigkeit des Hungers zu entwischen. Sie haben weder Anhänglichkeit noch Erkenntlichkeit für ihre Chefs; diese hangen mit ihren Untergebnen durch kein Gefühl des Wohlwollens zusammen;

sie kennen sie nicht als Menschen, sondern nur als Instrumente der Produktion, welche so viel als möglich einbringen und so wenig Unkosten als möglich machen müssen. Diese Völkerschaften von Arbeitern, mehr und mehr gedrängt, haben selbst nicht die Sorglosigkeit, immer angewandt zu sein; die Industrie, welche sie zusammen berufen hat, läßt sie nur leben, wenn sie ihrer bedarf, und sobald sie sich derselben entschlagen kann; verläßt sie dieselben ohne das mindeste Bedenken; und die Arbeiter sind gezwungen, ihre Person und ihre Kraft für den Preis, den man ihnen akkordieren will, anzubieten. Je mehr die Arbeit, die man ihnen gibt, lang, peinlich, ekelhaft ist, um so weniger werden sie bezahlt; man sieht welche, die mit 16-stündiger Arbeit per Tag, bei fortdauernder Anstrengung, kaum das Recht erkaufen, nicht zu sterben. l. c. p. [68,] 69.

[XV] »Nous avons la conviction ... partagée ... par les commissaires chargés de l'enquête sur la condition des tisserands à la main, que les grandes villes industrielles perdraient, en peu de temps, leur population de travailleurs, si elles ne recevaient, à chaque instant, des campagnes voisines, des recrues continuelles d'hommes sains, de sang nouveau.« p. 362 l. c.

Profit des Kapitals

[I] 1) *Das Kapital.*

1) Worauf beruht das *Kapital,* d. h. das Privateigentum an den Produkten fremder Arbeit? »Wenn das Kapital selbst nicht auf Diebstahl oder Unterschleif sich reduziert, so bedarf es doch den Konkurs der Gesetzgebung, um die Erbschaft zu heiligen.« *Say,* t. I, p. 136, nota.

Wie wird man Proprietär von produktiven fonds? Wie wird man Eigentümer von den Produkten, die vermittelst dieser fonds geschaffen werden?

Durch das *positive Recht. Say,* t. II, p. 4.

Was erwirbt man mit dem Kapital, mit der Erbschaft eines großen Vermögens z. B.?

»Einer, der z. B. ein großes Vermögen erbt, erwirbt dadurch zwar nicht unmittelbar politische Macht. Die Art von Macht, die diese Besitzung ihm unmittelbar und direkt überträgt, das ist die *Macht zu kaufen,* das ist ein Recht des Befehls über alle Arbeit von andern oder über alles Produkt dieser Arbeit, welches zur Zeit auf dem Markt existiert.« Smith, t. I, p. 61.

Das Kapital ist also die *Regierungsgewalt* über die Arbeit und ihre Produkte. Der Kapitalist besitzt diese Gewalt, nicht seiner persönlichen oder menschlichen Eigenschaften wegen, sondern insofern er *Eigentümer* des Kapitals ist. Die *kaufende* Gewalt seines Kapitals, der nichts widerstehen kann, ist seine Gewalt.

Wir werden später sehn, einmal, wie der Kapitalist vermittelst des Kapitals seine Regierungsgewalt über die Arbeit ausübt, dann aber die Regierungsgewalt des Kapitals über den Kapitalisten selbst.

Was ist das Kapital?

»Une certaine quantité de travail amassé et mis en reserve.« Smith, t. II, p. 312.

Kapital ist *aufgespeicherte Arbeit.*

2) *fonds,* Stock ist jede Häufung von Produkten der Erde und Manufakturarbeit. Der Stock heißt nur dann *Kapital,* wenn er seinem Eigentümer ein Revenu oder Gewinn abwirft. Smith, t. II, p. 191.

2) *Der Gewinn des Kapitals*[36].

Der Profit oder *Gewinn des Kapitals* ist ganz vom *Arbeitslohn* verschieden. Diese Verschiedenheit zeigt sich in doppelter Weise: Einmal regeln sich die Gewinne des Kapitals gänzlich nach dem Wert des angewandten Kapitals, obgleich die Arbeit der Aufsicht und Direktion bei verschiedenen Kapitalien die nämliche sein kann. Dann kömmt hinzu, daß in großen Fabriken diese ganze Arbeit einem Hauptkommis anvertraut ist, dessen Gehalt in keinem Verhältnis mit dem *[II]* Kapital steht[37], dessen Leistung er überwacht. Obgleich sich hier nun die Arbeit des Proprietärs fast auf nichts reduziert, verlangt er doch Profite im Verhältnis zu seinem Kapital. Smith, t. I, p. 97–99.

Warum verlangt der Kapitalist diese Proportion zwischen Gewinn und Kapital?

Er hätte kein *Interesse,* die Arbeiter anzuwenden, wenn er nicht vom Verkauf ihres Werks mehr erwartete, als nötig ist, um die für Arbeitslohn avancierten fonds zu ersetzen, und er hätte kein *Interesse,* eher eine große als eine kleine Summe von fonds anzuwenden, wenn sein Profit nicht im Verhältnis zum Umfang der angewandten fonds stände. t. I, p. 96, 97.

Der Kapitalist zieht also erstens einen Gewinn auf die Saläre, zweitens auf die avancierten Rohstoffe.

Welches Verhältnis hat nun der Gewinn zum Kapital?

Wenn es schon schwer ist, die gewöhnliche mittlere Taxe des Arbeitslohnes an[38] gegebenem Ort und in[39] [gegebener] Zeit zu bestimmen, so noch schwerer den Gewinn der Kapitalien[40]. Wechsel im Preis der Waren, mit welchen das Kapital handelt, Glück oder Unglück seiner Rivalen und Kunden, tausend andre Zufälle; denen die Waren ausgesetzt sind, sowohl während des Transports als in den Magazinen, bringen einen täglichen, fast stündlichen Wechsel im Profit hervor. Smith, t. I, p. 179, 180. So unmöglich es nun ist, die Gewinne der Kapitalien mit Präzision zu bestimmen, so kann man sich doch eine Vorstellung von ihnen machen nach dem *Geldzins*. Kann man viel Gewinn mit dem Geld machen, so gibt man viel für die Fähigkeit, sich seiner zu bedienen, wenn wenig durch seine Vermittlung, wenig. Smith, t. I, p. 181. Die Proportion, welche die gewöhnliche Zinstaxe mit der Taxe des Reingewinns bewahren muß, wechselt notwendig mit Steigen oder Fallen des Gewinns. In Großbritannien berechnet man auf das Doppelte des Interesses das, was die Handelsleute nennen *un profit honnête, modère, raisonnable,* lauter Ausdrücke, die nichts sagen wollen, als ein *gewöhnlicher und gebräuchlicher Profit*. Smith, t. I, p. 198.

Welches ist die *niedrigste* Taxe des Gewinns? Welches seine *höchste?*

Die *niedrigste* Taxe des gewöhnlichen Gewinns der Kapitalien muß immer *etwas mehr* sein, als nötig ist, um die zufälligen Verluste zu kompensieren, welchen jede Anwendung des Kapitals ausgesetzt ist. Dieses surplus ist eigentlich der Gewinn oder le bénéfice net. Ebenso verhält es sich mit der niedrigsten Taxe des Zinsfußes. Smith, t. I, p. 196.

[III] Die *höchste Taxe,* auf welche die gewöhnlichen Gewinne steigen können, ist die, welche in der Mehrzahl der Waren die *Totalität der Grundrente wegnimmt* und den Arbeitslohn der gelieferten Ware auf den *niedrigsten Preis,* auf die bloße Subsistenz des Arbeiters während der Arbeit reduziert. Auf die eine oder die andere Art muß der Arbeiter immer genährt werden, solange er zu einem Tagwerk angewandt wird; die Grundrente kann ganz wegfallen. Beispiel: In Bengalien die Leute der indischen Handelskompagnie, Smith, t. I, p. 198.[41]

Außer allen Vorteilen einer geringen Konkurrenz, die der Kapitalist in diesem Fall *ausbeuten* darf, kann er auf eine honette Weise den Marktpreis über den natürlichen Preis halten.

Einmal, durch *Handelsgeheimnis,* wenn der Markt von denen, die ihn beziehn, sehr entfernt ist: nämlich durch Geheimhaltung der Wechsel des Preises, seiner Erhöhung über den natürlichen Stand. Diese Geheimhaltung hat nämlich den Erfolg, daß nicht andre Kapitalisten ebenfalls ihr Kapital auf diese Branche werfen.

Dann, durch *Fabrikgeheimnis,* wo der Kapitalist mit weniger Produktionskosten seine Ware zu denselben oder sogar zu niedrigern Preisen als seine Konkurrenten mit[42] mehr Profit liefert. – (Der Betrug durch Geheimhaltung ist nicht unsittlich? Börsenhandel.) – *Ferner:* wo die Produktion an eine bestimmte Lokalität gebunden (wie z.B. kostbarer Wein) und die *effektive Nachfrage* nie befriedigt werden kann. *Endlich:* durch *Monopole* von Individuen und Kompagnien. Der Monopolpreis ist so hoch als möglich. *Smith,* t. I, p. 120–124.

Andere zufällige Ursachen, welche den Gewinn des Kapitals erhöhen können: Erwerbung von neuen Territorien oder neuer Handelszweige vermehren oft, selbst in einem reichen Lande, den Gewinn der Kapitalien, weil sie den alten Handelszweigen einen Teil der Kapitalien entziehn, die Konkurrenz vermindern, den Markt mit weniger Waren beziehn machen, deren Preise sich dann erhöhn; die Handelstreibenden mit denselben können dann das geliehne Geld mit stärkern Zinsen zahlen. Smith, t. I, p. 190.[43]

Je mehr eine Ware bearbeitet, Gegenstand der Manufaktur wird, steigt der Teil des Preises, der sich in Arbeitslohn und Profit auflöst, im Verhältnis zu dem Teil, der sich in Grundrente auflöst. In dem Fortschritt, den die Handarbeit über diese Ware macht, vermehrt sich nicht nur die Zahl der Gewinne, sondern jeder folgende Gewinn ist größer als der vorhergehende, weil das Kapital, von dem *[IV]* er entspringt, notwendig immer größer ist. Das Kapital, welches die Leinweber in Arbeit setzt, ist notwendig immer größer als das, welches die Spinner arbeiten macht, weil es nicht nur das letzte Kapital mit seinen Gewinnen ersetzt, sondern außerdem noch die Saläre der Leinweber zahlt, und es ist notwendig, daß die Gewinne immer in einer Art von Verhältnis mit dem Kapital stehn. t. I, 102, 103.

Der Fortschritt, den also die menschliche Arbeit über das Naturprodukt in das bearbeitete Naturprodukt macht, vermehrt nicht den Arbeitslohn, sondern teils die Zahl der gewinnenden Kapitale, teils das Verhältnis jedes folgenden Kapitals zu den vorhergehenden.

Über den Gewinn, den der Kapitalist von der Teilung der Arbeit zieht, später.

Er gewinnt doppelt, erstens von der Teilung der Arbeit, zweitens überhaupt von dem Fortschritt, den die menschliche Arbeit über das Naturprodukt macht. Je größer der menschliche Anteil an einer Ware, um so größer der Gewinn des toten Kapitals.

In einer und derselben Gesellschaft ist die Durchschnittstaxe der Kapitalgewinne viel näher demselben Niveau, als der Lohn der verschiedenen[44] Arten von Arbeit. t. I, p. 228[45]. Bei den verschiedenen Anwendungen des Kapitals wechselt die gewöhnliche Taxe des Gewinns nach der größern oder geringern Gewißheit der Zurückkunft des Kapitals. »Die Taxe des Gewinns hebt sich mit dem risque, wenn auch nicht in vollständiger Proportion.« ibid. [p. 226, 227.].

Es versteht sich von selbst, daß die Kapitalgewinne auch durch die Erleichterung oder geringere Kostspieligkeit der Zirkulationsmittel (z. B. Papiergeld) steigen.

3) *Die Herrschaft des Kapitals über die Arbeit und die Motive des Kapitalisten.*

Das einzige Motiv, welches den Besitzer eines Kapitals bestimmt, es eher in der Agrikultur oder in der Manufaktur oder in einem besondern

Zweig des en gros oder en détail Handels zu verwenden, ist der Gesichtspunkt seines eignen Profits. Es kömmt ihm nie in den Sinn zu berechnen, wie viel *produktive Arbeit* jede dieser verschiednen Anwendungsarten in Tätigkeit setzen *[V]* oder an Wert dem jährlichen Produkt der Ländereien und der Arbeit seines Landes hinzufügen wird. *Smith,* t. II, p. 400, 401.

Die nützlichste Anwendung des Kapitals für den Kapitalisten ist die, welche ihm bei gleicher Sicherheit den größten Gewinn abwirft. Diese Anwendung ist nicht immer die nützlichste für die Gesellschaft; die nützlichste ist die, welche darauf verwandt wird, Nutzen von den produktiven Naturkräften zu ziehn. *Say,* t. II, p. 131.

Die wichtigsten Operationen der Arbeit sind geregelt und geleitet nach den Plänen und den Spekulationen derjenigen, welche die Kapitalien anwenden; und der Zweck, welchen sie sich in allen diesen Plänen und Operationen vorsetzen, ist der *Profit.* Also: die Taxe des Profits steigt nicht wie Grundrente und Arbeitslohn mit dem Wohlstand der Gesellschaft und fällt nicht wie jene mit ihrem Verfall. Im Gegenteil, diese Taxe ist natürlich niedrig in den reichen Ländern und hoch in den armen Ländern; und sie ist nie so hoch als in den Ländern, welche sich am schnellsten ihrem Ruin entgegen stürzen. Das Interesse dieser Klasse steht also nicht in derselben Verbindung, wie das der beiden andren, mit dem allgemeinen Interesse der Gesellschaft. ... Das besondre Interesse derer, die einen besondren Handels- oder Manufakturzweig treiben, ist in gewisser Hinsicht immer verschieden von dem des Publikums und oft ihm sogar feindlich entgegengesetzt. Das Interesse des Kaufmanns ist immer, den Markt zu vergrößern und die Konkurrenz der Verkäufer einzuschränken ... Es ist dies eine Klasse von Leuten, deren Interesse niemals exakt dasselbe sein wird wie das der Gesellschaft, welche im Allgemeinen ein Interesse haben, das Publikum zu betrügen und es zu überlisten. t. II[46], p. 163–165. Smith.

4) *Die Akkumulation der Kapitalien und die Konkurrenz unter den Kapitalisten.*

Die *Vermehrung der Kapitalien,* welche den Arbeitslohn erhöht, strebt den Gewinn der Kapitalisten zu vermindern, durch die *Konkurrenz* unter den Kapitalisten. t. I, p. 179. Smith.

Wenn z. B. das Kapital, das zum Epiceriegeschäft einer Stadt nötig ist, sich unter zwei verschiedne Epiciers geteilt findet, so wird die Konkurrenz machen, daß jeder von ihnen wohlfeiler verkaufen wird, als wenn sich das Kapital in den Händen eines einzigen befunden hätte; und wenn es unter 20 *[VI]* geteilt ist, wird die Konkurrenz grade um so tätiger sein, und es wird um so weniger die Möglichkeit gegeben sein, daß sie sich unter einander verständigen können, den Preis ihrer Waren zu erhöhen. Smith, t. II, p. 372, 373.

Da wir nun schon wissen, daß die Preise des Monopols so hoch als möglich sind, da das Interesse der Kapitalisten selbst vom gemein nationalökonomischen Gesichtspunkt aus feindlich der Gesellschaft gegenübersteht, da die Erhöhung des Kapitalgewinns wie das zusammengesetzte Interesse auf den Preis der Ware wirkt (Smith, t. I, p. 199–201), so ist die *Konkurrenz* die einzige Hülfe gegen die Kapitalisten, die nach der Angabe der Nationalökonomie eben so wohltätig auf die Erhöhung des Arbeitslohns als auf die Wohlfeilheit der Waren zu Gunsten des konsumierenden Publikums wirkt.

Allein die Konkurrenz ist nur dadurch möglich, daß die Kapitalien sich vermehren, und zwar in vielen Händen. Die Entstehung vieler Kapitalien ist nur möglich durch vielseitige Akkumulation, da das Kapital überhaupt nur durch Akkumulation entsteht, und die vielseitige Akkumulation schlägt notwendig in einseitige um. Die Konkurrenz unter den Kapitalien vermehrt die Akkumulation unter den Kapitalien. Die Akkumulation, welche unter der Herrschaft des Privateigentums *Konzentration* des Kapitals in wenigen Händen ist, ist überhaupt eine notwendige Konsequenz, wenn die Kapitalien ihrem natürlichen Lauf überlassen werden, und durch die Konkurrenz[47] bricht sich diese natürliche Bestimmung des Kapitals erst recht freie Bahn.

Wir haben gehört, daß der Gewinn des Kapitals im Verhältnis zu seiner Größe steht. Ganz zunächst von der absichtlichen Konkurrenz abgesehn, akkumuliert ein großes Kapital sich also verhältnismäßig nach seiner Größe schneller als ein kleines Kapital. *[VIII]* Hienach ist schon ganz abgesehn von der Konkurrenz die Akkumulation des großen Kapitals viel schneller als die des kleineren. Aber verfolgen wir weiter den Verlauf.

Mit der Vermehrung der Kapitalien vermindern sich mittels der Konkurrenz die Profite der Kapitalien. Also leidet zunächst der kleine Kapitalist.

Die Vermehrung der Kapitalien und eine große Anzahl von Kapitalien setzt ferner fortschreitenden Reichtum des Landes voraus.

»In einem Lande, welches auf eine sehr hohe Stufe des Reichtums gelangt ist, ist die gewöhnliche Taxe des Gewinns so klein, daß der Zinsfuß, welchen dieser Gewinn zu zahlen erlaubt, zu niedrig ist, als daß andre als die reichsten Leute vom Geldinteresse leben könnten. Alle Leute von mittlerem Vermögen müssen also selbst ihr Kapital anwenden, Geschäfte treiben, oder sich an irgend einem Handelszweig interessieren.« Smith, t. I, p. [196], 197.

[48]Dieser Zustand ist der Lieblingszustand der Nationalökonomie.

»Die Proportion, welche zwischen der Summe der Kapitalien und den Revenuen besteht, bestimmt überall die Proportion, in welcher sich die Industrie und der Müßiggang befinden werden; wo die Kapitalien den Sieg davon tragen, herrscht die Industrie; wo die Revenuen, der Müßiggang.« t. II, p. 325. Smith.

Wie steht es nun mit der Anwendung des Kapitals in dieser vergrößerten Konkurrenz?

»Mit der Vermehrung der Kapitalien muß die Quantität der fonds à prêter à intérêt sukzessiv größer werden; mit der Vermehrung dieser fonds wird der Geldzins kleiner, 1) weil der Marktpreis aller Sachen fällt, je mehr ihre Quantität sich vermehrt, 2) *weil mit der Vermehrung der Kapitalien in einem Land es schwerer wird,* ein neues Kapital auf eine vorteilhafte Weise anzulegen. Es erhebt sich eine Konkurrenz unter den verschiednen Kapitalien, indem der Besitzer eines Kapitals alle möglichen Anstrengungen macht, um sich[49] des Geschäftes[50] zu bemächtigen, das sich durch ein andres Kapital besetzt findet. Aber meistens kann er nicht hoffen, dies andre Kapital von seinem Platze wegzubugsieren, wenn nicht durch die Anbietung, zu besseren Bedingungen zu handeln. Er muß die Sache nicht nur wohlfeiler verkaufen, sondern oft, um Gelegenheit zum Verkauf zu finden, sie teurer kaufen. Je mehr fonds zur Erhaltung der produktiven Arbeit bestimmt wird, desto größer wird die Nachfrage nach Arbeit: die Arbeiter finden leicht Beschäftigung, *[IX]* aber die Kapitalisten haben Schwierigkeiten, Arbeiter zu finden. Die Konkurrenz der Kapitalisten läßt den Arbeitslohn steigen und die Gewinne fallen.« t. II[51], p. 358, 359. Smith.

Der kleine Kapitalist hat also die Wahl: 1) entweder sein Kapital aufzuessen, da er von den Zinsen nicht mehr leben kann, also aufzuhören, Kapitalist zu sein; oder 2) selbst ein Geschäft anzulegen, seine Ware wohlfeiler zu verkaufen und teurer zu kaufen als der reichere Kapitalist und einen erhöhten Arbeitslohn zu zahlen; also, da der Marktpreis durch die vorausgesetzte hohe Konkurrenz schon sehr niedrig steht, sich zu ruinieren. Will dagegen der große Kapitalist den kleinern wegbugsieren, so hat er ihm gegenüber alle Vorteile, welche der Kapitalist als Kapitalist dem Arbeiter gegenüber hat. Die kleinern Gewinne werden ihm durch die größere Quantität seines Kapitals ersetzt und selbst momentane Verluste kann er so lange ertragen, bis der kleinere Kapitalist ruiniert ist und er sich von dieser Konkurrenz befreit sieht. So akkumuliert er sich die Gewinne des kleinen Kapitalisten.

Ferner: Der große Kapitalist kauft immer wohlfeiler ein als der kleine, weil er massenhafter einkauft. Er kann also ohne Schaden wohlfeiler verkaufen.

Wenn aber der Fall des Geldzinses die mittleren Kapitalisten aus

Rentiers zu Geschäftsleuten macht, so bewirkt umgekehrt die Vermehrung der Geschäftskapitalien und der daher erfolgende kleinere Gewinn den Fall des Geldzinses.

»Damit, daß das Benefiz, das man vom Gebrauch eines Kapitals ziehn kann, sich vermindert, vermindert sich notwendig der Preis, den man für den Gebrauch dieses Kapitals zahlen kann.« t. II[52], p. 359 *Smith.*

»Je mehr Reichtum, Industrie, Bevölkerung sich mehren, um so mehr vermindert sich der Geldzins, also der Gewinn des Kapitalisten; aber sie selbst vermehren sich nichts desto weniger und noch schneller wie früher trotz der Verminderung der Gewinne ... Ein großes Kapital, obgleich von kleinen Gewinnen, vermehrt sich im allgemeinen viel schneller als ein kleines Kapital mit großen Gewinnen. Das Geld macht Geld, sagt das Sprichwort.« t. I, p. 189.

Wenn also diesem großen Kapital nun gar kleine Kapitale mit kleinen Gewinnen, wie das unter dem vorausgesetztem Zustand starker Konkurrenz ist, gegenübertreten, so ekrasiert es sie völlig.

In dieser Konkurrenz ist dann die allgemeine Verschlechterung der Waren, die Verfälschung, die Scheinproduktion, die allgemeine Vergiftung, wie sie in großen Städten sich zeigt, die notwendige Konsequenz.

[X] Ein wichtiger Umstand in der Konkurrenz der großen und kleinen Kapitalien ist ferner das Verhältnis von *capital fixe* und *capital circulant.*

Capital circulant ist ein Kapital, das angewandt wird zur Erzeugung von Lebensmitteln, Manufaktur oder Handel. Dies so angelegte Kapital gibt seinem Herrn nicht Revenu oder Profit, so lang es in seinem Besitz bleibt oder fortfährt, unter derselben Gestalt zu bleiben. Es geht beständig aus seiner Hand unter einer bestimmten Form, um unter einer andren zurückzukehren, und ist nur vermittelst dieser Zirkulation oder dieser sukzessiven Verwandlung und Vertauschung Profit bringend. *Capital fixe* besteht in dem zur Verbesserung von Ländern, zum Ankauf von Maschinen, Instrumenten, Handwerkszeug, ähnlichen Sachen angelegten Kapital. *Smith,* [t. II,] p. 197, 198.

»Jede Ersparung in der Erhaltung des capital fixe ist ein Zuwachs des Reingewinns. Das Gesamtkapital eines jeden Arbeiterunternehmers teilt sich notwendig zwischen seinem capital fixe und seinem capital circulant. Bei der Gleichheit der Summe wird der eine Teil um so kleiner sein, je größer der andere ist. Das capital circulant liefert ihm die Materie und Saläre der Arbeit und setzt die Industrie in Tätigkeit. Also jede Ersparnis im capital fixe, welche die produktive Kraft der Arbeit nicht vermindert, vermehrt den fonds.« t. II, p. 226[53]. *Smith.*

Man sieht von vorn herein, daß das Verhältnis von capital fixe und capital circulant viel günstiger für den großen als für den kleineren Kapitalisten ist. Ein sehr[54] großer Bankier braucht nur unbedeutend mehr capital fixe als ein sehr kleiner. Ihr capital fixe beschränkt sich auf die Comptoirstube. Die Instrumente eines größern Landgutsbesitzers vermehren sich nicht in dem Verhältnis der Größe seines Grundstückes. Ebenso ist der Kredit, den ein großer Kapitalist vor dem kleineren besitzt, eine um so größere Ersparung im capital fixe, nämlich dem Gelde, was er immer parat haben muß. Es versteht sich endlich, daß, wo die Industriearbeit einen hohen Grad erreicht hat, also fast alle Handarbeit zur Fabrikarbeit geworden ist, dem kleinen Kapitalisten sein ganzes Kapital nicht zureicht, um nur das nötige capital fixe zu besitzen. On sait, que les travaux de la grande culture n'occupent habituellement, qu'un petit nombre de bras.[55] Überhaupt findet bei der Akkumulation der großen Kapitalien verhältnismäßig auch eine Konzentration und Vereinfachung des capital fixe statt im Verhältnis zu den kleineren Kapitalisten. Der große Kapitalist führt für sich eine Art *[XI]* von Organisation der Arbeitsinstrumente ein.

»Ebenso ist im Bereiche der Industrie schon jede Manufaktur und Fabrik eine umfassendere Verbindung eines größeren sächlichen Vermögens mit zahlreichen und vielartigen intellektuellen Fähigkeiten und technischen Fertigkeiten zu einem *gemeinsamen* Zwecke der Produktion ... Wo die Gesetzgebung das Grundeigentum in großen Massen zusammenhält, drängt sich der Überschuß einer wachsenden Bevölkerung zu den Gewerben, und es ist also, wie in Großbritannien, das Feld der Industrie, auf dem sich hauptsächlich die größere Menge der Proletarier anhäuft. Wo aber die Gesetzgebung die fortgesetzte Teilung des Bodens zuläßt, da vermehrt sich, wie in Frankreich, die Zahl der kleinen und verschuldeten Eigentümer, welche durch die fortgehende Zerstücklung in die Klasse der Dürftigen und Unzufriedenen geworfen werden. Ist endlich diese Zerstücklung und Überschuldung zu einem höheren Grade getrieben, so verschlingt wieder der große Grundbesitz den kleinen, wie auch die große Industrie die kleine vernichtet; und da nun wieder größere Güterkomplexe sich bilden, so wird auch die zur Kultur des Bodens nicht schlechthin erforderliche Menge der besitzlosen Arbeiter wieder der Industrie zugedrängt.« p. [58,] 59, Schulz. Bewegung der Produktion.

»Die Beschaffenheit der Waren derselben Art wird eine andere durch die Veränderungen in der Art der Produktion und namentlich durch die Anwendung des Maschinenwesens. Nur durch Ausschließung der Menschenkraft ist es möglich geworden, von einem Pfund Baumwolle, 3 Schill. 8 Pence an Wert, 350 Zaspeln zu spinnen von 167 englischen, d. i. 36 deutschen Meilen Länge, und von einem Handelswerte von 25 Guineen.« ibid. p. 62.

»Im Durchschnitte haben sich in England seit 45 Jahren die Preise der Baumwollenzeuge um $^{11}/_{12}$ vermindert, und nach Marshalls Berechnungen wird das gleiche Quantum von Fabrikation, wofür noch im Jahre 1814 16 Schillinge bezahlt wurden, jetzt um 1 Schill. 10 d. geliefert. Die größere Wohlfeilheit der industriellen Erzeugnisse vergrößerte die Konsumtion sowohl im Inlande als den Markt im Auslande; und damit hängt zusammen, daß sich in Großbritannien die Zahl der Arbeiter in Baumwolle nach Einführung der Maschinen nicht nur nicht vermindert hat, sondern daß sie von 40000 auf 1½ Millionen gestiegen ist. *[XII]* Was nun den Erwerb der industriellen Unternehmer und Arbeiter betrifft, so hat sich durch die wachsende Konkurrenz unter den Fabrikherrn der Gewinnst derselben im Verhältnisse zur Quantität der Erzeugnisse, die sie liefern, notwendig vermindert. In den Jahren 1820–33 ist der Bruttogewinn des Fabrikanten in Manchester für ein Stück Calico von 4 Schill. 1 ⅓ d. auf 1 Schill. 9 d. gefallen. Aber zur Einbringung dieses Verlustes ist der Umfang der Fabrikation um so mehr erweitert worden. Davon ist nun die Folge ..., daß in einzelnen Zweigen der Industrie teilweise[56] Überproduktion eintritt; daß häufige Bankerotte entstehen[57], wodurch sich *innerhalb* der Klasse der Kapitalisten und Arbeitsherrn ein unsicheres Schwanken und Wogen des Besitzes erzeugt, was einen Teil der ökonomisch Zerrütteten dem Proletariate zuwirft; daß oft und plötzlich eine Einstellung oder Verminderung der Arbeit notwendig wird, deren Nachteile die Klasse der Lohnarbeiter stets bitter empfindet.« ibid. p. 63.

»Louer son travail, c'est commencer son esclavage; louer la matière du travail, c'est constituer sa liberté ... Le travail c'est l'homme, la matière au contraire n'est rien de l'homme.« *Pecqueur,* Théor. soc. etc. p. 411, 412.

»L'élément *matière,* qui ne peut rien pour la création de la richesse sans l'autre élément *travail,* reçoit la vertu magique d'être fécond pour eux comme s'ils y avaient mis de leur propre fait, cet indispensable élément.« ibid. l. c. »En supposant que le travail quotidien d'un ouvrier lui apporte en moyenne 400 fr. par an, et que cette somme suffise à chaque adulte pour vivre d'une vie grossière, tout propriétaire de 2000 fr. de rente, de fermage, de loyer, etc., force donc indirectement 5 hommes à travailler pour lui; 100000 fr. de rente représentent le travail de 250 hommes, et 1000000 le travail de 2500 individus (also 300 Millionen (Louis Philippe) die Arbeit von 750000 Arbeitern).« ibid. p. 412, 413.

»Les propriétaires ont reçu de la loi des hommes le droit d'user et d'abuser, c'est-à-dire de faire ce qu'ils veulent de la matière de tout travail ... ils sont nullement obligés par la loi de fournir à propos et toujours du travail aux non-propriétaires, ni de leur payer un salaire toujours suffisant etc.« p. 413, l. c. »Liberté entière quant à la nature, à la quantité, à la qualité, à l'opportunité de la production, à l'usage, à la consommation des richesses, à la disposition de la matière de tout travail. Chacun est libre d'échanger sa chose comme il l'entend, sans autre considération que son propre intérêt d'individu.« p. 413, l. c.

»La concurrence n'exprime pas autre chose que l'échange facultatif, qui lui-même est la conséquence prochaine et logique du droit individuel d'user et d'abuser des instruments de toute production. Ces trois moments économiques, lesquels n'en font qu'un: le droit d'user et d'abuser, la liberté d'échanges et la concurrence arbitraire, entraînent les conséquences suivantes: chacun produit ce qu'il veut, comme il veut, quand il veut, où il veut; produit bien ou produit mal, trop ou pas assez, trop tôt ou trop tard, trop cher ou à trop bas prix; chacun ignore s'il vendra, comment il vendra, quand il vendra, où il vendra, à qui il vendra: et il en est de même quant aux achats. *[XIII]* Le producteur ignore les besoins et les ressources, les demandes et les offres. Il vend quand il veut, quand il peut, où il veut, à qui il veut, au prix qu'il veut. Et il achète de même. En tout cela, il est toujours le jouet du hasard, l'esclave de la loi du plus fort, du moins pressé, du plus riche ... Tandis que sur un point il y a disette d'une richesse, sur l'autre il y a tropplein et gaspillage. Tandis qu'un producteur vend beaucoup ou très cher, et à bénéfice énorme, l'autre ne vend rien ou vend à perte ... L'offre ignore la demande, et la demande ignore l'offre. Vous produisez sur la foi d'un goût, d'une mode qui se manifeste dans le public des consommateurs; mais déjà, lorsque vous êtes prêts à livrer la marchandise, la fantaisie a passé et s'est fixée sur un autre genre de produit ... conséquences infaillibles, la permanence et l'universalisation des banqueroutes; les mécomptes, les ruines subites et les fortunes improvisées; les crises commerciales, les chômoges, les encombrements ou les disettes périodiques; l'instabilité et l'avilissement des salaires et des profits; la déperdition ou le gaspillage énorme de richesses, de temps et d'efforts dans l'arène d'une concurrence acharnée.« p. 414–416 l. c.

Ricardo in seinem Buch (rent of land): Die Nationen sind nur Ateliers der Produktion, der Mensch ist eine Maschine zum Konsumieren und Produzieren; das menschliche Leben ein Kapital; die ökonomischen Gesetze regieren blind die Welt. Für Ricardo sind die Menschen nichts, das Produkt alles. Im 26. Kapitel der französischen Übersetzung heißt es: »Il serait tout-à-fait indifférent pour une personne qui sur un capital de 20000 £ ferait 2000 £ par an de profit, que son capital employât cent hommes ou mille ... L'intérêt réel d'une nation n'est-il pas le même? Pourvu que son revenu net et réel, et que ses fermages et profits soient les mêmes, qu'importe qu'elle se compose de dix ou de douze millions d'individus?« [t. II, p. 194, 195.] »En vérité, dit M. de Sismondi (t. II, p. 331), il ne reste plus qu'à désirer que le roi, demeuré tout seul dans l'île, en tournant constamment une manivelle (Kurbel), fasse accomplir, par des automates, tout l'ouvrage de l'Angleterre.«

»Le maître qui achète le travail de l'ouvrier, à un prix si bas, qu'il suffit à peine aux besoins les plus pressants, n'est responsable ni de l'insuffisance des salaires, ni de la trop longue durée du travail: il subit lui-même la loi qu'il impose ... ce n'est pas tant des hommes que vient la misère, que de la puissance des choses.« [Buret] l. c. 82.

»In England gibt es viele Plätze, wo den Einwohnern zur vollständigen Erdkultur die Kapitalien fehlen. Die Wolle der Ostprovinzen Schottlands[58] muß großenteils eine lange Reise zu Land durch schlechte Wege machen, um in der Grafschaft York bearbeitet zu werden, weil es an ihrem Produktionsplatz an Kapitalien zur Manufaktur fehlt. Es gibt in England mehrere kleine Fabrikstädte, deren Einwohnern hinreichendes Kapital fehlt zum Transport ihres industriellen Produkts auf entfernte Märkte, wo dasselbe Nachfrage und Konsumenten findet. Die Kaufleute hier sind *[XIV]* nur Agenten reicherer Kaufleute, die in einigen großen Handelsstädten residieren.« *Smith,* t. II, p. 381, 382. »Pour augmenter la valeur du produit annuel de la terre et du travail, il n'y a pas d'autres moyens que d'augmenter, quant au *nombre, les ouvriers productifs,* ou d'augmenter, quant à la puissance, la *faculté productive des ouvriers* précédemment employés. Dans l'un et dans l'autre cas il faut presque toujours un surcroît de capital.« *Smith.* t. II[59], p. 338.

»Weil es also in der Natur der Dinge liegt, daß die *Akkumulation* eines Kapitals ein notwendiger Vorläufer der Teilung der Arbeit ist, kann die Arbeit keine weiteren Unterabteilungen empfangen als in dem Verhältnis, in welchem sich die Kapitalien nach und nach aufgehäuft haben. Je mehr die Arbeit in Unterabteilungen zerfällt, vermehrt sich die Quantität der Materien, welche dieselbe Anzahl von Personen ins Werk setzen kann; indem die Aufgabe jedes Arbeiters sich nach und nach auf eine größere Stufe von Einfachheit reduziert findet, werden eine Menge neuer Maschinen entdeckt, um diese Aufgaben zu erleichtern und abzukürzen. Je weiter sich also die Teilung der Arbeit ausbreitet, ist es notwendig, damit eine selbe Zahl von ouvriers beständig beschäftigt sei, daß man eine gleiche Provision von Lebensmitteln und eine[60] Provision von Materien, Instrumenten und Handwerkszeug im voraus aufhäuft, welche viel stärker ist, als dies früher in einem minder avancierten Zustand der Dinge nötig war. Die Zahl der Arbeiter vermehrt sich in jedem Arbeitszweig zur selben Zeit, als sich hier die Teilung der Arbeit vermehrt, oder vielmehr ist es diese Vermehrung ihrer Zahl, welche sie in den Stand setzt, sich zu klassifizieren und unterabzuteilen auf diese Art.« Smith. t. II, 193, 194.

»Ebenso wie die Arbeit diese große Ausdehnung der produktiven Kraft nicht erhalten kann, ohne eine vorhergehende Akkumulation der Kapitalien, ebenso führt die Akkumulation der Kapitalien natürlicher Weise diese Ausdehnung [herbei]. Der Kapitalist will nämlich durch sein

Kapital die größtmögliche Quantität Machwerk produzieren, strebt also unter seinen Arbeitern die schicklichste Arbeitsteilung einzuführen und mit den möglichst besten Maschinen sie zu versehn. Seine Mittel, um in diesen beiden Gegenständen zu reussieren, *[XV]* stehn im Verhältnis zur Ausdehnung seines Kapitals und zur Zahl der Leute, welche dieses Kapital[61] beschäftigt halten kann. Also nicht nur die Quantität der Industrie vermehrt sich in einem Lande vermittelst des *Wachstums des Kapitals,* welches sie in Bewegung setzt, sondern in Folge dieses Wachstums produziert dieselbe Quantität von Industrie eine viel größere Quantität des Machwerks.« Smith. l.c.p. 194, 195. Also *Überproduktion.*

»Umfassendere Kombinationen der produktiven Kräfte ... in Industrie und Handel durch Vereinigung zahlreicherer und vielartigerer Menschenkräfte und Naturkräfte für Unternehmungen in größerem Maßstabe. Auch schon hie und da engere Verbindung der Hauptzweige der Produktion unter sich. So werden große Fabrikanten zugleich großen Grundbesitz zu erwerben suchen, um wenigstens einen Teil der zu ihrer Industrie erforderlichen Urstoffe nicht erst aus dritter Hand beziehen zu müssen; oder sie werden mit ihren industriellen Unternehmungen einen Handel in Verbindung setzen, nicht bloß zum Vertrieb ihrer eigenen Fabrikate, sondern wohl auch zum Ankauf von Produkten anderer Art und zum Verkauf derselben an ihre Arbeiter. In England, wo einzelne Fabrikherrn mitunter an der Spitze von 10–12000 Arbeitern ..., schon solche Verbindungen verschiedener Produktionszweige unter *einer* leitenden Intelligenz, solche kleinere Staaten oder Provinzen im Staate, nicht selten. So übernehmen in neuerer Zeit die Minenbesitzer bei *Birmingham* den *ganzen* Prozeß der Eisenbereitung, der sich früher an verschiedene Unternehmer und Besitzer verteilte. S. ›Der bergmännische Distrikt bei Birmingham.‹ Deutsche Viertelj[ahrsschrift], 3, 1838. – Endlich sehen wir in den so zahlreich gewordenen größeren Aktienunternehmungen umfassende Kombinationen der Geldkräfte *vieler* Teilnehmenden mit den wissenschaftlichen und technischen Kenntnissen und Fertigkeiten Anderer, welchen die Ausführung der Arbeit übertragen ist. Hierdurch den Kapitalisten möglich, ihre Ersparnisse in mannigfacherer Weise und wohl auch gleichzeitig auf landwirtschaftliche, industrielle und kommerzielle Produktion zu verwenden, wodurch ihr Interesse ein gleichzeitig vielseitigeres wird, *[XVI]* Gegensätze zwischen den Interessen der Agrikultur, der Industrie und des Handels sich mildern und verschmelzen. Aber selbst diese erleichterte Möglichkeit, das Kapital in verschiedenster Weise nutzbringend zu machen, muß den Gegensatz zwischen den bemittelten und unbemittelten Klassen erhöhen.« Schulz, l.c.p. 40, 41.

Ungeheurer Gewinn, den die Hausvermieter von[62] dem Elend ziehn. Der loyer steht im umgekehrten Verhältnis zum industriellen Elend.

Ebenso Prozente von den Lastern der ruinierten Proletarier. (Prostitution, Soff, prêteur sur gages.) Die Akkumulation der Kapitalien nimmt zu und ihre Konkurrenz ab, indem Kapital und Grundbesitz sich in einer Hand[63] zusammenfinden, ebenso indem das Kapital durch seine Größe befähigt wird, verschiedene Produktionszweige zu kombinieren.

Gleichgültigkeit gegen die Menschen. Die 20 Lotterielose von Swift. Revenu net et brut von Say.

Grundrente

[I] Das Recht der Grundeigentümer leitet seinen Ursprung vom Raub. Say, t. I, p. 136, not. Die Grundeigentümer lieben wie alle Menschen da zu ernten, wo sie nicht gesät haben[64], und sie verlangen eine Rente selbst für das natürliche Produkt der Erde. *Smith,* t. I, p. 99.

»Man könnte sich vorstellen, die Grundrente sei nur der Gewinn des Kapitals, welches der Eigentümer zur Verbesserung des Bodens benützt hat ... Es gibt Fälle, wo die Grundrente dies zum Teil sein kann ... aber der Grundeigentümer fordert 1) eine Rente selbst für die nicht verbesserte Erde, und was man als Interesse oder Gewinn auf die Verbesserungskosten betrachten kann, ist meistens nur eine Zutat (Addition)[65] zu dieser primitiven Rente, 2) überdem sind diese Verbesserungen nicht immer mit den fonds der Grundeigentümer gemacht, sondern manchmal mit denen des Pächters: nichtsdestoweniger, wenn es sich darum handelt, die Pacht zu erneuen, verlangt der Grundeigentümer gewöhnlich eine solche Erhöhung der Rente, als wenn alle diese Verbesserungen mit seinen eignen fonds gemacht wären. 3) Ja, er verlangt manchmal selbst eine Rente für das, was durchaus unfähig der geringsten Verbesserung durch Menschenhand ist.« *Smith,* t. I, p. 300, 301.

Smith führt als Beispiel für letzteren Fall das Salzkraut (Seekrapp, salicorne) an, eine Art von Seepflanze, welche nach der Verbrennung ein alkalisches Salz gibt, womit man Glas, Seife etc. machen kann. Es wächst in Großbritannien, vorzüglich in Schottland an verschiednen Plätzen, aber nur auf Felsen, die unter der Ebbe und Flut liegen (hohe Flut, marée), zweimal des Tags durch die Seewellen bedeckt sind und deren Produkt also niemals durch die menschliche Industrie vermehrt worden ist. Dennoch verlangt der Eigentümer eines solchen Grundstücks, wo diese Art von Pflanze wächst, eine Rente ebenso gut wie von Getreideboden. In der Nähe der Inseln von Shetland ist das Meer außerordentlich reich. Ein großer Teil ihrer Einwohner *[II]* lebt vom Fischfang. Um aber

Gewinn vom Meerprodukt zu ziehn, muß man eine Wohnung auf dem benachbarten Lande haben. Die Grundrente steht im Verhältnis nicht zu dem, was der Pächter mit der Erde, sondern zu dem, was er mit der Erde und dem Meer zusammen machen kann. *Smith,* t. I, p. 301, 302. »Man kann die Grundrente als das Produkt der *Naturmacht* betrachten, deren Gebrauch der Eigentümer dem Pächter leiht. Dies Produkt ist mehr oder weniger groß je nach dem Umfang dieser Macht oder in andern Worten, nach dem Umfang der natürlichen oder künstlichen Fruchtbarkeit der Erde. Es ist das Werk der Natur, welches übrig bleibt nach Abziehung oder nach der Balance alles dessen, was man als das Werk des Menschen betrachten kann.« *Smith,* t. II, p. 377, 378.

»Die *Grundrente* als Preis betrachtet, den man für den Gebrauch der Erde zahlt, ist also natürlich ein *Monopolpreis.* Sie steht durchaus nicht im Verhältnis zu den Verbesserungen, die der Grundeigentümer an die Erde gewandt hat, oder mit dem, was er nehmen muß, um nicht zu verlieren, sondern mit dem, was der Pächter möglicherweise geben kann, ohne zu verlieren.« t. I, p. 302. *Smith.*

»Von den drei produktiven Klassen ist die der Grundeigentümer diejenige, der ihre Revenu weder Arbeit noch Sorge kostet, sondern der sie so zu sagen von selbst kömmt, und ohne daß sie irgend eine Einsicht oder einen Plan hinzu tut.« *Smith,* t. II, p. 161.

Wir haben schon gehört, daß die Quantität der Grundrente von dem Verhältnis der *Fruchtbarkeit* des Bodens abhängt.[66]

Ein andres Moment ihrer Bestimmung ist die *Lage.*

»Die Rente wechselt nach der *Fruchtbarkeit* der Erde, welches auch immer ihr Produkt sei, und nach der *Lage,* welches auch immer die Fruchtbarkeit sei.« *Smith,* t. I, p. 306.

»Sind Ländereien, Minen, Fischereien von gleicher Fruchtbarkeit, so wird ihr Produkt im Verhältnis zur Ausdehnung der Kapitalien stehn, welche man zu ihrer Kultur und Exploitation anwendet, wie zu der mehr *[III]* oder minder geschickten Weise der Anwendung der Kapitalien. Sind die Kapitalien gleich und gleich geschickt angewandt, so wird das Produkt im Verhältnis zur natürlichen Fruchtbarkeit der Ländereien, Fischereien und Minen stehn.« t. II, p. 210.

Diese Sätze von Smith sind wichtig, weil sie bei gleichen Produktionskosten und gleichem Umfang die Grundrente auf die größere oder kleinere Fruchtbarkeit der Erde reduzieren. Also deutlich die Verkehrung der Begriffe in der Nationalökonomie bewiesen, welche Fruchtbarkeit der Erde in eine Eigenschaft des Grundbesitzers verwandelt.

Betrachten wir aber nun die Grundrente, wie sie sich im wirklichen Verkehr gestaltet.

Die Grundrente wird festgesetzt durch den *Kampf zwischen Pächter und Grundeigentümer.* Überall in der Nationalökonomie finden wir den feindlichen Gegensatz der Interessen, den Kampf, den Krieg als die Grundlage der gesellschaftlichen Organisation anerkannt.

Sehn wir nun, wie Grundeigentümer und Pächter zu einander stehn.

»Der Grundeigentümer sucht bei der Stipulation der Pachtklauseln möglicherweise dem Pächter nicht mehr zu lassen, als hinreicht, um das Kapital zu ersetzen, welches den Samen liefert, die Arbeit bezahlt, Tiere und andre Instrumente kauft und unterhält und außerdem den gewöhnlichen Gewinn der übrigen Pachtungen im Kanton abwirft. Offenbar ist dies der kleinste Teil, womit der Pächter sich befriedigen kann, ohne in Verlust zu geraten, und der Grundeigentümer ist selten der Ansicht, ihm mehr zu lassen. Alles, was vom Produkt oder seinem Preise über diese Portion bleibt, wie auch der Rest beschaffen sei, sucht sich der Proprietär als Grundrente zu reservieren, die stärkste, die der Pächter bei dem jetzigen Zustand der Erde zahlen *[IV]* kann. Dieses surplus kann immer als die natürliche Grundrente betrachtet werden, oder als die Rente, zu welcher die meisten Grundstücke natürlicherweise vermietet werden.« *Smith,* t. I, p. 299, 300.

»Die Grundeigentümer«, sagt Say, »üben eine gewisse Art von Monopol gegen die Pächter. Die Nachfrage nach ihrer Ware, dem Grund und Boden, kann sich unaufhörlich ausdehnen; aber die Quantität ihrer Ware erstreckt sich nur bis zu einem gewissen Punkt ... Der Handel, der sich zwischen Grundeigentümer und Pächter abschließt, ist immer so vorteilhaft wie möglich für den ersten ... außer dem Vorteil, den er aus der Natur der Dinge zieht, zieht er einen andern aus seiner Stellung, größerem Vermögen, Kredit, Ansehn; allein schon der erste reicht dazu hin, daß er immer befähigt ist, *allein* von den günstigen Umständen des Grund und Bodens zu profitieren. Die Eröffnung eines Kanals, Wegs, der Fortschritt der Bevölkerung und des Wohlstandes eines Kantons erheben immer den Pachtpreis ... Der Pächter selbst kann zwar den Boden auf seine Kosten verbessern; aber von diesem Kapital zieht er nur Vorteil während der Dauer seiner Pacht, und mit ihrem Ablauf bleibt es dem Grundeigentümer; von diesem Moment an zieht dieser die Interessen davon, ohne die Avancen gemacht zu haben, denn die Miete erhebt sich nun verhältnismäßig.« *Say,* t. II, p. 142, 143.

»Die Grundrente, betrachtet als der Preis, der für den Gebrauch der Erde bezahlt wird, ist daher natürlicherweise der höchste Preis, den der Pächter zu zahlen im Stande ist unter den gegenwärtigen Verhältnissen des Grund und Bodens.« *Smith,* t. I, p. 299.

»Die Grundrente der Oberfläche der Erde beträgt daher meistens nur den dritten Teil des Gesamtprodukts und meistens ist das eine fixe und von den zufälligen Schwankungen *[V]* der Ernte unabhängige Rente.«

Smith, t. I, p. 351. »Selten beträgt diese Rente weniger als ein Viertel des Gesamtprodukts.« ib., t. II, p. 378.

Nicht bei allen Waren kann die *Grundrente* bezahlt werden. Z. B. in manchen Gegenständen wird für die Steine keine Grundrente bezahlt.

»Gewöhnlich kann man nur die Produkte der Erde auf den Markt bringen, die Teile des Erdproduktes, deren gewöhnlicher Preis hinreicht, um das Kapital, welches man zu dieser Transportation braucht, und die gewöhnlichen Gewinne dieses Kapitals zu ersetzen. Reicht der Preis mehr als aus hierfür, so geht das surplus natürlich zur Grundrente. Ist er nur hinreichend, so kann die Ware wohl auf den Markt gebracht werden, aber sie reicht nicht hin, um dem Landbesitzer die Grundrente zu zahlen. Wird oder wird nicht der Preis mehr als hinreichend sein? Das hängt von der Nachfrage ab.« Smith, t. I, p. 302, 303.

»Die Grundrente geht in die Komposition des *Preises der Waren* auf eine ganz *andre Art ein,* als der Arbeitslohn und der Gewinn des Kapitals. Die *hohe oder niedre Taxe der Saläre und Gewinne* ist die *Ursache* des hohen oder niedern Preises der Ware: die hohe oder niedre Taxe der Grundrente ist die *Wirkung* des Preises.« t. I, p. 303. *Smith.*

Zu den *Produkten,* die immer eine *Grundrente* bringen, gehört die *Nahrung.*

»Da die Menschen, wie alle Tiere, sich im Verhältnis zu ihren Subsistenzmitteln vermehren, so gibt es immer mehr oder weniger Nachfrage nach Nahrung. Die Nahrung wird immer einen größern oder kleinern *[VI]* Teil von Arbeit kaufen können, und es werden sich immer Leute aufgelegt finden, etwas zu tun, um sie zu gewinnen. Die Arbeit, welche die Nahrung kaufen kann, ist zwar nicht immer *gleich* der Arbeit, die von ihr subsistieren könnte, wenn sie auf die ökonomischste Weise verteilt wäre, und dies wegen der zuweilen hohen Arbeitssaläre. Aber die Nahrung kann immer so viel Arbeit kaufen, als sie nach der Taxe, auf welche diese Arbeitsart gewöhnlich im Lande steht, Arbeit subsistieren machen kann. Die Erde produziert fast in allen möglichen Situationen mehr Nahrung, als zur Subsistenz aller Arbeit nötig, welche dazu beiträgt, diese Arbeit auf den Markt zu bringen. Das Mehr dieser Nahrung ist immer mehr als hinreichend, um mit Gewinn das Kapital zu ersetzen, welches diese Arbeit in Bewegung setzt. Also bleibt immer etwas, um dem Grundeigentümer eine Rente zu geben.« t. I, p. 305, 306. Smith. »Die Grundrente zieht nicht nur ihren ersten Ursprung von der Nahrung, sondern auch wenn ein anderer Teil des Erdproduktes in der Folge dazu kömmt, eine Rente abzuwerfen, so verdankt die Rente diese Zufügung von Wert dem Wachstum der Macht, welche[s] die Arbeit erlangt hat, um Nahrung zu produzieren, vermittelst (au moyen) der Kultur und Verbesserung der Erde.« p. 345. t. I. Smith. »Die Nahrung der Menschen reicht also immer zur Zahlung der Grundrente aus.« t. I, p. 337. »Die Länder bevölkern sich nicht im Verhältnis der Zahl, welches ihr Produkt kleiden und logieren kann, sondern im Verhältnis dessen, was ihr Produkt nähren kann.« Smith, t. I, p. 342.–

»Die zwei größten menschlichen Bedürfnisse nach der Nahrung sind Kleidung, Logis, Heizung. Sie werfen meistens eine Grundrente ab, nicht immer notwendig.« t. I, ib. p. 338.

[VIII] Sehn wir nun, wie der Grundeigentümer alle Vorteile der Gesellschaft exploitiert.

1) Die Grundrente vermehrt sich mit der Bevölkerung. Smith, t. I, p. 335.

2) Wir haben schon von Say gehört, wie die Grundrente mit Eisenbahnen etc., mit der Verbesserung und Sicherheit und Vervielfachung der Kommunikationsmittel steigt.

3) »Jede Verbesserung im Zustand der Gesellschaft strebt entweder *direkt* oder *indirekt,* die Grundrente zu steigern, den Realreichtum des Proprietärs zu erhöhn, d. i. seine Macht, fremde Arbeit oder ihr Produkt zu kaufen ... Die Zunahme in [der] Verbesserung der Ländereien und der Kultur strebt direkt dahin. Der Teil des Proprietärs am Produkt vermehrt sich notwendig mit der Vermehrung des Produkts ... Das Steigen in dem Realpreis dieser Arten von Rohstoffen, z. B. das Steigen im Preis des Viehs, strebt auch direkt dahin, die Grundrente zu steigern und in einer noch stärkeren Proportion. Nicht nur vermehrt sich der Realwert des Teils des Grundeigentümers, die reale Macht, die ihm dieser Teil auf fremde Arbeit gibt, notwendig mit dem Realwert des Produkts, sondern auch die Größe dieses Teils im Verhältnis zum Totalprodukt vermehrt sich mit diesem Wert. Nachdem der Realpreis dieses Produkts gestiegen ist, erfordert es keine größere Arbeit, um geliefert zu werden und um das angewandte Kapital samt seinen gewöhnlichen Gewinnen zu ersetzen. Der übrigbleibende Teil des Produkts, welcher dem Grundeigentümer gehört, wird also in Bezug auf das Gesamtprodukt viel größer sein, als er vorher war.« Smith, t. II, p. 157–159.

[IX] Die größere Nachfrage nach Rohprodukten und daher die Erhöhung des Werts kann teils aus der Vermehrung der Bevölkerung und aus der Vermehrung ihrer Bedürfnisse hervorgehn. Aber jede neue Erfindung, jede neue Anwendung, welche die Manufaktur von einem bisher gar nicht oder wenig gebrauchten Rohstoff macht, vermehrt die Grundrente. So ist z. B. die Rente der Kohlengruben mit den Eisenbahnen, Dampfschiffen etc. ungeheuer gestiegen.

Außer diesem Vorteil, den der Grundeigentümer von der Manufaktur, den Entdeckungen, der Arbeit zieht, werden wir gleich noch einen andern sehn.

4) »Die Arten von Verbesserungen in der Produktivkraft der Arbeit, welche direkt darauf zielen, den Realpreis der Manufakturprodukte zu erniedrigen, streben indirekt dahin, die reale Grundrente zu erhöhn. Gegen Manufakturprodukt vertauscht nämlich der Grundeigentümer den Teil seines Rohstoffes, der seine persönliche Konsumtion überschreitet, oder den Preis dieses Teils. Alles, was den Realpreis der ersten Art von Produkt vermindert, vermehrt den Realpreis der zweiten. Dieselbe Quantität von Rohprodukt entspricht von nun an einer größeren Quantität von Manufakturprodukt, und der Grundeigentümer findet sich befähigt, eine größere Quantität von Bequemlichkeit, Schmuck und Luxussachen sich zu verschaffen.« Smith, t. II, p. 159.

Wenn aber nun Smith daraus, daß der Grundeigentümer alle Vorteile der Gesellschaft exploitiert, darauf *[X]* schließt (p. 161, t. II), daß das Interesse des Grundeigentümers immer mit dem der Gesellschaft identisch ist, so ist das albern. In der Nationalökonomie, unter der Herrschaft des Privateigentums, ist das Interesse, was einer an der Gesellschaft hat, grad in umgekehrtem Verhältnis zu dem Interesse, was die Gesellschaft an ihm hat, wie das Interesse des Wucherers an dem Verschwender durchaus nicht identisch mit dem Interesse des Verschwenders ist.

Wir erwähnen nur im Vorübergehn die Monopolsucht des Grundeigentümers gegen das Grundeigentum fremder Länder, woher z.B. die Korngesetze datieren. Ebenso übergehn wir hier die mittelaltrige Leibeigenschaft, die Sklaverei auf den Kolonien, das Elend der Landleute, Taglöhner[67], in Großbritannien. Halten wir uns an die Sätze der Nationalökonomie selbst.

1) Der Grundeigentümer ist am Wohl der Gesellschaft interessiert, heißt nach nationalökonomischen Grundsätzen, er ist an ihrer fortschreitenden Bevölkerung, Kunstproduktion, Vermehrung ihrer Bedürfnisse, mit einem Wort am Wachstum des Reichtums interessiert, und dies Wachstum ist nach unseren bisherigen Betrachtungen identisch mit dem Wachstum des Elends und der Sklaverei. Das wachsende Verhältnis der Miete mit dem Elend ist ein Beispiel vom Interesse des Grundeigentümers an der Gesellschaft, denn mit der Miete wächst die Grundrente, der Zins des Bodens, worauf das Haus steht.

2) Nach den Nationalökonomen selbst ist das Interesse des Grundeigentümers der feindliche Gegensatz des Interesses des Pächters; also schon eines bedeutenden Teils der Gesellschaft.

[XI] 3) Da der Grundeigentümer [von] dem Pächter um so mehr Rente fordern kann, um so weniger Arbeitslohn der Pächter zahlt, und da der Pächter um so mehr den Arbeitslohn herabdrückt, je mehr Grundrente der Eigentümer fordert, so steht das Interesse des Grundeigentümers grade so feindlich zum Interesse der Ackerknechte, wie das der

Manufakturherrn zu ihren Arbeitern. Es drückt ebenfalls den Arbeitslohn auf ein Minimum.

4) Da die reale Erniedrigung im Preis der Manufakturprodukte die Grundrente erhöht, so hat also der Grundbesitzer ein direktes Interesse an der Herabdrückung des Arbeitslohns der Manufakturarbeiter, an der Konkurrenz unter den Kapitalisten, an der Überproduktion, am ganzen Manufakturelend.

5) Wenn also das Interesse des Grundeigentümers, weit entfernt, mit dem Interesse der Gesellschaft identisch zu sein, im feindlichen Gegensatz mit dem Interesse der Pächter, der Ackerknechte, der Manufakturarbeiter und der Kapitalisten steht, so ist nicht einmal das Interesse des einen Grundeigentümers mit dem des andern identisch von wegen der Konkurrenz, die wir nun betrachten wollen.

Allgemein schon verhalten sich großes Grundeigentum und kleines, wie großes und kleines Kapital. Es kommen aber noch spezielle Umstände hinzu, welche die Akkumulation des großen Grundeigentums und die Verschlingung des kleinen durch dasselbe unbedingt herbeiführen.

[XII] 1) Nimmt nirgends mehr die verhältnismäßige Arbeiter- und Instrumentenzahl mit der Größe der fonds ab als beim Grundbesitz. Ebenso nimmt nirgend mehr die Möglichkeit der allseitigen Ausbeutung, der Ersparung der Produktionskosten und geschickte Arbeitsteilung mit der Größe der fonds mehr zu als beim[68] Grundbesitz. Ein Acker mag so klein sein, wie er will, die Arbeitsinstrumente, die er nötig macht, wie Pflug, Säge etc. erreichen eine gewisse Grenze, an der sie nicht mehr vermindert werden können, während die Kleinheit des Grundbesitzes weit über diese Grenze hinausgehn kann.

2) Der große Grundbesitz akkumuliert sich die Zinsen, die das Kapital des Pächters auf die Verbesserung des Grund und Bodens angewandt hat. Der kleine Grundbesitz muß sein eignes Kapital anwenden. Für ihn fällt dieser ganze Profit also weg.

3) Während jede gesellschaftliche Verbesserung dem großen Grundeigentum nützt, schadet sie dem kleinen, weil sie ihm immer mehr bares Geld nötig macht.

4) Es sind noch zwei wichtige Gesetze für diese Konkurrenz zu betrachten:

α) Die Rente der Ländereien, die zur Produktion von Nahrungsmitteln der Menschen kultiviert[69] werden, regelt die Rente der Mehrzahl der übrigen angebauten Ländereien. Smith, t. I, p. 331.

Nahrungsmittel, wie Vieh etc., kann zuletzt nur der große Grundbesitz produzieren. Er regelt also die Rente der übrigen Ländereien und kann sie auf ein Minimum herabdrücken.

Der kleine selbstarbeitende Grundeigentümer befindet sich dann zu dem großen Grundeigentümer in dem Verhältnis eines Handwerkers, der ein *eigenes* Instrument besitzt, zu dem Fabrikherrn. Der kleine Grundbesitz ist zum bloßen Arbeitsinstrument geworden[70]. *[XVI]* Die Grundrente verschwindet ganz für den kleinen Grundbesitzer, es bleibt ihm höchstens der Zins seines Kapitals und sein Arbeitslohn, denn die Grundrente kann durch die Konkurrenz dahin getrieben werden, daß sie eben nur noch der Zins des nicht selbst angelegten Kapitals ist.[71]

β) Wir haben übrigens schon gehört, daß bei gleicher Fruchtbarkeit und gleich geschickter Exploitation der Ländereien, Minen und Fischereien das Produkt im Verhältnis zur Ausdehnung der Kapitalien steht. Also Sieg des großen Grundeigentümers. Ebenso bei gleichen Kapitalien im Verhältnis zur Fruchtbarkeit. Also bei gleichen Kapitalien siegt der Grundeigentümer des fruchtbareren Bodens.

γ) »Man kann von einer Mine im Allgemeinen sagen, daß sie fruchtbar oder unfruchtbar ist, je nachdem die Quantität des Minerals, welche aus ihr durch eine gewisse Quantität Arbeit gezogen werden kann, größer oder kleiner ist, als dieselbe Quantität Arbeit aus der Mehrzahl der andren Minen von derselben Art ziehen kann.« t. I, p. 345, 346. Smith. »Der Preis der fruchtbarsten Mine regelt den Preis der Mine für alle andren Minen der Nachbarschaft. Grundeigentümer und Unternehmer finden beide, daß sie, der eine, eine stärkere Rente, der andre, einen stärkern Profit haben werden, wenn sie die Sache niedriger als ihre Nachbarn verkaufen. Die Nachbarn sind nun gezwungen, zu demselben Preis zu verkaufen, obgleich sie weniger dazu im Stande sind, und obgleich dieser Preis sich immer mehr vermindert und ihnen manchmal die ganze Rente und den ganzen Profit fortnimmt. Einige Exploitations finden sich dann ganz verlassen, andre tragen keine Rente mehr und können nur weiter bearbeitet werden durch den Grundeigentümer selbst.« p. 350, t. I. Smith. »Nach der Entdeckung der Minen von Perou wurden die meisten Silberminen von Europa aufgegeben ... Dasselbe geschah in Bezug auf die Minen von Cuba und St. Domingo und selbst in Bezug auf die alten Minen von Perou, nach der Entdeckung derer von Potosi.« p. 353 t. I. Ganz dasselbe, was Smith hier von den Minen sagt, gilt mehr oder weniger von dem Grundbesitz überhaupt.

δ) »Es ist zu bemerken, daß immer der Preiscourant der Ländereien von der couranten Taxe des Zinsfußes abhängt ... Fiele die Grundrente unter den Geldzins um eine sehr starke Differenz, so würde niemand Länder kaufen wollen, was bald wieder ihren Preiscourant zurückführen würde. Im Gegenteil, würden die Vorteile der Grundrente den Geldzins viel mehr als kompensieren, so würde alle Welt Länder kaufen wollen, was ebenfalls ihren Courantpreis bald wieder herstellen würde.« t. II, p. 367, 368. Aus diesem Verhältnis der Grundrente zum Geldzins folgt, daß die Grundrente immer mehr fallen muß, so daß zuletzt nur noch die reichsten Leute von der Grundrente leben können. Also die Konkurrenz unter den nichtverpachtenden Grundeigentümern immer größer. Ruin eines Teiles derselben – abermalige Akkumulation des großen Grundeigentums.

[XVII] Diese Konkurrenz hat ferner zur Folge, daß ein großer Teil des[72] Grundeigentums in die Hände der Kapitalisten fällt und die Kapitalisten so zugleich Grundeigentümer werden, wie denn[73] überhaupt schon die kleineren Grundeigentümer nur mehr Kapitalisten sind. Ebenso wird ein Teil des großen Grundeigentums zugleich industriell.

Die letzte Folge ist also die Auflösung des Unterschieds zwischen Kapitalist und Grundeigentümer, so daß es also im Ganzen nur mehr zwei Klassen[74] der Bevölkerung gibt, die Arbeiterklasse und die Klasse der Kapitalisten. Diese Verschacherung des Grundeigentums, die Verwandlung des Grundeigentums in eine Ware ist der letzte Sturz der alten und die letzte Vollendung der Geldaristokratie.

1) Die sentimentalen Tränen, welche die[75] Romantik hierüber weint, teilen wir nicht. Sie verwechselt immer die Schändlichkeit, die in der *Verschacherung der Erde* liegt, mit der ganz vernünftigen, innerhalb des Privateigentums notwendigen und wünschenswerten Konsequenz, welche in der *Verschacherung des Privateigentums* an der Erde enthalten ist. Erstens ist das feudale Grundeigentum schon seinem[76] Wesen nach die verschacherte Erde, die dem Menschen entfremdete und daher in der Gestalt einiger weniger großen Herrn ihm gegenübertretende Erde.

Schon im Feudalgrundbesitz liegt die Herrschaft der Erde als einer fremden Macht über die Menschen. Der Leibeigene ist das Akzidenz der Erde. Ebenso gehört der Majoratsherr, der[77] erstgeborene Sohn, der Erde. Sie erbt ihn. Überhaupt fängt mit dem Grundbesitz die Herrschaft des Privateigentums an, es ist seine Basis. Aber im feudalen Grundbesitz *scheint* wenigstens der Herr als König des Grundbesitzes. Ebenso existiert noch der Schein eines innigern Verhältnisses zwischen dem Besitzer und der Erde, als das des bloßen *sachlichen* Reichtums ist. Das Grundstück individualisiert sich mit seinem Herrn, es hat seinen Rang, ist freiherrlich oder gräflich mit ihm, hat seine Privilegien, seine Gerichtsbarkeit, sein politisches Verhältnis etc. Es erscheint als der unorganische Leib seines Herrn. Daher das Sprichwort: *nulle terre sans maître,* worin das Verwachsensein der Herrlichkeit und des Grundbesitzes ausgesprochen ist. Ebenso erscheint die Herrschaft des Grundeigentums nicht unmittelbar als Herrschaft des bloßen Kapitals. Seine Zugehörigen stehn mehr zu ihm im Verhältnis ihres Vaterlandes. Es ist eine engbrüstige Art von Nationalität.[78]

[XVIII] Ebenso gibt das feudale Grundeigentum den Namen seinem

Herrn, wie ein Königreich seinem König. Seine Familiengeschichte, die Geschichte seines Hauses etc., alles dies individualisiert ihm den Grundbesitz und macht ihn förmlich zu seinem Haus, zu einer Person. Ebenso haben die Bearbeiter des Grundbesitzes nicht das Verhältnis von *Taglöhnern,* sondern teils sind sie selbst sein Eigentum, wie die Leibeignen, teils stehen sie in Respekts-, Untertan- und Pflichtverhältnis zu ihm. Seine Stellung zu ihnen ist daher unmittelbar politisch und hat ebenso eine *gemütliche* Seite. Sitten, Charakter etc. ändern sich von einem Grundstück zum andern und scheinen mit der Parzelle eins, während später nur mehr der Beutel des Menschen, nicht sein Charakter, seine Individualität, ihn auf das Grundstück bezieht.[79] Endlich sucht er nicht den möglichsten Vorteil von seinem Grundbesitz zu ziehn. Vielmehr verzehrt er, was da ist, und überläßt die Sorge des Herbeischaffens ruhig den Leibeignen und Pächtern. Das ist das *adlige* Verhältnis des Grundbesitzes, welches eine romantische Glorie auf seinen Herrn wirft.

Es ist nötig, daß dieser Schein aufgehoben wird, daß das Grundeigentum, die Wurzel des Privateigentums, ganz in die Bewegung des Privateigentums hineingerissen und zur Ware wird, daß die Herrschaft des Eigentümers als die reine Herrschaft des Privateigentums, des Kapitals, abgezogen von aller politischen Tinktur erscheint, daß das Verhältnis zwischen Eigentümer und Arbeiter sich auf das nationalökonomische Verhältnis von Exploiteur und Exploitiertem reduziert, daß alles persönliche Verhältnis des Eigentümers mit seinem Eigentum aufhört und dasselbe zum nur *sachlichen,* materiellen Reichtum wird, daß an die Stelle der Ehrenehe[80] mit der Erde die Ehe des Interesses tritt und die Erde ebenso zum Schacherwert herabsinkt wie der Mensch. Es ist notwendig, daß, was die Wurzel des Grundeigentums ist[81], der schmutzige Eigennutz, auch in seiner zynischen Gestalt erscheint. Es ist notwendig, daß das ruhende Monopol in das bewegte und beunruhigte Monopol, die Konkurrenz, der nichtstuende Genuß des fremden Blutschweißes in den vielgeschäftigen Handel mit demselben umschlägt. Es ist endlich notwendig, daß in dieser Konkurrenz das Grundeigentum unter der Gestalt des Kapitals seine Herrschaft sowohl über die Arbeiterklasse als über die Eigentümer selbst zeigt, indem die Gesetze der Bewegung des Kapitals sie ruinieren oder erheben. Damit tritt dann an die Stelle des mittelaltrigen Sprichworts: nulle terre sans seigneur, das andre Sprichwort: l'argent n'a pas de maître, worin die ganze Herrschaft[82] der totgeschlagnen Materie über die Menschen ausgesprochen ist.

[XIX] 2) Was den Streit betrifft über Teilung oder Nichtteilung des Grundbesitzes, so ist folgendes zu bemerken.

Die *Teilung des Grundbesitzes* verneint das *große Monopol* des Grundeigentums, hebt es auf, aber nur dadurch, daß sie dieses Monopol *verallgemeinert.* Sie hebt den Grund des Monopols, das Privateigentum, nicht auf. Sie greift die Existenz, aber nicht das Wesen des Monopols an. Die Folge davon ist, daß sie den Gesetzen des Privateigentums zum Opfer fällt. Die Teilung des Grundbesitzes entspricht nämlich der Bewegung der Konkurrenz auf industriellem Gebiet. Außer den nationalökonomischen Nachteilen dieser Teilung von Instrumenten und der von einander getrennten Arbeit (wohl zu unterscheiden von der Teilung der Arbeit: die Arbeit wird nicht unter viele verteilt, sondern dieselbe Arbeit von jedem für sich betrieben, es ist eine Vervielfachung derselben Arbeit) schlägt diese Teilung, wie jene Konkurrenz notwendig wieder in Akkumulation um.

Wo also die Teilung des Grundbesitzes stattfindet, bleibt nichts übrig, als zum Monopol in noch gehässigerer Gestalt zurückzukehren oder die Teilung des Grundbesitzes selbst zu negieren, aufzuheben[83]. Das ist aber nicht die Rückkehr zum Feudalbesitz, sondern die Aufhebung des Privateigentums an Grund und Boden überhaupt. Die[84] erste Aufhebung des Monopols ist immer seine Verallgemeinerung, die Erweiterung seiner Existenz. Die Aufhebung des Monopols, welches seine möglichst breite und umfassende Existenz erlangt hat, ist seine vollständige Vernichtung. Die Assoziation, auf Grund und Boden angewandt, teilt[85] den Vorteil des großen Grundbesitzes in nationalökonomischer Hinsicht und realisiert[86] erst die ursprüngliche Tendenz der Teilung, nämlich die Gleichheit, wie sie denn auch auf eine vernünftige und nicht mehr durch Leibeigenschaft, Herrschaft und eine alberne Eigentumsmystik vermittelte Weise die gemütliche Beziehung des Menschen zur Erde[87] herstellt, indem die Erde aufhört[88], ein Gegenstand des Schachers zu sein, und durch die freie Arbeit und den freien Genuß wieder ein wahres, persönliches Eigentum des Menschen wird. Ein großer Vorteil der Teilung ist, daß seine Masse in andrer Weise als die Industrie am Eigentum zu Grunde geht, eine Masse, welche nicht mehr zur Knechtschaft sich entschließen kann.[89]

Was den großen Grundbesitz angeht, so haben seine Verteidiger immer auf eine sophistische Weise die nationalökonomischen Vorteile, welche die Agrikultur im Großen darbietet, mit dem großen Grundeigentum identifiziert, als wenn dieser Vorteil nicht eben erst durch die Aufhebung des Eigentums teils seine *[XX]* möglichst große Ausdehnung erhielte, teils erst von sozialem Nutzen würde. Ebenso haben sie den Verschacherungsgeist des kleinen Grundbesitzes angegriffen, als wenn nicht der große Grundbesitz, selbst schon in seiner feudalen Form, den Schacher in sich latent enthielte. Gar nicht zu reden von der modernen englischen Form, wo Feudalismus des Grundherrn und Schacher und Industrie des Pächters verbunden sind.[90]

Wie das große Grundeigentum den Vorwurf des Monopols, den ihm die

Teilung des Grundbesitzes macht, zurückgeben kann, da auch die Teilung auf dem Monopol des Privateigentums basiert, so kann die Teilung des Grundbesitzes dem großen Grundbesitz den Vorwurf der Teilung zurückgeben, denn auch hier herrscht die Teilung, nur in starrer, festgefrorner Form. Überhaupt beruht ja das Privateigentum auf dem Geteiltsein. Übrigens, wie die Teilung des Grundbesitzes zum großen Grundbesitz als Kapitalreichtum zurückführt, so muß das feudale Grundeigentum notwendig zur Teilung fortgehn oder wenigstens in die Hände der Kapitalisten fallen, es mag sich drehn oder wenden, wie es will.

Denn das große Grundeigentum, wie in England, treibt die überwiegende Mehrzahl der Bevölkerung der Industrie in die Arme und reduziert seine eignen Arbeiter auf völliges Elend. Es erzeugt und vergrößert also die Macht seines Feindes, des Kapitals, der Industrie[91], indem es Arme und eine völlige und ganze Tätigkeit des Landes auf die andre Seite wirft. Es macht die Majorität des Landes industriell, also zum Gegner des großen Grundeigentums. Hat die Industrie nun eine hohe Macht erreicht, wie jetzt in England, so zwingt sie nach und nach dem großen Grundeigentum seine Monopole[92] gegen [die] des Auslandes ab und wirft sie in die Konkurrenz mit dem Grundbesitz des Auslandes. Unter der Herrschaft der Industrie konnte das Grundeigentum nämlich seine feudale Größe nur durch Monopole gegen das Ausland sichern, um sich so vor den allgemeinen Gesetzen des Handels, die seinem Feudalwesen widersprechen, zu schützen. Einmal in die Konkurrenz geworfen, folgt es den Gesetzen der Konkurrenz, wie jede andre Ware, die ihr unterworfen ist. Es wird aber so schwankend, ab- und zunehmend, aus einer Hand in die andre fliegend, und kein Gesetz kann es mehr in wenigen prädestinierten Händen erhalten. *[XXI]* Die unmittelbare Folge ist Zersplitterung in viele Hände, jedenfalls Anheimfall an die Macht der industriellen Kapitalien.

Endlich führt der große Grundbesitz, welcher dergestalt gewaltsam erhalten worden ist und neben sich eine furchtbare Industrie erzeugt hat, noch schneller zur Krise, wie die Teilung des Grundbesitzes, neben welcher die Macht der Industrie immer von zweitem Rang bleibt.

Der große Grundbesitz hat, wie wir in England sehn, seinen feudalen Charakter schon insofern abgelegt und einen industriellen Charakter angenommen, als er möglichst viel Geld machen will. Er [gibt] dem Eigentümer die möglichste Grundrente, dem Pächter den möglichsten Profit von seinem Kapital. Die Landarbeiter sind daher bereits auf das Minimum reduziert, und die Pächterklasse vertritt schon innerhalb des Grundbesitzes die Macht der Industrie und des Kapitals. Durch die Konkurrenz mit dem Ausland hört die Grundrente größtenteils auf, ein selbständiges Einkommen bilden zu können. Ein großer Teil der Grundeigentümer muß an die Stelle der Pächter treten, die auf diese Weise teilweise zum Proletariat herabsinken. Andrerseits werden sich auch viele Pächter des Grundeigentums bemächtigen; denn die großen Eigentümer, die bei ihrer bequemen Revenu sich größtenteils der Verschwendung ergeben haben und meistens auch unbrauchbar zur Leitung der Agrikultur im Großen sind, besitzen teilweise weder Kapital noch Befähigung, um den Grund und Boden zu exploitieren. Also auch ein Teil von diesen wird vollständig ruiniert. Endlich muß der auf ein Minimum reduzierte Arbeitslohn noch mehr reduziert werden, um die neue Konkurrenz zu bestehen. Das führt dann notwendig zur Revolution.

Das Grundeigentum mußte sich auf jede der beiden Weisen entwikkeln, um in beiden seinen notwendigen Untergang zu erleben, wie auch die Industrie in der Form des Monopols und in der Form der Konkurrenz sich ruinieren mußte, um an den Menschen glauben zu lernen.

[Die entfremdete Arbeit]

[XXII] Wir sind ausgegangen von den Voraussetzungen der Nationalökonomie. Wir haben ihre Sprache und ihre Gesetze akzeptiert. Wir unterstellten das Privateigentum, die[93] Trennung von Arbeit, Kapital und Erde, ebenso von Arbeitslohn, Profit des Kapitals und Grundrente, wie die Teilung der Arbeit, die Konkurrenz, den Begriff des Tauschwertes etc. Aus der Nationalökonomie selbst, mit ihren eignen Worten, haben wir gezeigt, daß der Arbeiter zur Ware und zur elendsten Ware herabsinkt, daß das Elend des Arbeiters im umgekehrten Verhältnis zur Macht und zur Größe seiner Produktion steht, daß das notwendige Resultat der Konkurrenz die Akkumulation des Kapitals in wenigen Händen, also die fürchterlichere Wiederherstellung des Monopols ist, daß endlich der Unterschied von Kapitalist und Grundrentner, wie von Ackerbauer und Manufakturarbeiter verschwindet und die ganze[94] Gesellschaft in die beiden Klassen der *Eigentümer* und eigentumslosen *Arbeiter* zerfallen muß.

Die Nationalökonomie geht vom Faktum des Privateigentums aus. Sie erklärt uns dasselbe nicht. Sie faßt den *materiellen* Prozeß des Privateigentums, den es in der Wirklichkeit durchmacht, in allgemeine, abstrakte Formeln, die ihr dann als[95] *Gesetze* gelten. Sie *begreift* diese Gesetze nicht, d. h. sie weist[96] nicht nach, wie sie aus dem Wesen des Privateigentums hervorgehn. Die Nationalökonomie gibt uns keinen Aufschluß über den Grund der Teilung von Arbeit und Kapital, von Kapital und Erde. Wenn sie z. B. das Verhältnis des Arbeitslohns zum Profit des Kapitals bestimmt, so gilt ihr als letzter Grund das Interesse der Kapitalisten; d. h.

sie unterstellt, was sie entwickeln soll. Ebenso kommt überall die Konkurrenz hinein. Sie wird aus äußeren Umständen erklärt. Inwiefern diese äußeren, scheinbar zufälligen Umstände nur der Ausdruck einer notwendigen Entwicklung sind, darüber lehrt uns die Nationalökonomie nichts. Wir haben gesehn, wie ihr der Austausch selbst als ein zufälliges Faktum erscheint. Die einzigen[97] Räder, die die Nationalökonomie in Bewegung setzt, sind die *Habsucht* und[98] der *Krieg unter den Habsüchtigen, die Konkurrenz.*

[99]Eben weil die Nationalökonomie den Zusammenhang der Bewegung nicht begreift, darum konnte sich z. B. die Lehre von der Konkurrenz der Lehre vom Monopol, die Lehre von der Gewerbfreiheit der Lehre von der Korporation, die Lehre von der Teilung des Grundbesitzes der Lehre vom großen Grundeigentum wieder entgegenstellen, denn Konkurrenz, Gewerbfreiheit, Teilung des Grundbesitzes waren nur als zufällige, absichtliche, gewaltsame, nicht als notwendige, unvermeidliche, natürliche Konsequenzen des Monopols, der Korporation und des Feudaleigentums entwickelt und begriffen.

Wir haben also jetzt den wesentlichen Zusammenhang zwischen dem Privateigentum, der Habsucht, der Trennung von Arbeit, Kapital und Grundeigentum, von Austausch und Konkurrenz, von Wert und Entwertung der Menschen, von Monopol und Konkurrenz etc., von dieser ganzen Entfremdung mit dem *Geld*system zu begreifen.

[100]Versetzen wir uns nicht wie der Nationalökonom, wenn er erklären will, in einen erdichteten Urzustand. Ein solcher Urzustand erklärt nichts. Er schiebt bloß die Frage in eine graue, nebelhafte Ferne.[101] Er unterstellt in der Form der Tatsache, des Ereignisses, was er deduzieren soll, nämlich das notwendige Verhältnis zwischen zwei[102] Dingen, z. B. zwischen Teilung der Arbeit und Austausch. So erklärt die Theologie den Ursprung des Bösen durch den Sündenfall[103], d. h. er unterstellt als ein Faktum, in der Form der Geschichte, was er erklären soll.

Wir gehn von einem nationalökonomischen, *gegenwärtigen* Faktum aus.

Der Arbeiter wird um so ärmer, je mehr Reichtum er produziert, je mehr seine Produktion an Macht und Umfang zunimmt. Der Arbeiter wird eine um so wohlfeilere Ware, je mehr Waren er schafft. Mit der *Verwertung* der Sachenwelt nimmt die *Entwertung* der Menschenwelt in direktem Verhältnis zu. Die Arbeit produziert nicht nur Waren; sie[104] produziert sich selbst und den Arbeiter als eine *Ware,* und zwar in dem Verhältnis, in welchem sie überhaupt Waren produziert.

Dies Faktum drückt weiter nichts aus als: Der Gegenstand, den die Arbeit produziert, ihr Produkt, tritt ihr als ein *fremdes Wesen,* als eine von dem Produzenten *unabhängige Macht* gegenüber. Das Produkt der

Arbeit ist die Arbeit, die sich in einem Gegenstand fixiert, sachlich gemacht hat, es ist die *Vergegenständlichung* der Arbeit. Die Verwirklichung der Arbeit ist ihre Vergegenständlichung. Diese Verwirklichung der Arbeit erscheint in dem nationalökonomischen Zustand als *Entwirklichung* des Arbeiters[105], die Vergegenständlichung als *Verlust und Knechtschaft des Gegenstandes,* die Aneignung als *Entfremdung, als Entäußerung.*

Die Verwirklichung der Arbeit erscheint so sehr als Entwirklichung, daß der Arbeiter bis zum Hungertod entwirklicht wird. Die Vergegenständlichung erscheint so sehr als Verlust des Gegenstandes, daß der Arbeiter die notwendigsten Gegenstände, nicht nur des Lebens, sondern auch der Arbeitsgegenstände, beraubt ist. Ja, die Arbeit selbst wird zu einem Gegenstand, dessen er nur mit der größten Anstrengung und mit den unregelmäßigsten Unterbrechungen sich bemächtigen kann. Die Aneignung des Gegenstandes erscheint so sehr als Entfremdung, daß, je mehr Gegenstände der Arbeiter produziert, er um so weniger besitzen kann und um so mehr unter die Herrschaft seines Produkts, des Kapitals, gerät.

[106]In der Bestimmung, daß der Arbeiter zum *Produkt seiner Arbeit* als einem *fremden* Gegenstand sich verhält, liegen alle diese Konsequenzen. Denn es ist nach dieser Voraussetzung klar: Je mehr der Arbeiter sich ausarbeitet, um so mächtiger wird die fremde, gegenständliche Welt, die er sich gegenüber schafft, um so ärmer wird[107] er selbst, seine innre Welt, um so weniger gehört ihm zu eigen. Es ist ebenso in der Religion. Je mehr der Mensch in Gott setzt, je weniger behält er in sich selbst. Der Arbeiter legt sein Leben in den Gegenstand; aber nun gehört es nicht mehr ihm, sondern dem Gegenstand. Je größer also diese Tätigkeit, um so gegenstandsloser ist der Arbeiter. Was das Produkt seiner Arbeit ist, ist er nicht. Je größer also dies Produkt, je weniger ist er selbst. Die *Entäußerung* des Arbeiters in seinem Produkt hat die Bedeutung, nicht nur, daß seine Arbeit zu einem Gegenstand, zu einer *äußern* Existenz wird, sondern daß sie *außer ihm,* unabhängig, fremd von ihm existiert und eine selbständige Macht ihm gegenüber wird, daß das Leben, was er dem Gegenstand verliehn hat, ihm feindlich und fremd gegenübertritt.

[XXIII] Betrachten wir nun näher die *Vergegenständlichung,* die Produktion des Arbeiters und in ihr die *Entfremdung,* den *Verlust* des Gegenstandes, seines Produkts.

Der Arbeiter kann nichts schaffen ohne die *Natur,* ohne die *sinnliche Außenwelt.* Sie ist der Stoff, an welchem sich seine Arbeit verwirklicht, in welchem sie tätig ist, aus welchem und mittelst welchem sie produziert.

Wie aber die Natur das *Lebensmittel* der Arbeit darbietet, in dem Sinn, daß die Arbeit nicht *leben* kann ohne Gegenstände, an denen sie ausgeübt wird, so bietet sie andrerseits auch die *Lebensmittel* in dem engern Sinn dar, nämlich die Mittel der physischen Subsistenz des *Arbeiters* selbst.

Je mehr also der Arbeiter sich die Außenwelt, die sinnliche Natur, durch seine Arbeit *aneignet,* um so mehr entzieht er sich *Lebensmittel* nach der doppelten Seite hin, erstens, daß immer mehr die sinnliche Außenwelt aufhört, ein seiner Arbeit angehöriger Gegenstand, ein *Lebensmittel* seiner Arbeit zu sein; zweitens, daß sie immer mehr aufhört, *Lebensmittel* im unmittelbaren Sinn, Mittel für die physische Subsistenz des Arbeiters zu sein.

[108]Nach dieser doppelten Seite hin wird der Arbeiter also ein Knecht seines Gegenstandes, erstens, daß er einen *Gegenstand der Arbeit,* d.h. daß er *Arbeit* erhält, und zweitens, daß er *Subsistenzmittel* erhält. Erstens also, daß er als *Arbeiter,* und zweitens, daß er als *physisches Subjekt* existieren kann. Die Spitze dieser Knechtschaft ist, daß er nur mehr als *Arbeiter* sich als *physisches Subjekt* erhalten [kann] und nur mehr als *physisches Subjekt* Arbeiter ist.

(Die Entfremdung des Arbeiters in seinem Gegenstand drückt sich nach nationalökonomischen Gesetzen so aus, daß, je mehr der Arbeiter produziert, er um so weniger zu konsumieren hat, daß, je[109] mehr Werte er schafft, er um so wertloser, um so unwürdiger wird, daß, je[110] geformter sein Produkt, um so mißförmiger der Arbeiter, daß, je zivilisierter sein Gegenstand, um so barbarischer der Arbeiter, daß, um so mächtiger die Arbeit, um so ohnmächtiger der Arbeiter wird, daß, je geistreicher die Arbeit, um so mehr geistloser und Naturknecht der Arbeiter wurde.)

Die Nationalökonomie verbirgt die Entfremdung in dem Wesen der Arbeit dadurch, daß sie nicht das unmittelbare Verhältnis zwischen dem Arbeiter (der Arbeit) *und der Produktion betrachtet.* Allerdings, die Arbeit produziert Wunderwerke für die Reichen, aber sie produziert Entblößung für den Arbeiter. Sie produziert Paläste, aber Höhlen für den Arbeiter. Sie produziert Schönheit, aber Verkrüppelung für den Arbeiter. Sie ersetzt die Arbeit durch Maschinen, aber sie wirft einen Teil der Arbeiter zu einer barbarischen Arbeit zurück und macht den andern Teil zur Maschine. Sie produziert Geist, aber sie produziert Blödsinn, Kretinismus für den Arbeiter.

Das unmittelbare Verhältnis der Arbeit zu ihren Produkten ist das Verhältnis des Arbeiters zu den Gegenständen seiner Produktion. Das Verhältnis des Vermögenden zu den Gegenständen der Produktion und zu ihr selbst ist nur eine *Konsequenz* dieses ersten Verhältnisses. Und bestätigt es. Wir werden diese andre Seite später betrachten.

[111]Wenn wir also fragen: welches ist das wesentliche Verhältnis der

Arbeit, so fragen wir nach dem Verhältnis des *Arbeiters* zur Produktion.

Wir haben bisher die Entfremdung, die Entäußerung des Arbeiters nur nach der einen Seite hin betrachtet, nämlich sein *Verhältnis zu den Produkten seiner Arbeit.* Aber die Entfremdung zeigt sich nicht nur im Resultat, sondern im *Akt der Produktion,* innerhalb der *produzierenden Tätigkeit* selbst. Wie würde der Arbeiter dem Produkt seiner Tätigkeit fremd gegenübertreten können, wenn er im Akt der Produktion selbst sich nicht sich selbst entfremdete: Das Produkt ist ja nur das Resumé der Tätigkeit, der Produktion. Wenn also das Produkt der Arbeit die Entäußerung ist, so muß die Produktion selbst die tätige Entäußerung, die Entäußerung der Tätigkeit, die Tätigkeit der Entäußerung sein. In der Entfremdung des Gegenstandes der Arbeit resumiert sich nur die Entfremdung, die Entäußerung in der Tätigkeit der Arbeit selbst.

Worin besteht nun die Entäußerung der Arbeit?

Erstens, daß die Arbeit dem Arbeiter *äußerlich* ist, d.h. nicht zu seinem Wesen gehört, daß er sich daher in seiner Arbeit nicht bejaht, sondern verneint, nicht wohl, sondern unglücklich fühlt, keine freie physische und geistige Energie entwickelt, sondern seine Physis abkasteit und seinen Geist ruiniert. Der Arbeiter fühlt sich daher erst außer der Arbeit bei sich und in der Arbeit außer sich. Zu Hause ist er, wenn er nicht arbeitet, und wenn er arbeitet, ist er nicht zu Haus. Seine Arbeit ist daher nicht freiwillig, sondern gezwungen, *Zwangsarbeit.* Sie ist daher nicht die Befriedigung eines Bedürfnisses, sondern sie ist nur ein *Mittel,* um die Bedürfnisse außer ihr zu befriedigen. Ihre Fremdheit tritt darin rein hervor, daß, sobald kein physischer oder sonstiger Zwang existiert, die Arbeit als eine Pest geflohen wird. Die äußerliche Arbeit, die Arbeit, in welcher der Mensch sich entäußert, ist eine Arbeit der Selbstaufopferung, der Kasteiung. Endlich erscheint die Äußerlichkeit der Arbeit für den Arbeiter darin, daß sie nicht sein eigen, sondern eines andern ist, daß sie ihm nicht gehört, daß er in ihr nicht sich selbst, sondern einem andern angehört. Wie in der Religion die Selbsttätigkeit der menschlichen Phantasie, des menschlichen Hirns und des menschlichen Herzens unabhängig vom Individuum, d.h. als eine fremde, göttliche oder teuflische Tätigkeit auf es wirkt, so ist die Tätigkeit des Arbeiters nicht seine Selbsttätigkeit. Sie gehört einem andren, sie ist der Verlust seiner selbst.

Es kömmt daher zum Resultat, daß der Mensch (der Arbeiter) nur mehr in seinen tierischen Funktionen, Essen, Trinken und Zeugen, höchstens noch Wohnung, Schmuck etc., sich als freitätig fühlt, und in seinen menschlichen Funktionen nur mehr als Tier. Das Tierische wird das Menschliche und das Menschliche das Tierische.

Essen, Trinken und Zeugen etc. sind zwar auch echt menschliche

Funktionen. In der Abstraktion aber, die sie von dem übrigen Umkreis menschlicher Tätigkeit trennt und zu letzten und alleinigen Endzwecken macht, sind sie tierisch.

Wir haben den Akt der Entfremdung der praktischen menschlichen Tätigkeit, die Arbeit, nach zwei Seiten hin betrachtet. 1) Das Verhältnis des Arbeiters zum *Produkt der Arbeit* als fremden und über ihn mächtigen Gegenstand. Dies Verhältnis ist zugleich das Verhältnis zur sinnlichen Außenwelt, zu den Naturgegenständen als einer fremden ihm feindlich gegenüberstehenden Welt. 2) Das Verhältnis der Arbeit zum *Akt der Produktion* innerhalb der *Arbeit.* Dies Verhältnis ist das Verhältnis des Arbeiters zu seiner eignen Tätigkeit als einer fremden, ihm nicht angehörigen, die Tätigkeit als Leiden, die Kraft als Ohnmacht, die Zeugung als Entmannung, die *eigne* physische und geistige Energie des Arbeiters, sein persönliches Leben – denn was ist Leben [anderes] als Tätigkeit – als eine wider ihn selbst gewendete, von ihm unabhängige, ihm nicht gehörige Tätigkeit. Die *Selbstentfremdung,* wie oben die Entfremdung der *Sache.*

[XXIV] Wir haben nun noch eine dritte Bestimmung der *entfremdeten Arbeit* aus den beiden bisherigen zu ziehn.

[112]Der Mensch ist ein Gattungswesen, nicht nur indem er praktisch und theoretisch die Gattung, sowohl seine eigne als die der übrigen Dinge zu seinem Gegenstand macht, sondern – und dies ist nur ein andrer Ausdruck für dieselbe Sache – sondern auch indem er sich zu sich selbst als der gegenwärtigen, lebendigen Gattung verhält, indem er sich zu sich als einem *universellen,* darum freien Wesen verhält.

Das Gattungsleben, sowohl beim Menschen als beim Tier, besteht physisch einmal darin, daß der Mensch (wie das Tier) von der unorganischen Natur lebt, und um so universeller der Mensch als das Tier, um so universeller ist der Bereich der unorganischen Natur, von der er lebt. Wie Pflanzen, Tiere, Steine, Luft, Licht etc.[113] theoretisch einen Teil des menschlichen[114] Bewußtseins, teils als Gegenstände der Naturwissenschaft, teils als Gegenstände der Kunst bilden – seine geistige unorganische Natur, geistige Lebensmittel, die er erst zubereiten muß zum Genuß und zur Verdauung –, so bilden sie auch praktisch einen Teil des menschlichen Lebens und der menschlichen Tätigkeit. Physisch lebt der Mensch nur von diesen Naturprodukten, mögen sie nun in der Form der Nahrung, Heizung, Kleidung, Wohnung etc. erscheinen. Die Universalität des Menschen erscheint praktisch eben in der Universalität, die die ganze Natur zu seinem *unorganischen* Körper macht, sowohl insofern sie 1) ein unmittelbares Lebensmittel, als inwiefern sie [2)] die Materie, der Gegenstand und das Werkzeug seiner Lebenstätigkeit ist. Die Natur ist der *unorganische Leib* des Menschen, nämlich die Natur, so weit sie nicht selbst menschlicher Körper ist. Der Mensch *lebt* von der Natur, heißt: die

Natur ist sein *Leib,* mit dem er in beständigem Progreß bleiben muß, um nicht zu sterben. Daß das physische und geistige Leben des Menschen mit der Natur zusammenhängt, hat keinen andren Sinn, als daß die Natur mit sich selbst zusammenhängt, denn der Mensch ist ein Teil der Natur.

Indem die entfremdete Arbeit dem Menschen 1) die Natur entfremdet, 2) sich selbst, seine eigne tätige Funktion, seine Lebenstätigkeit, so entfremdet sie dem Menschen die *Gattung;* sie macht ihm das *Gattungsleben* zum Mittel des individuellen Lebens. Erstens entfremdet sie das Gattungsleben und das individuelle Leben und zweitens macht sie das letztere in seiner Abstraktion zum Zweck des ersten, ebenfalls in seiner abstrakten und entfremdeten Form.

Denn erstens erscheint dem Menschen die Arbeit, die *Lebenstätigkeit,* das *produktive Leben* selbst nur als ein *Mittel* zur Befriedigung eines Bedürfnisses, des Bedürfnisses der Erhaltung der physischen Existenz. Das produktive Leben ist aber das Gattungsleben. Es ist das Leben erzeugende Leben. In der Art der Lebenstätigkeit liegt der ganze Charakter einer species, ihr Gattungscharakter, und die freie bewußte Tätigkeit ist der Gattungscharakter des Menschen. Das Leben selbst erscheint nur als *Lebensmittel.*

Das Tier ist unmittelbar eins mit seiner Lebenstätigkeit. Es unterscheidet sich nicht von ihr. Es ist *sie.* Der Mensch macht seine Lebenstätigkeit selbst zum Gegenstand seines Wollens und seines Bewußtseins. Er hat bewußte Lebenstätigkeit. Es ist nicht eine Bestimmtheit, mit der er unmittelbar zusammenfließt. Die bewußte[115] Lebenstätigkeit unterscheidet den Menschen unmittelbar von der tierischen Lebenstätigkeit. Eben nur dadurch ist er ein Gattungswesen. Oder er ist nur ein bewußtes Wesen, d.h. sein eignes Leben ist ihm Gegenstand, eben weil er ein Gattungswesen ist. Nur darum ist seine Tätigkeit freie Tätigkeit. Die entfremdete Arbeit kehrt das Verhältnis dahin um, daß der Mensch eben, weil er ein bewußtes Wesen ist, seine Lebenstätigkeit, sein *Wesen* nur zu einem Mittel für seine *Existenz* macht. Das praktische Erzeugen einer *gegenständlichen Welt,* die *Bearbeitung* der unorganischen Natur ist die Bewährung des Menschen als eines bewußten Gattungswesens, d.h. eines Wesens, das sich zu der Gattung als seinem eignen Wesen oder zu sich als Gattungswesen verhält. Zwar[116] produziert auch das Tier. Es baut sich ein Nest, Wohnungen, wie die Biene, Biber, Ameise etc. Allein es produziert nur, was es unmittelbar für sich oder sein Junges bedarf; es produziert einseitig, während der Mensch universell produziert; es produziert nur unter der Herrschaft des unmittelbaren physischen Bedürfnisses, während der Mensch selbst frei vom physischen Bedürfnis produziert und erst wahrhaft produziert in der Freiheit von demselben; es produziert nur sich selbst, während der Mensch die ganze

Natur reproduziert; sein Produkt gehört unmittelbar zu seinem physischen Leib, während der Mensch frei seinem Produkt gegenübertritt. Das Tier formiert nur nach dem Maß und dem Bedürfnis der species, der es angehört, während der Mensch nach dem Maß jeder species zu produzieren weiß und überall das inhärente Maß dem Gegenstand anzulegen weiß; der Mensch formiert daher auch nach den Gesetzen der Schönheit.

Eben in der Bearbeitung der gegenständlichen Welt bewährt sich der Mensch daher erst wirklich als ein *Gattungswesen.* Diese Produktion ist sein werktätiges Gattungsleben. Durch sie erscheint die Natur als *sein* Werk und seine Wirklichkeit. Der Gegenstand der Arbeit ist daher die *Vergegenständlichung des Gattungslebens des Menschen:* indem er sich nicht nur wie im Bewußtsein intellektuell, sondern werktätig, wirklich verdoppelt, und sich selbst daher in einer von ihm geschaffenen Welt anschaut. Indem daher die entfremdete Arbeit dem Menschen den Gegenstand seiner Produktion entreißt, entreißt sie ihm sein *Gattungsleben,* seine wirkliche Gattungsgegenständlichkeit, und verwandelt seinen Vorzug vor dem Tier in den Nachteil, daß sein unorganischer Leib, die Natur, ihm entzogen wird.

Ebenso indem die entfremdete Arbeit die Selbsttätigkeit, die freie Tätigkeit, zum Mittel herabsetzt, macht sie das Gattungsleben des Menschen zum Mittel seiner physischen Existenz.

Das Bewußtsein, welches der Mensch von seiner Gattung hat, verwandelt sich durch die Entfremdung also dahin, daß das Gattungsleben ihm zum Mittel wird.

Die entfremdete Arbeit macht also:

3) das *Gattungswesen des Menschen,* sowohl die Natur, als sein geistiges Gattungsvermögen, zu einem ihm *fremden* Wesen, zum *Mittel* seiner *individuellen Existenz.* Sie entfremdet dem Menschen seinen eignen Leib, wie die Natur außer ihm, wie sein geistiges Wesen, sein *menschliches* Wesen.

[117]4) Eine unmittelbare Konsequenz davon, daß der Mensch dem Produkt seiner Arbeit, seiner Lebenstätigkeit, seinem Gattungswesen entfremdet ist, ist die *Entfremdung des Menschen* von dem *Menschen.* Wenn der Mensch sich selbst gegenübersteht, so steht ihm der *andre* Mensch gegenüber. Was von dem Verhältnis des Menschen zu seiner Arbeit, zum Produkt seiner Arbeit und zu sich selbst, das gilt von dem Verhältnis des Menschen zum andren Menschen, wie zur Arbeit und dem Gegenstand der Arbeit des andren Menschen.

Überhaupt, der Satz, daß dem Menschen sein Gattungswesen entfremdet ist, heißt, daß ein Mensch dem andren, wie jeder von ihnen dem menschlichen Wesen entfremdet ist.

Die Entfremdung des Menschen, überhaupt jedes Verhältnis, in dem der Mensch zu sich selbst steht, ist erst verwirklicht, drückt sich aus in dem Verhältnis, in welchem der Mensch zu den andren Menschen steht.

Also betrachtet in dem Verhältnis der entfremdeten Arbeit jeder Mensch die andren nach dem Maßstabe und dem Verhältnis, in welchem er selbst als Arbeiter sich befindet.

[XXV] Wir gingen aus von einem nationalökonomischen Faktum, der Entfremdung des Arbeiters und seiner Produktion. Wir haben den Begriff dieses Faktums ausgesprochen: die *entfremdete, entäußerte* Arbeit. Wir haben diesen Begriff analysiert, also bloß ein nationalökonomisches Faktum analysiert.[118] Sehn wir nun weiter, wie sich der Begriff der entfremdeten, entäußerten Arbeit in der Wirklichkeit aussprechen und darstellen muß.

Wenn das Produkt der Arbeit mir fremd ist, mir als fremde Macht gegenübertritt, wem gehört es dann?

Wenn meine eigne Tätigkeit nicht mir gehört, eine fremde, eine erzwungne Tätigkeit ist, wem gehört sie dann?

Einem *andern* Wesen als mir.

Wer ist dies Wesen?

Die *Götter?* Allerdings erscheint in den ersten Zeiten die Hauptproduktion, wie z.B. der Tempelbau etc. in Ägypten, Indien, Mexiko, sowohl im Dienst der Götter, wie auch das Produkt den Göttern gehört. Allein die Götter allein waren nie die Arbeitsherrn. Ebensowenig die *Natur.* Und welcher Widerspruch wäre es auch, daß, je mehr der Mensch die Natur durch seine Arbeit sich unterwirft, je mehr die Wunder der Götter überflüssig werden durch die Wunder der Industrie, der Mensch diesen Mächten zu lieb auf die Freude an der Produktion und auf den Genuß des Produktes verzichten sollte.

Das *fremde* Wesen, dem die Arbeit und das Produkt der Arbeit gehört, in dessen Dienst die Arbeit und zu dessen Genuß das Produkt der Arbeit steht, kann nur der *Mensch* selbst sein.

Wenn das Produkt der Arbeit nicht dem Arbeiter gehört, eine fremde Macht ihm gegenüber ist, so ist dies nur dadurch möglich, daß es einem *andern Menschen außer dem Arbeiter* gehört. Wenn seine Tätigkeit ihm Qual ist, so muß sie einem andern *Genuß* und die Lebensfreude eines andern sein. Nicht die Götter, nicht die Natur, nur der Mensch selbst kann diese fremde Macht über den Menschen sein.

Man bedenke noch den vorher aufgestellten Satz, daß das Verhältnis des Menschen zu sich selbst ihm erst *gegenständlich, wirklich* ist durch sein Verhältnis zu den andern Menschen.

Wenn er sich also zu dem Produkt seiner Arbeit, zu seiner vergegenständlichten Arbeit, als einem *fremden,* feindlichen, mächtigen, von ihm unabhängigen Gegenstand verhält, so verhält er sich zu ihm so, daß ein andrer, ihm fremder, feindlicher, mächtiger, von ihm unabhängiger Mensch der Herr dieses Gegenstandes ist. Wenn er sich zu seiner eignen Tätigkeit als einer unfreien verhält, so verhält er sich zu ihr als der Tätigkeit im Dienst, unter der Herrschaft, dem Zwang und dem Joch eines andern Menschen.

Jede Selbstentfremdung des Menschen von sich und der Natur erscheint in dem Verhältnis, welches er sich und der Natur zu andern, von ihm unterschiednen Menschen gibt. Daher die religiöse Selbstentfremdung notwendig in dem Verhältnis des[119] Laien zum Priester erscheint, oder auch, da es sich hier von der intellektuellen Welt handelt, zu einem Mittler etc. In der praktischen wirklichen Welt kann die Selbstentfremdung nur durch das praktische wirkliche Verhältnis zu andern Menschen erscheinen. Das Mittel, wodurch die Entfremdung vorgeht, ist selbst ein *praktisches*. Durch die entfremdete Arbeit erzeugt der Mensch also nicht nur sein Verhältnis zu dem Gegenstand und dem Akt der Produktion als fremden und ihm feindlichen Menschen; er erzeugt auch das Verhältnis, in welchem andre Menschen zu seiner Produktion und seinem Produkt stehn, und das Verhältnis, in welchem er zu diesen andern Menschen steht. Wie er seine eigne Produktion zu seiner Entwirklichung, zu seiner Strafe, wie er sein eignes Produkt zu dem Verlust, zu einem ihm nicht gehörigen Produkt, so erzeugt er die Herrschaft dessen, der nicht produziert, auf die Produktion und auf das Produkt. Wie er seine eigne Tätigkeit sich entfremdet, so eignet er dem Fremden die ihm nicht eigne Tätigkeit an.

Wir haben bis jetzt das Verhältnis nur von Seiten des Arbeiters und wir werden es später auch von Seiten des Nicht-Arbeiters betrachten.

Also durch die *entfremdete, entäußerte Arbeit* erzeugt der Arbeiter das Verhältnis eines der Arbeit fremden und außer ihr stehenden Menschen zu dieser Arbeit. Das Verhältnis des Arbeiters zur Arbeit erzeugt das Verhältnis des Kapitalisten zu derselben, oder wie man sonst den Arbeitsherrn nennen will. Das *Privateigentum* ist also das Produkt, das Resultat, die notwendige Konsequenz der *entäußerten Arbeit,* des äußerlichen Verhältnisses des Arbeiters zu der Natur und zu sich selbst.

Das *Privateigentum* ergibt sich also durch Analyse aus dem Begriff der *entäußerten Arbeit,* d.i. des *entäußerten Menschen,* der entfremdeten Arbeit, des entfremdeten Lebens, des *entfremdeten* Menschen.

Wir haben allerdings den Begriff der *entäußerten Arbeit* (des *entäußerten Lebens*) aus der Nationalökonomie als Resultat aus der *Bewegung des Privateigentums* gewonnen. Aber es zeigt sich bei Analyse dieses Begriffs, daß, wenn das Privateigentum als Grund, als Ursache der entäußerten Arbeit erscheint, es vielmehr eine Konsequenz derselben ist, wie auch die

Götter *ursprünglich* nicht die Ursache, sondern die Wirkung der menschlichen Verstandesverirrung sind. Später schlägt dies Verhältnis in Wechselwirkung um.

Erst auf dem letzten Kulminationspunkt der Entwicklung des Privateigentums tritt dieses sein Geheimnis wieder hervor, nämlich einerseits, daß es das *Produkt* der entäußerten Arbeit, und zweitens, daß es das *Mittel* ist[120], durch welches sich die Arbeit entäußert, die *Realisation dieser Entäußerung*.

Diese Entwicklung gibt sogleich Licht über verschiedne bisher ungelöste Kollisionen.

1) Die Nationalökonomie geht von der Arbeit als der eigentlichen Seele der Produktion aus und dennoch gibt sie der Arbeit nichts und dem Privateigentum Alles. Proudhon hat aus diesem Widerspruch zu Gunsten der Arbeit wider das Privateigentum geschlossen. Wir aber sehn ein, daß dieser scheinbare Widerspruch der Widerspruch der *entfremdeten Arbeit* mit sich selbst ist und daß die Nationalökonomie nur die Gesetze der entfremdeten Arbeit ausgesprochen hat.

Wir sehn daher auch ein, daß *Arbeitslohn* und *Privateigentum* identisch sind: denn der Arbeitslohn, wie das Produkt, der Gegenstand der Arbeit, die Arbeit selbst besoldet, ist nur eine notwendige Konsequenz von der Entfremdung der Arbeit, wie denn im Arbeitslohn auch die Arbeit nicht als Selbstzweck, sondern als der Diener des Lohns erscheint. Wir werden dies später ausführen und ziehen jetzt nur noch einige Konse-*[XXVI]*-quenzen.

Eine gewaltsame *Erhöhung des Arbeitslohns* (von allen andren Schwierigkeiten abgesehn, abgesehn davon, daß sie als eine Anomalie auch nur gewaltsam aufrecht zu erhalten wäre) wäre also nichts als eine *bessere Salarierung der Sklaven* und hätte weder dem Arbeiter, noch der Arbeit ihre menschliche Bestimmung und Würde erobert.

Ja selbst die *Gleichheit der Saläre*, wie sie Proudhon fordert, verwandelt nur das Verhältnis des jetzigen Arbeiter zu seiner Arbeit in das Verhältnis aller Menschen zur Arbeit. Die Gesellschaft[121] wird dann als abstrakter Kapitalist gefaßt.

Arbeitslohn ist eine unmittelbare Folge der entfremdeten Arbeit, und die entfremdete Arbeit ist die unmittelbare Ursache des Privateigentums. Mit der einen muß daher auch die andere Seite fallen.

2) Aus dem Verhältnis der entfremdeten Arbeit zum Privateigentum folgt ferner, daß die Emanzipation der Gesellschaft vom Privateigentum etc., von der Knechtschaft, in der *politischen* Form der *Arbeiteremanzipation* sich ausspricht, nicht als wenn es sich nur um ihre Emanzipation handelte, sondern weil in ihrer Emanzipation die allgemein menschliche enthalten ist, diese ist aber darin enthalten, weil die ganze menschliche

Knechtschaft in dem Verhältnis des Arbeiters zur Produktion involviert ist, und alle Knechtschaftsverhältnisse nur Modifikationen und Konsequenzen dieses Verhältnisses sind.

Wie wir aus dem Begriff der *entfremdeten, entäußerten Arbeit* den Begriff des *Privateigentums* durch *Analyse* gefunden haben, so können mit Hülfe dieser beiden Faktoren alle nationalökonomischen *Kategorien* entwickelt werden, und wir werden in jeder Kategorie, wie z. B. dem Schacher, der Konkurrenz, dem Kapital, dem Geld, nur einen *bestimmten* und *entwickelten Ausdruck* dieser ersten Grundlagen wiederfinden.

Bevor wir jedoch[122] diese Gestaltung betrachten, suchen wir zwei Aufgaben zu lösen.

1) Das allgemeine *Wesen* des *Privateigentums,* wie es sich als Resultat der entfremdeten Arbeit ergeben hat, in seinem Verhältnis zum *wahrhaft menschlichen* und *sozialen Eigentum* zu bestimmen.

2) Wir haben die *Entfremdung der Arbeit* ihre *Entäußerung* als ein Faktum angenommen und dies Faktum analysiert. Wie, fragen wir nun, kömmt der *Mensch* dazu, seine *Arbeit zu entäußern,* zu entfremden? Wie ist diese Entfremdung im Wesen der menschlichen Entwicklung begründet? Wir haben schon viel für die Lösung der Aufgabe gewonnen, indem wir die Frage nach dem *Ursprung* des *Privateigentums* in die Frage nach[123] dem Verhältnis der *entäußerten Arbeit*[124] zum Entwicklungsgang der Menschheit *verwandelt* haben. Denn wenn man von *Privateigentum* spricht, so glaubt man es mit einer Sache außer dem Menschen zu tun zu haben. Wenn man von der Arbeit spricht, so hat man es unmittelbar mit dem Menschen selbst zu tun. Diese neue Stellung der Frage ist inklusive schon ihre Lösung.

ad 1) *Allgemeines Wesen des Privateigentums und sein Verhältnis zum wahrhaft menschlichen Eigentum.*

In zwei Bestandteile, die sich wechselseitig bedingen, oder die nur verschiedne Ausdrücke eines und desselben Verhältnisses sind, hat sich uns die entäußerte Arbeit aufgelöst. Die *Aneignung* erscheint als *Entfremdung,* als *Entäußerung,* und die *Entäußerung als Aneignung,* die *Entfremdung* als die wahre *Einbürgerung.*

Wir haben die eine Seite betrachtet, die *entäußerte* Arbeit in Bezug auf den *Arbeiter* selbst, d. h. das *Verhältnis der entäußerten Arbeit zu sich selbst.* Als Produkt, als notwendiges Resultat dieses Verhältnisses haben wir das *Eigentumsverhältnis des Nicht-Arbeiters* zum *Arbeiter* und der *Arbeit* gefunden. Das *Privateigentum,* als der materielle, resümierte Ausdruck der entäußerten Arbeit, umfaßt beide Verhältnisse, das *Verhältnis des Arbeiters zur Arbeit und zum Produkt seiner Arbeit und zum Nichtarbeiter* und das Verhältnis des *Nichtarbeiters zum Arbeiter und dem Produkt seiner Arbeit.*

Wenn wir nun gesehn haben, daß in Bezug auf den Arbeiter, welcher sich durch die Arbeit die Natur *aneignet,* die Aneignung als Entfremdung erscheint, die Selbsttätigkeit als Tätigkeit für einen andern und als Tätigkeit eines andern, die Lebendigkeit als Aufopferung des Lebens[125], die Produktion des Gegenstandes als Verlust des Gegenstandes an eine fremde[126] Macht, an einen *fremden* Menschen, so betrachten wir nun das Verhältnis dieses der Arbeit und dem Arbeiter *fremden* Menschen zum Arbeiter[127], zur Arbeit und ihrem Gegenstand.

[128]Zunächst ist zu bemerken, daß alles, was bei dem Arbeiter als *Tätigkeit der Entäußerung, der Entfremdung,* bei dem Nichtarbeiter als *Zustand der Entäußerung, der Entfremdung,* erscheint.

Zweitens, daß das *wirkliche, praktische Verhalten* des Arbeiters in der Produktion und zum Produkt (als Gemütszustand) bei dem ihm gegenüberstehenden Nichtarbeiter als *theoretisches* Verhalten erscheint.

[XXVII] Drittens. Der Nichtarbeiter tut alles gegen den Arbeiter, was der Arbeiter gegen sich selbst tut, aber er tut nicht gegen sich selbst, was er gegen den Arbeiter tut.

Betrachten wir näher diese drei Verhältnisse.

[Zweites Manuskript: Das Verhältnis des Privateigentums]

[XXXX] Zinsen seines Kapitals bildet. An dem Arbeiter existiert es also subjektiv, daß das Kapital der sich ganz abhanden gekommene Mensch ist, wie es am Kapital objektiv existiert, daß die Arbeit der sich abhanden gekommene Mensch ist. Der *Arbeiter* hat aber das Unglück, ein *lebendiges* und daher *bedürftiges* Kapital zu sein, das jeden Augenblick, wo es nicht arbeitet, seine Zinsen und damit seine Existenz verliert. Als Kapital steigt [der] *Wert* des Arbeiters nach Nachfrage und Zufuhr und auch *physisch* wurde und wird gewußt sein *Dasein,* sein *Leben* [als] eine Zufuhr von *Ware,* wie jeder andren Ware. Der Arbeiter produziert das Kapital, das Kapital produziert ihn, er also sich selbst, und der Mensch als *Arbeiter,* als *Ware,* ist das Produkt der ganzen Bewegung. Dem Menschen, der nichts mehr ist als *Arbeiter,* und als Arbeiter sind seine menschlichen Eigenschaften nur da, insofern sie für das ihm *fremde* Kapital da sind. Weil sich aber beide fremd sind, daher in einem gleichgültigen und äußerlichen und zufälligen Verhältnisse stehn, so mußte diese Fremdheit auch als *wirklich* erscheinen. Sobald es also dem Kapital einfällt – notwendiger oder willkürlicher Einfall – nicht mehr für den Arbeiter zu sein, ist er selbst nicht mehr für sich, er hat *keine* Arbeit, darum *keinen* Lohn, und da er nicht *als Mensch,* sondern *als Arbeiter* Dasein hat, so kann er sich begraben lassen, verhungern etc. Der

Arbeiter ist nur als Arbeiter da, sobald er *für sich* als Kapital da ist, und er ist nur als Kapital da, sobald ein *Kapital für ihn* da ist. Das Dasein des Kapitals ist *sein* Dasein, sein *Leben,* wie es[129] den Inhalt seines Lebens[130] auf eine ihm gleichgültige Weise bestimmt. Die Nationalökonomie kennt daher nicht den unbeschäftigten Arbeiter, den Arbeitsmenschen, soweit er sich außer diesem Arbeitsverhältnis befindet. Der Spitzbube, Gauner, Bettler, der Unbeschäftigte, der verhungernde, der elende und verbrecherische Arbeitsmensch, sind *Gestalten,* die nicht *für sie,* sondern nur für andre Augen, für die des Arztes, des Richters, des Totengräbers und Bettelvogts etc. existieren[131], Gespenster außerhalb ihres Reichs. Die Bedürfnisse des Arbeiters sind daher für sie nur das *Bedürfnis, ihn während der Arbeit* zu unterhalten, insoweit, daß das *Arbeitergeschlecht nicht au[ssterbe.]*[132] Der Arbeitslohn hat daher ganz denselben Sinn, wie die *Unterhaltung, Instandhaltung* jedes andren produktiven Instruments, wie die *Konsumtion* des *Kapitals* überhaupt, deren es bedarf, um sich mit Zinsen zu reproduzieren, wie das Öl, welches an die Räder verwandt wird, um sie in Bewegung zu halten.[133] Der Arbeitslohn gehört daher zu den nötigen *Kosten* des Kapitals und des Kapitalisten und darf das Bedürfnis dieser Not nicht überschreiten. Es war daher ganz konsequent, wenn englische Fabrikherrn[134] vor der Amendement bill von 1834 die öffentlichen Almosen, die der Arbeiter vermittelst der Armentaxe empfing, von seinem Arbeitslohn abzogen und als einen integrierten Teil desselben betrachteten.[135]

Die Produktion produziert den Menschen nicht nur als eine *Ware,* die *Menschenware,* den Menschen in der Bestimmung der *Ware,* sie produziert ihn, dieser Bestimmung entsprechend, als ein ebenso *geistig*[136] wie körperlich *entmenschtes* Wesen. – Immoralität, Mißgeburt, Helotismus der Arbeiter und der Kapitalisten. – Ihr Produkt ist die *selbstbewußte* und *selbsttätige Ware,* ... die *Menschen*ware ... Großer Fortschritt von Ricardo, Mill etc. gegen Smith und Say, das *Dasein* des Menschen – die größere oder kleinere Menschenproduktivität der Ware – als *gleichgültig* und sogar *schädlich* zu erklären. Nicht, wie viel Arbeiter ein Kapital unterhalte, sondern wie viel Zinsen es bringe, die Summe der jährlichen *Ersparungen* sei der wahre Zweck der Produktion. Es war ebenfalls ein großer und konsequenter Fortschritt der neueren *[XLI]* englischen Nationalökonomie, daß sie, – welche die *Arbeit* zum *einzigen* Prinzip der Nationalökonomie erhebt – zugleich mit völliger Klarheit das *umgekehrte* Verhältnis zwischen dem Arbeitslohn und den Zinsen des Kapitals auseinandersetzte und daß der Kapitalist in der Regel *nur* durch die Herabdrückung des Arbeitslohns wie umgekehrt gewinnen könne. Nicht die[137] Übervorteilung des Konsumenten, sondern die wechselseitige Übervorteilung von Kapitalist und Arbeiter sei das *normale* Verhältnis. –

Das Verhältnis des Privateigentums enthält in sich latent das Verhältnis des Privateigentums als *Arbeit,* wie das Verhältnis desselben als *Kapital* und die *Beziehung* dieser beiden Ausdrücke aufeinander. Die Produktion der menschlichen Tätigkeit als *Arbeit,* also als einer sich ganz fremden, dem Menschen und der Natur, daher dem Bewußtsein und der Lebensäußerung ganz fremden Tätigkeit, die *abstrakte* Existenz des Menschen als eines bloßen *Arbeitsmenschen,* der daher täglich aus seinem erfüllten Nichts in das absolute Nichts, sein gesellschaftliches und darum sein wirkliches Nichtdasein hinabstürzen kann – wie andrerseits die Produktion des Gegenstandes der menschlichen Tätigkeit als *Kapital,* worin alle natürliche und gesellschaftliche Bestimmtheit des Gegenstandes *ausgelöscht* ist, das Privateigentum seine natürliche und gesellschaftliche Qualität (also alle politischen und geselligen Illusionen verloren hat und mit keinen *scheinbar* menschlichen[138] Verhältnisse vermischt ist)[139] verloren hat – worin auch *dasselbe* Kapital in dem verschiedenartigsten natürlichen und gesellschaftlichen Dasein *dasselbe* bleibt, vollkommen gleichgültig gegen seinen *wirklichen* Inhalt ist – dieser Gegensatz auf die Spitze getrieben ist notwendig die Spitze, die Höhe und der Untergang des ganzen Verhältnisses.

Es ist daher wieder eine große Tat der neuern englischen Nationalökonomie, die Grundrente als den Unterschied der Zinsen des schlechtesten der Kultur angehörigen Bodens und der des besten Kulturbodens anzugeben, die romantischen Einbildungen des Grundeigentümers – seine angeblich soziale Wichtigkeit und die Identität seines Interesses mit dem Interesse der Gesellschaft, die noch nach den Physiokraten *Adam Smith* behauptet – nachg[ewiesen][140] und die Bewegung der Wirklichkeit antizipiert und vorbereitet zu [haben], die den Grundeigentümer in einen ganz gewöhnlichen, prosaischen Kapitalisten verwandeln, dadurch den Gegensatz vereinfachen, zuspitzen und damit seine Auflösung beschleunigen wird. Die *Erde* als *Erde,* die *Grundrente* als *Grundrente* haben dort ihren *Standesunterschied* verloren und sind zum nichtssagenden oder vielmehr nur geldsagenden *Kapital* und *Interesse* geworden. – Der *Unterschied* von Kapital und Erde, von Gewinn und Grundrente, wie beider vom Arbeitslohn, von der *Industrie,* von der *Agrikultur,* von dem *unbeweglichen* und *beweglichen* Privateigentum[141], ist ein noch *historischer* nicht im Wesen der Sache begründeter Unterschied, ein *fixiertes* Bildungs- und Entstehungsmoment[142] des Gegensatzes von Kapital und Arbeit. In der Industrie etc. im Gegensatz zum unbeweglichen Grundeigentum ist nur die Entstehungsweise und der Gegensatz, in dem sich die Industrie zur Agrikultur ausgebildet hat, ausgedrückt. Als eine *besondre* Art der Arbeit, als ein *wesentlicher, gewichtiger* das *Leben umfassender* Unterschied besteht dieser Unterschied nur, so lange die Industrie (das

Stadtleben) *gegenüber* dem Landbesitz (dem adligen Feudalleben)[143] sich bildet und noch den feudalen Charakter ihres Gegensatzes an sich selbst in der Form des Monopols, Zunft, Gilde, Korporation etc. trägt, innerhalb welcher Bestimmungen die Arbeit noch eine *scheinbar gesellschaftliche* Bedeutung, noch die Bedeutung des *wirklichen* Gemeinwesens hat, noch nicht zur *Gleichgültigkeit* gegen ihren Inhalt und zum völligen Sein für sich selbst, d.h. zur Abstraktion von allem andren Sein und darum auch noch nicht zum *freigelassenen* Kapital fortgegangen ist.

[XLII] Aber die notwendige *Entwicklung* der Arbeit ist die freigelassene, als solche für sich konstituierte *Industrie* und das *freigelassene Kapital.* Die Macht der Industrie über ihren Gegensatz zeigt sich sogleich in der Entstehung der *Agrikultur* als einer wirklichen Industrie, während sie früher die Hauptarbeit dem Boden überließ und dem *Sklaven* dieses Bodens, durch welchen dieser sich selbst baute. Mit der Verwandlung des Sklaven in einen *freien* Arbeiter, d. h. in einen *Söldling,* ist der Grundherr an sich in einen Industrieherrn, einen Kapitalisten verwandelt[144], eine Verwandlung, die zunächst durch das Mittelglied des *Pächters* geschieht. Aber der *Pächter* ist der Repräsentant, das offenbarte *Geheimnis* des[145] Grundeigentümers; nur durch ihn ist *sein nationalökonomisches* Dasein, sein Dasein als Privateigentümer – denn die Grundrente seiner Erde ist nur durch die Konkurrenz der Pächter. – Also *ist* der Grundherr wesentlich schon im *Pächter* ein *gemeiner* Kapitalist geworden. Und dies muß sich noch in der Wirklichkeit vollziehn, der Agrikultur treibende Kapitalist – der Pächter – muß Grundherr werden oder umgekehrt. Der *Industrieschacher* des Pächters ist der des *Grundeigentümers,* denn das Sein des ersten setzt das Sein des zweiten.–

Als ihrer gegensätzlichen Entstehung sich erinnernd, ihrer Herkunft – der Grundeigentümer weiß den Kapitalisten als seinen übermütigen, freigelassenen, bereicherten Sklaven von gestern und sieht sich selbst als *Kapitalist* durch jenen bedroht – der Kapitalist weiß den Grundeigentümer als den nichtstuenden und grausamen egoistischen Herrn von gestern, er weiß, daß er ihn als Kapitalist beeinträchtigt, doch der Industrie seine ganze jetzige gesellschaftliche Bedeutung, seine Habe und seinen Genuß verdankt, er sieht in ihm einen Gegensatz der *freien* Industrie und des *freien,* von jeder Naturbestimmung unabhängigen Kapitals. – Dieser Gegensatz ist höchst bitter und sagt sich wechselseitig die Wahrheit. Man braucht nur die Angriffe des unbeweglichen Eigentums auf das bewegliche und umgekehrt zu lesen, um sich von ihrer wechselseitigen Nichtswürdigkeit ein anschauliches Bild zu verschaffen. Der Grundeigentümer macht den Geburtsadel seines Eigentums, die feudalen souvenirs, Reminiszenzen, die Poesie der Erinnerung[146], sein schwärmerisches Wesen, seine politische Wichtigkeit etc. geltend, und wenn sie nationalökonomisch sprechen: der Landbau sei *allein* produktiv[147]. Er schildert zugleich seinen Gegner als einen schlauen, feilbietenden, mäkelnden, betrügerischen, habsüchtigen, verkäuflichen, empörungssüchtigen, Herz- und Geistlosen, dem Gemeinwesen entfremdeten frei es verschachernden, wuchernden, kuppelnden, sklavischen, geschmeidigen, schöntuenden, prellenden, trockenen, die Konkurrenz und daher den Pauperismus und den verbrechenden, die Auflösung aller sozialen Bande erzeugenden, nährenden, hätschelnden *Geldschurken* ohne Ehre, ohne Grundsätze, ohne Poesie[148], ohne alles. (Siehe unter andern den Physiokraten *Bergasse,* den Camille Desmoulins schon in seinem Journal: ›Révolutions de France et de Brabant‹ geißelt, siehe v. Vincke, Lancizolle, Haller, Leo, Kosegarten[149] und siehe *Sismondi.*) Das bewegliche Eigentum seiner Seits zeigt auf die Wunder der Industrie und der Bewegung, es ist das Kind der modernen Zeit und ihr berechtigter eingeborener Sohn; es bedauert seinen Gegner als einen über sein Wesen *unaufgeklärten* (und das ist vollkommen richtig) Schwachkopf, der an die Stelle des moralischen Kapitals und der freien Arbeit die[150] rohe unmoralische Gewalt und die Leibeigenschaft setzen wolle; es schildert ihn als einen Don Quichotte, der unter dem Schein der *Gradheit, Biederheit,* des *allgemeinen Interesses,* des *Bestandes,* die Bewegungsunfähigkeit, die habsüchtige Genußsucht, die Selbstsucht, das Sonderinteresse, die schlechte Absicht verstecke; es erklärt ihn für einen durchtriebenen *Monopolisten;* seine Reminiszenzen, seine Poesie, seine Schwärmerei dämpft es durch eine historische[151] und sarkastische Aufzählung der Niederträchtigkeit, Grausamkeit, Wegwerfung, Prostitution, Infamie, Anarchie, Empörung, deren Werkstätten die romantischen Schlösser waren.

[XLIII] Es habe dem Volk die politische Freiheit verschafft, die Fesseln der bürgerlichen Gesellschaft gelöst, die Welten miteinander verbunden, den menschenfreundlichen Handel, die reine Moral, die gefällige Bildung geschaffen; es habe dem Volke statt seiner rohen zivilisierte Bedürfnisse und die Mittel ihrer Befriedigung gegeben, während der Grundeigentümer[152] – dieser untätige und nur genante Kornwucherer – dem Volke die ersten Lebensmittel verteure, dadurch den Kapitalisten zwinge, den Arbeitslohn zu erhöhen, ohne die Produktionskraft erhöhen zu können, so das jährliche Einkommen der Nation, die Akkumulation der Kapitalien, also die Möglichkeit, dem Volke Arbeit und dem Lande Reichtum zu verschaffen, verhindre, endlich ganz aufhebe, einen allgemeinen Untergang herbeiführe und *alle* Vorteile der modernen Zivilisation wucherisch ausbeute, ohne das Geringste für sie zu tun und gar ohne von seinen Feudalvorurteilen abzulassen. Endlich solle er nur auf seinen *Pächter* sehn – er, bei dem der Landbau und der Boden selbst nur als eine ihm geschenkte Geldquelle existiert – und er solle

sagen, ob er nicht ein *biederer, phantastischer, schlauer* Schurke sei, der im Herzen und der Wirklichkeit nach der *freien* Industrie und dem *lieblichen* Handel längst angehöre, so sehr er sich auch dagegen sträube und soviel er von historischen Erinnerungen und sittlichen oder politischen Zwecken plaudere. Alles, was er wirklich zu seinen Gunsten vorbringe, sei nur wahr für den *Landbauer* (den Kapitalisten und die Arbeitsknechte), deren *Feind* vielmehr der *Grundeigentümer* sei; er beweise also gegen sich selbst. *Ohne* Kapital sei das Grundeigentum tote, wertlose Materie. Sein zivilisierter Sieg sei es eben, an die Stelle des toten Dings die menschliche Arbeit als Quelle des Reichtums entdeckt und geschaffen zu haben. (Siehe Paul Louis Courier, St. Simon, Ganilh, Ricardo, Mill, MacCulloch und Destutt de Tracy und Michel Chevalier). – –

Aus dem *wirklichen* Lauf der Entwicklung (hier einzufügen) folgt der notwendige Sieg des *Kapitalisten,* d. h. des ausgebildeten Privateigentums über das unausgebildete, halbe, den *Grundeigentümer,* wie überhaupt schon die Bewegung über die Unbeweglichkeit, die offene, selbstbewußte Gemeinheit über die versteckte und bewußtlose, die *Habsucht* über die *Genußsucht,* der[153] eingestanden restlose, vielgewandte Eigennutz der *Aufklärung* über den[154] lokalen[155], weltklugen, biederen, trägen und phantastischen[156] *Eigennutz des Aberglaubens,* wie das *Geld* über die andre Form des Privateigentums siegen muß. – –

Die Staaten, welche etwas von der Gefahr der vollendeten freien Industrie, der vollendeten reinen Moral und dem vollendeten menschenfreundlichen[157] Handel ahnen, suchen die Kapitalisierung des Grundeigentums – aber ganz vergeblich – aufzuhalten. – –

Das *Grundeigentum,* in seinem Unterschied von dem Kapital, ist das Privateigentum, das Kapital noch von *lokalen,* und politischen Vorurteilen behaftet, das noch nicht ganz aus seiner Verstrickung mit der Welt zu sich selbst gekommene, das noch *unvollendete* Kapital. Es muß im Laufe seiner *Weltbildung* zu seinem abstrakten, d. h. *reinen* Ausdrucke gelangen.–

Das Verhältnis des *Privateigentums* ist Arbeit, Kapital und die Beziehung beider.

Die Bewegung, die diese Glieder zu durchlaufen haben, sind: *Erstens – unmittelbare* und *vermittelte Einheit beider.*

Kapital und Arbeit erst noch vereint; dann zwar getrennt, und entfremdet, aber sich wechselseitig als *positive* Bedingungen hebend und fördernd.

Gegensatz beider, schließen sich wechselseitig aus; der Arbeiter weiß den Kapitalisten und umgekehrt als sein Nichtdasein; jeder sucht dem andren sein Dasein zu entreißen.

Gegensatz jedes *gegen* sich selbst. Kapital = aufgehäufter Arbeit = Arbeit. Als solche zerfallend in *sich* und seine *Zinsen,* wie diese wieder in *Zinsen und Gewinn.* Restlose Aufopferung des Kapitalisten. Er fällt in die Arbeiterklasse, wie der Arbeiter – aber nur ausnahmsweise – Kapitalist wird. Arbeit als Moment des Kapitals, seine *Kosten.* Also der Arbeitslohn ein Opfer des Kapitals.

Arbeit zerfallen in *sich* und den *Arbeitslohn.* Arbeiter selbst ein Kapital, eine Ware.

Kollision wechselseitiger Gegensätze.

[Drittes Manuskript: Privateigentum und Arbeit/ Privateigentum und Kommunismus/ Bedürfnis, Produktion und Arbeitsteilung/Geld/ Kritik der hegelschen Dialektik und Philosophie überhaupt]

[Privateigentum und Arbeit]

[I] ad pag. XXXVI. *Das subjektive Wesen* des Privateigentums, das *Privateigentum* als für sich seiende Tätigkeit, als *Subjekt,* als *Person* ist die Arbeit. Es versteht sich also, daß erst die Nationalökonomie, welche die *Arbeit* als ihr Prinzip erkannte – *Adam Smith* –, also nicht mehr das Privateigentum nur mehr als einen *Zustand* außer dem Menschen wußte, – daß diese Nationalökonomie sowohl als ein Produkt der wirklichen *Energie* und *Bewegung* des Privateigentums[158] zu betrachten ist, als ein Produkt der modernen *Industrie,* wie sie andrerseits die Energie und Entwicklung dieser *Industrie* beschleunigt, verherrlicht, zu einer[159] Macht des *Bewußtseins* gemacht hat. *Als Fetischdiener,* als *Katholiken* erscheinen daher dieser aufgeklärten Nationalökonomie, die das *subjektive Wesen* des Reichtums – innerhalb des Privateigentums – entdeckt hat[160], die Anhänger des Geld- und Merkantilsystems, welche das Privateigentum als ein *nur gegenständliches* Wesen für die Menschen wissen. *Engels* hat daher mit Recht *Adam Smith* den *nationalökonomischen Luther* genannt. Wie Luther als das Wesen der wirklichen *Welt* die Religion, den *Glauben* erkannte und daher dem katholischen Heidentum gegenübertrat, wie er die *äußere* Religiosität aufhob, indem er die Religiosität zum *innern* Wesen des Menschen machte, wie er die außer dem Laien vorhandnen Pfaffen negierte, weil er den Pfaffen in das Herz der Laien versetzte, so wird der außer dem Menschen befindliche und von ihm unabhängige – also nur auf eine äußerliche Weise zu erhaltende und zu behauptende – Reichtum aufgehoben, d. h. diese seine *äußerliche gedan-*

kenlose Gegenständlichkeit wird aufgehoben, indem sich das Privateigentum inkorporiert im Menschen selbst und der Mensch selbst als sein Wesen erkannt – aber darum der Mensch selbst in der Bestimmung des Privateigentums wie bei Luther der Religion gesetzt wird. Unter dem Schein einer Anerkennung des Menschen ist also die Nationalökonomie, deren Prinzip die Arbeit, vielmehr nur die konsequente Durchführung der[161] Verleugnung des Menschen, indem er selbst nicht mehr in einer äußerlichen Spannung zu dem äußerlichen Wesen des Privateigentums steht, sondern er selbst dies gespannte Wesen des Privateigentums geworden ist. Was früher *Sichäußerlichsein,* reale Entäußerung des Menschen, ist nun zur Tat der Entäußerung, zur Veräußerung geworden.[162] Wenn also jene Nationalökonomie unter dem Schein der Anerkennung des Menschen, seiner Selbständigkeit, Selbsttätigkeit etc. beginnt und, wie sie in das Wesen des Menschen selbst das Privateigentum versetzt, nicht mehr durch die lokalen, nationalen etc. *Bestimmungen des Privateigentums* als eines *außer ihr existierenden Wesens* bedingt sein kann, also eine *kosmopolitische,* allgemeine, jede Schranke, jedes Band umwerfende Energie entwickelt, um sich als die *einzige* Politik, Allgemeinheit, Schranke und Band[163] an die Stelle zu setzen, so muß sie bei weitrer Entwicklung diese *Scheinheiligkeit* abwerfen, in ihrem *ganzen Zynismus* hervortreten, und sie tut dies, indem sie – unbekümmert um alle scheinbaren Widersprüche, worin diese Lehre sie verwickelt, – viel *einseitiger,* darum *schärfer* und *konsequenter* die *Arbeit* als das einzige *Wesen des Reichtums* entwickelt, die Konsequenzen dieser Lehre im Gegensatz zu jener ursprünglichen Auffassung vielmehr als *menschenfeindliche* nachweist und endlich dem letzten, *individuellen, natürlichen,* unabhängig von der Bewegung der Arbeit existierenden Dasein[164] des Privateigentums und Quelle des Reichtums – der *Grundrente,* diesem schon ganz nationalökonomisch gewordnen und daher gegen die Nationalökonomie widerstandsunfähigen Ausdruck des[165] Feudaleigentums – den Todesstoß gibt.[166] (Schule des *Ricardo*). Nicht nur wächst der *Zynismus* der Nationalökonomie relativ von Smith über Say bis zu Ricardo, Mill etc., insofern die Konsequenzen[167] der *Industrie* den letztern entwickelter und widerspruchsvoller vor die Augen treten, sondern auch positiv gehn sie immer und mit Bewußtsein weiter in der Entfremdung gegen den Menschen als ihr Vorgänger, aber *nur,* weil ihre Wissenschaft sich konsequenter und wahrer entwickelt. Indem sie das Privateigentum in seiner tätigen Gestalt zum Subjekt machen, also zugleich den Menschen zum Wesen und zugleich den Menschen als ein Unwesen zum Wesen machen, so entspricht der Widerspruch der Wirklichkeit vollständig dem widerspruchsvollen Wesen, das sie als Prinzip erkannt haben. Die zerrissene *[II] Wirklichkeit* der *Industrie*[168] bestätigt ihr in *sich zerrissenes* Prinzip, weit entfernt, es zu widerlegen. Ihr Prinzip ist ja das Prinzip dieser Zerrissenheit. – –

Die physiokratische Lehre von *Dr. Quesnay* bildet den Übergang aus dem Merkantilsystem zu Adam Smith. Die *Physiokratie* ist unmittelbar die *nationalökonomische* Auflösung des Feudaleigentums, aber darum eben so unmittelbar die *nationalökonomische Umwandlung,* Wiederherstellung desselben, nur daß seine Sprache nun nicht mehr feudal, sondern ökonomisch wird. Aller Reichtum wird aufgelöst in die *Erde* und den *Landbau* (Agrikultur). Die Erde ist noch nicht *Kapital,* sie ist noch eine *besondre* Daseinsweise desselben, die in ihrer und um ihrer natürlichen Besonderheit *willen* gelten soll, aber die Erde ist doch ein allgemeines, natürliches *Element,* während das Merkantilsystem nur das[169] *edle Metall* als Existenz des Reichtums kannte. Der *Gegenstand* des Reichtums, seine Materie, hat also sogleich die höchste Allgemeinheit innerhalb der *Naturgrenze,* – insofern er auch als *Natur* unmittelbar gegenständlicher Reichtum ist – erhalten. Und die Erde ist nur durch die Arbeit, die Agrikultur für den *Menschen.* Also wird schon das subjektive Wesen des Reichtums in die Arbeit versetzt. Aber zugleich ist die Agrikultur die *einzig produktive* Arbeit. Also ist die Arbeit noch nicht in ihrer Allgemeinheit und Abstraktion gefaßt, sie ist noch an ein besondres *Naturelement als ihre Materie* gebunden, sie ist daher auch nur noch in einer besondern *naturbestimmten Daseinsweise* erkannt. Sie ist daher erst eine *bestimmte, besondre* Entäußerung des Menschen, wie ihr Produkt noch als ein bestimmter, – mehr noch der Natur als ihr selbst anheimfallender Reichtum – gefaßt ist. Die Erde wird hier noch als von Menschen unabhängiges Naturdasein anerkannt, noch nicht als Kapital, d. h. als ein Moment der Arbeit selbst. Vielmehr erscheint die Arbeit als *ihr* Moment. Indem aber der Fetischismus des alten äußerlichen, nur als Gegenstand existierenden Reichtums auf ein sehr einfaches Naturelement reduziert und sein Wesen schon, wenn auch erst teilweise, auf eine besondre Weise in seiner subjektiven Existenz anerkannt ist, ist der notwendige Fortschritt, daß das *allgemeine Wesen* des Reichtums erkannt und daher die *Arbeit* in ihrer vollständigen Absolutheit, d. h. Abstraktion, zum *Prinzip* erhoben wird. Es wird der Physiokratie bewiesen, daß die *Agrikultur* in ökonomischer Hinsicht, also der einzig berechtigten, von keiner andren Industrie verschieden sei, also nicht eine *bestimmte* Arbeit, eine an ein besondres Element gebundne, eine besondre Arbeitsäußerung, sondern die *Arbeit überhaupt* das *Wesen* des Reichtums sei.

Die Physiokratie leugnet den *besondren* äußerlichen, nur gegenständlichen Reichtum, indem sie die Arbeit für sein *Wesen* erklärt. Aber zunächst ist die Arbeit für sie nur das *subjektive Wesen* des Grundeigentums[170] (sie geht von der Art des Eigentums aus, welche historisch als die herrschende und anerkannte erscheint); sie läßt nur das Grundeigentum zum *entäußerten*[171] *Menschen* werden. Sie hebt seinen Feudalcharakter auf, indem sie die *Industrie* (Agrikultur) für sein *Wesen* erklärt; aber sie verhält sich leugnend zur Welt der Industrie, sie erkennt das Feudalwesen an, indem sie die *Agrikultur* für die *einzige* Industrie erklärt.

Es versteht sich, daß sobald nur das *subjektive Wesen* der im Gegensatz zum Grundeigentum, d. h. als Industrie sich konstituierenden Industrie – gefaßt wird, dieses Wesen jenen seinen Gegensatz in sich einschließt. Denn wie die Industrie das aufgehobne Grundeigentum, so umfaßt ihr *subjektives* Wesen zugleich *sein* subjektives Wesen.

Wie das Grundeigentum die erste Form des Privateigentums ist, wie die Industrie ihr bloß als eine besondre Art des Eigentums zunächst historisch entgegentritt, – oder vielmehr der freigelassene Sklave des Grundeigentums ist – so wiederholt sich bei der wissenschaftlichen Erfassung des *subjektiven* Wesens des Privateigentums, der *Arbeit*, dieser Prozeß, und die Arbeit erscheint zuerst nur als *Landbauarbeit*, macht sich dann aber als *Arbeit* überhaupt geltend.[172]

[III] Aller Reichtum ist zum *industriellen* Reichtum, zum *Reichtum* der Arbeit geworden, und die *Industrie* ist die vollendete Arbeit, wie das *Fabrikwesen* das ausgebildete Wesen der *Industrie*, d. h. der Arbeit ist und das *industrielle Kapital* die vollendete objektive Gestalt des Privateigentums ist. – –[173] Wir sehen, wie auch nun erst das Privateigentum seine Herrschaft über den Menschen vollenden und in allgemeinster Form zur weltgeschichtlichen Macht werden kann. – –

[Privateigentum und Kommunismus]

*ad pag. XXXIX. Aber der Gegensatz von *Eigentumslosigkeit* und *Eigentum* ist ein noch indifferenter, nicht in seiner *tätigen Beziehung* zu seinem *innren* Verhältnis, noch nicht als *Widerspruch* gefaßter Gegensatz, so lange er nicht als der Gegensatz der *Arbeit* und des *Kapitals* begriffen wird. Auch ohne die fortgeschrittene Bewegung des Privateigentums, im alten Rom, in der Türkei etc., kann dieser Gegensatz in der *ersten* Gestalt sich aussprechen. So *erscheint* er noch nicht als durch das Privateigentum selbst gesetzt. Aber die Arbeit, das subjektive Wesen des Privateigentums als Ausschließung des Eigentums, und das Kapital, die objektive Arbeit als Ausschließung der Arbeit, ist das *Privateigentum* als sein entwickeltes Verhältnis des Widerspruchs, darum ein energisches, zur Auflösung treibendes Verhältnis.

**ad ibidem. Die Aufhebung der Selbstentfremdung macht denselben Weg wie die Selbstentfremdung. Erst wird das *Privateigentum* nur in seiner objektiven Seite – aber doch die Arbeit als sein Wesen – betrachtet. Seine Daseinsform ist daher das *Kapital,* das ›als solches‹ aufzuheben ist (Proudhon). Oder die *besondre Weise* der Arbeit, – als nivellierte, parzellierte und darum unfreie Arbeit, wird als die Quelle der *Schädlichkeit* des Privateigentums und seines menschenentfremdeten Daseins gefaßt – *Fourier,* der den Physiokraten entsprechend auch wieder die *Landbauarbeit* wenigstens als die *ausgezeichnete* faßt, während *St. Simon* im Gegensatz die *Industriearbeit* als solche für das Wesen erklärt und nur noch die *alleinige* Herrschaft der Industriellen und die Verbesserung der Lage der Arbeiter begehrt. Der *Kommunismus* endlich ist der *positive* Ausdruck des aufgehobnen Privateigentums, zunächst das *allgemeine* Privateigentum. Indem er dies Verhältnis in seiner *Allgemeinheit* faßt, ist er 1) in seiner ersten Gestalt nur eine *Verallgemeinerung* und *Vollendung* desselben; als solche zeigt er sich in doppelter Gestalt: einmal ist die Herrschaft des *sachlichen* Eigentums so groß ihm gegenüber, daß er *alles* vernichten will, was nicht fähig ist, als *Privateigentum* von allen besessen zu werden[174]; er will auf *gewaltsame* Weise von Talent etc. abstrahieren[175]. Der physische unmittelbare *Besitz* gilt ihm als einziger Zweck des Lebens und Daseins; die Leistung des *Arbeiters* wird nicht aufgehoben, sondern auf alle Menschen ausgedehnt; das Verhältnis des Privateigentums bleibt das Verhältnis der Gemeinschaft zur Sachenwelt; endlich spricht sich diese Bewegung, dem Privateigentum das allgemeine Privateigentum entgegenzustellen, in der tierischen Form aus, daß der *Ehe* (welche allerdings eine *Form des exklusiven Privateigentums* ist) die *Weibergemeinschaft,* wo also das Weib zu einem *gemeinschaftlichen* und *gemeinen* Eigentum wird, entgegengestellt wird. Man darf sagen, daß dieser Gedanke der *Weibergemeinschaft* das *ausgesprochne Geheimnis* dieses noch ganz rohen und gedankenlosen Kommunismus ist. Wie das Weib aus der Ehe in die allgemeine Prostitution, so tritt die ganze Welt des Reichtums, d.h. des gegenständlichen Wesens des Menschen, aus dem Verhältnis der exklusiven Ehe mit dem Privateigentümer in das Verhältnis der universellen Prostitution mit der Gemeinschaft. Dieser Kommunismus – indem er die *Persönlichkeit*[176] des Menschen überall negiert – ist eben nur der konsequente Ausdruck des Privateigentums, welches diese Negation ist. Der allgemeine und als Macht sich konstituierende *Neid* ist nur die versteckte Form, in welcher die *Habsucht* sich herstellt und nur auf eine *andre* Weise sich befriedigt. Der Gedanke jedes Privateigentums als eines solchen ist *wenigstens* gegen das *reichere* Privateigentum als Neid und Nivellierungssucht gekehrt, so daß diese sogar das Wesen der Konkurrenz ausmachen. Der rohe Kommunist ist nur die Vollendung dieses Neides und dieser Nivellierung von dem *vorgestellten* Minimum aus. Er hat ein *bestimmtes begrenztes* Maß. Wie wenig diese Aufhebung des Privateigentums eine wirkliche Aneignung ist, beweist eben die abstrakte Negation der ganzen Welt der Bildung und der Zivilisation, die Rückkehr zur *unnatürlichen [IV]* Einfachheit des *armen* und bedürfnislosen Menschen, der nicht über das Privateigentum hinaus, sondern noch nicht einmal bei demselben angelangt ist.

Die Gemeinschaft ist nur eine Gemeinschaft der *Arbeit* und die Gleichheit des *Salärs,* den das gemeinschaftliche Kapital, die *Gemeinschaft* als der allgemeine Kapitalist, auszahlt. Beide Seiten des Verhältnisses sind in eine *vorgestellte* Allgemeinheit erhoben, die *Arbeit,* als die Bestimmung, in welcher jeder gesetzt ist, das *Kapital* als die anerkannte Allgemeinheit und Macht der Gemeinschaft.

In dem Verhältnis zum *Weib,* als dem Raub und der Magd der gemeinschaftlichen Wollust, ist die unendliche Degradation ausgesprochen, in welcher der Mensch für sich selbst existiert, denn das Geheimnis dieses Verhältnisses hat seinen *unzweideutigen,* entschiednen, *offenbaren,* enthüllten Ausdruck in dem Verhältnisse des *Mannes* zum *Weibe* und in der Weise, wie das *unmittelbare, natürliche* Gattungsverhältnis gefaßt wird. Das unmittelbare, natürliche, notwendige Verhältnis des Menschen zum Menschen ist das *Verhältnis* des *Mannes* zum *Weibe.* In diesem *natürlichen* Gattungsverhältnis ist das Verhältnis des Menschen zur Natur unmittelbar sein Verhältnis zum Menschen, wie das Verhältnis zum Menschen unmittelbar sein Verhältnis zur Natur, seine eigne *natürliche* Bestimmung ist. In diesem Verhältnis *erscheint* also *sinnlich,* auf ein anschaubares *Faktum* reduziert, in wie weit dem Menschen das menschliche Wesen zur Natur oder die Natur zum menschlichen Wesen des Menschen geworden ist. Aus diesem Verhältnis kann man also die ganze Bildungsstufe des Menschen beurteilen.[177] Aus dem Charakter dieses Verhältnisses folgt, in wie weit der *Mensch* als *Gattungswesen,* als *Mensch* sich geworden ist und erfaßt hat; das Verhältnis des Mannes zum Weib ist das *natürlichste* Verhältnis des Menschen zum Menschen. In ihm zeigt sich also, in wie weit das *natürliche* Verhalten des Menschen *menschlich* oder in wie weit das *menschliche* Wesen ihm zum *natürlichen* Wesen, in wie weit seine *menschliche Natur* ihm zur *Natur* geworden ist. In diesem Verhältnis zeigt sich auch, in wie weit das *Bedürfnis* des Menschen zum *menschlichen* Bedürfnis, in wie weit ihm also der *andre* Mensch als Mensch zum Bedürfnis geworden ist, in wie weit er in seinem individuellsten Dasein zugleich Gemeinwesen ist.

Die erste positive Aufhebung des Privateigentums, der *rohe* Kommunismus, ist also nur eine *Erscheinungsform* von der Niedertracht des Privateigentums, das sich als das *positive Gemeinwesen* setzen will.

2) Der Kommunismus α) noch politischer Natur, demokratisch oder despotisch; β) mit Aufhebung des Staats, aber zugleich noch unvollende-

tem und immer noch mit dem Privateigentum, d. h. der Entfremdung des Menschen affiziertem Wesen. In beiden Formen weiß sich der Kommunismus schon als Reintegration oder Rückkehr des Menschen in sich, als Aufhebung der menschlichen Selbstentfremdung, aber indem er das positive Wesen des[178] Privateigentums noch nicht erfaßt hat und ebenso wenig die *menschliche* Natur des Bedürfnisses verstanden hat, ist er auch noch von demselben befangen und infiziert. Er hat zwar seinen Begriff erfaßt, aber noch nicht sein Wesen.

3) Der *Kommunismus* als *positive* Aufhebung des *Privateigentums,* als *menschlicher Selbstentfremdung,* und darum als[179] wirkliche *Aneignung des menschlichen* Wesens[180] durch und für den Menschen; darum als vollständige, bewußt und innerhalb des ganzen Reichtums der bisherigen Entwicklung gewordne Rückkehr des Menschen für sich als eines *gesellschaftlichen,* d. h. menschlichen Menschen. Dieser Kommunismus ist als vollendeter[181] Naturalismus = Humanismus, als vollendeter Humanismus = Naturalismus, er ist die *wahrhafte* Auflösung des Widerstreites zwischen dem Menschen mit der Natur und mit dem Menschen, die wahre Auflösung des Streits zwischen Existenz und Wesen, zwischen Vergegenständlichung und[182] Selbstbestätigung, zwischen Freiheit und Notwendigkeit, zwischen Individuum und Gattung. Er ist das aufgelöste Rätsel der Geschichte und weiß sich als diese Lösung.

[V] Die ganze Bewegung der Geschichte ist daher, wie sein *wirklicher* Zeugungsakt – der Geburtsakt seines empirischen Daseins – so auch für sein denkendes Bewußtsein die *begriffne* und *gewußte* Bewegung seines *Werdens,* während jener noch unvollendete Kommunismus aus einzelnen dem Privateigentum entgegenstehenden Geschichtsgestalten einen *historischen* Beweis, einen Beweis in dem Bestehnden für sich sucht, indem er einzelne Momente aus der Bewegung (Cabet, Villegardelle etc. reiten besonders auf diesem Roß) herausreißt und als Beweise seiner historischen Vollblütigkeit fixiert, womit er eben dartut, daß die unverhältnismäßig größre Partie dieser Bewegung seinen Behauptungen widerspricht und daß, wenn er einmal gewesen ist, eben sein *vergangnes* Sein die Prätention des *Wesens* widerlegt.

Daß in der Bewegung des *Privateigentums,* eben der Ökonomie, die ganze revolutionäre Bewegung sowohl ihre empirische, als theoretische Basis findet, davon ist die Notwendigkeit leicht einzusehn.

Dies *materielle,* unmittelbar *sinnliche* Privateigentum ist der materielle sinnliche Ausdruck des *entfremdeten menschlichen*[183] Lebens. Seine Bewegung – die Produktion und Konsumtion – ist die *sinnliche* Offenbarung von[184] der Bewegung aller bisherigen Produktion, d. h. Verwirklichung oder Wirklichkeit des Menschen. Religion, Familie, Staat, Recht, Moral, Wissenschaft, Kunst etc. sind nur *besondre* Weisen der Produktion und fallen unter ihr allgemeines Gesetz[185]. Die[186] positive Aufhebung des *Privateigentums,* als die Aneignung des *menschlichen* Lebens, *ist daher die positive* Aufhebung aller Entfremdung, also die Rückkehr des Menschen aus Religion, Familie, Staat etc. in sein *menschliches, d. h. gesellschaftliches* Dasein. Die religiöse Entfremdung als solche geht nur in dem Gebiet *des Bewußtseins* des[187] menschlichen Innern vor, aber die ökonomische Entfremdung ist die des *wirklichen Lebens,* – ihre Aufhebung umfaßt daher beide Seiten. Es versteht sich, daß die Bewegung bei den verschiednen Völkern ihren *ersten* Beginn danach nimmt, ob das wahre *anerkannte* Leben des Volks mehr im Bewußtsein oder in der äußren Welt vor sich geht, mehr das ideelle oder reelle Leben ist. Der Kommunismus beginnt sogleich (*Owen*) mit dem Atheismus, der Atheismus ist zunächst noch weit entfernt, *Kommunismus* zu sein, wie jener Atheismus mehr noch eine Abstraktion ist. – –[188] Die Philanthropie des Atheismus ist daher zuerst nur eine *philosophische* abstrakte Philanthropie, die des Kommunismus sogleich *reell* und unmittelbar zur *Wirkung* gespannt. – –

Wir haben gesehn, wie unter Voraussetzung des positiv aufgehobnen Privateigentums der Mensch den Menschen produziert, sich selbst und den andren Menschen; wie der Gegenstand, welcher die unmittelbare Betätigung seiner Individualität, zugleich sein eignes Dasein für den andern Menschen, dessen Dasein, und dessen Dasein für ihn ist. Ebenso sind aber sowohl das Material der Arbeit, als der Mensch als Subjekt, wie Resultat so Ausgangspunkt der Bewegung (und daß sie dieser *Ausgangspunkt* sein müssen, eben darin liegt die geschichtliche Notwendigkeit des Privateigentums). Also ist der *gesellschaftliche* Charakter der allgemeine Charakter der ganzen Bewegung; *wie* die Gesellschaft selbst den *Menschen* als *Menschen* produziert, so ist sie durch ihn *produziert.* Die Tätigkeit und der Geist, wie ihrem Inhalt sind auch der *Entstehungsweise* nach *gesellschaftlich; gesellschaftliche*[189] Tätigkeit und *gesellschaftlicher*[190] Geist. Das *menschliche* Wesen der Natur ist erst da für den *gesellschaftlichen* Menschen; denn erst hier ist sie für ihn da als *Band* mit dem *Menschen,* als Dasein seiner für den andren und des andren für ihn, wie als Lebenselement der menschlichen Wirklichkeit, erst hier ist sie da als *Grundlage* seines eignen *menschlichen* Daseins.[191] Erst hier ist ihm sein *natürliches* Dasein sein *menschliches* Dasein und die Natur für ihn zum Menschen geworden. Also die *Gesellschaft* ist die vollendete Wesenseinheit des Menschen mit der Natur, die wahre Resurrektion der Natur, der durchgeführte Naturalismus des Menschen und der durchgeführte Humanismus der Natur.

[VI] Die gesellschaftliche Tätigkeit und der gesellschaftliche Geist existieren keineswegs *allein* in der Form einer *unmittelbar* gemeinschaftlichen Tätigkeit und unmittelbar *gemeinschaftlichen* Geistes, obgleich die

gemeinschaftliche Tätigkeit und der *gemeinschaftliche* Geist, d.h. die Tätigkeit und der Geist, die unmittelbar in *wirklicher Gesellschaft* mit andren Menschen sich äußert und bestätigt, überall da stattfinden werden, wo jener *unmittelbare* Ausdruck der Gesellschaftlichkeit im Wesen[192] ihres Inhalts begründet und seiner Natur angemessen ist.

Allein auch wenn ich *wissenschaftlich* etc. tätig bin, eine Tätigkeit, die ich selber in unmittelbarer Gemeinschaft mit andern ausführen kann, so bin ich *gesellschaftlich,* weil als *Mensch* tätig. Nicht nur das Material meiner Tätigkeit ist mir – wie selbst die Sprache, in der der Denker tätig ist – als gesellschaftliches Produkt gegeben, mein *eignes* Dasein *ist* gesellschaftliche Tätigkeit, darum das, was ich aus mir mache, ich aus mir für die Gesellschaft mache und mit dem Bewußtsein meiner als eines gesellschaftlichen Wesens.

Mein *allgemeines* Bewußtsein ist nur die *theoretische*[193] Gestalt dessen, wovon das *reelle* Gemeinwesen, gesellschaftliche Wesen, die *lebendige*[194] Gestalt ist, während heut zu Tage das *allgemeine* Bewußtsein eine Abstraktion vom wirklichen Leben ist und als solche ihm feindlich gegenübertritt. Daher ist auch die *Tätigkeit* meines allgemeinen Bewußtseins – als eine solche – mein *theoretisches* Dasein als gesellschaftliches Wesen.

Es ist vor allem zu vermeiden, die ›Gesellschaft‹ wieder als Abstraktion dem Individuum gegenüber zu fixieren. Das Individuum *ist* das *gesellschaftliche Wesen*[195]. Seine Lebensäußerung – erscheine sie auch nicht in der unmittelbaren Form einer *gemeinschaftlichen,* mit andern zugleich vollbrachten Lebensäußerung, – *ist* daher eine Äußerung und Bestätigung des *gesellschaftlichen Lebens.* Das individuelle und das Gattungsleben des Menschen sind nicht *verschieden,* so sehr auch – und dies notwendig – die Daseinsweise des individuellen Lebens eine mehr *besondre* oder mehr *allgemeine* Weise des Gattungslebens ist, oder je mehr das Gattungsleben ein mehr *besondres* oder *allgemeines* individuelles Leben ist.

Als *Gattungsbewußtsein* bestätigt der Mensch sein reelles *Gesellschaftsleben* und wiederholt nur sein wirkliches Dasein im Denken, wie umgekehrt das Gattungssein sich im Gattungsbewußtsein bestätigt und in seiner Allgemeinheit, als denkendes Wesen, für sich ist.

Der Mensch – so sehr er daher ein *besondres* Individuum ist, und grade seine Besonderheit macht ihn zu einem Individuum und zum wirklichen *individuellen* Gemeinwesen – ebenso sehr ist er die *Totalität,* die[196] ideelle Totalität[197], das subjektive Dasein der gedachten und empfundnen Gesellschaft für sich, wie er auch in der Wirklichkeit, sowohl als Anschauung und wirklicher Geist des gesellschaftlichen Daseins, wie als eine Totalität menschlicher Lebensäußerung da ist.

Denken und Sein sind also zwar *unterschieden,* aber zugleich in *Einheit* mit einander.

Der *Tod* scheint als ein harter Sieg der Gattung über das[198] Individuum und ihrer Einheit zu widersprechen; aber das bestimmte Individuum ist nur ein *bestimmtes Gattungswesen,* als solches sterblich.

4) Wie das *Privateigentum* nur der sinnliche Ausdruck davon ist, daß der Mensch zugleich *gegenständlich* für sich wird und zugleich vielmehr sich als ein fremder und unmenschlicher Gegenstand wird, daß seine Lebensäußerung seine Lebensentäußerung ist, seine Verwirklichung seine Entwirklichung, eine *fremde* Wirklichkeit ist, so ist die positive Aufhebung des Privateigentums, d.h. die *sinnliche* Aneignung des menschlichen Wesens und Lebens, des gegenständlichen Menschen, der menschlichen *Werke* für und durch den Menschen, nicht nur im Sinne des *unmittelbaren,* einseitigen *Genusses* zu fassen, nicht nur im Sinne des *Besitzens,* im Sinne des *Habens.* Der Mensch eignet sich sein allseitiges Wesen auf eine allseitige Art an, also als ein totaler Mensch. Jedes seiner *menschlichen*[199] Verhältnisse zur Welt, Sehn, Hören, Riechen, Schmekken, Fühlen, Denken, Anschauen, empfinden, wollen, tätig sein, lieben, kurz alle Organe seiner Individualität, wie die Organe, welche unmittelbar in ihrer Form als gemeinschaftliche Organe sind, *[VII]* sind in ihrem *gegenständlichen* Verhalten oder in ihrem *Verhalten zum Gegenstand* die Aneignung desselben. Die Aneignung der *menschlichen* Wirklichkeit, ihr Verhalten zum Gegenstand ist die *Betätigung der menschlichen Wirklichkeit;*[200] menschliche Wirksamkeit und menschliches *Leiden,* denn das Leiden, menschlich gefaßt, ist ein Selbstgenuß des Menschen.

Das Privateigentum hat uns so dumm und einseitig gemacht, daß ein Gegenstand erst der *unsrige* ist, wenn wir ihn haben, [er] also als Kapital für uns existiert, oder von uns unmittelbar besessen, gegessen, getrunken, an unsrem Leib getragen, von uns bewohnt etc., kurz *gebraucht* wird. Obgleich das Privateigentum alle diese unmittelbaren Verwirklichungen des Besitzes selbst wieder nur als *Lebensmittel* faßt, und das Leben, zu dessen Mittel sie dienen, ist das *Leben des Privateigentums,* Arbeit und Kapitalisierung.

An die Stelle *aller* physischen und geistigen Sinne ist daher die einfache Entfremdung *aller* dieser Sinne, der Sinn des *Habens* getreten. Auf diese absolute Armut mußte das menschliche Wesen reduziert werden, damit es seinen innern Reichtum aus sich herausgebäre. (Über die Kategorie des *Habens* siehe Heß in den 21 Bogen.)

Die Aufhebung des Privateigentums ist daher die vollständige *Emanzipation* aller menschlichen Sinne und Eigenschaften; aber sie ist diese Emanzipation gerade dadurch, daß diese Sinne und Eigenschaften *menschlich,* sowohl subjektiv als objektiv geworden sind. Das Auge ist zum *menschlichen* Auge geworden, wie sein *Gegenstand* zu einem gesellschaftlichen, *menschlichen,* vom Menschen für den Menschen herrührenden Gegenstand geworden ist. Die *Sinne* sind daher unmittelbar in ihrer Praxis Theoretiker geworden. Sie verhalten sich zu der *Sache,* um der Sache willen, aber die Sache selbst ist ein *gegenständliches menschliches* Verhalten zu sich selbst und zum Menschen[201] und umgekehrt. Das Bedürfnis oder der Genuß haben darum ihre *egoistische* Natur und die Natur ihre bloße *Nützlichkeit* verloren, indem der Nutzen zum *menschlichen* Nutzen geworden ist.

Eben so sind die Sinne und der Geist der andren Menschen meine *eigne* Aneignung geworden. Außer diesen unmittelbaren Organen bilden sich daher *gesellschaftliche* Organe, in der *Form* der Gesellschaft, also z. B. die Tätigkeit unmittelbar in Gesellschaft mit andren etc. ist ein Organ einer *Lebensäußerung* geworden und eine Weise der Aneignung des *menschlichen* Lebens.

Es versteht sich, daß das *menschliche* Auge anders genießt, als das rohe, unmenschliche Auge, das menschliche *Ohr* anders als das rohe Ohr etc.

Wir haben gesehn. Der Mensch verliert sich nur dann nicht in seinem Gegenstand, wenn dieser ihm als *menschlicher* Gegenstand oder gegenständlicher Mensch wird. Dies ist nur möglich, indem er ihm als *gesellschaftlicher* Gegenstand und er selbst sich als gesellschaftliches Wesen, wie die Gesellschaft als Wesen für ihn in diesem Gegenstand wird.

Indem daher überall einerseits dem Menschen in der Gesellschaft die gegenständliche Wirklichkeit als Wirklichkeit der menschlichen Wesenskräfte, als menschliche Wirklichkeit und darum als Wirklichkeit seiner *eignen* Wesenskräfte wird, werden ihm alle *Gegenstände* als die *Vergegenständlichung* seiner selbst, als die seine Individualität bestätigenden und verwirklichenden Gegenstände, als *seine* Gegenstände, d. h. Gegenstand wird er *selbst. Wie* sie ihm als seine werden, das hängt von der *Natur* des *Gegenstandes* und der Natur der *ihr* entsprechenden *Wesenskraft* ab; denn eben die *Bestimmtheit* dieses Verhältnisses bildet die besondre, *wirkliche* Weise der Bejahung. Dem *Auge* wird ein Gegenstand anders als dem *Ohr* und der Gegenstand des Auges *ist* ein andrer als der des *Ohrs.* Die Eigentümlichkeit jeder Wesenskraft ist gerade ihr *eigentümliches Wesen,* also auch die eigentümliche Weise ihrer Vergegenständlichung, ihres *gegenständlichen wirklichen,* lebendigen *Seins.* Nicht nur im Denken, *[VIII]* sondern mit *allen* Sinnen wird daher der Mensch in der gegenständlichen Welt bejaht.

Andrerseits und subjektiv gefaßt: Wie erst die Musik den musikalischen Sinn des Menschen erweckt, wie für das unmusikalische Ohr die schönste Musik *keinen* Sinn hat, [kein] Gegenstand ist, weil mein

Gegenstand nur die Bestätigung einer meiner Wesenskräfte sein kann, also nur so für mich sein kann, wie meine Wesenskraft als subjektive Fähigkeit für sich ist, weil der Sinn eines Gegenstandes für mich (nur Sinn für einen ihm entsprechenden Sinn hat) grade so weit geht, als *mein* Sinn geht, darum sind die *Sinne* des gesellschaftlichen Menschen *andre* Sinne wie die des[202] ungesellschaftlichen; erst durch den gegenständlich entfalteten Reichtum[203] des menschlichen Wesens wird der Reichtum der subjektiven *menschlichen* Sinnlichkeit, wird ein musikalisches Ohr, ein Auge für die Schönheit der Form, kurz, werden erst menschlicher Genüsse fähige *Sinne,* Sinne, welche als *menschliche* Wesenskräfte sich bestätigen, teils erst ausgebildet, teils erst erzeugt. Denn nicht nur die 5 Sinne, sondern auch die sogenannten geistigen Sinne, die praktischen Sinne (Wille, Liebe etc.), mit einem Wort der *menschliche* Sinn, die Menschlichkeit der Sinne wird erst durch das Dasein *seines* Gegenstandes, durch die *vermenschlichte* Natur. Die *Bildung* der fünf Sinne ist[204] eine Arbeit der ganzen bisherigen Weltgeschichte. Der unter dem rohen praktischen Bedürfnis befangene *Sinn* hat auch nur einen *bornierten* Sinn. Für den ausgehungerten Mensch existiert nicht die menschliche[205] Form der Speise, sondern nur[206] ihr abstraktes Dasein als Speise: eben so gut könnte sie in rohster Form vorliegen, und es ist nicht zu sagen, wodurch sich diese Nahrungstätigkeit von der *tierischen* Nahrungstätigkeit unterscheide.[207] Der sorgenvolle, bedürftige Mensch hat keinen Sinn für das schönste Schauspiel; der Mineralienkrämer sieht nur den merkantilischen Wert, aber nicht die Schönheit und eigentümliche Natur des Minerals; er hat keinen mineralogischen Sinn; also die Vergegenständlichung des menschlichen Wesens, sowohl in theoretischer als praktischer Hinsicht, gehörte dazu, sowohl um den *Sinn* des Menschen *menschlich* zu machen, als um für den ganzen Reichtum des menschlichen und natürlichen Wesens entsprechenden *menschlichen Sinn* zu schaffen.

Wie durch die Bewegung des *Privateigentums* und seines Reichtums wie Elends – oder materiellen und geistigen Reichtums und Elends – die werdende Gesellschaft zu dieser *Bildung* alles Material vorfindet, *so* produziert die gewordne Gesellschaft den Menschen in diesem ganzen Reichtum seines Wesens, den *reichen* und tief *allsinnigen* Menschen als ihre stete Wirklichkeit. –[208]

Man sieht, wie Subjektivismus und Objektivismus, Spiritualismus und Materialismus, Tätigkeit und Leiden erst im gesellschaftlichen Zustand ihren Gegensatz, und damit ihr Dasein als solche Gegensätze verlieren; man sieht, wie die[209] Lösung der *theoretischen* Gegensätze selbst *nur* auf eine *praktische* Art, nur durch die praktische Energie des Menschen möglich ist[210] und ihre Lösung daher keineswegs nur eine Aufgabe der Erkenntnis, sondern eine *wirkliche* Lebensaufgabe ist, welche die *Phi-*

losophie nicht lösen konnte, eben weil sie dieselbe als *nur* theoretische Aufgabe faßte. – –[211]

Man sieht, wie die Geschichte der *Industrie* und das gewordene *gegenständliche* Dasein der Industrie das *aufgeschlagene Buch* der *menschlichen Wesenskräfte,* die sinnlich vorliegende menschliche *Psychologie* ist, die bisher nicht in ihrem Zusammenhang mit dem *Wesen* des Menschen, sondern immer nur in einer äußeren Nützlichkeitsbeziehung gefaßt wurde, weil man – innerhalb der Entfremdung sich bewegend – nur das[212] allgemeine Dasein des Menschen, die Religion, oder die Geschichte in ihrem abstrakt-allgemeinen Wesen, als Politik, Kunst, Literatur etc., *[IX]* als Wirklichkeit der menschlichen Wesenskräfte und als *menschliche Gattungsakte* zu fassen wußte.[213] In der *gewöhnlichen, materiellen Industrie* (– die man eben so wohl als einen Teil jener allgemeinen Bewegung fassen, wie man sie selbst als einen *besondren* Teil der Industrie fassen kann, da alle menschliche Tätigkeit bisher Arbeit, also Industrie, sich selbst entfremdete Tätigkeit war –) haben wir unter der Form *sinnlicher, fremder, nützlicher Gegenstände,* unter der Form[214] der Entfremdung, die *vergegenständlichten Wesenskräfte* des Menschen vor uns. Eine *Psychologie,* für welche dies Buch, also grade der sinnlich gegenwärtigste, zugänglichste Teil der Geschichte zugeschlagen ist, kann nicht zur wirklichen inhaltvollen und *reellen* Wissenschaft werden.[215] Was soll man überhaupt von[216] einer Wissenschaft denken, die von diesem großen Teil der menschlichen Arbeit *vornehm* abstrahiert und nicht in sich selbst ihre Unvollständigkeit fühlt, so lange ein so ausgebreiteter Reichtum des menschlichen Wirkens ihr nichts sagt, als etwa, was man in einem Wort sagen kann: ›*Bedürfnis*‹ ›*gemeines Bedürfnis*‹!?

Die *Naturwissenschaften* haben eine enorme Tätigkeit entwickelt und sich ein stets wachsendes Material angeeignet. Die Philosophie ist ihnen indessen eben so fremd geblieben, wie sie der Philosophie fremd blieben. Die momentane Vereinigung war nur eine *phantastische Illusion.* Der Wille war da, aber das Vermögen fehlte. Die Geschichtschreibung selbst nimmt auf die Naturwissenschaft nur beiläufig Rücksicht, als Moment der Aufklärung, Nützlichkeit, einzelner großer Entdeckungen. Aber desto *praktischer* hat die Naturwissenschaft vermittelst der Industrie in das menschliche Leben eingegriffen und es umgestaltet und die menschliche Emanzipation vorbereitet, so sehr sie unmittelbar die Entmenschung vervollständigen mußte. Die *Industrie* ist das *wirkliche* geschichtliche Verhältnis der Natur und daher der Naturwissenschaft zum Menschen; wird sie daher als *exoterische*[217] Enthüllung der menschlichen *Wesenskräfte* gefaßt, so wird auch das *menschliche* Wesen der Natur oder das *natürliche* Wesen des Menschen verstanden, daher die Naturwissenschaft ihre abstrakt materielle oder vielmehr idealistische Richtung verlieren und die Basis der *menschlichen* Wissenschaft werden, wie sie jetzt schon – obgleich in entfremdeter Gestalt – zur Basis des wirklich menschlichen Lebens geworden ist, und eine *andre* Basis für das Leben, eine andre für die *Wissenschaft* ist von vornherein eine Lüge. Die in der menschlichen Geschichte – dem Entstehungsakt der menschlichen Gesellschaft – werdende Natur ist die *wirkliche* Natur des Menschen, darum die Natur, wie sie durch die Industrie, wenn auch in *entfremdeter* Gestalt wird, die wahre *anthropologische* Natur ist. –[218]

Die *Sinnlichkeit* (siehe Feuerbach) muß die Basis aller Wissenschaft sein. Nur, wenn sie von ihr, in der doppelten Gestalt, sowohl des *sinnlichen* Bewußtseins als des *sinnlichen* Bedürfnisses ausgeht – also nur wenn die Wissenschaft von der Natur ausgeht – ist sie *wirkliche* Wissenschaft. Damit der ›*Mensch*‹ zum Gegenstand des *sinnlichen* Bewußtseins und das Bedürfnis des ›Menschen als Menschen‹ zum Bedürfnis werde, dazu ist die ganze Geschichte[219] die Vorbereitungsgeschichte[220]. Die Geschichte selbst ist ein *wirklicher* Teil der *Naturgeschichte,* des Werdens der Natur zum Menschen. Die Naturwissenschaft wird später ebenso wohl die Wissenschaft von dem Menschen, wie die Wissenschaft von dem Menschen die Naturwissenschaft unter sich subsumieren[221]: es wird *eine* Wissenschaft sein.

[X] Der *Mensch* ist der unmittelbare Gegenstand der Naturwissenschaft; denn die unmittelbare *sinnliche Natur* für den Menschen ist unmittelbar die menschliche Sinnlichkeit (ein identischer Ausdruck) unmittelbar als der *andere* sinnlich für ihn vorhandne Mensch; denn seine eigne Sinnlichkeit ist erst durch den *andren* Menschen als menschliche Sinnlichkeit für ihn selbst. Aber die *Natur* ist der unmittelbare Gegenstand der *Wissenschaft vom Menschen,* der erste Gegenstand des Menschen – der Mensch – ist Natur, Sinnlichkeit, und die besondren menschlichen sinnlichen Wesenskräfte, wie sie nur in *natürlichen* Gegenständen ihre[222] gegenständliche Verwirklichung, können nur in der Wissenschaft des Naturwesens überhaupt ihre Selbsterkenntnis finden. Das Element des Denkens selbst, das Element der Lebensäußerung des Gedankens, die *Sprache* ist sinnlicher Natur. Die *gesellschaftliche* Wirklichkeit der Natur und die *menschliche* Naturwissenschaft oder die *natürliche Wissenschaft vom Menschen* sind identische Ausdrücke.

[223]Man sieht, wie an die Stelle des nationalökonomischen *Reichtums* und *Elendes* der *reiche Mensch* und das reiche *menschliche* Bedürfnis tritt. Der reiche Mensch ist zugleich der einer Totalität der menschlichen Lebensäußerung *bedürftige* Mensch. Der Mensch, in dem seine eigne Verwirklichung, als innere Notwendigkeit, als *Not* existiert. Nicht nur der *Reichtum,* auch die *Armut* des Menschen erhält gleichmäßig – unter Voraussetzung des Sozialismus – eine *menschliche* und daher gesellschaft-

liche Bedeutung. Sie ist das passive Band, welches dem Menschen den größten Reichtum, den *andren* Menschen, als Bedürfnis empfinden läßt. Die Herrschaft des gegenständlichen Wesens in mir, der sinnliche Ausbruch meiner Wesenstätigkeit ist die *Leidenschaft,* welche hier damit die *Tätigkeit* meines Wesens wird.

5) Ein *Wesen* gilt sich erst als selbständiges, sobald es auf eignen Füßen steht, und es steht erst auf eignen Füßen, sobald es sein *Dasein* sich selbst verdankt. Ein Mensch, der von der Gnade eines andern lebt, betrachtet sich als ein abhängiges Wesen. Ich lebe aber vollständig von der Gnade eines andern, wenn ich ihm nicht nur die Unterhaltung meines Lebens verdanke, sondern wenn er noch außerdem mein *Leben geschaffen* hat, wenn er der *Quell* meines Lebens ist, und mein Leben hat notwendig einen solchen Grund außer sich, wenn es nicht meine eigne Schöpfung ist[224]. Die *Schöpfung* ist daher eine sehr schwer aus dem Volksbewußtsein zu verdrängende Vorstellung. Das Durchsichselbstsein der Natur und des Menschen ist ihm *unbegreiflich,* weil es allen *Handgreiflichkeiten* des praktischen Lebens widerspricht. Die *Erd*schöpfung hat einen gewaltigen Stoß erhalten durch die *Geognosie,* d.h. durch die Wissenschaft, welche die Erdbildung, das Werden der Erde, als einen Prozeß, als Selbsterzeugung darstellt. Die generatio aequivoca ist die einzige praktische Widerlegung der Schöpfungstheorie.

Nun ist es zwar leicht, dem einzelnen Individuum zu sagen, was Aristoteles schon sagt: Du bist gezeugt von deinem Vater und deiner Mutter, also hat in dir die Begattung zweier Menschen, also ein Gattungsakt der Menschen den Menschen produziert. Du siehst also, daß der Mensch auch physisch sein Dasein dem Menschen verdankt. Du mußt also nicht nur die *eine* Seite im Auge behalten, den *unendlichen* Progreß, wonach du weiter fragst: Wer hat meinen Vater, wer seinen Großvater etc. gezeugt. Du mußt auch die *Kreisbewegung,* welche in jenem Progreß sinnlich anschaubar ist, festhalten, wonach der Mensch in der Zeugung sich selbst wiederholt, also der *Mensch* immer Subjekt bleibt. Allein du wirst antworten: Diese Kreisbewegung dir zugestanden, so gestehe du mir den Progreß zu, der mich immer weiter treibt, bis ich frage, wer hat den ersten Menschen und die Natur überhaupt gezeugt? Ich kann dir nur antworten: Deine Frage ist selbst ein Produkt der Abstraktion. Frage dich, wie du auf jene Frage kömmst; frage dich, ob deine Frage nicht von einem Gesichtspunkt aus geschieht, den ich nicht beantworten kann, weil er ein verkehrter ist? Frage dich, ob jener Progreß als solcher für ein vernünftiges Denken existiert?[225] Wenn du nach der Schöpfung der Natur und des Menschen fragst, so abstrahierst du also vom Menschen und der Natur. Du setzest sie als *nichtseiend,* und willst doch, daß ich sie als *seiend* dir beweise. Ich sage dir nun: gib deine Abstraktion auf, so gibst du auch deine Frage auf, oder willst du an deiner Abstraktion festhalten, so sei konsequent, und wenn du den Menschen und die Natur als *nichtseiend* denkend, *[XI]* denkst, so denke dich selbst als nichtseiend, der du doch auch Natur und Mensch bist. Denke nicht, frage mich nicht, denn sobald du denkst und fragst, hat deine *Abstraktion* von dem Sein der Natur und des Menschen keinen Sinn. Oder bist du ein solcher Egoist, daß du alles als Nichts setzt und selbst sein willst?

Du kannst mir erwidern: Ich will nicht das Nichts der Natur etc. setzen; ich frage dich nach ihrem *Entstehungsakt,* wie ich den[226] Anatom nach den Knochenbildungen frage, etc.

Indem aber für den sozialistischen Menschen die *ganze sogenannte Weltgeschichte* nichts anders ist als die Erzeugung des Menschen durch die menschliche Arbeit, als das Werden der Natur für den Menschen, so hat er also den anschaulichen, unwiderstehlichen Beweis von seiner *Geburt* durch sich selbst, von seinem *Entstehungsprozeß.* Indem die *Wesenhaftigkeit* des Menschen und der Natur, indem der Mensch für den Menschen als Dasein der Natur, und die Natur für den Menschen als Dasein des Menschen praktisch, sinnlich, anschaubar geworden ist, ist die Frage nach einem *fremden* Wesen, nach einem Wesen über der Natur und den Menschen – eine Frage, welche das Geständnis von der Unwesentlichkeit der Natur und des Menschen einschließt – praktisch unmöglich geworden. Der *Atheismus,* als Leugnung dieser Unwesentlichkeit, hat keinen Sinn mehr[227], denn der Atheismus ist eine *Negation*[228] *Gottes,* und setzt durch diese Negation das *Dasein des Menschen;* aber der Sozialismus als Sozialismus bedarf einer solchen Vermittlung nicht mehr; er beginnt von dem *theoretisch und praktisch sinnlichen Bewußtsein* des Menschen und der Natur als des *Wesens.* Er ist *positives,* nicht mehr durch die Aufhebung der Religion vermitteltes *Selbstbewußtsein* des Menschen, wie das *wirkliche Leben* positive, nicht mehr durch die Aufhebung des Privateigentums, den *Kommunismus,* vermittelte Wirklichkeit des Menschen ist. Der Kommunismus ist die Position als Negation der Negation, darum das *wirkliche,* für die nächste geschichtliche Entwicklung notwendige Moment der menschlichen Emanzipation und Wiedergewinnung. Der *Kommunismus* ist die notwendige Gestalt und das energische Prinzip der nächsten Zukunft, aber der Kommunismus ist nicht als solcher das Ziel der menschlichen Entwicklung, – die Gestalt der menschlichen Gesellschaft.–

[XIV] 7) Wir haben gesehn, welche Bedeutung unter der Voraussetzung des Sozialismus die *Reichheit* der menschlichen Bedürfnisse, und daher sowohl eine *neue Weise der Produktion* als auch ein neuer *Gegenstand* der Produktion hat. Neue Betätigung der *menschlichen* Wesenskraft und neue Bereicherung des *menschlichen* Wesens. Innerhalb des Privateigentums die umgekehrte Bedeutung. Jeder Mensch spekuliert darauf, dem andern ein *neues* Bedürfnis zu schaffen, um ihn zu einem neuen Opfer zu zwingen, um ihn in eine neue Abhängigkeit zu versetzen und ihn zu einer neuen Weise des *Genusses* und damit des ökonomischen Ruins zu verleiten. Jeder sucht eine *fremde* Wesenskraft über den andern zu schaffen, um darin die Befriedigung seines eignen eigennützigen Bedürfnisses zu finden. Mit der Masse der Gegenstände wächst daher das Reich der fremden Wesen, denen der Mensch unterjocht ist, und jedes neue Produkt ist eine neue *Potenz* des wechselseitigen Betrugs und der wechselseitigen Ausplünderung. Der Mensch wird um so ärmer als Mensch, er bedarf um so mehr des *Geldes,* um sich des feindlichen Wesens zu bemächtigen, und die Macht seines *Geldes* fällt grade in umgekehrtem Verhältnis als[229] die Masse der Produktion, d.h. seine Bedürftigkeit wächst, wie die *Macht* des Geldes zunimmt. – Das Bedürfnis des Geldes ist daher das wahre, von der Nationalökonomie produzierte Bedürfnis und das einzige Bedürfnis, das sie produziert. – Die *Quantität* des Geldes wird immer mehr seine einzige *mächtige* Eigenschaft; wie es alles Wesen auf seine Abstraktion reduzierte, so reduziert es sich in seiner eignen Bewegung als *quantitatives* Wesen. Die *Maßlosigkeit* und *Unmäßigkeit* wird sein wahres Maß. – Subjektiv selbst erscheint dies so, teils daß die Ausdehnung der Produkte und der Bedürfnisse zum *erfinderischen* und stets *kalkulierenden* Sklaven unmenschlicher, raffinierter, unnatürlicher und *eingebildeter* Gelüste wird – das Privateigentum weiß das rohe Bedürfnis nicht zum *menschlichen* Bedürfnis zu machen; sein *Idealismus* ist die *Einbildung,* die *Willkür,* die *Laune,* und ein Eunuche schmeichelt nicht niederträchtiger seinem Despoten und sucht durch keine infameren Mittel seine abgestumpfte Genußfähigkeit zu irritieren, um sich selbst eine Gunst zu erschleichen, wie der Industrieeunuche, der Produzent, um sich Silberpfennige zu erschleichen, aus der Tasche des christlich geliebten Nachbarn die Goldvögel herauszulocken – (jedes Produkt ist ein Köder, womit man das Wesen des andern, sein Geld, an sich locken will, jedes wirkliche oder mögliche Bedürfnis ist eine Schwachheit, die die Fliege an die Leimstange heranführen wird – allgemeine Ausbeutung des gemeinschaftlichen menschlichen Wesens, wie jede Unvollkommenheit des Menschen ein Band mit dem Himmel ist, eine Seite, wo sein Herz dem

Priester zugänglich; jede Not ist eine Gelegenheit, um unter dem liebenswürdigsten Schein zum Nachbarn zu treten und ihm zu sagen: Lieber Freund, ich gebe dir, was dir nötig ist, aber du kennst die conditio sine qua non; du weißt, mit welcher Tinte du dich mir zu verschreiben hast; ich prelle dich, indem ich dir einen Genuß verschaffe) – sich seinen verworfensten Einfällen fügt, den Kuppler zwischen ihm und seinem Bedürfnis spielt, krankhafte Gelüste in ihm erregt, jede Schwachheit ihm ablauert, um dann das Handgeld für diesen Liebesdienst zu verlangen. – Teils zeigt sich diese Entfremdung, indem die Raffinierung der Bedürfnisse und ihrer Mittel auf der einen Seite, die viehische Verwilderung, vollständige, rohe, abstrakte Einfachheit des Bedürfnisses auf der andren Seite produziert; oder vielmehr nur sich selbst in seiner gegenteiligen Bedeutung wiedergebiert. Selbst das Bedürfnis der freien Luft hört bei dem Arbeiter auf, ein Bedürfnis zu sein, der Mensch kehrt in die Höhlenwohnung zurück, die aber nun von dem mephytischen Pesthauch der Zivilisation vergiftet ist und die er nur mehr *prekär,* als eine fremde Macht, die sich ihm täglich entziehn, aus der er täglich, wenn er *[XV]* nicht zahlt, herausgeworfen werden kann, bewohnt. Dies Totenhaus muß er *bezahlen.* Die *Licht*wohnung, welche Prometheus bei Aeschylus[230] als eines der großen Geschenke, wodurch er den Wilden zum Menschen gemacht, bezeichnet, hört auf, für den Arbeiter zu sein. Licht, Luft etc., die einfachste *tierische* Reinlichkeit hört auf, ein Bedürfnis für den Menschen zu sein. Der *Schmutz,* diese Versumpfung, Verfaulung des Menschen, der *Gossenablauf* (dies ist wörtlich zu verstehen) der Zivilisation wird ihm ein *Lebenselement.* Die völlige *unnatürliche* Verwahrlosung, die verfaulte Natur, wird zu seinem *Lebenselement.* Keiner seiner Sinne existiert mehr, nicht nur nicht in seiner menschlichen Weise, sondern in einer *unmenschlichen,* darum selbst nicht einmal tierischen Weise. Die[231] rohsten *Weisen* (und *Instrumente*) der menschlichen Arbeit kehren wieder, wie die *Tretmühle* der römischen Sklaven zur Produktionsweise, Daseinsweise vieler englischen Arbeiter geworden ist. Nicht nur, daß der Mensch keine menschlichen Bedürfnisse hat, selbst die *tierischen*[232] Bedürfnisse hören auf. Der Irländer kennt nur mehr das Bedürfnis des *Essens* und zwar nur mehr des *Kartoffelessens* und zwar nur der[233] *Lungenkartoffel,* der schlechtesten Art von Kartoffel. Aber England und Frankreich haben schon in jeder Industriestadt ein *kleines* Irland. Der Wilde, das Tier, hat doch das Bedürfnis der Jagd, der Bewegung etc., der Geselligkeit. – Die Vereinfachung der Maschine, die Arbeit wird dazu benutzt, um den erst werdenden Menschen, den ganz unausgebildeten Menschen – das *Kind* – zum Arbeiter zu machen, wie der Arbeiter ein verwahrlostes Kind geworden ist. Die Maschine bequemt sich der *Schwäche* des Menschen, um den *schwachen* Menschen zur Maschine zu machen. –[234]

[235]Wie die Vermehrung der Bedürfnisse und ihrer Mittel die Bedürfnislosigkeit und die Mittellosigkeit erzeugt, beweist der Nationalökonom (und der Kapitalist, überhaupt reden wir immer von den *empirischen* Geschäftsleuten, wenn wir uns an die Nationalökonomen – ihr *wissenschaftliches* Geständnis und Dasein – adressieren), 1) indem er das Bedürfnis des Arbeiters auf den notwendigsten und jämmerlichsten Unterhalt des physischen Lebens und seine Tätigkeit auf die abstrakteste mechanische Bewegung reduziert, also, sagt er: der Mensch hat kein andres Bedürfnis weder der Tätigkeit, noch des Genusses; denn *auch* dies Leben erklärt er [als] *menschliches* Leben und Dasein; indem 2) er das möglichst *dürftige* Leben (Existenz) als Maßstab und zwar als allgemeinen Maßstab *ausrechnet:* allgemein, weil für die Masse der Menschen geltend; er macht den Arbeiter zu einem unsinnlichen und bedürfnislosen Wesen, wie er seine Tätigkeit zu einer reinen Abstraktion von aller Tätigkeit macht; jeder *Luxus* des Arbeiters erscheint ihm daher als verwerflich und alles, was über das allerabstrakteste Bedürfnis hinausgeht – sei es als passiver Geist – oder Tätigkeitsäußerung – erscheint ihm als Luxus. Die Nationalökonomie, diese Wissenschaft des *Reichtums,* ist daher zugleich die Wissenschaft des Entsagens, des Darbens, der *Ersparung,* und sie kömmt wirklich dazu, dem Menschen sogar das *Bedürfnis* einer reinen *Luft* oder der physischen *Bewegung* zu *ersparen.* Diese Wissenschaft der wunderbaren Industrie ist zugleich die Wissenschaft der *Askese,* und ihr wahres Ideal ist der *asketische,* aber *wuchernde* Geizhals und der *asketische,* aber[236] *produzierende* Sklave. Ihr moralisches Ideal ist der *Arbeiter,* der in die Sparkasse einen Teil seines Salärs bringt, und sie hat für diesen ihren Lieblingseinfall sogar eine knechtische *Kunst* vorgefunden. Man hat das sentimental aufs Theater gebracht[237]. Sie ist daher – trotz ihres weltlichen und wollüstigen Aussehens – eine wirkliche moralische Wissenschaft, die allermoralischste Wissenschaft. Die Selbstentsagung, die Entsagung des Lebens und aller menschlichen Bedürfnisse, ist ihr Hauptlehrsatz. Je weniger du ißt, trinkst, Bücher kaufst, in das Theater, auf den Ball, zum Wirtshaus gehst, denkst, liebst, theoretisierst, singst, malst, fichtest etc., um so [mehr] sparst du, um so *größer* wird dein Schatz, den weder Motten noch Staub fressen, dein *Kapital.* Je weniger du *bist,* je weniger du dein Leben äußerst, um so mehr *hast* du, um so größer ist dein *entäußertes* Leben, um so mehr speicherst du auf von deinem entfremdeten Wesen. Alles, *[XVI]* was dir der Nationalökonom an Leben nimmt und an Menschheit, das alles ersetzt er dir in *Geld* und *Reichtum,* und alles das, was du nicht kannst, das kann dein Geld: es kann essen, trinken, auf den Ball, ins Theater gehn, es weiß sich die Kunst, die Gelehrsamkeit, die historischen Seltenheiten, die politische Macht, es kann reisen, es *kann* dir das alles aneignen; es kann das alles kaufen; es ist

das wahre *Vermögen.* Aber es, was all dies ist, es *mag* nichts als sich selbst schaffen, sich selbst kaufen, denn alles andre ist ja sein Knecht, und wenn ich den Herrn habe, habe ich den Knecht und brauche ich seinen Knecht nicht. Alle Leidenschaften und alle Tätigkeit muß also untergehn in der *Habsucht.* Der Arbeiter darf[238] nur so viel[239] haben, daß er[240] leben will, und darf nur leben wollen, um zu haben.

Allerdings erhebt sich nun auf nationalökonomischem Boden eine Kontroverse. Die eine Seite (Lauderdale, Malthus etc.) empfiehlt den *Luxus* und verwünscht die Sparsamkeit; die andre (Say, Ricardo etc.) empfiehlt die Sparsamkeit und verwünscht den Luxus. Aber jene gesteht, daß sie den Luxus will, um die *Arbeit* (d.h. die absolute Sparsamkeit) zu produzieren; die andre Seite gesteht, daß sie die Sparsamkeit empfiehlt, um den *Reichtum,* d.h. den Luxus zu produzieren. Die erstere Seite hat die *romantische* Einbildung, die Habsucht dürfe nicht allein die[241] Konsumtion der Reichen bestimmen, und sie widerspricht ihren eignen Gesetzen, wenn sie die *Verschwendung* unmittelbar für ein Mittel der Bereicherung ausgibt, und von der andern Seite wird ihr daher sehr ernstlich und umständlich bewiesen, daß ich durch die Verschwendung[242] meine *Habe* verringere und nicht vermehre; die andere Seite begeht die Heuchelei, nicht zu gestehn, daß grade die Laune und der Einfall die Produktion bestimmt; sie vergißt die »verfeinerten Bedürfnisse«, sie vergißt, daß ohne Konsumtion nicht produziert würde; sie vergißt, daß die Produktion durch die Konkurrenz nur allseitiger, luxuriöser werden muß; sie vergißt, daß der Gebrauch ihr den Wert der Sache bestimmt und daß die Mode den Gebrauch bestimmt, sie wünscht nur »Nützliches« produziert zu sehn, aber sie vergißt, daß die Produktion von zu viel Nützlichem zu viel *unnütze* Population produziert. Beide Seiten vergessen, daß Verschwendung und Ersparung, Luxus und Entblößung, Reichtum und Armut gleich sind.

Und nicht nur deine unmittelbaren Sinne, wie Essen etc., mußt du absparen; auch Teilnahme mit allgemeinen Interessen, Mitleiden, Vertrauen etc., das alles mußt du dir ersparen, wenn du ökonomisch sein willst, wenn du nicht an Illusionen zu Grunde gehn willst.[243]

Du mußt alles, was dein ist, *feil,* d.h. nützlich machen. Wenn ich den Nationalökonomen frage: Gehorche ich den ökonomischen Gesetzen, wenn ich aus der Preisgebung, Feilbietung meines Körpers an fremde Wollust Geld ziehe (die Fabrikarbeiter in Frankreich nennen die Prostitution ihrer Frauen und Töchter die Xte Arbeitsstunde, was wörtlich wahr ist), oder handle ich nicht nationalökonomisch, wenn ich meinen Freund an die Marokkaner verkaufe (und der unmittelbare Menschenverkauf, als Handel der Konskribierten etc. findet in allen Kulturländern statt), so antwortet mir der Nationalökonom: meinen Gesetzen handelst du nicht zuwider; aber sieh' dich um, was Frau Base Moral und Base Religion sagt; meine *nationalökonomische* Moral und Religion hat nichts angegen dich einzuwenden, aber – Aber wem soll ich nun mehr glauben, der Nationalökonomie oder der Moral? – Die Moral der Nationalökonomie ist der *Erwerb,* die Arbeit und die Sparsamkeit, die Nüchternheit – aber die Nationalökonomie verspricht mir, meine Bedürfnisse zu befriedigen. – Die Nationalökonomie der Moral ist der Reichtum an gutem Gewissen, an Tugend etc., aber wie kann ich tugendhaft sein, wenn ich nicht bin, wie ein gutes Gewissen haben, wenn ich[244] nichts weiß? – Es ist dies im Wesen der Entfremdung gegründet, daß jede Sphäre einen andren und entgegengesetzten Maßstab an mich legt, einen andren die Moral, einen andren die Nationalökonomie, weil jede eine bestimmte Entfremdung des Menschen ist und *[XVII]* jede einen besondren Kreis der entfremdeten Wesenstätigkeit fixiert, jede sich entfremdet, zu der andren Entfremdung verhält.[245] So wirft Herr *Michel Chevalier* dem Ricardo vor, daß er von der Moral abstrahiert. Aber Ricardo läßt die Nationalökonomie ihre eigne Sprache sprechen, wenn diese nicht moralisch spricht, so ist es nicht die Schuld von Ricardo. M. Chevalier abstrahiert von der Nationalökonomie, soweit er moralisiert, aber er abstrahiert notwendig und wirklich von der Moral, soweit er Nationalökonomie treibt. Die Beziehung der Nationalökonomie auf die Moral, wenn sie anders nicht willkürlich, zufällig und daher unbegründet und unwissenschaftlich ist, wenn sie nicht zum *Schein* vorgemacht, sondern als *wesentlich* gemeint wird, kann doch nur die Beziehung der nationalökonomischen Gesetze auf die Moral sein. Wenn diese nicht, oder vielmehr das Gegenteil stattfindet, was kann Ricardo dafür? Übrigens ist auch der Gegensatz der Nationalökonomie und der Moral nur ein *Schein* und wie er ein Gegensatz ist, wieder kein Gegensatz. Die Nationalökonomie drückt nur in *ihrer Weise* die moralischen Gesetze aus. –[246]

Die Bedürfnislosigkeit als das Prinzip der Nationalökonomie zeigt sich am *glänzendsten* in ihrer *Bevölkerungstheorie.* Es gibt zu *viel* Menschen. Sogar das Dasein der Menschen ist ein purer Luxus, und wenn der Arbeiter ›*moralisch*‹ ist (Mill schlägt öffentliche Belobungen für die vor, die sich enthaltsam in geschlechtlicher Beziehung zeigen, und öffentlichen Tadel für die, die sich versündigen an dieser Unfruchtbarkeit der Ehe … Ist das nicht Morallehre von der Askese?), wird er *sparsam* sein an Zeugung. Die Produktion des Menschen erscheint als öffentliches Elend. –[247]

Der Sinn, den die Produktion in Bezug auf die Reichen hat, zeigt sich *offenbart* in dem Sinn, den sie für die Armen hat; nach oben ist die Äußerung immer fein, versteckt, zweideutig, Schein, nach unten hin grob, grad heraus, offenherzig, Wesen. Das *rohe* Bedürfnis des Arbeiters ist eine viel größere Quelle des Gewinns, als das *feine* des Reichen. Die Kellerwohnungen in London bringen ihren Vermietern mehr ein als die Paläste, d. h. sie sind in Bezug auf ihn ein *größrer Reichtum,* also, um nationalökonomisch zu sprechen, ein größrer *gesellschaftlicher* Reichtum. –

Und wie die Industrie auf die Verfeinerung der Bedürfnisse, ebenso sehr spekuliert sie auf ihre *Roheit,* als auf ihre künstlich hervorgebrachte Roheit, deren wahrer Geist daher die *Selbstbetäubung* ist, diese *scheinbare* Befriedigung des Bedürfnisses, diese Zivilisation *innerhalb* der rohen Barbarei des Bedürfnisses; die englischen Schnapsläden sind darum *sinnbildliche* Darstellungen des Privateigentums. Ihr *Luxus* zeigt das wahre Verhältnis des industriellen Luxus und Reichtums zum Menschen. Sie sind daher mit Recht auch die einzigen, wenigstens mild von der englischen Polizei behandelten Sonntagsvergnügungen des Volkes. –

Wir haben schon gesehn, wie der Nationalökonom Einheit von Arbeit und Kapital auf vielfache Art setzt. 1) Das Kapital ist *aufgehäufte Arbeit;* 2) die Bestimmung des Kapitals innerhalb der Produktion, teils die Reproduktion des Kapitals mit Gewinn, teils das Kapital als Rohstoff (Material der Arbeit), teils als selbst *arbeitendes Instrument* – die Maschine ist das unmittelbar mit der Arbeit identisch gesetzte Kapital –, *ist produktive Arbeit;* 3) der Arbeiter ist ein Kapital; 4) der Arbeitslohn gehört zu den Kosten des Kapitals; 5) in Bezug auf den Arbeiter ist die Arbeit die Reproduktion seines Lebenskapitals; 6) in Bezug auf den Kapitalisten ein Moment der Tätigkeit seines Kapitals.

Endlich 7) unterstellt der Nationalökonom die ursprüngliche Einheit beider als die Einheit von Kapitalist und Arbeiter, dies ist der paradiesische Urzustand. Wie diese beiden Momente *[XIX]* als zwei Personen sich entgegen springen, ist für den Nationalökonomen ein *zufälliges* und darum nur äußerlich zu erklärendes Ereignis. (Siehe Mill.) –

Die Nationen, welche noch von dem sinnlichen Glanz der edlen Metalle geblendet und darum noch Fetischdiener des Metallgeldes sind – sind noch nicht die vollendeten Geldnationen. Gegensatz von Frankreich und England. – Wie sehr die Lösung der theoretischen Rätsel eine Aufgabe der Praxis und praktisch vermittelt ist, wie die wahre Praxis die Bedingung einer wirklichen und positiven Theorie ist, zeigt sich z. B. am *Fetischismus.* Das sinnliche Bewußtsein des Fetischdieners ist ein andres wie das des Griechen, weil sein sinnliches Dasein noch ein andres ist. Die abstrakte Feindschaft zwischen Sinn und Geist ist notwendig, so lang der menschliche Sinn für die Natur, der menschliche Sinn der Natur, also auch der *natürliche* Sinn des *Menschen,* noch nicht durch die eigne Arbeit des Menschen produziert ist. –

Die *Gleichheit* ist nichts andres als[248] das deutsche Ich = Ich in französische, d.h. politische Form übersetzt. Die Gleichheit als *Grund* des Kommunismus ist seine *politische* Begründung und ist dasselbe, als wenn der Deutsche ihn sich dadurch begründet, daß er den Menschen als *allgemeines Selbstbewußtsein* faßt. Es versteht sich, daß die Aufhebung der Entfremdung immer von der Form der Entfremdung aus geschieht, welche die *herrschende* Macht ist, in Deutschland das *Selbstbewußtsein,* in Frankreich die *Gleichheit* weil die Politik, in England das wirkliche, materielle, sich nur an sich selbst messende *praktische* Bedürfnis. Von diesem Punkt aus ist Proudhon zu kritisieren und anzuerkennen. –

Wenn wir den *Kommunismus* selbst noch – weil als Negation der Negation, als die Aneignung des menschlichen Wesens, die sich mit sich durch Negation des Privateigent[ums vermit]telt, daher noch nicht als die *wahre,* von sich selbst, sondern vielmehr vom Privateigentum aus beginnende Position – bezeichnen,[249]

[...] in altdeutscher Weise – nach Weise der Hegel'schen Phänomenologie – so aufzu-

[...] als ein *überwundenes Moment* nun abgemacht sei, und man

[...] könne und sich dabei beruhigen könne, in seinem Bewußtsein *aufge*

[...] des menschlichen Wesens nur durch die[250] *wirkliche*

[...] aufheb

[...] Gedankens nach wie vor

[...] ihm die wirkliche

Entfremdung des menschlichen Lebens bleibt und eine um so größere Entfremdung bleibt, je mehr man ein Bewußtsein über sie als eine solche hat – vollbracht werden kann, so ist sie also nur durch den ins Werk gesetzten Kommunismus zu vollbringen. Um den *Gedanken* des Privateigentums aufzuheben, dazu reicht der *gedachte* Kommunismus vollständig aus. Um das wirkliche Privateigentum aufzuheben, dazu gehört eine *wirkliche* kommunistische Aktion. Die Geschichte wird sie bringen[251] und jene Bewegung, die wir in *Gedanken* schon als eine sich selbst aufhebende wissen, wird in der Wirklichkeit einen sehr rauhen und weitläufigen Prozeß durchmachen. Als einen wirklichen Fortschritt müssen wir es aber betrachten, daß wir von vornherein sowohl von der Beschränktheit als dem Ziel der geschichtlichen Bewegung, und ein sie überbietendes Bewußtsein erworben haben. – –

Wenn die kommunistischen *Handwerker* sich vereinen, so gilt ihnen zunächst die Lehre, Propaganda etc. als Zweck. Aber zugleich eignen sie sich dadurch ein neues Bedürfnis, das Bedürfnis der Gesellschaft an, und was als Mittel erscheint, ist zum Zweck geworden. Diese praktische Bewegung kann man in ihren glänzendsten Resultaten anschauen, wenn man sozialistische französische Ouvriers vereinigt sieht. Rauchen, Trinken, Essen etc. sind nicht mehr da als Mittel der Verbindung oder als verbindende Mittel. Die Gesellschaft, der Verein, die Unterhaltung, die wieder die Gesellschaft zum Zwecke hat, reicht ihnen hin, die Brüderlichkeit der Menschen ist keine Phrase, sondern Wahrheit bei ihnen und der Adel der Menschheit leuchtet uns aus den von der Arbeit verhärteten Gestalten entgegen.

[XX] Wenn die Nationalökonomie behauptet, daß Nachfrage und Zufuhr sich immer decken, so vergißt sie sogleich, daß nach ihrer eignen Behauptung die Zufuhr von *Menschen* (Bevölkerungstheorie) immer die Nachfrage übersteigt, daß also bei dem wesentlichen Resultat der ganzen Produktion – der Existenz des Menschen – das Mißverhältnis zwischen Nachfrage und Zufuhr[252] seinen entschiedensten Ausdruck erhält. – –[253]

Wie sehr das[254] Geld, das als Mittel erscheint, die wahre *Macht* und der einzige *Zweck* ist, wie sehr überhaupt *das* Mittel, das mich zum Wesen macht, das mir das fremde gegenständliche Wesen aneignet, *Selbstzweck* ist ... das kann man daraus ersehn, wie Grundeigentum, da wo der Boden die Lebensquelle, *Pferd* und *Schwert,* da wo sie das *wahre Lebensmittel* sind, auch als die wahren politischen Lebensmächte anerkannt sind. Im Mittelalter ist ein Stand emanzipiert, sobald er das *Schwert* tragen darf. Bei nomadischen Bevölkerungen ist das *Roß* das, was mich zum Freien, zum Teilnehmer am Gemeinwesen macht. –[255]

Wir haben oben gesagt, daß der Mensch zu der *Höhlenwohnung* etc., aber zu ihr unter einer entfremdeten, feindseligen Gestalt zurückkehrt. Der Wilde in seiner Höhle – diesem unbefangen sich zum Genuß und Schutz darbietenden Naturelement – fühlt sich nicht fremder, oder vielmehr fühlt sich so heimisch, als der *Fisch* im Wasser. Aber die Kellerwohnung des Armen ist ein feindliches, als »fremde Macht an sich haltende Wohnung, die sich ihm nur hingibt, sofern er seinen Blutschweiß ihr hingibt«, die er nicht als seine Heimat – wo er endlich sagen könnte, hier bin ich zu Haus – betrachten darf, wo er sich vielmehr in dem Hause eines *andern,* in einem *fremden* Hause, befindet, der täglich auf der Lauer steht und ihn hinauswirft, wenn er nicht die Miete zahlt. Ebenso weiß er der Qualität nach seine Wohnung im Gegensatz zur *jenseitigen,* im Himmel des Reichtums, residierenden menschlichen Wohnung.

[256]Die Entfremdung erscheint sowohl darin, daß *mein* Lebensmittel eines *andern* ist, daß das, was *mein* Wunsch, der unzugängliche Besitz eines *andern* ist, als daß jede Sache selbst ein *andres* als sie selbst, als daß meine Tätigkeit ein *andres,* als endlich – und das gilt auch für den Kapitalisten – daß überhaupt die *unmenschliche* Macht her[rscht][257]. Die Bestimmung des sich nur zum Genuß preisgebenden, untätigen und verschwendenden Reichtums, – worin der Genießende zwar einerseits sich als ein nur *vergängliches,* wesenlos sich austobendes Individuum

betätigt, und ebenso die fremde Sklavenarbeit, den menschlichen *Blutschweiß* als die Beute seiner Begierde und darin den Menschen selbst, also auch sich selbst als ein aufgeopfertes, nichtiges Wesen weiß, wobei die Menschenverachtung als Übermut, als ein Wegwerfen dessen, was hundert menschliche Leben fristen kann, teils die infame Illusion erscheint, daß seine zügellose Verschwendung und haltlose, unproduktive Konsumtion die *Arbeit* und damit die *Subsistenz* des andren bedingt – der die Verwirklichung der menschlichen *Wesenskräfte* nur als Verwirklichung seines Unwesens, seiner Laune und willkürlichen, bizarren Einfälle weiß[258] – dieser Reichtum, der aber andrerseits den Reichtum als ein bloßes Mittel und nur der Vernichtung wertes Ding weiß, der also zugleich sein Sklave und sein Herr, zugleich großmütig und niederträchtig, launenhaft, dünkelhaft, eingebildet, fein, gebildet, geistreich ist, – dieser Reichtum hat noch nicht den *Reichtum* als eine gänzlich *fremde Macht* über sich selbst erfahren; er sieht in ihm vielmehr nur seine eigne Macht und [nicht] den Reichtum, sondern den Genuß

[...] letzten Endzweck. Dieser

[...] *[XXI]*[259] und der glänzenden, durch den sinnlichen Schein geblendeten Illusion über das Wesen des Reichtums, tritt der *arbeitende, nüchterne, ökonomische, prosaische,* – über das Wesen des Reichtums aufgeklärte Industrielle gegenüber – und wie er seiner Genußsucht einen größeren Umkreis verschafft, ihm schöne Schmeicheleien in seinen Produktionen sagt – seine Produkte sind eben so viel niedrige Komplimente an die Gelüste des Verschwenders –, so weiß er die jenem verschwindende Macht auf die einzig *nützliche* Weise sich selbst anzueignen. Wenn sonach der industrielle Reichtum zunächst als Resultat des verschwenderischen, phantastischen Reichtums erscheint, – so verdrängt die Bewegung des erstern auch auf tätige Weise, durch ihm eigne Bewegung den letztern[260]. Das Fallen des *Geldzinses* ist nämlich eine notwendige Konsequenz und Resultat der industriellen Bewegung. Die Mittel des verschwenderischen Rentiers vermindern sich also täglich grade in *umgekehrtem* Verhältnis zur Vermehrung der Mittel und Fallstricke des Genusses. Er muß also entweder sein Kapital selbst verzehren, also zu Grunde gehn oder selbst zum industriellen Kapitalisten werden ... Andrerseits steigt zwar die *Grundrente* unmittelbar beständig durch den Lauf der industriellen Bewegung, aber – wir haben es schon gesehn – es kömmt notwendig ein Zeitpunkt, wo das Grundeigentum in die Kategorie des mit Gewinn sich reproduzierenden Kapitals, wie jedes andre Eigentum fallen muß – und zwar ist dies das Resultat derselben industriellen Bewegung. Also muß auch der verschwenderische Grundherr entweder sein Kapital verzehren, also zu Grunde gehn, oder selbst der Pächter seines eignen Grundstücks – ackerbauender Industrieller werden. –

[261]Die Verminderung des Geldzinses – welche Proudhon als die Aufhebung des Kapitals und als Tendenz nach der Sozialisierung des Kapitals betrachtet – ist daher vielmehr unmittelbar nur ein Symptom von dem vollständigen Sieg des arbeitenden Kapitals über den verschwenderischen Reichtum, d. h. die Verwandlung alles Privateigentums in industrielles Kapital – der vollständige Sieg des Privateigentums über alle dem *Schein* nach noch menschlichen Qualitäten desselben und die völlige Unterjochung des Privateigentümers unter das Wesen des Privateigentums, – die *Arbeit.* Allerdings genießt auch der industrielle Kapitalist. Er kehrt keineswegs zur unnatürlichen Einfachheit des Bedürfnisses zurück, aber sein Genuß ist nur Nebensache, Erholung, untergeordnet der Produktion, dabei *berechneter,* also selbst *ökonomischer* Genuß, denn er schlägt seinen Genuß zu den Kosten des Kapitals, und sein Genuß darf ihm daher nur so viel kosten, daß das an ihm Verschwendete durch die Reproduktion des Kapitals mit Gewinn wieder ersetzt wird. Der Genuß ist also unter das Kapital, das genießende Individuum unter das kapitalisierende subsumiert, während früher das Gegenteil stattfand. Die Abnehmung der Zinsen ist daher nur insofern ein Symptom der Aufhebung des Kapitals, als sie ein Symptom seiner sich vollendenden Herrschaft[262], der sich vollendenden und daher ihrer Aufhebung zueilenden Entfremdung ist. Dies ist überhaupt die einzige Weise, wie das Bestehende sein Gegenteil bestätigt. –

Der Zank der Nationalökonomen über Luxus und Ersparung ist daher nur der Zank der über das Wesen des Reichtums ins Klare gekommenen Nationalökonomie mit der jungen, die noch mit romantischen, antiindustriellen Erinnerungen behaftet ist. Beide Teile wissen sich aber den Gegenstand des Streits nicht auf seinen einfachen Ausdruck zu bringen und werden daher nicht miteinander fertig. –

Die *Grundrente* wurde ferner qua Grundrente gestürzt – indem von der neuern Nationalökonomie im Gegensatz zu dem Argument der Physiokraten, der Grundeigentümer sei der einzig wahre Produzent, vielmehr bewiesen wurde, daß der Grundeigentümer als solcher vielmehr der einzige ganz unproduktive Rentier sei. Die Agrikultur sei Sache des Kapitalisten, der seinem Kapital diese Anwendung gebe, wenn er von ihr den gewöhnlichen Gewinn zu erwarten habe. Die Aufstellung der Physiokraten – daß das Grundeigentum als das einzig produktive Eigentum allein die Staatssteuer zu zahlen, also auch allein sie zu bewilligen und Teil an dem Staatswesen zu nehmen habe – verkehrt sich daher in die umgekehrte Bestimmung, daß die Steuer auf Grundrente die einzige Steuer auf ein unproduktives Einkommen sei, daher die einzige Steuer, welche der nationalen Produktion nicht schädlich sei. Es versteht sich, daß, so gefaßt auch das politische Vorrecht der Grundeigentümer nicht mehr aus ihrer hauptsächlichen Besteuerung folgt. –

Alles, was Proudhon als Bewegung der Arbeit gegen das Kapital faßt, ist nur die Bewegung der Arbeit in der Bestimmung des Kapitals, des *industriellen Kapitals* gegen das nicht *als* Kapital, d.h. nicht industriell sich konsumierende Kapital. Und diese Bewegung geht ihren siegreichen Weg, d.h. den Weg des Sieges des *industriellen* Kapitals. – Man sieht also, daß erst indem die *Arbeit* als Wesen des Privateigentums gefaßt wird, auch die nationalökonomische Bewegung als solche in ihrer wirklichen Bestimmtheit durchschaut werden kann. –

Die *Gesellschaft* – wie sie für den Nationalökonomen erscheint – ist die *bürgerliche Gesellschaft,* worin jedes Individuum ein Ganzes von Bedürfnissen ist und es nur für den Andern, wie der Andre nur für es da ist, insofern sie sich wechselseitig zum Mittel werden. Der Nationalökonom – so gut, wie die Politik in ihren *Menschenrechten* – reduziert alles auf den Menschen, d.h. auf das Individuum, von welchem er alle Bestimmtheit abstreift, um es als Kapitalist oder Arbeiter zu fixieren. –

Die *Teilung der Arbeit* ist der nationalökonomische Ausdruck von der *Gesellschaftlichkeit der Arbeit* innerhalb der Entfremdung. Oder, da die *Arbeit* nur ein Ausdruck der[263] menschlichen Tätigkeit innerhalb der Entäußerung, der Lebensäußerung als Lebensentäußerung ist, so ist auch die *Teilung der Arbeit* nichts andres als das *entfremdete, entäußerte* Setzen der menschlichen Tätigkeit als einer *realen Gattungstätigkeit* oder als *Tätigkeit des Menschen als Gattungswesen.*

Über das *Wesen* der *Teilung der Arbeit* – welche natürlich als ein Hauptmotor der Produktion des Reichtums gefaßt werden mußte, sobald[264] die *Arbeit* als das *Wesen* des *Privateigentums* erkannt war, – d.h. über diese *entfremdete und entäußerte Gestalt* der *menschlichen Tätigkeit als Gattungstätigkeit* sind die Nationalökonomen sehr unklar und sich widersprechend.

Adam Smith: »Die *Teilung der Arbeit* verdankt nicht der menschlichen Weisheit ihren Ursprung. Sie ist die notwendige, langsame und stufenweise Konsequenz des Hangs zum Austausch und des wechselseitigen Verschacherns der Produkte. Dieser Hang zum Handel ist wahrscheinlich eine notwendige Folge des Gebrauchs der Vernunft und des Wortes. Er ist allen Menschen gemeinschaftlich, findet sich bei keinem Tier. Das Tier, sobald es erwachsen ist, lebt auf seine Faust. Der Mensch hat beständig die Unterstützung von andren nötig und vergeblich würde er sie bloß von ihrem Wohlwollen erwarten. Es wird viel sicherer sein, sich an ihr persönliches Interesse zu wenden und ihnen zu überreden, ihr eigner Vorteil erheische das zu tun, was er von ihnen wünscht. Wir adressieren uns bei andern Menschen nicht an ihre *Menschheit,* sondern an ihren

Egoismus; wir sprechen ihnen niemals von *unsern Bedürfnissen,* sondern immer von *ihrem Vorteil.* – Da wir also durch Tausch, Handel, Schacher die Mehrzahl der guten Dienste, die uns wechselseitig nötig sind, erhalten, so ist es diese Disposition zum *Schacher,* welche der *Teilung der Arbeit* ihren Ursprung gegeben hat. Z. B. in einem Tribus von Jägern oder Hirten macht ein Privatmann Bogen und Sehnen mit mehr Geschwindigkeit und Geschicklichkeit als ein andrer. Er vertauscht oft mit seinem Genossen diese Arten von Tagwerk gegen Vieh und Wild, er bemerkt bald, daß er letzteres durch dieses Mittel sich leichter verschaffen kann, als wenn er selbst auf die Jagd ginge. Aus interessierter Berechnung macht er also aus der Fabrikation der Bogen etc. seine Hauptbeschäftigung. Die Differenz der *natürlichen Talente* unter den Individuen ist nicht sowohl die *Ursache* als der *Effekt* der Teilung der Arbeit. Ohne die Disposition des Menschen zu handeln und tauschen, wäre jeder verpflichtet gewesen, sich selbst alle Notwendigkeiten und Bequemlichkeiten des Lebens zu verschaffen. Jeder hätte *dasselbe Tagewerk* zu erfüllen gehabt und jene *große Differenz* der *Beschäftigungen,* welche allein eine große Differenz der Talente erzeugen kann, hätte nicht Statt gefunden. Wie nun dieser Hang zum Tauschen die Verschiedenheit der Talente erzeugt unter den Menschen, so ist es auch derselbe Hang, der diese Verschiedenheit nützlich macht. Viele Tierrassen, obgleich von derselben Spezies, haben von der Natur unterschiedene Charaktere erhalten, die in Bezug auf ihre Anlagen augenfälliger sind, als man bei den ungebildeten Menschen beobachten könnte. Von Natur ist ein Philosoph nicht halb so verschieden von einem Sackträger an Talent und Intelligenz, als ein Haushund von einem Windhund, ein Windhund von einem Wachtelhund und dieser von einem Schäferhund. Dennoch sind diese verschiednen Tierrassen obgleich von derselben Spezies fast von gar keiner Nützlichkeit für einander. Der Hofhund kann den Vorteilen seiner Stärke *[XXXVI]* nichts hinzufügen, dadurch, daß er sich etwa der Leichtigkeit des Windhundes etc. bediente. Die Wirkungen dieser verschiednen Talente oder Stufen der Intelligenz können, aus Mangel der Fähigkeit oder des Hangs zum Handel und Austausch, nicht zusammen, in Gemeinschaft, geworfen werden und können durchaus nicht zum *Vorteil* oder zur *gemeinschaftlichen Bequemlichkeit* der *species* beitragen. Jedes Tier muß sich selbst unterhalten und beschützen, unabhängig von den andern – es kann nicht den geringsten Nutzen von der Verschiedenheit der Talente ziehn, welche die Natur unter seinesgleichen verteilt hat. Unter den Menschen dagegen sind die disparatesten Talente einander nützlich, weil die *verschiednen Produkte* jeder ihrer respektiven Industriezweige, vermittelst dieses allgemeinen Hangs zum Handel und Austausch, sich so zu sagen in eine gemeinschaftliche Masse geworfen finden, wo jeder Mensch nach seinen

Bedürfnissen kaufen gehn kann irgend einen Teil des Produkts der Industrie des andern. – Weil dieser Hang zum *Austausch* der *Teilung der Arbeit* ihren Ursprung gibt, so ist folglich das *Wachstum* dieser *Teilung* immer beschränkt durch die *Ausdehnung* der *Fähigkeit auszutauschen* oder in andern Worten durch die *Ausdehnung des Marktes*. Ist der Markt sehr klein, so wird Niemand ermutigt sein, sich gänzlich einer einzigen Beschäftigung zu ergeben, aus Mangel das Mehr des Produkts seiner Arbeit, welches seine eigne Konsumtion übersteigt, gegen ein gleiches Mehr des Produkts der Arbeit eines andern, das er sich zu verschaffen wünschte, austauschen zu können ...« Im *fortgeschrittenen* Zustand: »Jeder Mensch besteht von échanges, vom Austausch und wird eine Art von *Handelsmann,* und die *Gesellschaft selbst* ist eigentlich eine *handelstreibende* Gesellschaft. (Siehe Destutt de Tracy: die Gesellschaft ist eine Reihe von wechselseitigem Austausch, in dem Commerce liegt das ganze Wesen der Gesellschaft.) Die Akkumulation der Kapitalien steigt mit der Teilung der Arbeit und wechselseitig. –« So weit *Adam Smith*.

»Wenn jede Familie die Totalität der Gegenstände ihrer Konsumtion erzeugte, könnte die Gesellschaft in Gang bleiben, obgleich sich keine Art von Austausch bewerkstelligte, *ohne fundamental* zu sein, ist der Austausch unentbehrlich in dem avancierten Zustand unsrer Gesellschaft – die Teilung der Arbeit ist eine geschickte Anwendung der Kräfte des Menschen, sie vermehrt also die Produkte der Gesellschaft, ihre Macht und ihre Genüsse, aber sie beraubt, vermindert die Fähigkeit jedes Menschen individuell genommen. Die Produktion kann ohne den Austausch nicht stattfinden.« – So *J. B. Say*.

»Die dem Menschen inhärenten Kräfte sind seine Intelligenz und seine physische Anlage zur Arbeit; diejenigen, welche von dem gesellschaftlichen Zustand ihren Ursprung ableiten, bestehen: in der Fähigkeit die *Arbeit* zu *teilen* und die *verschiedenen Arbeiten unter die verschiedenen Menschen auszuteilen* ... und in dem *Vermögen, die wechselseitigen Dienste* auszutauschen und die Produkte, welche diese Mittel konstituieren. Das Motiv, warum ein Mensch dem andern seine Dienste widmet, ist der Eigennutz – der Mensch verlangt eine Rekompens für die einem andern geleisteten Dienste. Das Recht des exklusiven Privateigentums ist unentbehrlich, damit sich der Austausch unter den Menschen etabliere.« »Austausch und Teilung der Arbeit bedingen sich wechselseitig.« So *Skarbek*.

Mill stellt den entwickelten Austausch, den *Handel,* als *Folge* der *Teilung der Arbeit* dar.

»Die Tätigkeit des Menschen kann auf sehr einfache Elemente reduziert werden. Er kann in Wahrheit nichts mehr tun, als Bewegung produzieren, er kann die Sachen bewegen, um sie von einander zu ent*[XXXVII]*fernen, oder einander zu nähern; die Eigenschaften der Materie tun das Übrige. Bei der Anwendung der Arbeit und der Maschinen findet man oft, daß die Wirkungen durch eine geschickte Verteilung vermehrt werden können, durch Trennung der Operationen, die sich entgegenstehn, und durch Vereinigung aller derjenigen, welche auf irgend eine Weise sich wechselseitig fördern können. Da im Allgemeinen die Menschen nicht viele verschiedne Operationen mit gleicher Geschwindigkeit und Geschicklichkeit exekutieren können, wie die Gewohnheit ihnen diese Fähigkeit für die Ausübung einer kleinern Zahl verschafft – so ist es immer vorteilhaft, so viel als möglich die Zahl der jedem Individuum anvertrauten Operationen zu beschränken. – Zur Teilung der Arbeit und Verteilung der Kräfte des Menschen und der Maschine auf die vorteilhafteste Art ist es notwendig in einer Menge von Fällen, auf einer großen Stufenleiter zu operieren oder, in andern Worten, die Reichtümer in großen Massen zu produzieren. Dieser Vorteil ist der Entstehungsgrund der großen Manufakturen, von denen oft eine kleine, unter günstigen Verhältnissen gegründete Anzahl, manchmal nicht nur ein einziges sondern mehrere Länder approvisioniert mit der hier verlangten Quantität von den durch sie produzierten Objekten.«

So *Mill.*

Die ganze moderne Nationalökonomie aber stimmt darin überein, daß Teilung der Arbeit und Reichtum der Produktion, Teilung der Arbeit und Akkumulation des Kapitals sich wechselseitig bedingen, wie daß das *freigelassne,* sich selbst überlassne Privateigentum allein die nützlichste und umfassendste Teilung der Arbeit hervorbringen kann.

Adam Smiths Entwicklung läßt sich dahin resümieren: Die Teilung der Arbeit gibt der Arbeit die unendliche Produktionsfähigkeit. Sie ist begründet in dem *Hang* zum *Austausch* und *Schacher,* einem spezifisch menschlichen Hang, der wahrscheinlich nicht zufällig, sondern durch den Gebrauch der Vernunft und der Sprache bedingt ist. Das Motiv des Austauschenden ist nicht die *Menschheit,* sondern der *Egoismus.* Die Verschiedenartigkeit der menschlichen Talente ist mehr die Wirkung, als die Ursache der Teilung der Arbeit, i.e. des Austauschs. Auch macht letzterer erst diese Verschiedenheit nützlich. Die besondren Eigenschaften der verschiedenen Rassen einer Tierart sind von Natur schärfer als die Verschiedenheit menschlicher Anlage und Tätigkeit. Weil die Tiere aber nicht *auszutauschen* vermögen, nützt keinem Tierindividuum die unterschiedne Eigenschaft eines Tiers von derselben Art, aber von verschiedner Rasse. Die Tiere vermögen nicht die unterschiednen Eigenschaften ihrer species zusammenzulegen; sie vermögen nichts zum *gemeinschaftlichen* Vorteil und Bequemlichkeit ihrer species beizutragen. Anders der *Mensch,* wo die disparatesten Talente und[265] Tätigkeitsweisen sich wechselseitig nützen, *weil* sie ihre *verschiednen* Produkte zusammenwerfen können in eine gemeinschaftliche Masse, wovon jeder kaufen kann. Wie die Teilung der Arbeit aus dem Hang des *Austausches* entspringt, so wächst sie und ist begrenzt durch die *Ausdehnung* des *Austausches,* des *Marktes.* Im fortgeschrittnen Zustand jeder Mensch *Handelsmann,* die Gesellschaft eine *Handelsgesellschaft. Say* betrachtet den *Austausch* als zufällig und nicht fundamental. Die Gesellschaft könnte ohne ihn bestehn. Er wird unentbehrlich im avancierten Zustand der Gesellschaft. Dennoch kann die *Produktion ohne ihn* nicht stattfinden. Die Teilung der Arbeit ist ein *bequemes, nützliches* Mittel, eine geschickte Anwendung der menschlichen Kräfte für den gesellschaftlichen Reichtum, aber sie vermindert die *Fähigkeit jedes Menschen individuell* genommen. Die letzte Bemerkung ist ein Fortschritt von Say.

Skarbek unterscheidet die *individuellen, dem Menschen inhärenten* Kräfte, Intelligenz und physische Disposition zur Arbeit, von den von der Gesellschaft *hergeleiteten* Kräften, *Austausch* und *Teilung der Arbeit,* die sich wechselseitig bedingen. Aber die notwendige Voraussetzung des Austausches ist[266] das *Privateigentum.* Skarbek drückt hier unter objektiver Form aus, was Smith, Say, Ricardo etc. sagen, wenn sie den *Egoismus,* das *Privatinteresse* als Grund des Austausches oder den *Schacher* als die *wesentliche* und *adäquate* Form des Austausches bezeichnen.

Mill stellt den *Handel* als Folge der *Teilung der Arbeit* dar. Die *menschliche* Tätigkeit reduziert sich ihm auf eine *mechanische Bewegung.* Teilung der Arbeit und Anwendung von Maschinen befördern den Reichtum der Produktion. Man muß jedem Menschen einen möglichst kleinen Kreis von Operationen anvertrauen. Ihrerseits bedingen Teilung der Arbeit und Anwendung von Maschinen die Produktion des Reichtums in Masse, also[267] des Produkts. Dies der Grund der großen Manufakturen. –

[XXXVIII] Die Betrachtung der *Teilung der Arbeit* und des *Austausches* sind von großem Interesse, weil sie die *sinnfällig entäußerten* Ausdrücke der menschlichen *Tätigkeit* und *Wesenskraft* als einer *gattungsmäßigen* Tätigkeit und Wesenskraft sind. Daß die *Teilung der Arbeit* und der *Austausch* auf dem *Privateigentum* beruhn, ist nichts anders als die Behauptung, daß die *Arbeit* das Wesen des Privateigentums ist, eine Behauptung, die der Nationalökonom nicht beweisen kann, und die wir für ihn beweisen wollen. Eben darin, daß *Teilung der Arbeit* und *Austausch*[268] Gestaltungen des Privateigentums sind, eben darin liegt der doppelte Beweis, sowohl daß das *menschliche* Leben zu seiner Verwirklichung des *Privateigentums* bedurfte, wie andrerseits, daß es jetzt der Aufhebung des Privateigentums bedarf.

Teilung der Arbeit und *Austausch* sind die beiden *Erscheinungen,* bei denen der Nationalökonom auf die Gesellschaftlichkeit seiner Wissenschaft pocht und den Widerspruch seiner Wissenschaft, die Begründung der Gesellschaft durch das ungesellschaftliche Sonderinteresse in einem Atemzug bewußtlos ausspricht.

Die Momente, die wir zu betrachten haben, sind: Einmal wird der *Hang des Austauschs* – dessen Grund im Egoismus gefunden wird – als Grund oder Wechselwirkung der Teilung der Arbeit betrachtet. Say betrachtet den Austausch als nicht *fundamental* für das Wesen der Gesellschaft. Der Reichtum, die Produktion wird durch die Teilung der Arbeit und den Austausch erklärt. Die Verarmung und Entwesung der individuellen Tätigkeit durch die Teilung der Arbeit wird zugestanden. Austausch und Teilung der Arbeit werden als Produzenten der großen *Verschiedenheit der menschlichen Talente* anerkannt, eine Verschiedenheit, welche durch ersteren auch wieder *nützlich* wird. Skarbek teilt die Produktions- oder produktiven Wesenskräfte des Menschen in zwei Teile, 1) die individuellen und ihm inhärenten, seine Intelligenz und spezielle Arbeitsdisposition oder Fähigkeit, 2) die von der Gesellschaft – nicht vom wirklichen Individuum – *abgeleiteten,* die Teilung der Arbeit und den Austausch. – Ferner: Die Teilung der Arbeit ist durch den *Markt* beschränkt. – Die menschliche Arbeit ist einfache *mechanische Bewegung;* die Hauptsache tun die materiellen Eigenschaften der Gegenstände. – Einem Individuum müssen wenigst mögliche Operationen zugeteilt werden. – Spaltung der Arbeit und Konzentrierung des Kapitals, die Nichtigkeit der individuellen Produktion und die Produktion des Reichtums in Masse. – Verstand des freien Privateigentums in der Teilung der Arbeit.

[Geld]

[XLI] Wenn die *Empfindungen,* Leidenschaften etc. des Menschen nicht nur anthropologische Bestimmungen im [engere]n[269] Sinn, sondern wahrhaft *ontologische* Wesens(Natur)bejahungen sind – und wenn sie nur dadurch wirklich sich bejahen, daß ihr *Gegenstand sinnlich* für sie ist, so versteht sich, 1) daß die Weise ihrer Bejahung durchaus nicht eine und dieselbe ist, sondern vielmehr die unterschiedne Weise der Bejahung die Eigentümlichkeit ihres[270] Daseins, ihres Lebens bildet; die Weise, wie der Gegenstand für sie, ist die eigentümliche Weise ihres *Genusses;* 2) da, wo die sinnliche Bejahung unmittelbares Aufheben des Gegenstandes in seiner selbstständigen Form ist (Essen, Trinken, Bearbeiten des Gegenstandes etc.), ist dies die Bejahung des Gegenstandes; 3) insofern der

Mensch *menschlich,* also auch seine Empfindung etc. *menschlich* ist, ist die Bejahung des Gegenstandes durch einen andren, ebenfalls sein eigner Genuß; 4) erst durch die entwickelte Industrie, i.e. durch die Vermittlung des Privateigentums wird[271] das ontologische Wesen der menschlichen Leidenschaft sowohl in seiner Totalität, als in seiner Menschlichkeit; die Wissenschaft vom Menschen ist also selbst ein Produkt der praktischen Selbstbetätigung des Menschen; 5) der Sinn des Privateigentums – losgelöst von seiner Entfremdung – ist das *Dasein*[272] der *wesentlichen Gegenstände* für den Menschen, sowohl als Gegenstand des Genusses, wie der Tätigkeit. – –

Das *Geld,* indem es die *Eigenschaft* besitzt, alles zu kaufen, indem es die Eigenschaft besitzt, alle Gegenstände sich anzueignen, ist also der *Gegenstand* in eminentem Besitz. Die Universalität seiner *Eigenschaft* ist die Allmacht seines Wesens; es gilt daher als allmächtiges Wesen ... das Geld ist der *Kuppler* zwischen dem Bedürfnis und dem Gegenstand, zwischen dem Leben und dem Lebensmittel des Menschen. *Was* mir aber *mein* Leben vermittelt, das vermittelt mir auch das Dasein der andren Menschen für mich. Das ist für mich der *andre* Mensch. –

»Was Henker! Freilich Händ' und Füße
Und Kopf und Hintre, die sind dein!
Doch alles, was ich frisch genieße,
Ist das drum weniger mein?

Wenn ich sechs Hengste zahlen kann
Sind ihre Kräfte nicht die meine?
Ich renne zu und bin ein rechter Mann
Als hätt ich vierundzwanzig Beine.«
Goethe[273], *Faust.* (Mephisto)

Shakespeare im *Timon* von Athen:
»Gold? Kostbar, flimmernd, rotes Gold? Nein, Götter!
Nicht eitel fleht' ich.
So viel hievon macht schwarz weiß, häßlich schön;
Schlecht gut, alt jung, feig tapfer, niedrig edel.
Dies lockt ... den Priester vom Altar;
Reißt Halbgenesnen weg das Schlummerkissen;
Ja, dieser rote Sklave löst und bindet
Geweihte Bande; segnet den Verfluchten;
Er macht den Aussatz lieblich, ehrt den Dieb
Und gibt ihm Rang, gebeugtes Knie und Einfluß
Im Rat der Senatoren; dieser führt

Der überjähr'gen Witwe Freier zu;
Sie, von Spital und Wunden giftig eiternd,
Mit Ekel fortgeschickt, verjüngt balsamisch
Zu Maienjugend dies. Verdammt Metall,
Gemeine Hure du der Menschen, die
Die Völker tört.«

Und weiter unten:
»Du süßer Königsmörder, edle Scheidung
Des Sohns und Vaters! glänzender Besudler
Von Hymens reinstem Lager! tapfrer Mars!
Du ewig blüh'nder, zartgeliebter Freier,
Dess roter Schein den heil'gen Schnee zerschmelzt
Auf Dianas reinem Schoß! *sichtbare Gottheit,*
Die du *Unmöglichkeiten* eng verbrüderst,
Zum Kuß sie zwingst! du sprichst in jeder Sprache,
[XLII] Zu jedem Zweck! o du, der Herzen Prüfstein!
Denk, es empört dein Sklave sich, der Mensch!
Vernichte deine Kraft sie all verwirrend,
Daß Tieren wird die Herrschaft dieser Welt!«

Shakespeare schildert das Wesen des *Geldes* trefflich. Um ihn zu verstehn, beginnen wir zunächst mit der Auslegung der goethischen[274] Stelle.

Was durch das *Geld* für mich ist, was ich zahlen, d.h. was das Geld kaufen kann, das *bin ich,* der Besitzer des Geldes selbst. So groß die Kraft des Geldes, so groß ist meine Kraft. Die Eigenschaften des Geldes sind meine[275] – seines Besitzers – Eigenschaften und Wesenskräfte. Das, was ich *bin* und *vermag,* ist also keineswegs durch meine Individualität bestimmt. Ich *bin* häßlich, aber ich kann mir die *schönste* Frau kaufen. Also bin ich nicht *häßlich,* denn die Wirkung der *Häßlichkeit,* ihre abschreckende Kraft ist durch das Geld vernichtet. Ich – meiner Individualität nach – bin *lahm,* aber das Geld verschafft mir 24 Füße; ich bin also nicht lahm; ich bin ein schlechter, unehrlicher, gewissenloser, geistloser Mensch, aber das Geld ist geehrt, also auch sein Besitzer. Das Geld ist das höchste Gut, also ist sein Besitzer gut, das Geld überhebt mich überdem der Mühe, unehrlich zu sein; ich werde also als ehrlich präsumiert; ich bin *geistlos,* aber das Geld ist der *wirkliche Geist* aller Dinge, wie sollte sein Besitzer geistlos sein? Zudem kann er sich die geistreichen Leute kaufen, und wer die Macht über die Geistreichen ist, ist der nicht geistreicher als der Geistreiche! Ich, der durch das Geld *alles,* wonach ein menschliches Herz sich sehnt, vermag, besitze ich nicht alle menschlichen Vermögen! Verwandelt also mein Geld nicht alle meine Unvermögen in ihr Gegenteil?

Wenn das *Geld* das Band ist, das mich an das *menschliche* Leben, das mir die Gesellschaft, das mich mit der Natur und den Menschen verbindet, ist das Geld nicht das Band aller *Bande!* Kann es nicht alle Bande lösen und binden! Ist es darum nicht auch das allgemeine Scheidungsmittel! Es ist die wahre *Scheidemünze,* wie das wahre *Bindungsmittel,* die galvano*chemische* Kraft der Gesellschaft.

Shakespeare hebt an dem Geld besonders zwei Eigenschaften hervor:

1) Es ist die sichtbare Gottheit, die Verwandlung aller menschlichen und natürlichen Eigenschaften in ihr Gegenteil, die allgemeine Verwechslung und Verkehrung der Dinge; es verbrüdert Unmöglichkeiten;

2) Es ist die allgemeine Hure, der allgemeine Kuppler der Menschen und Völker.

Die Verkehrung und Verwechslung aller menschlichen und natürlichen Qualitäten, die Verbrüderung der Unmöglichkeiten – die *göttliche* Kraft – des Geldes liegt in seinem *Wesen* als dem entfremdeten, entäußernden und sich veräußernden Gattungswesen der Menschen. Es ist das entäußerte *Vermögen* der *Menschheit.*

Was ich qua[276] *Mensch* nicht vermag, was also alle meine individuellen Wesenskräfte nicht vermögen, das vermag ich durch das *Geld.* Das Geld macht also jede dieser Wesenskräfte zu etwas, was sie an sich nicht ist, d. h. zu ihrem *Gegenteil.*

Wenn ich[277] mich nach einer Speise sehne oder[278] den Postwagen brauchen will, weil ich nicht stark genug bin, den Weg zu Fuß zu machen, so verschafft mir das Geld die Speise und den Postwagen, d. h. es verwandelt meine Wünsche aus Wesen der Vorstellung, es übersetzt sie aus ihrem gedachten, vorgestellten, gewollten Dasein in ihr *sinnliches, wirkliches* Dasein, aus der Vorstellung in das Leben, aus dem vorgestellten Sein in das wirkliche Sein. Als diese Vermittlung ist das die *wahrhaft schöpferische* Kraft.

Die *demande* existiert wohl auch für den, der kein Geld hat, aber seine demande ist ein bloßes Wesen der Vorstellung, das auf mich, auf den dritten, auf die [. . .][279] *[XLIII]* keine Wirkung, keine Existenz hat, also für mich selbst *unwirklich, gegenstandslos* bleibt. Der Unterschied der effektiven, auf das Geld basierten und der effektlosen, auf mein Bedürfnis, meine Leidenschaft, meinen Wunsch etc. basierten demande ist der Unterschied zwischen *Sein* und *Denken,* zwischen der bloßen in mir *existierenden* Vorstellung und der Vorstellung, wie sie als *wirklicher Gegenstand* außer mir für mich ist.

Ich, wenn ich kein Geld zum Reisen habe, habe kein *Bedürfnis,* d. h. kein wirkliches und sich verwirklichendes Bedürfnis zum Reisen. Ich, wenn ich *Beruf* zum Studieren, aber kein Geld dazu habe, habe *keinen* Beruf zum Studieren, d. h. keinen *wirksamen,* keinen *wahren* Beruf.

Dagegen ich, wenn ich wirklich *keinen* Beruf zum Studieren habe, aber den Willen *und* das Geld, habe einen *wirksamen* Beruf dazu. Das *Geld* als das äußere, nicht aus dem Menschen als Menschen und nicht von der menschlichen Gesellschaft als Gesellschaft herkommende allgemeine *Mittel* und *Vermögen,* die *Vorstellung in die Wirklichkeit,* und *die Wirklichkeit zu einer bloßen Vorstellung* zu machen, verwandelt ebenso sehr die *wirklichen menschlichen und natürlichen Wesenskräfte* in bloß abstrakte Vorstellungen und darum *Unvollkommenheiten,* qualvolle Hirngespinste, wie es andrerseits die *wirklichen Unvollkommenheiten und Hirngespinste,* die wirklich ohnmächtigen, nur in der Einbildung des Individuums existierenden Wesenskräfte desselben zu *wirklichen Wesenskräften*[280] und *Vermögen* verwandelt. Schon dieser Bestimmung nach ist es also schon die allgemeine Verkehrung der *Individualitäten,* die sie in ihr Gegenteil umkehrt und ihren Eigenschaften widersprechende Eigenschaften beilegt.

Als diese *verkehrende* Macht erscheint es dann auch gegen das Individuum und gegen die gesellschaftlichen etc. Bande, die für sich *Wesen* zu sein behaupten. Es verwandelt die Treue in Untreue, die Liebe in Haß, den Haß in Liebe, die Tugend in Laster, das Laster in Tugend, den Knecht in den Herrn, den Herrn in den Knecht, den Blödsinn in Verstand, den Verstand in Blödsinn.

Da das Geld als der existierende und sich betätigende Begriff des Wertes alle Dinge verwechselt, vertauscht, so ist es die allgemeine *Verwechslung* und *Vertauschung* aller Dinge, also die verkehrte Welt, die Verwechslung und Vertauschung aller natürlichen und menschlichen Qualitäten.

Wer die Tapferkeit kaufen kann, der ist tapfer, wenn er auch feig ist. Da das Geld nicht gegen eine bestimmte Qualität, gegen ein bestimmtes Ding, menschliche Wesenskräfte, sondern gegen die ganze menschliche und natürliche gegenständliche Welt sich austauscht, so tauscht es also – vom Standpunkt seines Besitzers angesehn – jede Eigenschaft gegen jede – auch ihr widersprechende Eigenschaft und Gegenstand – aus; es ist die Verbrüderung der Unmöglichkeiten, es zwingt das sich widersprechende zum Kuß.

Setze den *Menschen* als *Menschen* und sein Verhältnis zur Welt als ein menschliches voraus, so kannst du Liebe nur gegen Liebe austauschen, Vertrauen nur gegen Vertrauen etc. Wenn du die Kunst genießen willst, mußt du ein künstlerisch-gebildeter Mensch sein; wenn du Einfluß auf andre Menschen ausüben willst, mußt du ein wirklich[281] anregend und fördernd auf andre Menschen wirkender Mensch sein. Jedes deiner Verhältnisse zum Menschen – und zu der Natur – muß eine *bestimmte,* dem Gegenstand deines Willens entsprechende *Äußerung* deines *wirk-*

lichen individuellen Lebens sein. Wenn du liebst, ohne Gegenliebe hervorzurufen, d.h. wenn dein Lieben als Lieben nicht die Gegenliebe produziert, wenn du durch eine *Lebensäußerung* als liebender Mensch dich nicht zum geliebten Menschen machst, so ist deine Liebe ohnmächtig, ein Unglück.

Karl Marx

Formen, die der kapitalistischen Produktion vorhergehn

[aus: Grundrisse der Kritik der politischen Ökonomie]
(*Über den Prozeß, der der Bildung des Kapitalverhältnisses oder der ursprünglichen Akkumulation vorhergeht.*)

Wenn freie Arbeit und Austausch dieser freien Arbeit gegen Geld, um das Geld zu reproduzieren und verwerten, um von dem Geld als Gebrauchswert nicht für den Genuß, sondern als Gebrauchswert für Geld verzehrt zu werden, Voraussetzung der Lohnarbeit und eine der historischen Bedingungen des Kapitals ist, so ist die Trennung der freien Arbeit von den objektiven Bedingungen ihrer Verwirklichung – von dem Arbeitsmittel und dem Arbeitsmaterial – eine andre Voraussetzung. Also vor allem Loslösung des Arbeiters von der Erde als seinem natürlichen Laboratorium – daher Auflösung des kleinen freien Grundeigentums sowohl wie des gemeinschaftlichen, auf der orientalischen Kommune beruhenden Grundeigentums. In beiden Formen verhält sich der Arbeiter zu den objektiven Bedingungen seiner Arbeit als seinem Eigentum; es ist dies die natürliche Einheit der Arbeit mit ihren sachlichen Voraussetzungen. Der Arbeiter hat daher unabhängig von der Arbeit eine gegenständliche Existenz. Das Individuum verhält sich zu sich selbst als Eigentümer, als Herr | der Bedingungen seiner Wirklichkeit. Es verhält sich ebenso zu den andren – und je nachdem diese *Voraussetzung* gesetzt ist als von dem Gemeinwesen ausgehend oder als von den Einzelnen Familien, die die Gemeinde konstituieren, – verhält es sich zu den andren als Miteigentümern, ebensoviel Inkarnationen des Gemeineigentums, oder als selbständigen Eigentümern neben ihm, selbständigen Privateigentümern – neben denen das früher alles absorbierende und über alle übergreifende Gemeineigentum selbst als besondrer *ager publicus* neben den vielen Privatgrundeigentümern gesetzt ist.

In beiden Formen verhalten sich die Individuen nicht als Arbeiter, sondern als Eigentümer – und Mitglieder eines Gemeinwesens, die zugleich arbeiten. Der Zweck dieser Arbeit ist nicht *Wertschöpfung* – obgleich sie Surplusarbeit tun mögen, um sich *fremde,* i.e. Surplusprodukte, auszutauschen –; sondern ihr Zweck ist Erhaltung des Einzelnen Eigentümers und seiner Familie, wie des Gesamtgemeindewesens. Die Setzung des Individuums als eines *Arbeiters,* in dieser Nacktheit, ist selbst *historisches* Produkt.

In der ersten Form dieses Grundeigentums – erscheint zunächst ein naturwüchsiges Gemeinwesen als erste Voraussetzung. Familie und die im Stamm erweiterte Familie, oder durch intermarriage zwischen Familien, oder Kombination von Stämmen. Da wir annehmen können, daß das *Hirtenwesen,* überhaupt *Wanderung* die erste Form der Existenzweise, nicht daß der Stamm sich niederläßt auf einem bestimmten Sitz, sondern daß er abweidet, was er vorfindet – die Menschen sind nicht von Natur seßhaft (es müßte denn sein in so besonders fruchtbarer Naturumgebung, daß sie wie Affen auf einem Baum sitzen; sonst roaming, wie die wilden Tiere) –, so erscheint die *Stammgemeinschaft,* das natürliche Gemeinwesen nicht als *Resultat,* sondern als *Voraussetzung der gemeinschaftlichen Aneignung* (temporären) und *Benutzung des Bodens.* Lassen sie sich endlich nieder, so wird es von verschiednen äußerlichen, klimatischen, geographischen, physischen usw. Bedingungen sowohl, wie von ihrer besondren Naturanlage usw. abhängen – ihrem Stammcharakter –, wie mehr oder minder diese ursprüngliche Gemeinschaft modifiziert wird. Die naturwüchsige Stammgemeinschaft, oder wenn man will, das Herdenwesen, ist die erste Voraussetzung – die Gemeinschaftlichkeit in Blut, Sprache, Sitten etc. – der *Aneignung der objektiven Bedingungen* ihres Lebens, und der sich reproduzierenden und vergegenständlichenden Tätigkeit desselben (Tätigkeit als Hirten, Jäger, Ackerbauer etc.). Die Erde ist das große Laboratorium, das Arsenal, das sowohl das Arbeitsmittel, wie das Arbeitsmaterial liefert, wie den Sitz, die *Basis* des Gemeinwesens. Sie verhalten sich naiv zu derselben als dem *Eigentum des Gemeinwesens* und des in der lebendigen Arbeit sich produzierenden und reproduzierenden Gemeinwesens. Jeder Einzelne verhält sich nur als Glied, als member dieses Gemeinwesens als *Eigentümer* oder *Besitzer.* Die wirkliche *Aneignung* durch den Prozeß der Arbeit geschieht unter diesen *Voraussetzungen,* die selbst nicht *Produkt* der Arbeit sind, sondern als ihre natürlichen oder *göttlichen* Voraussetzungen erscheinen. Diese Form, wo dasselbe Grundverhältnis zugrunde liegt, kann sich selbst sehr verschieden realisieren. Z. B. es widerspricht ihr durchaus nicht, daß, wie in den meisten *asiatischen* Grundformen, die *zusammenfassende Einheit,* die über allen diesen kleinen Gemeinwesen steht, als der höhere *Eigentümer* oder als der *einzige Eigentümer* erscheint, die wirklichen Gemeinden daher nur als *erbliche* Besitzer. Da die *Einheit* der wirkliche Eigentümer ist und die wirkliche Voraussetzung des gemeinschaftlichen Eigentums – so kann diese selbst als ein *Besondres* über den vielen wirklichen besondren Gemeinwesen erscheinen, wo der Einzelne dann in fact Eigentumslos ist, oder das Eigentum – i. e. das Verhalten des Einzelnen zu den *natürlichen* Bedingungen der Arbeit und Reproduktion als ihm gehörigen, als den objektiven, als unorganische Natur vorgefundner Leib seiner Subjektivität – für ihn vermittelt erscheint durch das Ablassen der

Gesamteinheit – die im Despoten realisiert ist als dem Vater der vielen Gemeinwesen – an den Einzelnen durch die Vermittlung der besondren Gemeinde. Das Surplusprodukt – das übrigens legal bestimmt wird infolge der wirklichen Aneignung durch Arbeit – gehört damit von selbst dieser höchsten Einheit. Mitten im orientalischen Despotismus und der Eigentumslosigkeit, die juristisch in ihm zu existieren scheint, existiert daher in der Tat als Grundlage dieses Stamm- oder Gemeindeeigentum, erzeugt meist durch eine Kombination von Manufaktur und Agrikultur innerhalb der kleinen Gemeinde, die so durchaus self-sustaining wird und alle Bedingungen der Reproduktion und Mehrproduktion in sich selbst enthält. Ein Teil ihrer Surplusarbeit gehört der höhern Gemeinschaft, die zuletzt als *Person* existiert, und diese Surplusarbeit macht sich geltend sowohl im Tribut etc., wie in gemeinsamen Arbeiten zur Verherrlichung der Einheit, teils des wirklichen Despoten, teils des gedachten Stammwesens, des Gottes. Diese Art Gemeindeeigentum kann nun, soweit es nun wirklich in der Arbeit sich realisiert, entweder so erscheinen, daß die kleinen Gemeinden unabhängig nebeneinander vegetieren und in sich selbst der Einzelne auf dem ihm angewiesnen Los unabhängig mit seiner Familie arbeitet; (eine bestimmte Arbeit für *gemeinschaftlichen Vorrat, Insurance* sozusagen, einerseits, und für *Bestreitung der Kosten des Gemeinwesens als solchen,* also für Krieg, Gottesdienst etc.; das herrschaftliche dominium im ursprünglichsten Sinn findet sich erst hier, z. B. in den slawischen Gemeinden, in den rumänischen etc. Hierin liegt der Übergang in Frondienst etc.); oder die Einheit kann auf die Gemeinschaftlichkeit in der Arbeit selbst sich erstrecken, die ein förmliches System sein kann, wie in Mexico, Peru besonders, bei den alten Celten, einigen indischen Stämmen. Es kann ferner die Gemeinschaftlichkeit innerhalb des Stammwesens mehr so erscheinen, daß die Einheit in einem Haupt der Stammfamilie repräsentiert ist, oder als die Beziehung der Familienväter aufeinander. Danach dann entweder mehr despotische oder demokratische Form dieses Gemeinwesens. Die gemeinschaftlichen Bedingungen der wirklichen Aneignung durch die Arbeit, *Wasserleitungen,* sehr wichtig bei den asiatischen Völkern, Kommunikationsmittel etc. erscheinen dann als Werk der höhren Einheit – der über den kleinen Gemeinden schwebenden despotischen Regierung. Die eigentlichen Städte bilden sich hier neben diesen Dörfern bloß da, wo besonders günstiger Punkt für auswärtigen Handel; oder wo das Staatsoberhaupt und seine Satrapen ihre Revenu (Surplusprodukt) austauschen gegen Arbeit, sie als labour-funds verausgaben.

| Die zweite Form – und sie wie die erste hat wesentliche Modifikationen, lokal, historisch etc. hervorgebracht – das Produkt mehr bewegten, historischen Lebens, der Schicksale und Modifikation der ursprünglichen

Stämme – unterstellt auch das *Gemeinwesen* als erste Voraussetzung, aber nicht wie im ersten Fall als Substanz, von der die Individuen bloß Akzidenzen sind, oder von der sie rein naturwüchsig Bestandteile bilden –, sie unterstellt nicht das Land als die Basis, sondern die Stadt als schon geschaffnen Sitz (Zentrum)[1] der Landleute (Grundeigentümer). Der Acker erscheint als Territorum der Stadt; nicht das Dorf als bloßer Zubehör zum Land. Die Erde an sich – sosehr sie Hindernisse darbieten mag, um sie zu bearbeiten, sich wirklich anzueignen – bietet kein Hindernis dar, sich zu ihr als der unorganischen Natur des lebendigen Individuums, seiner Werkstätte, dem Arbeitsmittel, Arbeitsobjekt und Lebensmittel des Subjekts zu verhalten. Die Schwierigkeiten, die das Gemeindewesen trifft, können nur von andren Gemeindewesen herrühren, die entweder den Grund und Boden schon okkupiert haben, oder die Gemeinde in ihrer Okkupation beunruhigen. Der Krieg ist daher die große Gesamtaufgabe, die große gemeinschaftliche Arbeit, die erheischt ist, sei es um die objektiven Bedingungen des lebendigen Daseins zu okkupieren, sei es um die Okkupation derselben zu beschützen und zu verewigen. Die aus Familien bestehende Gemeinde daher zunächst kriegerisch organisiert – als Kriegs- und Heerwesen, und dies eine der Bedingungen ihres Daseins als Eigentümerin. Die Konzentration der Wohnsitze in der Stadt Grundlage dieser kriegerischen Organisation. Das Stammwesen an sich führt zu höhren und niedren Geschlechtern, ein Unterschied, der noch mehr entwickelt durch Mischung mit unterjochten Stämmen etc. Das Gemeindeeigentum – als Staatseigentum, ager publicus – hier getrennt von dem Privateigentum. Das Eigentum des Einzelnen hier nicht, wie im ersten case, selbst unmittelbar Gemeindeeigentum, wonach also nicht Eigentum des Einzelnen, von der Gemeinde getrennt, der vielmehr nur ihr Besitzer ist. Je weniger faktisch das Eigentum des Einzelnen nur verwertet werden kann durch gemeinsame Arbeit – also z.B. wie die Wasserleitungen im Orient –, je mehr der rein naturwüchsige Charakter des Stammes durch historische Bewegung, Wandrung gebrochen; je mehr ferner der Stamm sich entfernt von seinem ursprünglichen Sitz und *fremden* Boden okkupiert, also in wesentlich neue Arbeitsbedingungen tritt und die Energie des Einzelnen mehr entwickelt ist – sein gemeinsamer Charakter mehr als negative Einheit nach außen erscheint und so erscheinen muß –, um so mehr die Bedingungen gegeben, daß der Einzelne *Privateigentümer* von Grund und Boden – besondrer Parzelle – wird, deren besondre Bearbeitung ihm und seiner Familie anheimfällt. Die Gemeinde – als Staat – ist einerseits die Beziehung dieser freien und gleichen Privateigentümer aufeinander, ihre Verbindung gegen außen, und ist zugleich ihre Garantie. Das Gemeindewesen beruht hier ebensosehr darauf, daß seine Mitglieder aus arbeitenden Grundeigentümern,

Parzellenbauern bestehn, wie die Selbständigkeit der letztren durch ihre Beziehung als Gemeindeglieder aufeinander, Sicherung des ager publicus für die gemeinschaftlichen Bedürfnisse und den gemeinschaftlichen Ruhm etc. besteht. Voraussetzung bleibt hier für die Aneignung des Grund und Bodens Mitglied der Gemeinde zu sein, aber als Gemeindemitglied ist der Einzelne Privateigentümer. Er bezieht sich zu seinem Privateigentum als Grund und Boden aber zugleich als seinem Sein als Gemeindemitglied, und die Erhaltung seiner als solchen ist ebenso die Erhaltung der Gemeinde, wie umgekehrt etc. Da die Gemeinde, obgleich hier schon *historisches Produkt,* nicht nur dem fact nach, sondern als solches gewußt, daher *entstanden,* hier Voraussetzung des *Eigentums* am Grund und Boden – d. h. der Beziehung des arbeitenden Subjekts zu den natürlichen Voraussetzungen der Arbeit als ihm gehörigen –, diese Gehörigkeit aber vermittelt durch sein Sein als Staatsmitglied, durch das Sein des Staats – daher durch eine *Voraussetzung,* die als göttlich etc. betrachtet wird. Konzentration in der Stadt mit Land als Territorium; für den unmittelbaren Konsum arbeitende kleine Landwirtschaft; Manufaktur als häusliches Nebengewerb der Frauen und Töchter (Spinnen und Weben) oder nur verselbständigt in einzelnen Branchen (fabri etc.). Die Voraussetzung der Fortdauer des Gemeinwesens ist die Erhaltung der Gleichheit unter seinen freien self-sustaining peasants und die eigne Arbeit als die Bedingung der Fortdauer ihres Eigentums. Sie verhalten sich als Eigentümer zu den natürlichen Bedingungen der Arbeit; aber diese Bedingungen müssen noch fortwährend durch persönliche Arbeit wirklich als Bedingungen und objektive Elemente der Persönlichkeit des Individuums, seiner persönlichen Arbeit, gesetzt werden. Andrerseits treibt die Richtung dieses kleinen kriegerischen Gemeinwesens hinaus über diese Schranken etc. (Rom, Griechenland, Juden etc.). »Als die Augurien«, sagt Niebuhr, »Numa der göttlichen Billigung seiner Wahl versichert hatten, war die erste Sorge des frommen Königs nicht Tempeldienst, sondern menschlich. Er teilte die Ländereien, welche Romulus im Krieg gewonnen und der Okkupation überlassen hatte: er stiftete den Dienst des Terminus. Alle alten Gesetzgeber, und vor allen Moses, gründeten den Erfolg ihrer Anordnung für Tugend, Rechtlichkeit und gute Sitte, auf Landeigentum, oder wenigstens gesicherten erblichen Landbesitz, für die möglich größte Zahl der Bürger.« (Bd. I, 245, 2. Ausgabe, *Röm. Gesch.*) Das Individuum ist placed in such conditions of gaining his life as to make not the acquiring of wealth his object, but self-sustainance, its own reproduction as a member of the community; the reproduction of himself as proprietor of the parcel of ground and, in that quality, as a member of the commune. Die Fortdauer der commune ist die Reproduktion aller der members derselben als self-sustaining peasants, deren Surpluszeit eben der commune, der Arbeit des Kriegs etc. gehört. Das Eigentum an der eignen Arbeit ist vermittelt durch das Eigentum an der Bedingung der Arbeit – dem Hufen Land, seinerseits garantiert durch das Dasein der Gemeinde, und diese wieder durch die Surplusarbeit in Form von Kriegsdienst etc. der Gemeindeglieder. Es ist nicht Kooperation in der wealth producing Arbeit, wodurch sich das Gemeindemitglied reproduziert, sondern Kooperation in der Arbeit für die gemeinschaftlichen Interessen (imaginären und wirklichen) zur Aufrechterhaltung des Verbandes nach außen und innen. Das Eigentum ist quiritorium, römisches, der Privatgrundeigentümer ist solcher nur als Römer, aber als Römer ist er Privatgrundeigentümer.

| Eine [andre] Form des Eigentums der arbeitenden Individuen, self-sustaining members of the community, an den Naturbedingungen ihrer Arbeit ist das *germanische.* Hier ist weder, wie in der spezifisch-orientalischen Form, das Gemeindemitglied als solches Mitbesitzer des gemeinschaftlichen Eigentums (wo das Eigentum *nur* als Gemeindeeigentum existiert, ist das Einzelne Glied als solches nur *Besitzer* eines besondren Teils, erblicher oder nicht, da jede Fraktion des Eigentums keinem Glied gehört für sich, sondern als unmittelbarem Glied der Gemeinde, also als direkt in der Einheit mit ihr, nicht im Unterschied von ihr. Dieser Einzelne[2] ist also nur Besitzer. Es existiert nur *Gemeinschaftliches* Eigentum, und nur *Privatbesitz.* Die Weise dieses Besitzes im Verhältnis zum gemeinschaftlichen Eigentum kann historisch, lokal etc. ganz verschieden modifiziert sein, je nachdem die Arbeit selbst von dem Privatbesitzer isoliert geschieht oder selbst wieder von der Gemeinde bestimmt ist oder der über der besondren Gemeinde schwebenden Einheit); noch ist, wie in der römischen, griechischen Form (kurz der klassisch antiken) – hier ist der Boden okkupiert von der Gemeinde, römischer Boden; ein Teil bleibt der Gemeinde als solcher im Unterschied von den Gemeindegliedern, ager publicus in seinen verschiednen Formen; der andre Teil wird verteilt und jede Parzelle des Bodens ist dadurch römisch, daß sie das Privateigentum, die Domäne eines Römers, sein ihm gehöriger Anteil an dem Laboratorium ist; er ist aber auch nur Römer, insofern er dies souveräne Recht über einen Teil der römischen Erde besitzt. [[Im Altertum städtisches Gewerb und Handel gering-, Ackerbau aber hochgeachtet; im Mittelalter die entgegengesetzte Beurteilung.]] [[Das Recht der *Benutzung* des Gemeindelandes durch *Besitz* kam ursprünglich den Patriziern zu; die dann ihre Klienten belehnten; die *Überweisung von Eigentum* von dem ager publicus kam ausschließlich den Plebejern zu; alle Assignationen zugunsten der Plebejer und Abfindung für einen Anteil am Gemeindeland. *Eigentliches Landeigentum,* die Gegend um die Mauern der Stadt ausgenommen, ursprünglich nur in den

Händen der Plebejer (später aufgenommene Landgemeinden.)]] [[Grundwesen der römischen Plebs als einer Gesamtheit von Landleuten, wie es in ihrem quiritarischen Eigentum bezeichnet ist. Den Landbau achteten die Alten einstimmig für das *eigentliche Geschäft* des freien Mannes, Schule des Soldaten. In ihm erhält sich der alte Stamm der Nation; sie ändert sich in den Städten, wo fremde Kaufleute und Gewerbtreibende sich niederlassen, wie die einheimischen dorthin ziehn, wo der Erwerb sie lockt. Allenthalben, wo Sklaverei ist, sucht der Freigelaßne seinen Unterhalt durch solche Geschäfte, bei denen er dann oft Reichtümer sammelt: so waren diese Gewerbe auch im Altertum meistens in ihren Händen, und dadurch für den Bürger nicht geziemend: daher die Meinung, daß Zulassung der Handwerker zum vollen Bürgerrecht bedenklich sei (in der Regel waren sie bei den ältern Griechen ausgeschlossen). Οὐδενὶ ἐξῆν 'Ρωμαίων οὔτε κάπηλον οὔτε χειροτέχνην βίον ἔχειν. Die Alten hatten keine Ahnung von einem würdigen Zunftwesen, wie in der mittelalterlichen Städtegeschichte; und selbst hier sank der kriegerische Geist, wie die Zünfte gegen die Geschlechter obsiegten, und erlosch zuletzt ganz; also auch der Städte äußre Achtung und Freiheit.]] [[Die Stämme der alten Staaten waren auf zweierlei Art begründet, entweder nach *Geschlechtern* oder nach *Orten*. Die *Geschlechterstämme* gehn dem Alter nach vor den Ortsstämmen, und werden fast allenthalben von ihnen verdrängt. Ihre äußerste, strengste Form ist die Kasteneinrichtung, wo eine von der andren getrennt ist, ohne wechselseitiges Eherecht, der Würde nach ganz verschieden; jede mit einem ausschließlichen, unabänderlichen Beruf. Die *Ortsstämme* entsprachen ursprünglich einer Einteilung der Landschaft in Gauen und Dörfer; so daß, wer zu der Zeit, als diese angelegt ward, in Attika unter Kleisthenes, in einem Dorf angesessen war, als dessen Demotes, in der Phyle, zu deren Region jenes gehörte, eingeschrieben ward. Nun blieben der Regel nach seine Nachkommen, ohne Rücksicht auf ihren Wohnort, in derselben Phyle und demselben Demos; womit auch diese Einteilung einen Schein von Ahnenwesen annahm. Diese römischen *Geschlechter* nicht Blutsverwandte; Cicero fügt als Merkmal zu gemeinschaftlichem Namen Abstammung von Freien hinzu. Den römischen Gentilen gemeinschaftliche sacra, hörte später auf (schon zu Ciceros Zeit). Am längsten erhielt sich die Beerbung der ohne Angehörige und Verfügung verstorbnen Mitgeschlechter. Verpflichtung, in der ältesten Zeit, der Geneten, dem Hilfsbedürftigen unter den Ihrigen ungewöhnliche Lasten tragen zu helfen. (Bei den Deutschen überall ursprünglich, am längsten unter den Dithmarsen.) Die Gentes Innungen. Eine allgemeinre Anordnung als die Geschlechter gab es in der alten Welt nicht. So bei den Gaelen die adligen Campbells und ihre Vasallen einen Clan bildend.]][3] Da der Patrizier im höhern Grad das Gemeinwesen repräsentiert, ist er der *possessor* des ager publicus und benutzt ihn durch seine Klienten etc. (eignet ihn sich auch nach und nach an). Die germanische Gemeinde konzentriert sich nicht in der Stadt; durch welche bloße Konzentration – der Stadt als Zentrum des Landlebens, dem Wohnsitz der Landarbeiter, wie ebenso dem Zentrum der Kriegsführung – die Gemeinde als solche nun eine äußerliche Existenz besitzt, unterschieden von der des Einzelnen. Die klassische alte Geschichte ist Stadtgeschichte, aber von Städten, gegründet auf Grundeigentum und Agrikultur; die asiatische Geschichte ist eine Art indifferenter Einheit von Stadt und Land; (die eigentlich großen Städte sind bloß als fürstliche Lager hier zu betrachten, als Superfötation über die eigentlich ökonomische Konstruktion); das Mittelalter (germanische Zeit) geht vom Land als Sitz der Geschichte aus, deren Fortentwicklung dann im Gegensatz von Stadt und Land vor sich geht; die moderne [Geschichte] ist Verstädtischung des Landes, nicht wie bei den Antiken Verländlichung der Stadt.

4 | Bei der Vereinigung in der Stadt besitzt die Gemeinde als solche eine ökonomische Existenz; das bloße *Dasein* der Stadt als solcher ist verschieden von bloßer Vielheit von unabhängigen Häusern. Das Ganze ist nicht hier aus seinen Teilen bestehend. Es ist eine Art selbständiger Organismus. Bei den Germanen, wo die einzelnen Familienhäupter sich in Wäldern festsetzen, getrennt durch lange Strecken, existiert, schon *äußerlich* betrachtet, die Gemeinde nur durch die jedesmalige Vereinigung der Gemeindeglieder, obgleich ihre *an sich seiende* Einheit gesetzt ist in Abstammung, Sprache, gemeinsamer Vergangenheit und Geschichte etc. Die *Gemeinde* erscheint also als *Vereinigung,* nicht als *Verein,* als Einigung, deren selbständige Subjekte die Landeigentümer bilden, nicht als Einheit. Die Gemeinde existiert daher in fact nicht als *Staat, Staatswesen,* wie bei den Antiken, weil sie nicht als *Stadt* existiert. Damit die Gemeinde in wirkliche Existenz trete, müssen die freien Landeigentümer *Versammlung* halten, während sie in Rom z. B. *existiert,* außer diesen Versammlungen, in dem Dasein der *Stadt selbst* und der Beamten, die ihr vorgesetzt sind etc. Zwar kommt auch bei den Germanen der *ager publicus,* das Gemeindeland vor oder Volksland, im Unterschied von dem Eigentum des Einzelnen. Er ist Jagdgrund, Weidegrund, Holzungsgrund etc., der Teil des Landes, der nicht geteilt werden kann, wenn er in dieser bestimmten Form als Produktionsmittel dienen soll. Indes erscheint nicht, wie bei den Römern z. B., dieser *ager publicus* als das besondre ökonomische Dasein des Staates neben den Privateigentümern, so daß diese eigentlich *Private*igentümer als solche sind, soweit sie *ausgeschlossen* waren, priviert waren, wie die Plebejer, [von] der Benutzung des ager publicus. Der ager publicus erscheint vielmehr nur als

Ergänzung des individuellen Eigentums bei den Germanen, und figuriert als Eigentum nur, soweit er gegen feindliche Stämme als Gemeinbesitz des einen Stammes verfochten wird. Das Eigentum des Einzelnen erscheint nicht vermittelt durch die Gemeinde, sondern das Dasein der Gemeinde und des Gemeindeeigentums als vermittelt, d.h. als Beziehung der selbständigen Subjekte aufeinander. Das ökonomische Ganze ist au fond in jedem Einzelnen Hause enthalten, das für sich ein selbständiges Zentrum der Produktion bildet (Manufaktur rein als häusliche Nebenarbeit der Weiber etc.). In der antiken Welt ist die Stadt mit ihrer Landmark das ökonomische Ganze; in der germanischen der einzelne Wohnsitz, der selbst nur als Punkt in dem zu ihm gehörigen Land erscheint, keine Konzentration vieler Eigentümer ist, sondern Familie als selbständige Einheit. In der asiatischen (wenigstens vorherrschenden) Form kein Eigentum, sondern nur Besitz des Einzelnen; die Gemeinde der eigentliche wirkliche Eigentümer – also Eigentum nur als *gemeinschaftliches Eigentum* an dem Boden. Bei den Antiken (Römer als das klassischste Beispiel, die Sache in der reinsten, ausgeprägtesten Form) gegensätzliche Form von Staatsgrundeigentum und Privatgrundeigentum, so daß das letztre durch das erstre vermittelt oder das erstre selbst in dieser doppelten Form existiert. Der Privatgrundeigentümer daher zugleich städtischer Bürger. Ökonomisch löst sich das Staatsbürgertum in die einfache Form auf, daß der Landmann Bewohner einer Stadt. In der germanischen Form der Landmann nicht Staatsbürger, d.h. nicht Städtebewohner, sondern Grundlage die isolierte, selbständige Familienwohnung, garantiert durch den Verband mit andren solchen Familienwohnungen vom selben Stamm und ihr gelegentliches, für Krieg, Religion, Rechtsschlichtung etc. Zusammenkommen für solche wechselseitige Bürgschaft. Das individuelle Grundeigentum erscheint hier nicht als gegensätzliche Form des Grundeigentums der Gemeinde, noch als durch sie vermittelt, sondern umgekehrt. Die Gemeinde existiert nur in der Beziehung dieser individuellen Grundeigentümer als solcher aufeinander. Das Gemeindeeigentum als solches erscheint nur als gemeinschaftliches Zubehör zu den individuellen Stammsitzen und Bodenaneignungen. Weder ist die Gemeinde die Substanz, an der der Einzelne nur als Akzident erscheint; noch das Allgemeine, das als solches, sowohl in seiner Vorstellung, wie in der Existenz der Stadt und ihrer städtischen Bedürfnisse im Unterschied von denen des Einzelnen, oder in ihrem städtischen Grund und Boden als ihrem besondren Dasein im Unterschied von dem besondren ökonomischen Dasein des Gemeindeglieds, eine *seiende Einheit* ist; sondern einerseits ist die Gemeinde an sich als das Gemeinschaftliche in Sprache, Blut etc. dem individuellen Eigentümer vorausgesetzt; als Dasein existiert sie aber nur andrerseits in ihrer *wirklichen Versammlung* für gemeinschaftliche Zwecke, und soweit sie besondre ökonomische Existenz hat, in dem gemeinsam benutzten Jagd-, Weideland etc., wird sie so benutzt von Jedem Individuellen Eigentümer als solchem, nicht als Repräsentanten (wie in Rom) des Staats; wirklich gemeinsames Eigentum der individuellen Eigentümer, nicht des Vereins dieser Eigentümer als in der Stadt selbst von sich als einzelnen eine gesonderte Existenz besitzend.

Worauf es hier eigentlich ankommt, ist dies: In allen diesen Formen, worin Grundeigentum und Agrikultur die Basis der ökonomischen Ordnung bilden, und daher die Produktion von Gebrauchswerten ökonomischer Zweck ist, die *Reproduktion des Individuums* in den bestimmten Verhältnissen zu seiner Gemeinde, in denen es deren Basis bildet – ist vorhanden: 1) Aneignung, nicht durch Arbeit, sondern als der Arbeit vorausgesetzt, der natürlichen Bedingung der Arbeit, der *Erde* als des ursprünglichen Arbeitsinstruments sowohl, Laboratoriums, wie Behälters der Rohstoffe. Das Individuum verhält sich einfach zu den objektiven Bedingungen der Arbeit als den seinen; zu ihnen, als der unorganischen Natur seiner Subjektivität, worin diese sich selbst realisiert; die Hauptobjektive Bedingung der Arbeit erscheint nicht selbst als *Produkt* der Arbeit, sondern findet sich vor als Natur; | auf der einen Seite das lebendige Individuum, auf der andren die Erde, als die objektive Bedingung seiner Reproduktion; 2) aber dieses *Verhalten* zu dem Grund und Boden, zur Erde, als dem Eigentum des arbeitenden Individuums – welches daher von vornherein nicht als bloß arbeitendes Individuum erscheint, in dieser Abstraktion, sondern im Eigentum an der Erde eine *objektive Existenzweise* hat, die seiner Tätigkeit *vorausgesetzt* ist, und nicht als deren bloßes Resultat erscheint, und ebenso eine Voraussetzung seiner Tätigkeit ist, wie seine Haut, seine Sinnesorgane, die er zwar auch im Lebensprozeß reproduziert, und entwickelt etc., die aber diesem Reproduktionsprozeß seinerseits vorausgesetzt sind – ist sofort vermittelt durch das naturwüchsige, mehr oder minder historisch entwickelte, und modifizierte Dasein des Individuums als *Mitglieds einer Gemeinde* – sein naturwüchsiges Dasein als Glied eines Stammes etc. Ein isoliertes Individuum könnte sowenig Eigentum haben am Grund und Boden, wie sprechen. Es könnte allerdings an ihm als der Substanz zehren, wie die Tiere tun. Das Verhalten zur Erde als Eigentum ist immer vermittelt durch die Okkupation, friedliche oder gewaltsame, von Grund und Boden durch den Stamm, die Gemeinde in irgendeiner mehr oder minder naturwüchsigen, oder schon historisch entwickelten Form. Das Individuum kann hier nie in der Punktualität auftreten, in der es als bloßer freier Arbeiter erscheint. Wenn die objektiven Bedingungen seiner Arbeit vorausgesetzt sind als ihm gehörig, so ist es selbst subjektiv vorausgesetzt als Glied einer Gemeinde, durch[5] welche sein Verhältnis zum Grund und Boden vermittelt ist. Seine Beziehung zu den objektiven Bedingungen der Arbeit ist vermittelt durch sein Dasein als Gemeindeglied; andrerseits ist das wirkliche Dasein der Gemeinde bestimmt durch die bestimmte Form seines Eigentums an den objektiven Bedingungen der Arbeit. Ob dies durch das Dasein in der Gemeinde vermittelte Eigentum als *gemeinschaftliches Eigentum* erscheint, wo der Einzelne nur Besitzer ist und es kein Privateigentum an Grund und Boden gibt – oder ob das Eigentum in der doppelten Form von Staats- und Privateigentum nebeneinander erscheint, so daß das letztre aber als durch das erstre gesetzt erscheint, daher nur der Staatsbürger Privateigentümer ist und sein muß, andrerseits aber sein Eigentum als Staatsbürger zugleich eine besondre Existenz hat – oder ob endlich das Gemeindeeigentum nur als Ergänzung des individuellen Eigentums, dieses aber als die Basis und die Gemeinde überhaupt nicht Existenz für sich hat außer in der *Versammlung* der Gemeindeglieder und ihrer Vereinigung zu gemeinsamen Zwekken – diese verschiednen Formen des Verhaltens der Gemeinde- oder Stammglieder zum Grund und Boden des Stammes – der Erde, worauf er sich niedergelassen hat, – hängen ab teils von den Naturanlagen des Stammes, teils von den ökonomischen Bedingungen, unter denen er nun wirklich sich als Eigentümer zum Grund und Boden verhält, d.h. sich seine Früchte durch Arbeit aneignet, und dies wird selbst abhängen von Klima, physischer Beschaffenheit des Grund und Bodens, der physisch bedingten Weise seiner Exploitation, dem Verhalten zu feindlichen Stämmen oder Nachbarstämmen, und den Veränderungen, die Wanderungen, historische Erlebnisse etc. hineinbringen. Damit die Gemeinde fortexistiere in der alten Weise, als solche, ist die Reproduktion ihrer Glieder unter den vorausgesetzten objektiven Bedingungen nötig. Die Produktion selbst, Fortschritt der Bevölkerung (auch dieser gehört zur Produktion) hebt notwendig nach und nach diese Bedingungen auf; zerstört sie statt sie zu reproduzieren etc., und damit geht das Gemeinwesen unter mit den Eigentumsverhältnissen, auf denen es gegründet war. Am zähsten und längsten hält sich notwendig die asiatische Form. Es liegt dies in ihrer Voraussetzung; daß der Einzelne nicht der Gemeinde gegenüber selbständig wird; daß self-sustaining Kreis der Produktion, Einheit von Agrikultur und Handmanufaktur etc. Verändert der Einzelne sein Verhältnis zur Gemeinde, so verändert er damit und wirkt zerstörend auf die Gemeinde; wie auf ihre ökonomische Voraussetzung; andrerseits die Änderung dieser ökonomischen Voraussetzung – durch ihre eigne Dialektik hervorgebracht, Verarmung etc. Namentlich der Einfluß des Kriegswesens und der Eroberung, der in Rom z.B. wesentlich zu den ökonomischen Bedingungen der Gemeinde selbst gehört, – hebt auf das reale Band, worauf sie beruht. In allen diesen Formen ist die *Reproduktion vorausgesetzter* – mehr oder minder naturwüchsiger oder auch historisch gewordner, aber traditionell gewordner – Verhältnisse des Einzelnen zu seiner Gemeinde, und ein *bestimmtes,* ihm *vorherbestimmtes objektives* Dasein, sowohl im Verhalten zu den Bedingungen der Arbeit, wie zu seinen Mitarbeitern, Stammesgenossen etc. – Grundlage der Entwicklung, die von vornherein daher eine *beschränkte* ist, aber mit Aufhebung der Schranke Verfall und Untergang darstellt. Die Entwicklung der Sklaverei, die Konzentration des Grundbesitzes, Austausch, Geldwesen, Eroberung etc. so bei den Römern, obgleich alle diese Elemente bis zu einem gewissen Punkt verträglich schienen mit der Grundlage und sie teils nur unschuldig zu erweitern schienen, teils als bloße Mißbräuche aus ihr hervorzuwachsen. Es können hier große Entwicklungen stattfinden innerhalb eines bestimmten Kreises. Die Individuen können groß erscheinen. Aber an freie und volle Entwicklung, weder des Individuums, noch der Gesellschaft nicht hier zu denken, da solche Entwicklung mit dem ursprünglichen Verhältnis im Widerspruch steht.

| Wir finden bei den Alten nie eine Untersuchung, welche Form des Grundeigentums etc. die produktivste, den größten Reichtum schafft? Der Reichtum erscheint nicht als Zweck der Produktion, obgleich sehr wohl Cato untersuchen kann, welche Bestellung des Feldes die einträglichste, oder gar Brutus sein Geld zu den besten Zinsen ausborgen kann. Die Untersuchung ist immer, welche Weise des Eigentums die besten Staatsbürger schafft. Als Selbstzweck erscheint der Reichtum nur bei den wenigen Handelsvölkern – Monopolisten des carrying trade –, die in den Poren der alten Welt leben, wie die Juden in der mittelaltrigen Gesellschaft. Nun ist der Reichtum einerseits Sache, verwirklicht in Sachen, materiellen Produkten, denen der Mensch als Subjekt gegenübersteht; andrerseits als Wert ist er bloßes Kommando über fremde Arbeit nicht zum Zweck der Herrschaft, sondern des Privatgenusses etc. In allen Formen erscheint er in dinglicher Gestalt, sei es Sache, sei es Verhältnis vermittelst der Sache, die außer und zufällig neben dem Individuum liegt. So scheint die alte Anschauung, wo der Mensch, in welcher bornierten nationalen, religiösen, politischen Bestimmung auch immer als Zweck der Produktion erscheint, sehr erhaben zu sein gegen die moderne Welt, wo die Produktion als Zweck des Menschen und der Reichtum als Zweck der Produktion erscheint. In fact aber, wenn die bornierte bürgerliche Form abgestreift wird, was ist der Reichtum anders, als die im universellen Austausch erzeugte Universalität der Bedürfnisse, Fähigkeiten, Genüsse, Produktivkräfte etc. der Individuen? Die volle Entwicklung der menschlichen Herrschaft über die Naturkräfte, die der sogenannten

Natur sowohl, wie seiner eignen Natur? Das absolute Herausarbeiten seiner schöpferischen Anlagen, ohne andre Voraussetzung als die vorhergegangne historische Entwicklung, die diese Totalität der Entwicklung, d.h. der Entwicklung aller menschlichen Kräfte als solcher, nicht gemessen an einem *vorhergegebnen* Maßstab, zum Selbstzweck macht? Wo er sich nicht reproduziert in einer Bestimmtheit, sondern seine Totalität produziert? Nicht irgend etwas Gewordnes zu bleiben sucht, sondern in der absoluten Bewegung des Werdens ist? In der bürgerlichen Ökonomie – und der Produktionsepoche, der sie entspricht, – erscheint diese völlige Herausarbeitung des menschlichen Innern als völlige Entleerung, diese universelle Vergegenständlichung als totale Entfremdung, und die Niederreißung aller bestimmten einseitigen Zwecke als Aufopferung des Selbstzwecks unter einen ganz äußren Zweck. Daher erscheint einerseits die kindische alte Welt als das Höhere. Andrerseits ist sie es in alledem, wo geschloßne Gestalt, Form, und gegebne Begrenzung gesucht wird. Sie ist Befriedigung auf einem bornierten Standpunkt; während das Moderne unbefriedigt läßt, oder wo es in sich befriedigt erscheint, *gemein* ist.

Was Herr Proudhon die *außerökonomische* Entstehung des Eigentums nennt, worunter er eben das Grundeigentum versteht, ist das *vorbürgerliche* Verhältnis des Individuums zu den objektiven Bedingungen der Arbeit, und zunächst den *natürlichen* – objektiven Bedingungen der Arbeit – denn, wie das arbeitende Subjekt natürliches Individuum, natürliches Dasein – erscheint die erste objektive Bedingung seiner Arbeit als Natur, Erde, als sein unorganischer Leib[6]; er selbst ist nicht nur der organische Leib, sondern diese unorganische Natur als Subjekt. Diese Bedingung ist nicht sein Produkt, sondern vorgefunden; als natürliches Dasein außer ihm ihm vorausgesetzt. Eh wir dies weiter analysieren, noch dies: der brave Proudhon könnte nicht nur, sondern müßte, ebensogut das *Kapital* und die *Lohnarbeit* – als Eigentumsformen – *außerökonomischer* Entstehung bezichtigen. Denn das Vorfinden der objektiven Bedingungen der Arbeit als von ihm getrennter, als *Kapital* von seiten des Arbeiters und das Vorfinden des *Arbeiters* als Eigentumslosen, als abstrakten Arbeiters von seiten des Kapitalisten – der Austausch, wie er zwischen Wert und lebendiger Arbeit vorgeht, unterstellt einen *historischen Prozeß,* – sosehr Kapital und Lohnarbeit selbst dies Verhältnis reproduzieren und in seinem objektiven Umfang ausarbeiten, wie ebenso in die Tiefe hinein – einen historischen Prozeß, wie wir gesehn haben, der die Entstehungsgeschichte des Kapitals und der Lohnarbeit bildet. In andren Worten: die *außerökonomische Entstehung* des Eigentums heißt nichts als die *historische Entstehung* der bürgerlichen Ökonomie, der Produktionsformen, die durch die Kategorien der politischen Ökonomie theoretisch oder ideal ausgedrückt werden. Daß die vorbürgerliche Geschichte, und jede Phase derselben, aber auch ihre *Ökonomie* hat und eine *ökonomische Grundlage* der Bewegung, ist au fond die bloße Tautologie, daß das Leben der Menschen von jeher auf Produktion, d'une manière ou d'une autre *gesellschaftlicher* Produktion beruhte, deren Verhältnisse wir eben ökonomische Verhältnisse nennen.

Die ursprünglichen Bedingungen der Produktion (oder, was dasselbe ist, die Reproduktion einer durch den natürlichen Prozeß der beiden Geschlechter fortschreitenden Menschenzahl; denn diese Reproduktion, wenn sie auf der einen Seite als Aneignen der Objekte durch die Subjekte erscheint, erscheint auf der andren ebenso als Formung, Unterwerfung der Objekte unter einen subjektiven Zweck; Verwandlung derselben in Resultate und Behälter der subjektiven Tätigkeit) können ursprünglich *nicht selbst produziert* sein – Resultate der Produktion sein. Nicht die *Einheit* der lebenden und tätigen Menschen mit den natürlichen, unorganischen Bedingungen ihres Stoffwechsels mit der Natur, und daher ihre Aneignung der Natur – bedarf der Erklärung oder ist Resultat eines | historischen Prozesses, sondern die *Trennung* zwischen diesen unorganischen Bedingungen des menschlichen Daseins und diesem tätigen Dasein, eine Trennung, wie sie vollständig erst gesetzt ist im Verhältnis von Lohnarbeit und Kapital. In dem Sklaven- und Leibeigenschaftsverhältnis findet diese Trennung nicht statt; sondern ein Teil der Gesellschaft wird von dem andren selbst als bloß *unorganische und natürliche* Bedingung seiner eignen Reproduktion behandelt. Der Sklave steht in gar keinem Verhältnis zu den objektiven Bedingungen seiner Arbeit; sondern die *Arbeit* selbst, sowohl in der Form des Sklaven, wie der des Leibeignen, wird als *unorganische Bedingung* der Produktion in die Reihe der andren Naturwesen gestellt, neben das Vieh oder als Anhängsel der Erde. In andren Worten: die ursprünglichen Bedingungen der Produktion erscheinen als Naturvoraussetzungen, *natürliche Existenzbedingungen des Produzenten,* ganz so wie sein lebendiger Leib, sosehr er ihn reproduziert und entwickelt, ursprünglich nicht gesetzt ist von ihm selbst, als die *Voraussetzung* seiner selbst erscheint; sein eignes Dasein (leibliches) ist eine natürliche Voraussetzung, die er nicht gesetzt hat. Diese *natürlichen Existenzbedingungen,* zu denen er sich als zu ihm selbst gehörigem, unorganischem Leib verhält, sind selbst doppelt: 1) subjektiver und 2) objektiver Natur. Er findet sich vor als Glied einer Familie, Stammes, Tribus etc., – die dann durch Mischung und Gegensatz mit andren historisch verschiedne Gestalt annehmen; und als solches Glied bezieht er sich auf eine bestimmte Natur (sag hier noch Erde, Grund und Boden) als unorganisches Dasein seiner selbst, als Bedingung seiner Produktion und Reproduktion. Als natürliches Glied des Gemeinwesens hat er Teil am gemeinschaftlichen Eigentum und besondren Teil desselben zum Besitz;

ebenso wie er als geborner römischer Bürger idealen Anspruch (at least) auf den ager publicus und realen auf soundso viel juggera Land hat etc. Sein *Eigentum,* d. h. die Beziehung auf die natürlichen Voraussetzungen seiner Produktion als ihm zugehörige, als *die seinigen,* ist dadurch vermittelt, daß er selbst natürliches Mitglied eines Gemeinwesens. (Die Abstraktion eines Gemeinwesens, worin die Mitglieder nichts gemein haben, als etwa Sprache etc. und kaum diese, ist offenbar das Produkt viel späterer historischer Zustände.) In bezug auf den Einzelnen ist z. B. klar, daß er selbst zur Sprache als *seiner eignen* sich nur verhält als natürliches Mitglied eines menschlichen Gemeinwesens. Sprache als das Produkt eines Einzelnen ist ein Unding. Aber ebensosehr ist es [das] Eigentum.

Die Sprache selbst ist ebenso das Produkt eines Gemeinwesens, wie sie in andrer Hinsicht selbst das Dasein des Gemeinwesens, und das selbstredende Dasein desselben. [[Die gemeinschaftliche Produktion und das Gemeineigentum, wie es z. B. in Peru vorkommt, ist offenbar eine *sekundäre* Form; eingeführt und übertragen von erobernden Stämmen, die bei sich selbst das Gemeineigentum und Gemeinschaftliche Produktion in der alten einfachern Form kannten, wie sie in Indien und bei den Slawen vorkommt. Ebenso scheint die Form, die wir bei den Celten in Wales z. B. finden, eine übertragne in dieselben, *sekundäre,* von Eroberern bei den niedriger stehenden eroberten Stämmen eingeführt. Die Vollendung und systematische Ausarbeitung dieser Systeme von einem *obersten Zentrum* aus, zeigt ihre spätere Entstehung. Ganz wie der in England eingeführte Feudalismus vollendeter war in der Form, wie der in Frankreich naturwüchsig entstandne.]] [[Bei wandernden Hirtenstämmen – und alle Hirtenvölker sind ursprünglich wandernd – erscheint die Erde gleich den andren Naturbedingungen in elementarischer Unbegrenztheit, z. B. in den asiatischen Steppen und der asiatischen Hochebene. Sie wird abgeweidet etc., konsumiert durch die Herden, an denen wieder die Herdenvölker existieren. Sie verhalten sich zu ihr als ihrem Eigentum, obgleich sie dies Eigentum nie fixieren. Der Jagdgrund so bei den wilden Indianerstämmen in Amerika; der Stamm betrachtet eine gewisse Region als sein Jagdgebiet und behauptet es gewaltsam gegen andre Stämme, oder sucht andre Stämme aus dem von ihnen behaupteten zu vertreiben. Bei den wandernden Hirtenstämmen ist die Gemeinde in der Tat stets vereinigt, Reisegesellschaft, Karawane, Horde, und die Formen der Über- und Unterordnung entwickeln sich aus den Bedingungen dieser Lebensweise. *Angeeignet* und *reproduziert* wird in der Tat hier nur die Herde, nicht die Erde; die aber stets temporär *gemeinschaftlich* benutzt wird an dem jedesmaligen Aufenthaltsplatz.]] Die einzige Schranke, die das Gemeinwesen finden kann in seinem Verhalten zu den natürlichen Produktionsbedingungen – der Erde – (wenn wir gleich zu den ansässigen Völkern überspringen) als den *seinen,* ist ein *andres Gemeinwesen,* das sie schon als seinen anorganischen Leib in Anspruch nimmt. Der *Krieg* ist daher eine der ursprünglichsten Arbeiten jedes dieser naturwüchsigen Gemeinwesen, sowohl zur Behauptung des Eigentums, als zum Neuerwerb desselben. (Wir können uns hier in der Tat damit begnügen, vom ursprünglichen Eigentum am Grund und Boden zu sprechen, denn bei Hirtenvölkern ist das Eigentum an natürlich vorgefundnen Erdprodukten – den Schafen f. i. – zugleich das an den Weiden, die sie durchziehn. Überhaupt ist bei dem Eigentum an dem Grund und Boden das an seinen organischen Produkten mit einbegriffen.) [[Wird der | Mensch selbst als organisches Zubehör des Grund und Bodens mit ihm erobert, so wird er miterobert als eine der Produktionsbedingungen, und so entsteht Sklaverei und Leibeigenschaft, die die ursprünglichen Formen aller Gemeinwesen bald verfälscht und modifiziert, und selbst zu ihrer Basis wird. Die einfache Konstruktion wird dadurch negativ bestimmt.]]

Eigentum meint also ursprünglich nichts als Verhalten des Menschen zu seinen natürlichen Produktionsbedingungen als ihm gehörigen, als den seinen, als mit seinem *eignen Dasein vorausgesetzten;* Verhalten zu denselben als *natürlichen Voraussetzungen* seiner selbst, die sozusagen nur seinen verlängerten Leib bilden. Er verhält sich eigentlich nicht zu seinen Produktionsbedingungen; sondern ist doppelt da, sowohl subjektiv als er selbst, wie objektiv in diesen natürlichen anorganischen Bedingungen seiner Existenz. Die Formen dieser *natürlichen Produktionsbedingungen* sind doppelt: 1) sein Dasein als Glied eines Gemeinwesens; also das Dasein dieses Gemeinwesens, das in seiner ursprünglichen Form *Stammwesen,* mehr oder minder modifiziertes *Stammwesen* ist; 2) das Verhalten zum *Grund und Boden* vermittelst des Gemeinwesens, als *dem seinigen,* gemeinschaftliches Bodeneigentum, zugleich *Einzelbesitz* für den Einzelnen, oder so, daß nur die Früchte geteilt werden; der Boden selbst und die Bearbeitung aber gemeinsam bleibt. (Indes *Wohnsitze* etc., seien es auch die Wagen der Scythen, erscheinen dann doch immer im Besitze des Einzelnen.) Eine natürliche Produktionsbedingung für das lebendige Individuum ist sein Zubehören zu einer *naturwüchsigen Gesellschaft,* Stamm etc. Dieses ist z. B. schon Bedingung für seine Sprache etc. Sein eignes produktives Dasein ist nur unter dieser Bedingung. Sein subjektives Dasein ist dadurch als solches bedingt, ebensosehr wie es bedingt ist durch das Verhalten zur Erde als seinem Laboratorium. (Eigentum ist zwar ursprünglich *mobil,* denn der Mensch bemächtigt sich d'abord der fertigen Früchte der Erde, wozu unter andrem auch die Tiere gehören und für ihn speziell die zähmbaren. Indes selbst dieser Zustand – Jagd, Fischerei, Hirtenwesen, Leben von Baumfrüchten etc. – unterstellt immer Aneignung der Erde, sei es zu festem Wohnplatz, sei es zum roaming, sei es zum Weiden für die Tiere etc.)

Das *Eigentum* meint also *Gehören zu einem Stamm* (Gemeinwesen) (in ihm subjektiv-objektive Existenz haben) und vermittelst des Verhaltens dieses Gemeinwesens zum Grund und Boden, zur Erde als seinem unorganischen Leib, Verhalten des Individuums zum Grund und Boden, zur äußren Urbedingung der Produktion – da die Erde in einem Rohmaterial, Instrument, Frucht ist – als zu seiner Individualität gehörigen Voraussetzungen, Daseinsweisen derselben. Wir *reduzieren dies Eigentum auf das Verhalten zu den Bedingungen der Produktion.* Warum nicht der Konsumtion, da ursprünglich das Produzieren des Individuums sich auf das Reproduzieren seines eignen Leibs durch Aneignen fertiger, von der Natur selbst für den Konsum zubereiteter Gegenstände beschränkt? Selbst wo nur noch zu *finden* ist, und zu *entdecken,* erfordert dies bald Anstrengung, Arbeit – wie in Jagd, Fischfang, Hirtenwesen – und Produktion (i. e. Entwicklung) gewisser Fähigkeiten auf seiten des Subjekts. Dann aber sind Zustände, wo zu dem Vorhandnen zugegriffen werden kann, ohne alle Instrumente (also selbst schon zur Produktion bestimmte Produkte der Arbeit), ohne Änderung der Form (die selbst schon beim Hirtenwesen stattfindet) etc. sehr bald vorübergehende und nirgendswo als Normalzustände zu betrachten; auch nicht als Normalurzustände. Übrigens schließen die ursprünglichen Bedingungen der Produktion direkt, ohne Arbeit konsumierbare Stoffe, wie Früchte, Tiere etc. von selbst ein; also der Konsumtionsfonds erscheint selbst als ein Bestandteil des *ursprünglichen Produktionsfonds.*

Die Grundbedingung des auf dem Stammwesen (worein sich das Gemeinwesen ursprünglich auflöst) ruhenden Eigentums – Mitglied des Stammes sein – macht den vom Stamm eroberten fremden Stamm, den unterworfnen, *Eigentumslos* und wirft ihn selbst unter die *unorganischen Bedingungen* seiner Reproduktion, wozu sich das Gemeinwesen als den seinen verhält. Sklaverei und Leibeigenschaft sind daher nur weitre Entwicklungen des auf dem Stammwesen beruhnden Eigentums. Sie modifizieren notwendig alle Formen desselben. Am wenigsten können sie dies in der asiatischen Form. In der self-sustaining Einheit von Manufaktur und Agrikultur, worauf diese Form beruht, die Eroberung nicht so notwendige Bedingung als da, wo das *Grundeigentum, Agrikultur* ausschließlich vorherrschend. Andrerseits, da der Einzelne nie zum Eigentümer, sondern nur zum Besitzer in dieser Form wird, ist er au fond selbst das Eigentum, der Sklave dessen, [in] dem die Einheit der Gemeinde existiert, und Sklaverei hebt hier weder die Bedingungen der Arbeit auf, noch modifiziert sie das wesentliche Verhältnis.

| Es ist nun ferner klar:

Das Eigentum, soweit es nur das bewußte Verhalten – und in bezug auf den Einzelnen vom Gemeinwesen gesetzte und als Gesetz proklamierte und garantierte – zu den Produktionsbedingungen als den *seinen* ist, das Dasein des Produzenten also als ein Dasein in den *ihm gehörigen* objektiven Bedingungen erscheint, – wird erst verwirklicht durch die Produktion selbst. Die wirkliche Aneignung geschieht erst nicht in der gedachten, sondern in der tätigen, realen Beziehung auf diese Bedingungen – das wirkliche Setzen derselben als der Bedingungen seiner subjektiven Tätigkeit.

Damit ist aber zugleich klar, daß *diese Bedingungen sich ändern.* Durch das Jagen der Stämme wird eine Erdregion erst zum Jagdrevier; durch den Ackerbau die Erde, der Grund und Boden erst als der verlängerte Leib des Individuums gesetzt. Nachdem die *Stadt Rom* erbaut war und die umliegende Feldmark bestellt von ihren Bürgern – waren die Bedingungen des Gemeinwesens andre geworden als vorher. Der Zweck aller dieser Gemeinwesen ist Erhaltung; *d. h. Reproduktion der Individuen, die es bilden, als Eigentümer, d. h. in derselben objektiven Existenzweise, die zugleich das Verhalten der Glieder zueinander und daher die Gemeinde selbst bildet.* Diese *Reproduktion ist aber zugleich notwendig Neuproduktion und Destruktion der alten Form.* Zum Beispiel wo der Individuen jedes soviel Acker Land besitzen soll, schon der Fortschritt der Bevölkerung im Wege. Soll dem gesteuert werden, so Kolonisation, und diese macht Eroberungskrieg nötig. Damit Sklaven etc. Vergrößerung des ager publicus z. B. auch, und damit die Patrizier, die das Gemeinwesen repräsentieren etc. So die Erhaltung des alten Gemeinwesens schließt ein die Destruktion der Bedingungen, auf denen es beruht, schlägt ins Gegenteil um. Sollte z. B. gedacht werden, die Produktivität auf demselben Raum könne vermehrt werden durch Entwicklung der Produktivkräfte etc. (diese beim altherkömmlichen Ackerbau gerade das allerlangsamste), so würde das neue Weisen, Kombinationen der Arbeit, großen Teil des Tags auf Agrikultur verwandt etc. einschließen, und damit wieder die alten ökonomischen Bedingungen des Gemeinwesens aufheben. In dem Akt der Reproduktion selbst ändern sich nicht nur die objektiven Bedingungen, z. B. aus dem Dorf wird Stadt, aus der Wildnis gelichteter Acker etc., sondern die Produzenten ändern sich, indem sie neue Qualitäten aus sich heraus setzen, sich selbst durch die Produktion entwickeln, umgestalten, neue Kräfte und neue Vorstellungen bilden, neue Verkehrsweisen, neue Bedürfnisse und neue Sprache. Je altherkömmlicher die Produktionsweise selbst – und diese dauert lang in der Agrikultur; noch länger in der orientalischen Ergänzung von Agrikultur und Manufaktur –, d. h. je mehr sich gleichbleibend der *wirkliche Prozeß* der Aneignung, um so konstanter die alten Eigentumsformen und damit das Gemeinwesen überhaupt. Wo Trennung schon der Gemeindeglieder als Privateigentümer von sich als Stadtgemeinde und Stadtterritoriumeignern, da treten auch schon Bedingungen ein, wodurch der Einzelne *verlieren* kann sein Eigentum, d.h. das doppelte Verhältnis, das ihn zum ebenbürtigen Bürger, Mitglied des Gemeinwesens, und das ihn zum *Eigentümer* macht. In der orientalischen Form ist dies *Verlieren* kaum möglich, außer durch ganz äußere Einflüsse, da das Einzelne Mitglied der Gemeinde nie in die freie Beziehung zu ihr tritt, wodurch es sein Band (objektives, ökonomisches zu ihr) verlieren könnte. Es ist festgewachsen. Es liegt dies auch an der Vereinigung von Manufaktur und Agrikultur, von Stadt (dem Dorf) und Land. Bei den Alten erscheint die Manufaktur schon als Verderb (Geschäft der Libertini, Klienten, Fremden) etc. Diese Entwicklung der produktiven Arbeit (losgelöst von der reinen Unterordnung unter die Agrikultur als häusliche, Freienarbeit, die nur für Agrikultur und Krieg bestimmte, oder auf Gottesdienst, und Gemeinwesen – wie Häuserbau, Straßenbau, Tempelbau – gewandte Manufaktur), die sich notwendig entwickelt durch Verkehr mit Fremden, Sklaven, Lust das Surplusprodukt auszutauschen etc., löst die Produktionsweise auf, auf der das Gemeinwesen beruht und daher der *objektiv Einzelne,* i.e. als Römer, Grieche etc. bestimmte Einzelne. Der Austausch wirkt ebenso; die Verschuldung etc.

Die ursprüngliche Einheit zwischen einer besondren Form des Gemein-(Stamm-)wesens und damit zusammenhängenden Eigentums an der Natur oder Verhalten zu den objektiven Bedingungen der Produktion als Naturdasein, als durch die Gemeinde vermitteltem objektiven Dasein des Einzelnen – diese Einheit, die einerseits als die besondre Eigentumsform erscheint – hat ihre lebendige Wirklichkeit in dieser bestimmten *Weise der Produktion* selbst, einer Weise, die ebensosehr als Verhalten der Individuen zueinander erscheint, wie ihr bestimmtes tätiges Verhalten | zur unorganischen Natur, bestimmte Arbeitsweise (die immer Familienarbeit, oft Gemeindearbeit). Als die erste große Produktivkraft erscheint das Gemeinwesen selbst; für die besondre Art der Produktionsbedingungen (z.B. Viehzucht, Landbau) entwickeln sich besondre Produktionsweise und besondre Produktivkräfte, sowohl subjektive, als Eigenschaften der Individuen erscheinend, wie objektive.

Eine bestimmte Stufe der Entwicklung der Produktivkräfte der arbeitenden Subjekte – der bestimmte Verhältnisse derselben zueinander und zur Natur entsprechen –, darein löst sich in letzter Instanz sowohl ihr Gemeinwesen auf, wie das auf demselben begründete Eigentum. Bis zu einem gewissen Punkt Reproduktion. Schlägt dann in Auflösung um.

Eigentum meint also ursprünglich – und so in seiner asiatischen, slawischen, antiken, germanischen Form – Verhalten des arbeitenden (produzierenden) Subjekts (oder sich reproduzierenden) zu den Bedingungen seiner Produktion oder Reproduktion als den seinen. Es wird daher auch verschiedne Formen haben nach den Bedingungen dieser Produktion. Die Produktion selbst bezweckt die Reproduktion des Produzenten in und mit diesen seinen objektiven Daseinsbedingungen. Dieses Verhalten als Eigentümer – nicht als Resultat, sondern Voraussetzung der Arbeit, i. e. der Produktion – setzt voraus ein bestimmtes Dasein des Individuums als Glied eines Stamm- oder Gemeinwesens (dessen Eigentum es selbst ist bis zu einem gewissen Punkt). Sklaverei, Leibeigenschaft etc., wo der Arbeiter selbst unter den Naturbedingungen der Produktion für ein drittes Individuum oder Gemeinwesen erscheint (dies ist z. B. bei der allgemeinen Sklaverei des Orients *nicht* der Fall, *nur* vom europäischen point of view aus) – also Eigentum nicht mehr das Verhalten des selbstarbeitenden Individuums zu den objektiven Bedingungen der Arbeit – ist immer sekundär, nie ursprünglich, obgleich notwendiges und konsequentes Resultat des auf dem Gemeinwesen und Arbeit im Gemeinwesen gegründeten Eigentums. Es ist zwar sehr einfach sich vorzustellen, daß ein Gewaltiger, physisch Überlegner, nachdem er erst das Tier gefangen, dann Menschen fängt, um durch ihn Tiere fangen zu lassen; mit einem Worte sich ebenso des Menschen als seiner natürlich vorgefundnen Bedingung für seine Reproduktion bedient (wobei seine eigne Arbeit in Herrschen sich auflöst etc.) wie irgendeines andren Naturwesens. Aber solche Ansicht ist abgeschmackt, – sosehr richtig vom Standpunkt gegebner Stamm- oder Gemeinwesen –, da sie von der Entwicklung *vereinzelter* Menschen ausgeht. Der Mensch vereinzelt sich erst durch den historischen Prozeß. Er erscheint ursprünglich als ein *Gattungswesen, Stammwesen, Herdentier* – wenn auch keineswegs als ein ζῶον πολιτικόν im politischen Sinn. Der Austausch selbst ist ein Hauptmittel dieser Vereinzelung. Er macht das Hürdenwesen überflüssig und löst es auf. Sobald die Sache sich so gedreht, daß er als Vereinzelter nur mehr sich auf sich bezieht, die Mittel aber, um sich als Vereinzelter zu setzen, sein sich Allgemein- und Gemeinmachen geworden sind. In diesem Gemeinwesen ist das objektive Dasein des Einzelnen als Eigentümer, sage z. B. Grundeigentümer, vorausgesetzt und zwar unter gewissen Bedingungen, die ihn an das Gemeinwesen ketten, oder vielmehr einen Ring in seiner Kette machen. In der bürgerlichen Gesellschaft steht der Arbeiter z. B. rein objektivlos, subjektiv da; aber die Sache, die ihm *gegenübersteht,* ist das *wahre Gemeinwesen* nun geworden, das er zu verspeisen sucht, und von dem er verspeist wird.

Alle Formen (mehr oder minder naturwüchsig, alle zugleich aber auch Resultate historischen Prozesses), worin das Gemeinwesen die Subjekte in bestimmter objektiver Einheit mit ihren Produktionsbedingungen, oder ein bestimmtes subjektives Dasein die Gemeinwesen selbst als Produktionsbedingungen unterstellt, entsprechen notwendig nur limitierter, und prinzipiell limitierter Entwicklung der Produktivkräfte. Die Entwicklung der Produktivkräfte löst sie auf und ihre Auflösung selbst ist eine Entwicklung der menschlichen Produktivkräfte. Es wird erst gearbeitet von gewisser Grundlage aus – erst naturwüchsig – dann historische Voraussetzung. Dann aber wird diese Grundlage oder Voraussetzung selbst aufgehoben oder gesetzt als eine verschwindende Voraussetzung, die zu eng geworden für die Entfaltung des progressiven Menschenpacks.

Soweit antikes Grundeigentum im modernen Parzelleneigentum wiedererscheint, gehört es selbst in die politische Ökonomie und kommen wir darauf im Abschnitt vom Grundeigentum.

| (Auf alles dies tiefer und ausführlicher zurückzukommen.)

Das, um das es sich uns hier zunächst handelt: Das Verhalten der Arbeit zum Kapital oder zu den objektiven Bedingungen der Arbeit als Kapital setzt voraus historischen Prozeß, der die verschiednen Formen auflöst, in denen der Arbeiter Eigentümer ist, oder der Eigentümer arbeitet. Also vor allem 1) *Auflösen* des Verhaltens zur Erde – Grund und Boden – als natürlicher Produktionsbedingung, – zu der er sich als seinem eignen unorganischen Dasein verhält; dem Laboratorium seiner Kräfte, und der Domäne seines Willens. Alle Formen, worin dies Eigentum vorkommt, unterstellen ein *Gemeinwesen,* dessen Mitglieder, obgleich formelle Unterschiede zwischen ihnen sein mögen, als Mitglieder desselben *Eigentümer* sind. Die ursprüngliche Form dieses Eigentums ist daher selbst *unmittelbares Grundeigentum* (*orientalische Form,* modifiziert im slawischen; bis zum Gegensatz entwickelt, aber doch noch als die geheime, wenn auch gegensätzliche, Grundlage im antiken und germanischen Eigentum). 2) *Auflösen der Verhältnisse,* worin er als *Eigentümer des Instruments* erscheint. Wie die obige Form des Grundeigentums *reales Gemeinwesen* unterstellt, so dieses Eigentum des Arbeiters am Instrument eine besondre Form der Entwicklung der Manufakturarbeit als *Handwerksarbeit;* damit verknüpft das Zunft-Korporationswesen etc. (Das altorientalische Manufakturwesen kann schon unter 1) betrachtet werden.) Hier die Arbeit selbst noch halb künstlerisch, halb Selbstzweck etc. Meisterschaft, Kapitalist selbst noch Meister. Mit dem besondren Arbeitsgeschick auch der Besitz am Instrument gesichert etc. etc. Erblichkeit dann gewissermaßen der Arbeitsweise mit der Arbeitsorganisation und dem Arbeitsinstrument. Mittelaltriges Städtewesen. Die Arbeit noch als seine eigne; bestimmte selbstgenügende Entwicklung einseitiger Fähigkeiten etc. 3) Einbegriffen in beidem, daß er die Konsumtionsmittel vor der Produktion im Besitz hat, nötig um als Produzent – also während seiner Produktion, *vor* der Vollendung derselben – zu leben. Als

Grundeigentümer erscheint er direkt mit dem nötigen Konsumtionsfonds versehn. Als Handwerksmeister hat er denselben ererbt, verdient, aufgespart und als Handwerksbursch ist er erst *Lehrling,* wo er noch gar nicht als eigentlicher, selbständiger Arbeiter erscheint, sondern patriarchalisch teilt die Kost mit dem Meister. Als Gesell (wirklicher) ist eine gewisse Gemeinschaftlichkeit des vom Meister beseßnen Konsumtionsfonds. Ist er auch nicht das *Eigentum* des Gesellen, so doch durch die Gesetze der Zunft, ihr Herkommen etc. sein Mitbesitz wenigstens etc. (Weiter hierauf einzugehn.) 4) *Auflösung* andrerseits ebensosehr der Verhältnisse, worin die *Arbeiter selbst,* die *lebendigen Arbeitsvermögen* selbst noch *unmittelbar unter die objektiven Produktionsbedingungen* gehören, und als solche angeeignet werden – also Sklaven oder Leibeigne sind. Für das Kapital ist der Arbeiter keine Produktionsbedingung, sondern nur die Arbeit. Kann es sie durch Maschinen verrichten lassen, oder gar durch Wasser, Luft, tant mieux. Und es eignet sich nicht den Arbeiter an, sondern seine Arbeit – nicht unmittelbar, sondern vermittelt durch Austausch.

Dies sind nun auf der einen Seite historische Voraussetzungen, damit der Arbeiter als freier Arbeiter, als objektivloses, rein subjektives Arbeitsvermögen den objektiven Bedingungen der Produktion als seinem *Nichteigentum,* als *fremdem Eigentum,* als für sich seiendem *Wert* als Kapital gegenüber gefunden wird. Andrerseits fragt es sich aber, welche Bedingungen sind nötig, damit er ein *Kapital* sich gegenüber findet?

[[In der Formel des Kapitals, wo die lebendige Arbeit sich sowohl zum Rohmaterial, wie zum Instrument, wie zu den während der Arbeit erforderlichen Lebensmitteln als negativ, Nicht-Eigentum verhält, ist d'abord *Nicht-Grundeigentum eingeschlossen* oder der Zustand negiert, wo das arbeitende Individuum sich zum Grund und Boden, der Erde, als seinem eignen verhält, i.e. als Eigentümer des Grund und Bodens arbeitet, produziert. Es verhält sich im besten Fall nicht nur als Arbeiter zum Grund und Boden, sondern als Eigentümer des Grund und Bodens zu sich selbst als arbeitendem Subjekt. Das Grund- und Bodeneigentum schließt der Potenz nach ein sowohl das Eigentum am Rohmaterial, wie am Urinstrument, der Erde selbst, wie an den spontanen Früchten derselben. In der ursprünglichsten Form gesetzt heißt es sich zur Erde als Eigner verhalten in ihr Rohmaterial vorfinden, Instrument, und nicht durch die Arbeit, sondern durch die Erde selbst geschaffne Lebensmittel. Dies Verhältnis schon reproduziert, erscheinen sekundäre Instrumente und durch die Arbeit selbst geschaffne Erdfrüchte als eingeschlossen in das Grundeigentum in seinen primitiven Formen. Dieser historische Zustand also d'abord negiert als das vollere Eigentumsverhalten in dem Verhältnis des Arbeiters zu den Arbeitsbedingungen als Kapital. Dies ist historischer Zustand No. I, der in diesem Verhältnis negiert oder als historisch aufgelöst vorausgesetzt ist. Zweitens | aber, wo das *Eigentum an dem Instrument,* oder das Verhalten des Arbeiters zum Instrument als eignem, wo er als Eigentümer des Instruments arbeitet, (was zugleich die Subsumption des Instruments unter seine individuelle Arbeit voraussetzt, d. h. besondre bornierte Entwicklungsstufe der Produktivkraft der Arbeit voraussetzt), wo diese Form des *Arbeiters als Eigentümers* oder des *arbeitenden Eigentümers* schon als selbständige Form gesetzt ist, neben und außer dem *Grundeigentum* – die handwerksmäßige und städtische Entwicklung der Arbeit – nicht wie im ersten Fall als Akzident des Grundeigentums und subsumiert unter dasselbe – also auch das Rohmaterial und die Lebensmittel erst *vermittelt* sind als Eigentum des Handwerkers, durch sein Handwerk vermittelt, durch sein Eigentum am Instrument – ist schon eine zweite historische Stufe vorausgesetzt neben und außer der ersten, die selbst schon bedeutend modifiziert erscheinen muß, durch die *Verselbständigung dieser zweiten Sorte von Eigentum* oder von *arbeitendem Eigentümer.* Da das Instrument selbst schon Produkt der Arbeit, also das Element, welches das Eigentum konstitutiert, schon als durch die Arbeit gesetzt ist, kann das Gemeinwesen hier nicht mehr in der naturwüchsigen Form erscheinen, wie im ersten Fall – das Gemeinwesen, worauf diese Art des Eigentums begründet –, sondern als selbst schon produziertes, entstandnes, sekundäres, durch den Arbeiter selbst schon produziertes Gemeinwesen. Es ist klar, daß wo das Eigentum am Instrument das Verhalten zu den Produktionsbedingungen der Arbeit als Eigentum ist, in der wirklichen Arbeit das Instrument *nur als Mittel* der individuellen Arbeit erscheint; die Kunst sich das Instrument wirklich anzueignen, es als Arbeitsmittel zu handhaben, als eine besondre Fertigkeit des Arbeiters erscheint, die ihn als Eigentümer des Instruments setzt. Kurz, der wesentliche Charakter des Zunft-Korporationswesens, der handwerksmäßigen Arbeit als ihr Subjekt, als Eigentümer konstituierend – ist aufzulösen in das Verhalten zum Produktionsinstrument – Arbeitsinstrument als Eigentum – im Unterschied zum Verhalten zur Erde, zum Grund und Boden (zum Rohstoff als solchen) als eignem. Daß das Verhalten zu diesem einen Moment der Produktionsbedingungen das arbeitende Subjekt als Eigentümer konstituiert, ihn zum arbeitenden Eigentümer macht, dieser historische Zustand No. II, der seiner Natur nach nur als Gegensatz oder, wenn man will, zugleich als Ergänzung des modifizierten ersten existieren kann – ebenfalls negiert in der ersten Formel des Kapitals. Die dritte *mögliche Form,* sich als Eigentümer zu verhalten nur zu den Lebensmitteln, sie vorfinden als natürliche Bedingung des arbeitenden Subjekts, ohne weder zum Grund und Boden, noch zum Instrument, also auch nicht der Arbeit selbst sich als eignen zu verhalten, ist au fond die Formel der Sklaverei und Leibeigenschaft, die ebenfalls negiert ist, als historisch aufgelöster Zustand gesetzt ist im Verhältnis des Arbeiters zu den Produktionsbedingungen als Kapital. Die Urformen des Eigentums lösen sich notwendig auf in das Verhältnis zu den verschiednen objektiven Momenten, die die Produktion bedingen, als eignen; sie bilden ebensowohl die ökonomische Grundlage verschiedner Formen des Gemeinwesens, wie sie ihrerseits bestimmte Formen des Gemeinwesens zur Voraussetzung haben. Diese Formen wesentlich modifiziert durch das Versetzen der Arbeit selbst unter die *objektiven Produktionsbedingungen* (Leibeigenschaft und Sklaverei), wodurch der einfach affirmative Charakter aller unter No. I rangierenden Eigentumsformen verlorengeht und modifiziert wird. Sie enthalten alle die Sklaverei als Möglichkeit und daher als ihre eigne Aufhebung in sich. Was No. II angeht, wo die besondre Art der Arbeit – die Meisterschaft in derselben, und dementsprechend das Eigentum am Arbeitsinstrument = Eigentum an den Produktionsbedingungen –, so schließt es zwar Sklaverei und Leibeigenschaft aus; kann aber in der Form des Kastenwesens eine analoge negative Entwicklung erhalten.]] [[Die dritte Form des Eigentums an den Lebensmitteln – wenn sie nicht sich in Sklaverei und Leibeigenschaft auflöst – kann nicht enthalten Verhältnis des *arbeitenden* Individuums zu den Produktions- und daher Daseinsbedingungen; sie kann daher nur das Verhältnis des seines Grundeigentums verlustig gegangnen und noch nicht zu No. II Sorte des Eigentums fortgegangenen Mitglieds der ursprünglichen, auf Grundeigentum gegründeten Gemeinwesen sein, wie die römische Plebs zur Zeit der panes et circenses.]] [[Das Verhältnis der retainer zu ihrem Grundherrn, oder der persönlichen Dienstleistung ist wesentlich verschieden. Denn sie bildet au fond nur Existenzweise des Grundeigentümers selbst, der nicht mehr arbeitet, sondern dessen Eigentum einschließt unter den Produktionsbedingungen die Arbeiter selbst als Leibeigne etc. Hier *Herrschaftsverhältnis* als wesentliches Verhältnis der Aneignung. Zum Tier, Boden etc. kann au fond kein Herrschaftsverhältnis stattfinden durch die Aneignung, obgleich das Tier dient. Die Aneignung fremden *Willens* ist Voraussetzung des Herrschaftsverhältnisses. Das Willenlose also, wie Tier z.B., kann zwar dienen, aber es macht den Eigner nicht zum *Herren.* Soviel sehn wir aber hier, wie *Herrschaft-* und *Knechtschaftsverhältnis* ebenfalls in diese Formel der Aneignung der Produktionsinstrumente gehören; und sie bilden notwendiges Ferment der Entwicklung und des Untergangs aller ursprünglichen Eigentumsverhältnisse und Produktionsverhältnisse, wie sie auch ihre Borniertheit ausdrücken. Allerdings werden sie im Kapital – in vermittelter Form – reproduziert, und bilden so ebenfalls Ferment seiner Auflösung und sind Wappen seiner Borniertheit.]]

| [[»Die Befugnis, sich und die seinigen in der Not zu verkaufen, war ein

leidiges allgemeines Recht; es galt im Norden wie bei den Griechen und in Asien: die des Gläubigers den Schuldner, welcher mit der Zahlung ausblieb, zu seinem Knecht zu nehmen, und sich durch seine Arbeit oder durch Verkauf seiner Person, soweit es reichte, bezahlt zu machen, war fast ebenso ausgebreitet.« (*Niebuhr.* I, p. 600.)]] [[*Niebuhr* sagt an einer Stelle, daß für die griechischen Schriftsteller, die in der augustäischen Zeit schrieben, die Schwierigkeit und das falsche Verständnis des Verhältnisses zwischen Patriziern und Plebejern, und ihre Verwechslung dieses Verhältnisses mit dem zwischen Patronen und Klienten daher, daß sie »schrieben in einer Zeit, wo *Reiche und Arme die einzig wahren Klassen der Bürger waren;* wo der Dürftige, wie edel seine Herkunft sein mochte, einen Gönner bedurfte, und der Millionär, war er auch ein Freigelaßner, als Gönner gesucht ward. Von erblichen Verhältnissen der Anhänglichkeit kannten sie kaum noch eine Spur.« (I, 620.)]] [[»In beiden Klassen« – *Metöken und Freigelaßnen und ihren Nachkommen* – »fanden sich die Handwerker, und zu dem Bürgerrecht, worauf diese beschränkt waren, ging der Plebejer über, welcher den Ackerbau aufgab. Auch sie entbehrten die Ehre *gesetzlicher Innungen* nicht; und ihre Zünfte waren so hochgeachtet, daß man Numa als ihren Stifter nannte: sie waren 9: Pfeifer, Goldschmiede, Zimmerleute, Färber, Riemer, Gerber, Kupferschmiede, Töpfer, und die neunte Zunft der übrigen [Ge]werke insgemein... Welche von ihnen selbständige Pfahlbürger waren; Isopoliten, die sich keinem Patron aufgetragen, – wenn es ein solches Recht gab; und Nachkommen von Hörigen, deren Band durch Aussterben des Geschlechts ihrer Patrone gelöst war; die sind ohne Zweifel dem Hader der Altbürger und der Gemeinde ebenso fremd gewesen wie die florentinischen Zünfte den Fehden der Geschlechter als Guelfen und Ghibellinen: die Hörigen standen den Patriziern vielleicht noch sämtlich zu Gebot« (I, 623).]]

Auf der einen Seite werden historische Prozesse vorausgesetzt, die eine Masse Individuen einer Nation etc. in die Lage, wenn zunächst nicht von wirklichen freien Arbeitern versetzt haben, doch von solchen, die es δυνάμει sind, deren einziges Eigentum ihr Arbeitsvermögen und die Möglichkeit es auszutauschen gegen vorhandne Werte; Individuen, denen alle objektiven Bedingungen der Produktion als *fremdes Eigentum,* als ihr *Nicht-Eigentum* gegenüberstehn, aber zugleich als *Werte* austauschbar, daher aneigenbar zu einem certain degree durch lebendige Arbeit. Solche historische Auflösungsprozesse sind sowohl Auflösung der Hörigkeitsverhältnisse, die den Arbeiter an Grund und Boden und den Herrn des Grund und Bodens fesseln; aber sein Eigentum an Lebensmitteln faktisch voraussetzen – dieses ist in Wahrheit sein Ablösungsprozeß von der Erde; Auflösung der Grundeigentumsverhältnisse, die ihn als yeoman konstituierten, freien arbeitenden kleinen Grundeigentümer oder Pächter (colonus), freien Bauern[7]; Auflösung der Zunftverhältnisse, die sein Eigentum an dem Arbeitsinstrument voraussetzen und die Arbeit selbst, als handwerksmäßige bestimmte Geschicklichkeit, als Eigentum (nicht nur Quelle desselben); ebenso Auflösung der Klientelverhältnisse in den verschiednen Formen, worin *Nicht-Eigentümer* als Mitkonsumenten des Surplusproduce im Gefolge ihrer Herren erscheinen und als Äquivalente die Livree ihres Herren tragen, an seinen Fehden teilnehmen, persönliche Dienstleistungen tun, eingebildete oder reale etc. In allen diesen Auflösungsprozessen wird sich bei genauerer Prüfung zeigen, daß Verhältnisse der Produktion aufgelöst werden, worin vorherrscht: Gebrauchswert, Produktion für den unmittelbaren Gebrauch[8]; der Tauschwert und die Produktion desselben das Vorherrschen der andren Form zur Voraussetzung hat; daher auch in allen diesen Verhältnissen Naturallieferungen und Naturaldienste über Geldzahlung und Geldleistung vorherrscht. Doch dies nur nebenbei. Es wird sich bei näherer Betrachtung ebenso finden, daß alle die aufgelösten Verhältnisse nur mit einem bestimmten Grad der Entwicklung der materiellen (und daher auch der geistigen) Produktivkräfte möglich waren.

Was uns zunächst hier angeht, ist dies: der Auflösungsprozeß, der eine Masse Individuen einer Nation etc. in δυνάμει freie Lohnarbeiter – nur durch ihre Eigentumslosigkeit zur Arbeit und zum Verkauf ihrer Arbeit gezwungne Individuen – verwandelt, unterstellt auf der andren Seite, *nicht* daß die bisherigen Einkommenquellen und zum Teil Eigentumsbedingungen dieser Individuen *verschwunden* sind, sondern umgekehrt, daß *nur* ihre Verwendung eine andre geworden, die Art ihres Daseins sich verwandelt hat, als *freier Fonds* in andre Hände übergegangen oder auch zum Teil in *denselben* geblieben ist. Aber soviel ist klar: derselbe Prozeß, der eine Menge Individuen von ihren bisherigen – d'une manière ou d'une autre – affirmativen Beziehungen zu den *objektiven Bedingungen der Arbeit* geschieden, diese Beziehungen negiert, und diese Individuen dadurch in *freie Arbeiter* verwandelt hat, derselbe Prozeß hat diese *objektiven Bedingungen der Arbeit* – Grund und Boden, Rohmaterial, Lebensmittel, Arbeitsinstrumente, Geld oder alles dies – δυνάμει freigemacht von ihrem *bisherigen Gebundensein* an die nun von ihnen losgelösten Individuen. Sie sind noch *vorhanden,* aber in andrer Form vorhanden; als *freier fonds,* an dem alle alten politischen etc. relations ausgelöscht, und die nur noch in der Form von *Werten,* an sich festhaltenden Werten, jenen losgelösten Eigentumslosen Individuen gegenüberstehn. Derselbe Prozeß, der die Masse als freie Arbeiter den *objektiven Arbeitsbedingungen* gegenübergestellt, hat auch diese Bedingungen als | *Kapital* den freien Arbeitern gegenübergestellt. Der historische Prozeß war die Scheidung bisher verbundner Elemente – sein Resultat ist daher nicht, daß eins der Elemente verschwindet, sondern daß jedes derselben in negativer Beziehung auf das andre erscheint – der freie Arbeiter (der Möglichkeit nach) auf der einen Seite, das Kapital (der Möglichkeit nach) auf der andren. Die Scheidung der objektiven Bedingungen von seiten der Klassen, die in freie Arbeiter verwandelt worden, muß ebensosehr als eine Verselbständigung dieser selben Bedingungen am entgegengesetzten Pol erscheinen.

Wenn das Verhältnis von Kapital und Lohnarbeit nicht als selbst schon maßgebend und übergreifend über das Ganze der Produktion betrachtet wird[9], sondern als historisch entstehend – d.h. wenn die ursprüngliche Verwandlung von Geld in Kapital betrachtet wird, der Austauschprozeß zwischen dem nur nach der δυνάμει existierenden Kapital auf der einen Seite mit den der δυνάμει [nach] existierenden freien Arbeitern auf der andren –, so drängt sich natürlich die einfache Bemerkung auf, aus der die Ökonomen großes Wesen machen, daß die Seite, die als Kapital auftritt: im Besitz sein muß von Rohstoffen, Arbeitsinstrumenten und Lebensmitteln, damit der Arbeiter während der Produktion leben kann, bevor die Produktion vollendet ist. Es erscheint dies ferner so, daß eine Akkumulation – eine der Arbeit vorhergegangne und nicht aus ihr entsproßne Akkumulation – auf seiten des Kapitalisten vorgegangen sein muß, die ihn befähigt den Arbeiter ans Werk zu setzen und wirksam zu erhalten, als lebendiges Arbeitsvermögen zu erhalten.[10] Diese von der Arbeit unabhängige, nicht gesetzte Tat des Kapitals wird dann ferner aus dieser Geschichte seiner Entstehung verlegt in die Gegenwart, in ein Moment seiner Wirklichkeit und seines Wirksamseins, seiner Selbstformation verwandelt. Es wird daraus dann endlich abgeleitet das ewige Recht des Kapitals auf die Früchte fremder Arbeit, oder vielmehr seine Erwerbsweise wird aus den einfachen und ›gerechten‹ Gesetzen des Austauschs von Äquivalenten entwickelt.

Der in der Form von Geld vorhandne Reichtum kann sich nur umsetzen gegen die objektiven Bedingungen der Arbeit, weil und wenn diese losgelöst sind von der Arbeit selbst. Daß zum Teil Geld aufgehäuft werden kann auf dem reinen Weg des Austauschs von Äquivalenten, haben wir gesehn; indes dies bildet eine so unbedeutende Quelle, daß es historisch nicht erwähnenswert – wenn vorausgesetzt wird, daß das Geld durch Austausch eigner Arbeit gewonnen. Es ist vielmehr durch Wucher – besonders auch gegen das Grundeigentum ausgeübten – und durch Kaufmannsgewinne aufgehäuftes mobiles Vermögen – Geldvermögen, das in Kapital im eigentlichen Sinn, industrielles Kapital verwandelt wird. Von beiden Formen werden wir weiter unten Gelegenheit haben, weiter zu sprechen – soweit sie nicht als selbst Formen des Kapitals, sondern als frühere Vermögensformen erscheinen, als Voraussetzungen für das Kapital.

Es liegt in dem Begriff des Kapitals, wie wir gesehn haben – in seiner Entstehung, daß es vom *Geld* ausgeht und daher vom Vermögen, das in der Form des Geldes existiert. Es liegt ebensosehr darin, daß es als aus der Zirkulation herkommend, als *Produkt* der Zirkulation erscheint. Die Kapitalbildung geht daher nicht aus vom Grundeigentum (hier höchstens vom *Pächter,* soweit er Handelsmann mit Agrikulturprodukten ist); auch nicht von der Zunft (obgleich an letztrem Punkt eine Möglichkeit); sondern vom Kaufmanns- und Wuchervermögen. Dies findet aber erst die Bedingungen vor, freie Arbeit zu kaufen, sobald diese durch historischen Prozeß losgelöst von ihren objektiven Existenzbedingungen. Es findet dann auch erst die Möglichkeit, diese *Bedingungen* selbst zu kaufen. Unter den Zunftbedingungen z. B. kann bloßes Geld, das nicht selbst zünftig ist, meisterschaftlich ist, nicht die Webstühle kaufen, um auf ihnen arbeiten zu lassen; vorgeschrieben, wie viele Einer bearbeiten darf etc. Kurz das Instrument selbst ist noch so verwachsen mit der lebendigen Arbeit selbst, als deren Domäne es erscheint, daß es nicht wahrhaft zirkuliert. Was das Geldvermögen befähigt Kapital zu werden, ist das Vorfinden einerseits der freien Arbeiter; zweitens das Vorfinden der Lebensmittel und Materialien etc., die sonst d'une manière ou d'une autre *Eigentum* der nun objektivlos gewordnen Massen waren, als ebenfalls *frei* und verkäuflich. Die andre Bedingung der Arbeit aber – gewisse Kunstfertigkeit, Instrument als Mittel der Arbeit etc. – ist in dieser Vorperiode oder ersten Periode des Kapitals von ihm *vorgefunden,* teils als Resultat des städtischen Zunftwesens, teils der häuslichen oder als Akzessorium am Landbau haftenden Industrie. Der historische Prozeß ist nicht das Resultat des Kapitals, sondern Voraussetzung für dasselbe. Durch ihn schiebt sich dann auch der Kapitalist als Zwischenperson (historisch) zwischen Grundeigentum oder zwischen Eigentum überhaupt und Arbeit. Von den gemütlichen Einbildungen, wonach der Kapitalist und der Arbeiter Assoziation schließen etc., | weiß weder die Geschichte etwas, noch findet sich davon eine Spur in der Begriffsentwicklung des Kapitals. Sporadisch kann sich die *Manufaktur* entwickeln lokal inmitten eines Rahmens, der noch ganz andrer Periode angehört, wie z. B. in den italienischen Städten *neben* den Zünften. Aber als allgemein beherrschende Form einer Epoche müssen die Bedingungen für das Kapital nicht nur lokal, sondern auf einer großen Stufenleiter entwickelt sein. (Es steht dem nicht im Weg, daß bei der Auflösung der Zünfte einzelne Zunftmeister sich in industrielle Kapitalisten verwandeln; indes ist der Kasus rar und so der Natur der Sache nach. Im ganzen geht das Zunftwesen unter, der Meister und der Gesell, wo der Kapitalist und der Arbeiter aufkommt.)

Es ist selbstverständlich – und zeigt sich bei näherem Eingehn in die geschichtliche Epoche, von der hier die Rede –, daß allerdings *die Zeit der Auflösung* der frühren Produktionsweisen und Weisen des Verhaltens des Arbeiters zu den objektiven Bedingungen der Arbeit – *zugleich eine Zeit ist,* wo einerseits das *Geldvermögen* schon zu einer gewissen Breite sich entwickelt *hat,* anderseits rasch wächst und sich ausdehnt durch dieselben Umstände, die jene Auflösung beschleunigen. Es selbst ist zugleich einer der Agenten jener Auflösung, wie jene Auflösung die Bedingung seiner Verwandlung in Kapital ist. Aber das *bloße Dasein des Geldvermögens* und selbst Gewinnung einer Art supremacy seinerseits reicht keineswegs dazu hin, daß jene *Auflösung in Kapital* geschehe. Sonst hätte das alte Rom, Byzanz etc. mit freier Arbeit und Kapital seine Geschichte geendet oder vielmehr eine neue Geschichte begonnen. Auch dort war die Auflösung der alten Eigentumsverhältnisse verknüpft mit Entwicklung des Geldvermögens – des Handels etc. Aber statt zur Industrie, führte diese Auflösung in fact zur Herrschaft des Landes über die Stadt. – Die *Urbildung des Kapitals* geht nicht so vor sich, daß das Kapital *aufhäufte,* wie sich das vorgestellt wird, Lebensmittel und Arbeitsinstrumente und Rohstoffe, kurz die vom Boden losgelösten und selbst schon mit menschlicher Arbeit verquickten *objektiven* Bedingungen der Arbeit.[11] Nicht so, daß das Kapital die objektiven Bedingungen der Arbeit schafft. Sondern seine *Urbildung* geschieht einfach dadurch, daß der als *Geldvermögen* existierende Wert durch den historischen Prozeß der Auflösung der alten Produktionsweise befähigt wird einerseits *zu kaufen* die objektiven Bedingungen der Arbeit, anderseits die *lebendige* Arbeit selbst gegen Geld von den freigewordnen Arbeiten einzutauschen. Alle diese Momente sind vorhanden; ihre Scheidung selbst ist ein historischer Prozeß, ein Auflösungsprozeß und es ist *dieser,* der das Geld befähigt sich in *Kapital* zu verwandeln. Das Geld selbst, soweit es mit bei der Geschichte tätig ist, ist es nur insofern es selbst als ein höchst energisches Scheidungsmittel in diesen Prozeß eingreift, und insofern zur Herstellung der *gerupften,* objektivlosen *freien Arbeiter* mitwirkt; sicher aber nicht dadurch, daß es für sie die objektiven Bedingungen ihrer Existenz *schafft;* sondern indem es ihre Trennung von denselben – ihre Eigentumslosigkeit – beschleunigen hilft. Wenn z. B. die großen englischen Grundeigentümer ihre retainers entließen, die mit ihnen das Surplusproduce des Landes aufzehrten; ferner ihre Pächter die kleinen Häusler verjagten etc., so war damit erstens eine Masse lebendiger Arbeitskräfte auf den *Arbeitsmarkt* geworfen, eine Masse, die in doppeltem Sinn frei war, frei von den alten Klientel- oder Hörigkeitsverhältnissen und Dienstverhältnissen, und zweitens frei von allem Hab und Gut und jeder objektiven, sachlichen Daseinsform, *frei von allem Eigentum;* auf den Verkauf ihres Arbeitsvermögens oder auf Bettel, Vagabundage und Raub als die einzige Erwerbsquelle angewiesen. Daß sie das letztere zuerst versuchten, von diesem Wege aber durch Galgen, Pranger, Peitsche auf den schmalen Weg zum Arbeitsmarkt getrieben wurden – wo also die *Regierungen,* f.i. Henry VII, VIII etc. als Bedingungen des historischen Auflösungsprozesses und als Hersteller der Bedingungen für die Existenz des Kapitals erscheinen – ist geschichtlich konstatiert. Andrerseits die Lebensmittel etc., die die Grundeigentümer früher mit den retainers aufaßen, standen nun zur Disposition des Geldes, das sie kaufen wollte, um through their instrumentality Arbeit zu kaufen. Das Geld hatte diese Lebensmittel weder *geschaffen,* noch *aufgehäuft;* sie waren da, wurden konsumiert und reproduziert, eh sie durch seine Vermittlung konsumiert und reproduziert wurden. Was sich geändert hatte, war nichts als daß diese Lebensmittel jetzt auf den *Austauschmarkt* geworfen waren – getrennt waren von ihrem unmittelbaren Zusammenhang mit den Mäulern der retainers etc. und aus Gebrauchswerten in Tauschwerte verwandelt waren, so in die Domäne und die | Oberherrlichkeit des Geldvermögens fielen. Ebenso mit den Arbeitsinstrumenten. Weder erfand, noch fabrizierte das Geldvermögen Spinnrad und Webstuhl. Aber losgelöst von ihrem[12] Grund und Boden gerieten Spinner und Weber mit ihren Stühlen und Rädern in die Botmäßigkeit des Geldvermögens etc. *Eigen ist dem Kapital nichts als die Vereinigung der Massen von Händen und Instrumenten, die es vorfindet. Es agglomeriert sie unter seiner Botmäßigkeit.* Das ist sein *wirkliches Anhäufen;* das Anhäufen von Arbeitern auf Punkten nebst ihren Instrumenten. Hiervon wird bei der sogenannten Anhäufung des Kapitals näher zu handeln sein. Das Geldvermögen – als Kaufmannsvermögen – hatte allerdings beschleunigen und auflösen helfen die alten Produktionsverhältnisse und es dem Grundeigentümer z.B., wie A. Smith schon hübsch entwickelt, möglich gemacht, sein Getreide, Vieh etc. auszutauschen gegen aus der Fremde gebrachte Gebrauchswerte, statt die von ihm selbst produzierten mit seinen retainers zu verprassen und seinen Reichtum zum großen Teil in der Masse seiner mitkonsumierenden retainers zu finden. Es hatte für ihn dem *Tauschwert* seiner Revenu eine höhere Bedeutung gegeben. Ebenso fand dies in bezug auf seine Pächter statt, die schon halb Kapitalisten waren, aber doch noch sehr verbrämte. Die Entwicklung des Tauschwerts – begünstigt durch das in der Form des Kaufmannsstandes existierende *Geld* – löst die mehr auf den unmittelbaren Gebrauchswert gerichtete Produktion und die ihr entsprechenden Eigentumsformen – Verhältnisse der Arbeit zu ihren objektiven Bedingungen – auf und drängt so zur Herstellung des *Arbeitsmarkts* (wohl zu unterscheiden vom Sklavenmarkt). Indes auch diese Wirkung des Geldes nur möglich unter der Voraussetzung des *städtischen Gewerbfleißes,* der *nicht* auf Kapital und Lohnarbeit, sondern auf Organisation der Arbeit in

Zünfte etc. beruht. Die städtische Arbeit selbst hatte Produktionsmittel geschaffen, für die die Zünfte ebenso gênant wurden, wie die alten Grundeigentumsverhältnisse einer verbesserten Agrikultur, die zum Teil selbst wieder Folge des größren Absatzes der Agrikulturprodukte an die Städte etc. Die andren Umstände, die z. B. im 16. Jahrhundert die Masse der umlaufenden Waren ebensosehr wie die des Geldes vermehrten, neue Bedürfnisse schufen und daher den Tauschwert der einheimischen Produkte erhöhten etc., Preise steigerten etc., alles dies beförderte einerseits die Auflösung der alten Produktionsverhältnisse, beschleunigte die Loslösung des Arbeiters oder Nichtarbeiters, aber Arbeitsfähigen von den objektiven Bedingungen seiner Reproduktion, und beförderte so die Verwandlung des Geldes in Kapital. Es kann daher nichts alberner sein, als diese *Urbildung* des Kapitals so aufzufassen, als habe es aufgehäuft und geschaffen die *objektiven Bedingungen der Produktion* – Lebensmittel, Rohmaterial, Instrumente – und sie dem davon *entblößten* Arbeiter angeboten. Vielmehr half das Geldvermögen zum Teil die Arbeitskräfte der arbeitsfähigen Individuen *entblößen* von diesen Bedingungen; zum Teil ging dieser Scheidungsprozeß ohne es voran. Als sie eine gewisse Höhe erreicht hatte, konnte das Geldvermögen sich als Mittler zwischen die so freigewordnen objektiven Bedingungen des Lebens und die freigewordnen, aber auch *los und ledig* gewordnen lebendigen Arbeitskräfte stellen und mit den einen die andren kaufen. Was aber nun die *Bildung des Geldvermögens* selbst angeht, vor seiner Verwandlung in Kapital, so gehört sie in die Vorgeschichte der bürgerlichen Ökonomie. Wucher, Handel, Städtewesen, und mit ihnen aufkommender Fiskus spielen dabei Hauptrolle. Auch das *Hoarden* der Pächter, Bauern etc., obgleich in minderem Grad. – Es zeigt sich hier zugleich, wie die Entwicklung des Austauschs und des Tauschwerts, der überall durch Handel vermittelt ist, oder dessen Vermittlung Handel genannt werden kann – das Geld erhält im Kaufmannsstand, ebenso wie die Zirkulation im Handel selbständige Existenz –, mit sich führt sowohl die Auflösung der *Eigentumsverhältnisse der Arbeit an ihren* Existenzbedingungen auf der einen Seite, als die selbst unter die *objektiven Bedingungen der Produktion rangierte Arbeit;* lauter Verhältnisse, die ebensosehr ein Vorherrschen des Gebrauchswerts und der auf den unmittelbaren Gebrauch gerichteten Produktion, wie eines unmittelbar selbst noch als Voraussetzung der Produktion vorhandnen realen Gemeinwesens ausdrücken. Die auf dem Tauschwert basierte Produktion und das auf dem Austausch dieser Tauschwerte basierte Gemeinwesen – sosehr sie, wie wir im vorigen Kapitel vom Geld sahen, das Ansehn haben das Eigentum als Ausfluß bloß der *Arbeit* zu setzen, das Privateigentum am Produkt der eignen Arbeit als Bedingung zusetzen – und die Arbeit als allgemeine

Bedingung des Reichtums unterstellt und produziert die Trennung der Arbeit von ihren objektiven Bedingungen. Dieser Austausch von Äquivalenten geht vor, ist nur die oberflächliche Schichte einer Produktion, die beruht auf der Aneignung fremder Arbeit *ohne Austausch,* aber unter dem *Schein des Austauschs.* Dieses System des Austauschs beruht auf dem *Kapital* als seiner Grundlage, und, wenn es getrennt von ihm betrachtet wird, wie es sich an der Oberfläche selbst zeigt, als *selbständiges* System, so ist dies bloßer *Schein,* aber ein *notwendiger Schein.* Es ist daher jetzt nicht länger zu verwundern, daß das System der Tauschwerte – Austausch von durch die Arbeit gemeßnen Äquivalenten – umschlägt oder vielmehr als seinen versteckten Hintergrund zeigt *Aneignung fremder Arbeit ohne Austausch,* völlige Trennung von Arbeit und Eigentum. Das Herrschen nämlich des Tauschwerts selbst und der Tauschwerte produzierenden Produktion *unterstellt* | fremdes Arbeitsvermögen selbst als Tauschwert – d. h. Trennung des lebendigen Arbeitsvermögens von seinen objektiven Bedingungen; Verhalten zu denselben – oder zu seiner eignen Objektivität – als fremdem Eigentum; Verhalten zu denselben in einem Wort als *Kapital.* Nur in den Zeiten des Untergangs des Feudalwesens, wo es aber noch kämpft unter sich – so in England im 14. und ersten Hälfte des 15. Jahrhunderts – ist das goldne Zeitalter für die sich emanzipierende Arbeit. Damit die Arbeit sich wieder zu ihren objektiven Bedingungen als ihrem Eigentum verhalte, muß ein andres System an die Stelle des Systems des Privataustauschs treten, der, wie wir gesehn, Austausch von vergegenständlichter Arbeit gegen Arbeitsvermögen, und darum Aneignung der lebendigen Arbeit ohne Austausch setzt. – Die Art wie sich das Geld in Kapital verwandelt, zeigt sich oft historisch ganz einfach handgreiflich so, daß z. B. der Kaufmann mehre Weber und Spinner, die bisher Weben und Spinnen als ländliches Nebengewerb trieben, für sich arbeiten läßt, und ihr Nebengewerb zum Haupterwerb für sie macht; dann aber ihrer sicher ist und sie in seine Botmäßigkeit als Lohnarbeiter gebracht hat. Sie dann von ihren Heimatstätten fortzuziehn und zu vereinen in ein Arbeitshaus, ist ein weitrer Schritt. Bei diesem einfachen Prozeß ist klar, daß er weder Rohmaterial, noch Instrument, noch Lebensmittel für den Weber und Spinner vorbereitet hat. Alles, was er getan hat, ist, sie nach und nach auf eine Art Arbeit zu beschränken, wo sie abhängig vom Verkauf, vom *Käufer* werden, dem *Kaufmann* und schließlich nur noch *für* und *durch* ihn produzieren. Er hat ursprünglich nur durch den Kauf ihres Produkts ihre Arbeit gekauft; sobald sie sich auf die Produktion dieses Tauschwerts beschränken und also unmittelbar *Tauschwerte* produzieren müssen, ihre Arbeit ganz gegen Geld austauschen müssen, um fortexistieren zu können, geraten sie in seine Botmäßigkeit und zuletzt verschwindet auch der Schein, als ob sie ihm Produkte *verkauften.* Er kauft ihre Arbeit und nimmt ihnen das Eigentum erst am Produkt, bald auch am Instrument, oder läßt es ihnen als *Scheineigentum,* um seine eignen Produktionskosten zu vermindern. – Die ursprünglichen historischen Formen, in denen das Kapital zuerst sporadisch oder *lokal* erscheint, *neben* den alten Produktionsweisen, aber sie nach und nach überall sprengend, ist die eigentliche *Manufaktur* (noch nicht Fabrik) einerseits; diese entspringt da, wo in Massen für die Ausfuhr produziert wird, für den auswärtigen Markt – also auf der *Basis von großem See- und Landhandel,* in ihren Emporien, wie in den italienischen Städten, Konstantinopel, den flandrischen, holländischen Städten, einigen spanischen, wie Barcelona etc. Die Manufaktur ergreift zunächst nicht das sogenannte *städtische Gewerb* – sondern das *ländliche Nebengewerb,* Spinnen und Weben, die Arbeit, die am wenigsten zünftiges Geschick, künstlerische Ausbildung verlangt. Außer jenen großen Emporien, wo sie die Basis eines *auswärtigen* Markts vorfindet, die Produktion also sozusagen *naturwüchsig* auf den Tauschwert gerichtet ist – also Manufakturen, die direkt mit der Schiffahrt zusammenhängen, Schiffsbau selbst etc. –, schlägt sie ihre ersten Wohnsitze nicht in den Städten auf, sondern auf dem Land, in nichtzünftigen Dörfern etc. Das ländliche Nebengewerb enthält die breite Basis der Manufaktur, während das städtische Gewerb hohen Fortschritt der Produktion verlangt, um fabrikmäßig betrieben werden zu können. Ebenso solche Produktionszweige – wie Glasfabriken, Metallfabriken, Holzsägereien etc., die von vornherein mehr Konzentration von Arbeitskräften verlangen; von vornherein mehr Naturkräfte verwerten, massenweise Produktion verlangen, ebenso Konzentration der Arbeitsmittel etc. Ebenso Papierfabriken etc. Anderseits das Aufkommen des Pächters und die Verwandlung der ackerbauenden Bevölkerung in freie Taglöhner. Obgleich diese Umwandlung auf dem Lande zuletzt sich in ihren letzten Konsequenzen und der reinsten Form durchsetzt, so beginnt sie auf ihm mit am frühsten. Die Alten, die nie über eigentlich städtischen Kunstfleiß hinauskamen, konnten daher nie zur großen Industrie kommen. Ihre erste Voraussetzung ist die Hereinziehung des Landes in seiner ganzen Breite in die Produktion nicht von Gebrauchswerten, sondern von Tauschwerten. Glasfabriken, Papiermühlen, Eisenwerke etc. können nicht zünftig betrieben werden. Sie verlangen Produktion in Masse; Absatz an einem allgemeinen Markt; *Geldvermögen* auf seiten des Unternehmers – nicht als ob er die Bedingungen schaffe, weder die subjektiven, noch die objektiven; aber unter den alten Eigentumsverhältnissen und Produktionsverhältnissen können diese Bedingungen nicht zusammengebracht werden. – Die Auflösung der Leibeigentumsverhältnisse, wie das Aufkommen der Manufaktur verwandeln dann nach und nach alle Arbeitszweige in vom Kapital betriebne. – Die Städte selbst enthalten allerdings auch in dem unzünftigen Taglöhnertum, Handlangern etc. ein Element für die Bildung der eigentlichen Lohnarbeit. –

| Wenn wir so gesehn haben, daß die Verwandlung des Geldes in Kapital einen historischen Prozeß voraussetzt, der die objektiven Bedingungen der Arbeit losgeschieden hat, verselbständigt hat gegen den Arbeiter – so ist es anderseits der Effekt des einmal entstandnen Kapitals und seines Prozesses sich alle Produktion zu unterwerfen und überall die Scheidung zwischen Arbeit und Eigentum, zwischen der Arbeit und den objektiven Bedingungen der Arbeit zu entwickeln und durchzuführen. Es wird sich bei der weitern Entwicklung zeigen, wie das Kapital handwerksmäßige Arbeit, arbeitendes kleines Grundeigentum etc. und sich selbst vernichtet in den Formen, wo es *nicht* im Gegensatz zur Arbeit erscheint – im *kleinen Kapital* und den Mittelgattungen, Zwittergattungen zwischen den alten Produktionsweisen (oder wie sie sich auf Grundlage des Kapitals erneuert haben) und der klassischen, adäquaten Produktionsweise des Kapitals selbst.

Die einzige Aufhäufung, die bei der Entstehung des Kapitals vorausgesetzt ist, ist die von *Geldvermögen,* das an und für sich betrachtet durchaus unproduktiv ist, wie es nur aus der Zirkulation entspringt und nur ihr angehört. Einen innern Markt bildet sich das Kapital rasch dadurch, daß es alle ländlichen Nebengewerbe vernichtet, also für alle spinnt, webt, alle kleidet etc., kurz die früher als unmittelbare Gebrauchswerte geschaffnen Waren in die Form von Tauschwerten bringt, ein Prozeß, der durch die Loslösung der Arbeiter vom Grund und Boden und dem Eigentum (sei es auch in höriger Form) an den Produktionsbedingungen sich von selbst ergiebt. –

Bei dem städtischen Handwerk, obgleich es wesentlich auf Austausch beruht und Schöpfung von Tauschwerten, ist der unmittelbare, der Hauptzweck dieser Produktion *Subsistenz als Handwerker, als Handwerksmeister,* also Gebrauchswert; nicht *Bereicherung,* nicht *Tauschwert als Tauschwert.* Die Produktion ist daher überall einer vorausgesetzten Konsumtion, die Zufuhr der Nachfrage untergeordnet und erweitert sich nur langsam. –

Die *Produktion von Kapitalisten und Lohnarbeitern ist also ein Hauptprodukt des Verwertungsprozesses des Kapitals.* Die gewöhnliche Ökonomie, die nur die produzierten Sachen im Auge hält, vergißt dies vollständig. Indem in diesem Prozeß die vergegenständlichte Arbeit zugleich als *Nichtgegenständlichkeit* des Arbeiters, als Gegenständlichkeit einer dem Arbeiter entgegengesetzten Subjektivität gesetzt ist, als *Eigentum* eines ihm fremden Willens, ist das Kapital notwendig zugleich *Kapitalist* und der Gedanke von einigen Sozialisten, wir brauchten das Kapital, aber nicht die Kapitalisten, ist durchaus falsch. Im Begriff des Kapitals ist gesetzt, daß die objektiven Bedingungen der Arbeit – und diese sind ihr eignes Produkt – ihr gegenüber *Persönlichkeit* annehmen, oder was dasselbe ist, daß sie als Eigentum einer dem Arbeiter fremden Persönlichkeit gesetzt sind. Im Begriff des Kapitals ist der Kapitalist enthalten. Indes ist dieser Irrtum keineswegs größer als der z. B. aller Philologen, die von *Kapital* im Altertum sprechen, römischen, griechischen Kapitalisten. Es ist dies nur ein andrer Ausdruck dafür, daß die Arbeit in Rom und Griechenland *frei* war, was die Herrn schwerlich behaupten möchten. Daß wir jetzt die Plantagenbesitzer in Amerika nicht nur Kapitalisten nennen, sondern daß sie es *sind,* beruht darauf, daß sie als Anomalien innerhalb eines auf der freien Arbeit beruhenden Weltmarkts existieren. Wenn es sich vom Wort Kapital handelt, das bei den Alten nicht vorkommt[13], so sind die noch wandernden Horden mit ihren Herden in den Steppen Hochasiens die größten Kapitalisten, da Kapital ursprünglich Vieh meint, weswegen noch der aus Mangel an Kapital in Südfrankreich häufig geschloßne Metairievertrag grad ausnahmsweis: *Bail de bestes à cheptel.* Will man sich auf schlechtes Latein einlassen, so wären unsere Kapitalisten oder *Capitales Homines* solche »qui debent *censum de capite*«.

Bei der Begriffsbestimmung des Kapitals finden sich Schwierigkeiten, die beim Geld nicht vorkommen; das Kapital ist wesentlich *Kapitalist;* gleichzeitig aber auch wieder als vom Kapitalist unterschiednes Element seines Bestehns oder d[ie] Produktion überhaupt *Kapital.* So werden wir weiter finden, daß sich unter *Kapital* vieles subsumiert, was seinem Begriff nach nicht hineinzugehören scheint. Kapital wird ausgeliehn z. B. Es wird aufgehäuft etc. In allen diesen Bezeichnungen scheint es bloße Sache zu sein und ganz mit der Materie, in der es besteht, zusammenzufallen. Doch dies und andres wird sich aufklären im Verlauf der Entwicklung. (Nebenbei noch als Spaß bemerkt: Der brave Adam Müller, der alle figürlichen Redensarten sehr mystisch nimmt, hat auch von *lebendigem Kapital* im gemeinen Leben gehört im Gegensatz zu *totem* und macht sich dies nun theosophisch zurecht. König Aethelstan konnte ihn darüber belehren: Reddam de meo proprio decimas Deo tam in *Vivente Capitale* (lebendem Vieh), quam in *mortis fructuis terrae* (toten Erdfrüchten.) Geld bleibt immer dieselbe Form in demselben Substrat; und kann so leichter als bloße Sache aufgefaßt werden. Aber dasselbe, Ware, Geld etc. können Kapital vorstellen oder Revenu etc. Es ist so selbst den Ökonomen klar, daß Geld nichts Handgreifliches ist; sondern daß dieselbe Sache bald unter der Bestimmung Kapital, bald unter einer andren und entgegengesetzten Bestimmung subsumiert sein kann, und danach Kapital *ist* oder *nicht* ist. Es ist offenbar so ein *Verhältnis und kann nur ein Produktionsverhältnis sein.*

| Wir haben gesehn, wie erst am *Ende des zweiten Kreislaufs* die wahre Natur des Kapitals hervortritt. Was wir jetzt zu betrachten haben, ist der *Kreislauf* selbst oder der *Umlauf des Kapitals.* Ursprünglich schien die Produktion jenseits der Zirkulation und die Zirkulation jenseits der Produktion zu liegen. Der Kreislauf des Kapitals – die Zirkulation als Zirkulation des Kapitals gesetzt – umfaßt beide Momente. In ihr erscheint die Produktion als End- und Anfangspunkt der Zirkulation und vice versa. Die Selbständigkeit der Zirkulation ist jetzt zu einem bloßen Schein herabgesetzt, ebenso wie die Jenseitigkeit der Produktion.

Karl Marx

Lohn, Preis, Profit (1865)

[Einleitendes]

Bürger!

Bevor ich auf unsern Gegenstand eingehe, erlaubt mir einige Vorbemerkungen.

Gegenwärtig herrscht auf dem Kontinent eine wahre Epidemie von Streiks, und allgemein wird nach einer Lohnsteigerung gerufen. Die Frage wird auf unserm Kongreß zur Sprache kommen. Ihr als Leiter der Internationalen Assoziation müßt einen festen Standpunkt in dieser überragenden Frage haben. Ich für meinen Teil habe es daher für meine Pflicht gehalten, ausführlich auf die Sache einzugehn – selbst auf die Gefahr hin, eure Geduld auf eine harte Probe zu stellen.

Eine Vorbemerkung noch mit Bezug auf Bürger Weston. Nicht nur hat er vor euch Anschauungen entwickelt, die, wie er weiß, in der Arbeiterklasse äußerst unpopulär sind; er hat diese Anschauungen auch öffentlich vertreten, wie er glaubt – im Interesse der Arbeiterklasse. Eine solche Bekundung moralischen Muts müssen wir alle hochachten. Trotz des unverblümten Stils meiner Ausführungen wird er hoffentlich am Schluß derselben finden, daß ich mit dem übereinstimme, was mir als der eigentliche Grundgedanke seiner Sätze erscheint, die ich jedoch in ihrer gegenwärtigen Form nicht umhin kann, für theoretisch falsch und praktisch gefährlich zu halten.

Ich komme nun ohne Umschweife zur Sache.

1. [Produktion und Löhne]

Bürger Westons Beweisführung beruhte wesentlich auf zwei Voraussetzungen:

1. daß der *Betrag der nationalen Produktion ein unveränderliches Ding* ist oder, wie die Mathematiker sagen würden, eine *konstante* Menge oder Größe;

2. daß der *Betrag des Reallohns,* d.h. des Lohns, gemessen durch das Warenquantum, das mit ihm gekauft werden kann, ein *unveränderlicher* Betrag, eine *konstante* Größe ist.

Nun, das Irrtümliche seiner ersten Behauptung springt in die Augen. Ihr werdet finden, daß Wert und Masse der Produktion von Jahr zu Jahr zunehmen, daß die Produktivkraft der nationalen Arbeit größer wird und daß die zur Zirkulation dieser gesteigerten Produktion notwendige Geldmenge fortwährend wechselt. Was am Ende des Jahres und für verschiedne miteinander verglichene Jahre gilt, das gilt auch für jeden Durchschnittstag im Jahr. Die Menge oder Größe der nationalen Produktion wechselt fortwährend. Sie ist keine *konstante,* sondern eine *variable* Größe, und ganz abgesehn von den Veränderungen des Bevölkerungsstandes kann das nicht anders sein wegen des fortwährenden Wechsels in der *Akkumulation des Kapitals* und der *Produktivkraft der Arbeit.* Unleugbar, fände heute eine *Steigerung der allgemeinen Lohnrate* statt, so würde diese Steigerung, welches immer ihre schließlichen Folgen, *an sich* nicht *unmittelbar* den Betrag der Produktion ändern. Sie würde zunächst einmal vom jetzigen Stand der Dinge ausgehn. War aber die nationale Produktion *vor* der Lohnsteigerung *variabel* und nicht *fix,* so wird sie auch *nach* der Lohnsteigerung fortfahren, variabel und nicht fix zu sein.

Gesetzt aber, der Betrag der nationalen Produktion sei *konstant* statt *variabel.* Selbst dann bliebe, was unser Freund Weston für einen Vernunftschluß hält, eine bloße Behauptung. Habe ich eine gegebne Zahl, sage 8, so hindern die *absoluten* Grenzen dieser Zahl ihre Bestandteile keineswegs, ihre *relativen* Grenzen zu ändern. Machte der Profit 6 aus und der Arbeitslohn 2, so könnte der Arbeitslohn auf 6 steigen und der Profit auf 2 fallen, und doch bliebe der Gesamtbetrag 8. So würde der fixe Betrag der Produktion keineswegs beweisen, daß der Betrag des Arbeitslohns fix sei. Wie beweist nun aber unser Freund Weston diese Fixität? Einfach indem er sie behauptet.

Aber selbst seine Behauptung zugegeben, ergibt sich aus ihr zweierlei, während er nur eins sieht. Ist der Lohnbetrag eine konstante Größe, so kann er weder vermehrt noch vermindert werden. Wenn daher die Arbeiter töricht handeln mögen, indem sie eine vorübergehende Lohnsteigerung erzwingen, so handeln die Kapitalisten nicht minder töricht, indem sie eine vorübergehende Lohnsenkung erzwingen. Unser Freund Weston leugnet nicht, daß die Arbeiter unter gewissen Umständen eine Steigerung des Arbeitslohns durchsetzen *können,* da aber sein Betrag von Natur fixiert sein soll, müsse ein Rückschlag erfolgen. Andrerseits weiß er auch, daß die Kapitalisten eine Lohnsenkung erzwingen *können* und daß sie dies in der Tat fortwährend versuchen. Nach dem Prinzip des konstanten Arbeitslohns müßte in dem einen Fall so gut wie in dem andern ein Rückschlag erfolgen. Wenn daher die Arbeiter sich dem Versuch oder der Durchführung einer Lohnsenkung widersetzten, täten sie ganz recht. Sie würden also richtig handeln, indem sie *eine Lohnsteigerung* erzwingen, weil jede *Abwehraktion* gegen eine Herabsetzung des Lohns eine *Aktion* für eine Lohnsteigerung ist. Nach Bürger Westons eignem Prinzip vom *konstanten Arbeitslohn* sollten sich die Arbeiter daher unter gewissen Umständen zusammentun und für eine Lohnsteigerung kämpfen.

Wenn er die Schlußfolgerung ablehnt, muß er die Voraussetzung preisgeben, woraus sie sich ergibt. Statt zu sagen, der Betrag des Arbeitslohns sei ein *konstantes Quantum,* müßte er sagen, daß, obgleich er weder *steigen* könne noch müsse, er vielmehr *fallen* könne und müsse, sobald es dem Kapital gefällt, ihn herabzusetzen. Beliebt es dem Kapitalisten, euch Kartoffeln an Stelle von Fleisch und Hafer an Stelle von Weizen essen zu lassen, so müßt ihr seinen Willen als Gesetz der politischen Ökonomie hinnehmen und euch ihm unterwerfen. Ist in einem Lande, z.B. den Vereinigten Staaten, die Lohnrate höher als in einem andern, z.B. England, so habt ihr euch diesen Unterschied in der Lohnrate aus einem Unterschied im Willen des amerikanischen und des englischen Kapitalisten zu erklären, eine Methode, die das Studium nicht nur der ökonomischen, sondern auch aller andern Erscheinungen zweifellos sehr vereinfachen würde.

Aber selbst dann wäre die Frage erlaubt, *warum* denn der Wille des amerikanischen Kapitalisten von dem des englischen verschieden ist. Und um auf diese Frage zu antworten, müßt ihr über den Bereich des *Willens* hinausgehen. Ein Pfaffe kann mir weismachen wollen, Gottes Wille sei in Frankreich eines und in England etwas andres. Wenn ich von ihm verlangte, mir diesen Willenszwiespalt zu erklären, könnte er die Stirn haben, mir zu antworten, es sei Gottes Wille, in Frankreich einen Willen zu haben und in England einen andern. Aber unser Freund Weston ist sicher der letzte, eine so vollständige Preisgabe alles vernünftigen Denkens als Argument geltend zu machen.

Sicher ist es der *Wille* des Kapitalisten, zu nehmen, was zu nehmen ist. Uns kommt es darauf an, nicht über seinen *Willen* zu fabeln, sondern seine *Macht* zu untersuchen, die *Schranken dieser Macht* und den *Charakter dieser Schranken.*

2. [Produktion, Lohn, Profit]

Der uns von Bürger Weston gehaltene Vortrag hätte in einer Nußschale Raum finden können.

Alle seine Ausführungen liefen auf folgendes hinaus: Wenn die Arbeiterklasse die Klasse der Kapitalisten zwingt, 5 sh. statt 4 in Gestalt von

Geldlohn zu zahlen, so würde der Kapitalist dafür in Gestalt von Waren einen Wert von 4 statt 5 sh. zurückgeben. Die Arbeiterklasse würde das mit 5 sh. zu bezahlen haben, was sie vor der Lohnsteigerung für 4 sh. kaufte. Aber warum ist dies der Fall? Warum gibt der Kapitalist im Austausch für 5 sh. nur einen Wert von 4 sh. zurück? Weil der Lohnbetrag fix ist. Warum ist er aber zu einem Warenwert von 4 sh. fixiert? Warum nicht zu 3 oder 2 sh. oder einer beliebigen andern Summe? Ist die Grenze des Lohnbetrags durch ein ökonomisches Gesetz bestimmt, das gleich unabhängig ist vom Willen des Kapitalisten wie vom Willen des Arbeiters, so hätte Bürger Weston zunächst einmal dies Gesetz aussprechen und nachweisen müssen. Er wäre dann aber auch den Beweis schuldig gewesen, daß der in jedem gegebnen Zeitpunkt faktisch gezahlte Lohnbetrag immer exakt dem notwendigen Lohnbetrag entspricht und niemals davon abweicht. Andrerseits, beruht die gegebne Grenze des Lohnbetrags auf dem *bloßen Willen* des Kapitalisten oder den Grenzen seiner Habgier, so ist sie willkürlich. Sie ist aller Notwendigkeit bar. Sie kann *durch* den Willen des Kapitalisten und kann daher auch *gegen* seinen Willen geändert werden.

Bürger Weston illustrierte euch seine Theorie damit, daß, wenn eine Schüssel ein bestimmtes Quantum Suppe zur Speisung einer bestimmten Anzahl von Personen enthalte, ein Breiterwerden der Löffel kein Größerwerden des Quantums Suppe bewirke. Er muß mir schon gestatten, diese Illustration recht ausgelöffelt zu finden. Sie erinnerte mich einigermaßen an das Gleichnis, zu dem Menenius Agrippa seine Zuflucht nahm. Als die römischen Plebejer gegen die römischen Patrizier in den Streik traten, erzählte ihnen der Patrizier Agrippa, daß der patrizische Wanst die plebejischen Glieder des Staatskörpers mit Nahrung versehe. Agrippa blieb den Beweis schuldig, wie jemand die Glieder eines Mannes mit Nahrung versieht, indem er den Wanst eines andern füllt. Bürger Weston für sein Teil hat vergessen, daß die Schüssel, woraus die Arbeiter essen, mit dem ganzen Produkt der nationalen Arbeit gefüllt ist und daß, wenn irgend etwas die Arbeit hindert, mehr aus der Schüssel herauszuholen, es weder die Enge der Schüssel noch die Dürftigkeit ihres Inhalts ist, sondern einzig und allein die Kleinheit ihrer Löffel.

Durch welchen Kunstgriff ist der Kapitalist imstande, für 5 Shilling einen 4-Shilling-Wert zurückzugeben? Durch die Erhöhung des Preises der von ihm verkauften Ware. Hängt denn nun aber das Steigen, ja überhaupt der Wechsel der Warenpreise, hängen etwa die Warenpreise selbst vom bloßen Willen des Kapitalisten ab? Oder sind nicht vielmehr bestimmte Umstände erforderlich, um diesen Willen wirksam zu machen? Wenn nicht, so werden die Auf- und Abbewegungen, die unaufhörlichen Fluktuationen der Marktpreise zu einem unlösbaren Rätsel.

Sobald wir unterstellen, daß keinerlei Wechsel stattgefunden, weder in der Produktivkraft der Arbeit noch im Umfang des Kapitals und der angewandten Arbeit, noch im Wert des Geldes, worin die Werte der Produkte geschätzt werden, sondern *nur ein Wechsel in der Lohnrate,* wie könnte diese *Lohnsteigerung* die *Warenpreise* beeinflussen? Doch nur, indem sie das bestehende Verhältnis zwischen der Nachfrage nach diesen Waren und ihrem Angebot beeinflußt.

Es ist richtig, daß die Arbeiterklasse, als Ganzes betrachtet, ihr Einkommen in *Lebensmitteln* verausgabt und verausgaben muß. Eine allgemeine Steigerung der Lohnrate würde daher eine Zunahme der Nachfrage nach *Lebensmitteln* und folglich eine Steigerung ihrer *Marktpreise* hervorrufen. Die Kapitalisten, die diese Lebensmittel produzieren, würden für den gestiegnen Lohn mit steigenden Marktpreisen für ihre Waren entschädigt. Wie aber die andern Kapitalisten, die *nicht* Lebensmittel produzieren? Und ihr müßt nicht glauben, daß das eine Handvoll ist. Wenn ihr bedenkt, daß ⅔ des nationalen Produkts von ⅕ der Bevölkerung – oder sogar nur von einem Siebtel, wie kürzlich ein Mitglied des Unterhauses erklärte – konsumiert werden, so begreift ihr, welch bedeutender Teil des nationalen Produkts in Gestalt von Luxusartikeln produziert oder gegen Luxusartikel *ausgetauscht* und welche Unmenge selbst von den Lebensmitteln auf Lakaien, Pferde, Katzen usw. verschwendet werden muß, eine Verschwendung, von der wir aus Erfahrung wissen, daß ihr mit steigenden Lebensmittelpreisen immer bedeutende Einschränkungen auferlegt werden.

Wie wäre nun die Stellung der Kapitalisten, die *nicht* Lebensmittel produzieren? Für das der allgemeinen Lohnsteigerung geschuldete *Fallen der Profitrate* können sie sich nicht durch eine *Steigerung des Preises ihrer Waren* schadlos halten, weil die Nachfrage nach diesen Waren nicht gewachsen wäre. Ihr Einkommen wäre geschmälert; und von diesem geschmälerten Einkommen hätten sie mehr zu zahlen für die gleiche Menge im Preise gestiegner Lebensmittel. Aber das wäre noch nicht alles. Da ihr Einkommen vermindert, würden sie weniger auf Luxusartikel zu verausgaben haben, und so würde ihre wechselseitige Nachfrage für ihre respektiven Waren abnehmen. Infolge dieser Abnahme würden die Preise ihrer Waren fallen. Daher würde in diesen Industriezweigen *die Profitrate fallen,* und zwar nicht bloß im einfachen Verhältnis zu der allgemeinen Steigerung der Lohnrate, sondern im kombinierten Verhältnis zu der allgemeinen Lohnsteigerung, der Preissteigerung der Lebensmittel und dem Preisfall der Luxusartikel.

Welche Folgen hätte diese *Differenz* in den *Profitraten* für die in den verschiednen Industriezweigen angewandten Kapitalien? Nun, dieselben, die gewöhnlich stattfinden, wenn aus irgendeinem Grund die

Durchschnittsprofitrate in den verschiednen Produktionssphären sich ändert. Kapital und Arbeit würden von den weniger gewinnbringenden nach den mehr gewinnbringenden Produktionszweigen abfließen; und dieser Abfluß würde so lange fortdauern, bis das Angebot in der einen Abteilung der Industrie im Verhältnis zu der gewachsenen Nachfrage gestiegen und in den andern Abteilungen entsprechend der verminderten Nachfrage gesunken wäre. *Sobald diese Änderung eingetreten,* wäre die *allgemeine Profitrate* in den verschiednen Zweigen wieder *ausgeglichen.* Da der ganze Umschwung ursprünglich herrührte von einem bloßen Wechsel im Verhältnis der Nachfrage nach und dem Angebot von verschiednen Waren, so würde mit dem Aufhören der Ursache die Wirkung aufhören, und die *Preise* würden auf ihr vorheriges Niveau und ins Gleichgewicht zurückkehren. *Das Fallen der Profitrate,* statt auf einige Industriezweige beschränkt zu bleiben, wäre infolge der Lohnsteigerung *allgemein* geworden. Entsprechend unsrer Unterstellung hätte eine Änderung weder in der Produktivkraft der Arbeit stattgefunden noch im Gesamtbetrag der Produktion, wohl aber *hätte dieser gegebne Betrag der Produktion seine Form geändert.* Ein größerer Teil des Produkts existierte in Gestalt von Lebensmitteln, ein kleinerer in Gestalt von Luxusartikeln, oder, was dasselbe, ein geringerer Teil würde für ausländische Luxusartikel eingetauscht und in seiner ursprünglichen Form verzehrt, oder, was wieder auf dasselbe hinauskommt, ein größerer Teil des heimischen Produkts würde für ausländische Lebensmittel statt für Luxusartikel eingetauscht. Die allgemeine Steigerung der Lohnrate würde daher nach einer vorübergehenden Störung in den Marktpreisen nur ein allgemeines Sinken der Profitrate zur Folge haben, ohne daß die Warenpreise auf die Dauer verändert wären.

Wollte man mir einwenden, ich hätte in dieser Beweisführung angenommen, daß der ganze zuschüssige Arbeitslohn auf Lebensmittel verausgabt werde, so antworte ich, daß ich die günstigste Annahme für die Ansicht des Bürgers Weston unterstellt habe. Würde der zuschüssige Arbeitslohn auf Artikel verausgabt, die früher nicht in den Konsum der Arbeiter eingingen, so bedürfte der reale Zuwachs ihrer Kaufkraft keines Beweises. Da diese Zunahme der Kaufkraft sich jedoch nur aus einer Erhöhung des Arbeitslohns herleitet, so muß sie exakt der Abnahme der Kaufkraft der Kapitalisten entsprechen. Die *Gesamtnachfrage* nach Waren würde daher nicht *zunehmen,* wohl aber wäre in den Bestandteilen dieser Nachfrage eine *wechselseitige Änderung* eingetreten. Die zunehmende Nachfrage auf der einen Seite würde wettgemacht von der abnehmenden Nachfrage auf der andern Seite. Indem so die Gesamtnachfrage unverändert bliebe, könnte keinerlei Veränderung in den Marktpreisen der Waren stattfinden.

Ihr seid also vor dies Dilemma gestellt: Entweder wird der zuschüssige Arbeitslohn gleichmäßig auf alle Konsumtionsartikel verausgabt – dann muß die Ausdehnung der Nachfrage auf seiten der Arbeiterklasse aufgewogen werden durch die Einschränkung der Nachfrage auf seiten der Kapitalistenklasse –, oder der zuschüssige Arbeitslohn wird nur auf einige Artikel verausgabt, deren Marktpreise vorübergehend steigen werden. Dann wird das nachfolgende Steigen der Profitrate in den einen und das nachfolgende Fallen der Profitrate in den andern Industriezweigen einen Wechsel in der Distribution von Kapital und Arbeit hervorrufen, so lange bis das Angebot entsprechend der gestiegnen Nachfrage in der einen Abteilung der Industrie gesteigert und entsprechend der verminderten Nachfrage in den andern gesenkt wird. Unter der einen Voraussetzung wird keine Änderung in den Warenpreisen eintreten. Unter der andern Voraussetzung werden die Tauschwerte der Waren nach einigen Schwankungen der Marktpreise auf das frühere Niveau zurückkehren. Unter beiden Voraussetzungen wird das allgemeine Steigen der Lohnrate in letzter Instanz zu nichts andrem führen als zu einem allgemeinen Fallen der Profitrate.

Um eure Einbildungskraft anzuregen, ersuchte euch Bürger Weston, die Schwierigkeiten zu bedenken, die eine allgemeine Steigerung der englischen Landarbeiterlöhne von 9 auf 18 sh. hervorrufen würde. Bedenkt, rief er, die ungeheure Steigerung der Nachfrage nach Lebensmitteln und die nachfolgende furchtbare Steigerung ihrer Preise! Nun wißt ihr ja alle, daß der Durchschnittslohn der amerikanischen Landarbeiter sich auf mehr als das Doppelte von dem der englischen beläuft, obgleich die Preise landwirtschaftlicher Produkte in den Vereinigten Staaten niedriger sind als im Vereinigten Königreich, obgleich in den Vereinigten Staaten das gesamte Verhältnis zwischen Kapital und Arbeit das gleiche ist wie in England und obgleich der jährliche Betrag der Produktion in den Vereinigten Staaten viel geringer ist als in England. Warum läutet unser Freund dann die Sturmglocke? Einfach, um uns von der wirklichen Frage abzubringen. Eine plötzliche Lohnsteigerung von 9 auf 18 sh. wäre eine plötzliche Steigerung von 100 %. Nun, wir debattieren ja gar nicht die Frage, ob die allgemeine Lohnrate in England plötzlich um 100 % erhöht werden könnte. Wir haben überhaupt nichts zu tun mit der *Größe* der Steigerung, welche in jedem praktischen Fall von den gegebnen Umständen abhängen und ihnen angepaßt sein muß. Wir haben nur zu untersuchen, wie eine allgemeine Steigerung der Lohnrate wirkt, selbst wenn sie sich nur auf 1 Prozent beläuft.

Ich lasse die von Freund Weston erfundene Steigerung von 100 % auf sich beruhen und mache euch auf die wirkliche Lohnsteigerung aufmerksam, die in Großbritannien von 1849 bis 1859 stattfand.

Euch allen ist die Zehnstundenbill bekannt, oder vielmehr die Zehneinhalbstundenbill, die seit 1848 in Kraft ist. Dies war eine der größten ökonomischen Veränderungen, die unter unsern Augen vorgegangen. Es war das eine plötzliche und unfreiwillige Lohnsteigerung nicht etwa in einigen lokalen Geschäftszweigen, sondern in den führenden Industriezweigen, durch die England den Weltmarkt beherrscht. Sie brachte eine Lohnsteigerung unter ausnehmend ungünstigen Umständen. Dr. Ure, Professor Senior und all die andern offiziellen ökonomischen Wortführer der Bourgeoisie *bewiesen* – und ich muß sagen, mit viel durchschlagenderen Gründen als Freund Weston –, daß sie die Totenglocke der englischen Industrie läuten werde. Sie bewiesen, daß sie nicht bloß auf eine gewöhnliche Lohnsteigerung hinauslaufe, sondern auf eine durch die Abnahme des Quantums der angewandten Arbeit veranlaßte und darauf gegründete Lohnsteigerung. Sie behaupteten, daß die 12. Stunde, die man dem Kapitalisten wegnehmen wolle, gerade die einzige Stunde sei, woraus er einen Profit herleite. Sie drohten mit Abnahme der Akkumulation, Steigerung der Preise, Verlust der Märkte, Schrumpfung der Produktion, daher entspringendem Rückschlag auf die Löhne und schließlichem Ruin. In der Tat erklärten sie Maximilien Robespierres Gesetze über das Maximum für eine Lappalie im Vergleich damit; und in gewissem Sinn hatten sie recht. Schön, was war das Resultat? Steigerung des Geldlohns der Fabrikarbeiter trotz der Verkürzung des Arbeitstags, große Zunahme der Zahl der beschäftigten Fabrikarbeiter, anhaltendes Fallen der Preise ihrer Produkte, wunderbare Entwicklung der Produktivkraft ihrer Arbeit, unerhört fortschreitende Ausdehnung der Märkte für die Waren. Zu Manchester, 1861[1] auf der Tagung der Gesellschaft zur Förderung der Wissenschaft, hörte ich selber Herrn *Newman* eingestehn, daß er, Dr. Ure, Senior und alle andren offiziellen Leuchten der ökonomischen Wissenschaft sich geirrt hätten, während der Instinkt des Volks recht behalten habe. Ich nenne Herrn W. Newman – nicht Professor Francis Newman –, weil er eine hervorragende Stellung in der ökonomischen Wissenschaft einnimmt als Mitarbeiter und Herausgeber von Herrn *Thomas Tookes ›History of Prices‹*, diesem prächtigen Werk, das die Geschichte der Preise von 1793 bis 1856 verfolgt. Wenn Freund Westons fixe Idee von einem fixen Lohnbetrag, einem fixen Betrag der Produktion, einem fixen Grad der Produktivkraft der Arbeit, einem fixen und immerwährenden Willen der Kapitalisten und alle seine übrige Fixität und Finalität richtig wären, so wären Professor Seniors traurige Voraussagen richtig gewesen, und unrecht hätte Robert Owen gehabt, der bereits 1816 eine allgemeine Beschränkung des Arbeitstags für den ersten vorbereitenden Schritt zur Befreiung der Arbeiterklasse erklärte und sie, dem landläufigen Vorurteil praktisch zum Trotz, auf eigne Faust in seiner Baumwollspinnerei zu New Lanark durchführte.

Während eben derselben Periode, in der die Einführung der Zehnstundenbill und die nachfolgende Lohnsteigerung vor sich ging, erfolgte in Großbritannien aus Gründen, die aufzuzählen hier nicht der Ort ist, *eine allgemeine Steigerung der Landarbeiterlöhne.*

Obgleich es für meinen unmittelbaren Zweck nicht erheischt ist, werde ich dennoch, um bei euch keine Mißverständnisse aufkommen zu lassen, einige Vorbemerkungen machen.

Wenn ein Mann erst 2 sh. Wochenlohn erhält und sein Lohn dann auf 4 sh. steigt, so ist die *Lohnrate* um 100 % gestiegen. Als Steigerung der *Lohnrate* ausgedrückt scheint dies eine großartige Sache, obgleich der *faktische Lohnbetrag,* 4 sh. die Woche, noch immer ein miserabel niedriger, ein Hungerlohn wäre. Ihr müßt euch daher von den groß klingenden Prozentzahlen der *Rate* des Arbeitslohns nicht beirren lassen. Ihr müßt immer fragen: Was war der *ursprüngliche* Betrag?

Ferner werdet ihr verstehen, daß, wenn 10 Mann je 2 sh. die Woche, 5 Mann je 5 sh. und 5 Mann je 11 sh. wöchentlich erhielten, die 20 Mann zusammen 100 sh. oder 5 Pfd. St. wöchentlich erhalten würden. Wenn nun eine sage zwanzigprozentige Steigerung der *Gesamt*summe ihres Wochenlohns stattfände, so gäbe das eine Zunahme von 5 auf 6 Pfd. St. Zögen wir den Durchschnitt, so könnten wir sagen, daß die *allgemeine Lohnrate* um 20 % gestiegen wäre, obgleich in Wirklichkeit der Arbeitslohn der 10 Mann unverändert geblieben, der der einen Gruppe von 5 Mann nur von 5 auf 6 sh. per Mann und der der anderen von 5 Mann von insgesamt 55 auf 70 sh. gestiegen wäre. Eine Hälfte der Leute hätte ihre Lage überhaupt nicht verbessert, ¼ in kaum merklichem Grade, und nur ¼ hätte sie wirklich verbessert. Indes, im *Durchschnitt* gerechnet, hätte der Gesamtlohnbetrag jener 20 Mann um 20 % zugenommen, und soweit das Gesamtkapital in Betracht kommt, das sie beschäftigt, und die Preise der Waren, die sie produzieren, würde es genau dasselbe sein, als hätten sie alle gleichmäßig an der durchschnittlichen Lohnsteigerung teilgenommen. Was nun den Fall mit der Landarbeit angeht, für die der Lohnstandard in den verschiednen Grafschaften Englands und Schottlands sehr verschieden ist, so wirkte sich die Steigerung sehr ungleich auf ihn aus. Endlich waren während der Periode, in der jene Lohnsteigerung stattfand, entgegenwirkende Einflüsse am Werk, wie z.B. die durch den Russischen Krieg hervorgerufenen neuen Steuern, die massenhafte Zerstörung der Wohnhäuser der Landarbeiter usw. Nachdem ich soviel vorausgeschickt, komme ich nun zu der Feststellung, daß von 1849 bis 1859 die Durchschnittsrate der Landarbeiterlöhne Großbritanniens eine *Steigerung von ungefähr* 40 % erfuhr. Ich könnte weitläufige Einzelheiten zum Beweis meiner Behauptung anführen, aber für vorliegenden Zweck betrachte ich es als ausreichend, auf den gewissenhaften und kritischen Vortrag hinzuweisen, den der verstorbne Herr *John C. Morton* 1860 über ›*The Forces used in Agriculture*‹ in der Londoner Society of Arts hielt. Herr Morton führt statistische Angaben aus Quittungen und andern authentischen Schriftstücken an, die er in 12 schottischen und 35 englischen Grafschaften bei ungefähr 100 dort ansässigen Pächtern gesammelt.

Gemäß Freund Westons Ansicht, und wenn man damit die gleichzeitige Steigerung des Arbeitslohns der Fabrikarbeiter in Zusammenhang bringt, hätten die Preise der landwirtschaftlichen Produkte während der Periode von 1849 bis 1859 gewaltig steigen müssen. Was aber geschah faktisch? Trotz des Russischen Kriegs und der aufeinanderfolgenden ungünstigen Ernten von 1854 bis 1856 fiel der Durchschnittspreis des Weizens – der das wichtigste landwirtschaftlichste Produkt Englands ist – von ungefähr 3 Pfd. St. per Quarter in den Jahren 1838 bis 1848 auf ungefähr 2 Pfd. St. 10 sh. per Quarter für die Jahre 1849 bis 1859. Das macht eine Abnahme des Weizenpreises von mehr als 16 % in derselben Zeit, wo die Steigerung der Landarbeiterlöhne im Durchschnitt 40 % betrug. Während derselben Periode, wenn wir ihr Ende mit ihrem Beginn, 1859 mit 1849 vergleichen, nahm der offizielle Pauperismus von 934419 auf 860470 ab, was eine Differenz von 73949 ausmacht. Ich gestehe, das ist eine sehr kleine Abnahme, die überdies in den folgenden Jahren wieder verlorenging, aber immerhin eine Abnahme.

Es kann gesagt werden, daß infolge der Abschaffung der Korngesetze die Einfuhr von ausländischem Korn in der Periode von 1849 bis 1859 sich mehr als verdoppelt hat, verglichen mit der Periode von 1838 bis 1848. Was folgt aber daraus? Von Bürger Westons Standpunkt würde man erwartet haben, daß diese plötzliche, gewaltige und anhaltend zunehmende Nachfrage auf den ausländischen Märkten die Preise der landwirtschaftlichen Produkte dort furchtbar hinaufgeschraubt haben müßte, da die Wirkung einer vergrößerten Nachfrage die gleiche bleibt, ob sie nun vom Ausland oder vom Inland kommt. Was geschah faktisch? Mit Ausnahme einiger Jahre schlechter Ernten bildete das ruinöse Fallen des Kornpreises in dieser ganzen Periode das stehende Thema, worüber in Frankreich deklamiert wurde; die Amerikaner sahen sich immer und immer wieder genötigt, ihr überschüssiges Produkt zu verbrennen; und wenn wir Herrn Urquhart glauben sollen, so schürte Rußland den Bürgerkrieg in den Vereinigten Staaten, weil seine landwirtschaftliche Ausfuhr auf den Kornmärkten Europas durch die Konkurrenz der Yankees geschmälert wurde.

Auf ihre abstrakte Form reduziert, käme Bürger Westons Behauptung auf folgendes hinaus: Jede Steigerung der Nachfrage geht immer auf Basis eines gegebnen Betrags der Produktion vor sich. Sie kann daher *nie das Angebot der nachgefragten Artikel vergrößern,* sondern *nur ihre Geldpreise erhöhn.* Nun lehrt aber die einfachste Beobachtung, daß eine vergrößerte Nachfrage in einigen Fällen die Marktpreise der Waren durchaus unverändert läßt, in andren Fällen ein vorübergehendes Steigen der Marktpreise bewirkt, begleitet von vergrößertem Angebot und wiederum von einem Rückgang der Preise *auf* ihr ursprüngliches Niveau, ja, vielfach sogar *darunter.* Ob die Steigerung der Nachfrage aus zuschüssigem Arbeitslohn oder einer andern Ursache entspringt, ändert nichts an den Bedingungen des Problems. Von Bürger Westons Standpunkt war die allgemeine Erscheinung ebenso schwer zu erklären wie die unter den Ausnahmeumständen einer Lohnsteigerung eintretende Erscheinung. Seine Beweisführung stand daher in keinerlei Zusammenhang mit dem Gegenstand, den wir behandeln. Sie war nur der Ausdruck seiner Hilflosigkeit gegenüber den Gesetzen, wodurch eine Zunahme der Nachfrage, statt eine schließliche Steigerung der Marktpreise hervorzurufen, vielmehr eine Zunahme des Angebots herbeiführt.

3. [Löhne und Geldumlauf]

Am zweiten Tag der Debatte kleidete Freund Weston seine alte Behauptung in neue Formen. Er sagte: Infolge eines allgemeinen Steigens der Geldlöhne sind mehr Zirkulationsmittel zur Zahlung desselben Arbeitslohns erforderlich. Da der Geldumlauf *fix* ist, wie sollen mit diesen fixen Zirkulationsmitteln die erhöhten Geldlöhne bezahlt werden können? Erst ergab sich die Schwierigkeit aus dem fixen Warenquantum, das dem Arbeiter trotz seines vermehrten Geldlohns zukomme; jetzt wird sie trotz des fixen Warenquantums aus dem erhöhten Geldlohn hergeleitet. Lehnt ihr sein ursprüngliches Dogma ab, so verschwinden natürlich seine dadurch verursachten Schwierigkeiten.

Indes werde ich nachweisen, daß diese Frage des Geldumlaufs durchaus nichts mit unserm Gegenstand zu tun hat.

In eurem Land ist der Mechanismus der Zahlungen viel vollkommener als in irgendeinem andern Land Europas. Dank der Größe und Konzentration des Banksystems sind viel weniger Zirkulationsmittel erforderlich zur Zirkulierung desselben Wertbetrags und zur Vollziehung derselben oder einer größeren Anzahl von Geschäften. Soweit der Arbeitslohn in Betracht kommt, gibt ihn z. B. der englische Fabrikarbeiter allwöchentlich bei dem Krämer aus, der ihn jede Woche dem Bankier zuschickt, der ihn seinerseits jede Woche wieder dem Fabrikanten zukommen läßt, der ihn wieder an seine Arbeiter zahlt usw. Vermöge dieser Einrichtung kann der Jahreslohn eines Arbeiters sage von 52 Pfd. St. mit einem einzigen Sovereign bezahlt werden, der allwöchentlich denselben Zirkel beschreibt. In England ist dieser Mechanismus sogar weniger vollkommen als in Schottland, und er ist nicht an allen Orten gleich vollkommen; und daher finden wir z. B., daß in einigen Ackerbaudistrikten im Vergleich zu den Fabrikdistrikten viel mehr Zirkulationsmittel erforderlich sind, um einen viel kleineren Wertbetrag zu zirkulieren.

Wenn ihr den Kanal überquert, so werdet ihr finden, daß dort der *Geldlohn* viel niedriger ist als in England, daß er aber in Deutschland, Italien, der Schweiz und Frankreich vermittels einer *viel größeren Menge Zirkulationsmittel* zirkuliert wird. Derselbe Sovereign wird vom Bankier nicht so rasch aufgefangen oder zum industriellen Kapitalisten zurückgebracht; und daher bedarf es statt eines Sovereigns, der 52 Pfd. St. im Jahr zirkuliert, vielleicht dreier Sovereigns, um einen Jahreslohn in Höhe von 25 Pfd. St. zu zirkulieren. Vergleicht ihr somit die Länder des Kontinents mit England, so werdet ihr sofort einsehen, daß niedriger Geldlohn viel mehr Zirkulationsmittel zu seinem Umlauf erheischen kann als hoher Geldlohn und daß dies in Wirklichkeit eine rein technische Angelegenheit ist, die unserm Gegenstand gänzlich fernliegt.

Gemäß den genausten Berechnungen, die mir bekannt sind, dürfte das jährliche Einkommen der Arbeiterklasse dieses Landes auf 250 Millionen Pfd. St. zu schätzen sein. Diese gewaltige Summe wird mit ungefähr 3 Millionen Pfd. St. zirkuliert. Unterstellt, es fände eine Lohnsteigerung von 50 % statt. Dann wären statt 3 Millionen Pfd. St. Zirkulationsmittel 4 ½ Millionen Pfd. St. erforderlich. Da ein sehr bedeutender Teil der täglichen Ausgaben des Arbeiters mit Silber- und Kupfermünze, d. h. mit bloßen Wertzeichen, bestritten wird, deren Wertverhältnis zum Gold durch Gesetz konventionell festgestellt ist, ebenso wie das von nicht einlösbarem Papiergeld, so würde eine fünfzigprozentige Steigerung des Geldlohns im schlimmsten Fall eine zusätzliche Zirkulation von Sovereigns zum Betrag von sage einer Million erheischen. Eine Million, die jetzt in Form von Barren oder gemünztem Gold in den Kellern der Bank von England oder von Privatbanken ruht, würde in Umlauf gebracht. Aber selbst die unbedeutenden Ausgaben, die aus der zusätzlichen Prägung oder dem zusätzlichen Verschleiß jener Million erwachsen, könnten und würden tatsächlich gespart werden, wenn infolge zuschüssiger Nachfrage nach Zirkulationsmitteln irgendwelche Reibungen entstehen sollten. Ihr alle wißt, daß die Zirkulationsmittel dieses Landes in zwei große Abteilungen zerfallen. Eine Sorte, die in Banknoten verschiednen Nennwerts geliefert wird, dient in den Umsätzen zwischen Geschäftsleuten und bei größeren Zahlungen von Konsumenten an Geschäftsleute, während im Kleinhandel eine andre Sorte Zirkulationsmittel umläuft, das Metallgeld. Obgleich voneinander unterschieden, vertritt jede der beiden Sorten Zirkulationsmittel die Stelle der andern. So läuft Goldmünze zu einem sehr bedeutenden Betrag selbst bei größeren Zahlungen um, wo es sich bei den zu zahlenden Summen um Überschüsse unter 5 Pfd. St. über runde Summen handelt. Würden morgen 4- oder 3- oder 2- Pfd. St.-Noten ausgegeben werden, so würden die Goldmünzen, die diese Kanäle der Zirkulation füllen, sofort aus ihnen vertrieben werden und in diejenigen Kanäle strömen, wo sie infolge der Zunahme des Geldlohns benötigt wären. So würde die zuschüssige Million, durch eine fünfzigprozentige Lohnerhöhung erheischt, geliefert werden, ohne daß ein einziger Sovereign zugesetzt zu werden brauchte. Dieselbe Wirkung könnte ohne eine einzige zusätzliche Banknote hervorgebracht werden vermittels vermehrter Zirkulation von Wechseln, wie dies in Lancashire sehr lange Zeit der Fall war.

Wenn ein allgemeines Steigen der Lohnrate – z.B. von 100 %, wie Bürger Weston es bei den Landarbeiterlöhnen annahm – eine große Steigerung der Lebensmittelpreise hervorriefe und – gemäß seiner Ansicht – einen nicht beschaffbaren Betrag zuschüssiger Zirkulationsmittel erheischte, so müßte ein *allgemeines Fallen des Arbeitslohns* dieselbe Wirkung auf gleicher Stufenleiter in umgekehrter Richtung hervorbringen. Schön! Ihr alle wißt, daß die Jahre 1858 bis 1860 die prosperierendsten für die Baumwollindustrie waren und daß namentlich das Jahr 1860 in dieser Beziehung in den Annalen des Gewerbes einzig dasteht, während zu derselben Zeit auch alle andern Industriezweige eine hohe Blüte erlebten. Die Löhne der Baumwollarbeiter und aller andern mit deren Geschäftszweig verknüpften Arbeiter standen 1860 höher als je zuvor. Die amerikanische Krise kam, und diese gesamten Löhne wurden plötzlich ungefähr auf ¼ ihres frühern Betrags herabgesetzt. In umgekehrter Richtung wäre dies eine Steigerung auf 400 % gewesen. Steigt der Arbeitslohn von 5 auf 20, so sagen wir, daß er um 300 Prozent gestiegen sei; fällt er von 20 auf 5, so sagen wir, er sei um 75 % gefallen; aber der Betrag, um den er in dem einen Fall steigt und in dem andern fällt, wäre derselbe, nämlich 15 sh. Es war dies nun ein plötzlicher, beispielloser Wechsel in der Lohnrate, der zugleich eine Arbeiterzahl in Mitleidenschaft zog, die um die Hälfte die Zahl der Landarbeiter überstieg, wenn nicht nur sämtliche direkt in der Baumwollindustrie beschäftigten, sondern auch indirekt von ihr abhängigen Arbeiter mitgerechnet werden. Fiel nun etwa der Weizenpreis? Er *stieg* von einem Jahresdurchschnitt von 47 sh. 8 d. per Quarter während der drei Jahre 1858–1860 auf einen Jahresdurchschnitt von 55 sh. 10 d. per Quarter während der drei Jahre 1861–1863. Was nun die Zirkulationsmittel angeht, so hatte die

Münze 1861 8 673 232 Pfd. St. gegenüber 3 378 102 Pfd. St. im Jahre 1860 geprägt. Das heißt, 1861 war für 5 295 130 Pfd. St. mehr geprägt worden als 1860. Allerdings waren 1861 um 1 319 000 Pfd. St. weniger Banknoten im Umlauf als 1860. Zieht das ab. Bleibt für das Jahr 1861 im Vergleich mit dem Prosperitätsjahr 1860 immer noch ein Überschuß an Zirkulationsmitteln zum Betrag von 3 976 130 Pfd. St. oder ungefähr 4 Millionen Pfd. St.; aber der Goldvorrat der Bank von England hatte gleichzeitig abgenommen, wenn nicht genau, so doch annähernd im gleichen Verhältnis.

Vergleicht das Jahr 1862 mit 1842. Abgesehn von der gewaltigen Zunahme in Wert und Menge der in Zirkulation gesetzten Waren betrug das zu regulären Bedingungen auf Aktien, Anleihen etc. für die Eisenbahnen in England und Wales eingezahlte Kapital 1862 allein 320 Millionen Pfd. St., eine Summe, die 1842 märchenhaft erschienen wäre. Dennoch waren die Gesamtquanta des 1862 und 1842 umlaufenden Geldes so ziemlich gleich; und überhaupt werdet ihr finden, daß angesichts einer enormen Wertsteigerung nicht nur von Waren, sondern allgemein aller Geldumsätze das umlaufende Geld die Tendenz hat, in wachsendem Maß abzunehmen. Von Freund Westons Standpunkt aus ist dies ein unlösbares Rätsel.

Wäre er etwas tiefer in die Sache eingedrungen, so hätte er gefunden, daß – ganz abgesehn vom Arbeitslohn und ihn als fix unterstellend – Wert und Masse der Waren, die zirkuliert werden sollen, und überhaupt der Betrag der Geldumsätze täglich schwanken; daß die Menge der ausgegebnen Banknoten täglich schwankt; daß der Betrag der Zahlungen, die ohne Dazwischenkunft des Geldes mit Hilfe von Wechseln, Schecks, Buchkrediten, Verrechnungsbanken beglichen werden, täglich schwankt; daß, soweit Bargeld als Zirkulationsmittel erheischt, das Verhältnis zwischen zirkulierender Münze einerseits und andrerseits den Münzen und Barren, die in Reserve gehalten werden oder in den Kellern der Banken ruhn, täglich schwankt; daß die Menge ungemünzten Edelmetalls, das von der nationalen Zirkulation absorbiert, und die Menge, die für die internationale Zirkulation ins Ausland geschickt wird, täglich schwanken. Er hätte gefunden, daß sein Dogma von den fixen Zirkulationsmitteln ein ungeheurer Irrtum ist, unvereinbar mit der tagtäglichen Bewegung. Er würde die Gesetze untersucht haben, die es ermöglichen, daß der Geldumlauf sich Umständen anpaßt, die sich so ununterbrochen ändern, statt sein Mißverständnis betreffs der Gesetze des Geldumlaufs in ein Argument gegen eine Lohnsteigerung zu verwandeln.

4. [Angebot und Nachfrage]

Unser Freund Weston hält sich an das lateinische Sprichwort, daß ›repetitio est mater studiorum‹, d.h. daß die Wiederholung die Mutter des Studiums ist, und demzufolge wiederholte er sein ursprüngliches Dogma unter der neuen Form, daß die Kontraktion des Geldumlaufs, die aus einer Lohnerhöhung resultieren soll, eine Abnahme des Kapitals hervorrufen würde etc. Nachdem seine Geldumlaufsmarotte abgetan, halte ich es für ganz zwecklos, von den imaginären Folgen Notiz zu nehmen, die seiner Einbildung nach aus seinen imaginären Zirkulationsmißgeschicken entstehn. Ich will nunmehr sein *Dogma,* das immer *ein und dasselbe* ist, in wieviel verschiednen Gestalten es auch wiederholt wird, *auf seinen einfachsten theoretischen Ausdruck* reduzieren.

Die unkritische Art, worin er seinen Gegenstand behandelt hat, wird aus seiner einzigen Bemerkung klar. Er spricht sich gegen eine Lohnsteigerung oder gegen hohen Arbeitslohn als Resultat einer solchen Steigerung aus. Nun frage ich ihn: Was ist hoher und was ist niedriger Arbeitslohn? Warum bedeuten z.B. 5 sh. einen niedrigen und 20 sh. einen hohen Wochenlohn? Wenn 5 verglichen mit 20 niedrig ist, so ist 20 noch niedriger verglichen mit 200. Wenn jemand, der eine Vorlesung über das Thermometer zu halten hat, damit anfinge, über hohe und niedrige Grade zu deklamieren, so würde er keinerlei Kenntnisse vermitteln. Er müßte mir zunächst einmal sagen, wie der Gefrierpunkt gefunden wird und wie der Siedepunkt, und wie diese Festpunkte durch Naturgesetze bestimmt werden, nicht durch die Laune der Verkäufer oder Hersteller von Thermometern. Mit Bezug auf Arbeitslohn und Profit hat Bürger Weston es nun nicht nur unterlassen, solche Festpunkte aus ökonomischen Gesetzen abzuleiten, er hat es nicht einmal für nötig befunden, sich danach umzusehn. Er gab sich damit zufrieden, die landläufigen Vulgärausdrücke ›niedrig‹ und ›hoch‹ als eindeutige Ausdrücke hinzunehmen, obgleich es in die Augen springt, daß Arbeitslöhne nur hoch oder niedrig genannt werden können, wenn man sie mit einem Standard vergleicht, woran ihre Größen zu messen wären.

Er wird nicht imstande sein, mir zu erklären, warum ein bestimmter Geldbetrag für eine bestimmte Arbeitsmenge gegeben wird. Sollte er mir antworten, »dies wurde durch das Gesetz von Angebot und Nachfrage bestimmt«, so würde ich ihn zunächst einmal fragen, durch welches Gesetz denn Angebot und Nachfrage selbst reguliert werden. Und dieser Einwand würde ihn sofort außer Gefecht setzen. Die Beziehungen zwischen Angebot und Nachfrage von Arbeit erfahren fortwährend Veränderungen und mit ihnen auch die Marktpreise der Arbeit. Wenn die Nachfrage das Angebot übersteigt, so erhöht sich der Arbeitslohn; wenn das Angebot die Nachfrage übersteigt, so sinkt der Arbeitslohn, obgleich es unter diesen Umständen notwendig werden könnte, den wirklichen Stand von Nachfrage und Zufuhr durch einen Streik z. B. oder in andrer Weise zu *ermitteln*. Erkennt ihr aber Angebot und Nachfrage als das den Arbeitslohn regelnde Gesetz an, so wäre es ebenso kindisch wie zwecklos, gegen eine Lohnsteigerung zu wettern, weil eine periodische Lohnsteigerung gemäß dem obersten Gesetz, auf das ihr euch beruft, ebenso notwendig und gesetzmäßig ist wie ein periodisches Fallen des Arbeitslohns. Wenn ihr dagegen Angebot und Nachfrage *nicht* als das den Arbeitslohn regelnde Gesetz anerkennt, so frage ich nochmals, warum ein bestimmter Geldbetrag für eine bestimmte Arbeitsmenge gegeben wird?

Um aber die Sache umfassender zu betrachten: Ihr wärt sehr auf dem Holzweg, falls ihr glaubtet, daß der Wert der Arbeit oder jeder beliebigen andern Ware in letzter Instanz durch Angebot und Nachfrage festgestellt werde. Angebot und Nachfrage regeln nichts als die vorübergehenden *Fluktuationen* der Marktpreise. Sie werden euch erklären, warum der Marktpreis einer Ware über ihren *Wert* steigt oder unter ihn fällt, aber sie können nie über diesen *Wert* selbst Aufschluß geben. Unterstellt, daß Angebot und Nachfrage sich die Waage halten oder, wie die Ökonomen das nennen, einander decken. Nun, im selben Augenblick, wo diese entgegengesetzten Kräfte gleich werden, heben sie einander auf und wirken nicht mehr in der einen oder der andern Richtung. In dem Augenblick, wo Angebot und Nachfrage einander die Waage halten und daher zu wirken aufhören, fällt der *Marktpreis* einer Ware mit ihrem *wirklichen Wert,* mit dem Normalpreis zusammen, um den ihre Marktpreise oszillieren. Bei Untersuchung der Natur dieses Werts haben wir daher mit den vorübergehenden Einwirkungen von Angebot und Nachfrage auf die Marktpreise nichts mehr zu schaffen. Das gleiche gilt vom Arbeitslohn wie von den Preisen aller andern Waren.

5. [Löhne und Preise]

Auf ihren einfachsten theoretischen Ausdruck reduziert, lösen sich alle Argumente unsres Freundes in das einzige Dogma auf: *»Die Warenpreise werden bestimmt oder geregelt durch die Arbeitslöhne.«*

Ich könnte mich auf die praktische Beobachtung berufen, um Zeugnis abzulegen gegen diesen längst überholten und widerlegten Trugschluß. Ich könnte darauf hinweisen, daß die englischen Fabrikarbeiter, Bergleute, Schiffbauer usw., deren Arbeit relativ hoch bezahlt wird, durch die Wohlfeilheit ihres Produkts alle andern Nationen ausstechen, während

z. B. den englischen Landarbeiter, dessen Arbeit relativ niedrig bezahlt wird, wegen der Teuerkeit seines Produkts fast jede andre Nation aussticht. Durch Vergleichung zwischen Artikeln ein und desselben Landes und zwischen Waren verschiedner Länder könnte ich – von einigen mehr scheinbaren als wirklichen Ausnahmen abgesehn – nachweisen, daß im Durchschnitt hochbezahlte Arbeit Waren mit niedrigem Preis und niedrig bezahlte Arbeit Waren mit hohem Preis produziert. Dies wäre natürlich kein Beweis dafür, daß der hohe Preis der Arbeit in dem einen und ihr niedriger Preis in dem andern Fall die respektiven Ursachen so diametral entgegengesetzter Wirkungen sind, wohl aber wäre dies jedenfalls ein Beweis, daß die Preise der Waren nicht von den Preisen der Arbeit bestimmt werden. Indes ist es ganz überflüssig für uns, diese empirische Methode anzuwenden.

Es könnte vielleicht bestritten werden, daß Bürger Weston das Dogma aufgestellt hat: *»Die Warenpreise werden bestimmt oder geregelt durch die Arbeitslöhne.«* Er hat es in der Tat niemals ausgesprochen. Er sagte vielmehr, daß Profit und Rente ebenfalls Bestandteile der Warenpreise bilden, weil es die Warenpreise seien, woraus nicht bloß die Löhne des Arbeiters, sondern auch die Profite des Kapitalisten und die Renten des Grundeigentümers bezahlt werden müssen. Wie stellt er sich aber die Preisbildung vor? Zunächst durch den Arbeitslohn. Sodann wird ein zuschüssiger Prozentsatz zugunsten des Kapitalisten und ein weitrer zugunsten des Grundeigentümers daraufgeschlagen. Unterstellt, der Lohn für die in der Produktion einer Ware angewandte Arbeit sei 10. Wäre die Profitrate 100 %, so würde der Kapitalist auf den vorgeschossenen Arbeitslohn 10 aufschlagen, und wenn die Rentrate ebenfalls 100 % auf den Arbeitslohn betrüge, so würden weitere 10 aufschlagen, und der Gesamtpreis der Ware beliefe sich auf 30. Eine solche Bestimmung der Preise wäre aber einfach ihre Bestimmung durch den Arbeitslohn. Stiege im obigen Fall der Arbeitslohn auf 20, so der Preis der Ware auf 60 usw. Demzufolge haben alle überholten ökonomischen Schriftsteller, die dem Dogma, daß der Arbeitslohn die Preise reguliere, Anerkennung verschaffen wollten, es damit zu beweisen gesucht, daß sie Profit und Rente *als bloße prozentuale Aufschläge auf den Arbeitslohn* behandelten. Keiner von ihnen war natürlich imstande, die Grenzen dieser Prozentsätze auf irgendein ökonomisches Gesetz zu reduzieren. Sie scheinen vielmehr gedacht zu haben, die Profite würden durch Tradition, Gewohnheit, den Willen des Kapitalisten oder nach irgendeiner andern gleicherweise willkürlichen und unerklärlichen Methode festgesetzt. Wenn sie versichern, die Konkurrenz unter den Kapitalisten setze sie fest, so sagen sie gar nichts. Zweifellos ist es diese Konkurrenz, wodurch die verschiednen Profitraten in den verschiednen Geschäftszweigen ausgeglichen oder auf ein Durchschnittsniveau reduziert werden, aber nie kann sie dies Niveau selbst oder die allgemeine Profitrate bestimmen.

Was ist gemeint, wenn man sagt, daß die Warenpreise durch den Arbeitslohn bestimmt seien? Da Arbeitslohn nur ein andrer Name für den Preis der Arbeit, so ist damit gemeint, daß die Preise der Waren durch den Preis der Arbeit reguliert werden. Da ›*Preis*‹ Tauschwert ist – und wo ich von Wert spreche, ist immer von Tauschwert die Rede –, also Tausch*wert in Geld ausgedrückt,* so läuft der Satz darauf hinaus, daß »der *Wert der Waren bestimmt wird durch den Wert der Arbeit«* oder daß *»der Wert der Arbeit der allgemeine Wertmesser ist«*.

Wie aber wird dann der ›*Wert der Arbeit*‹ selbst bestimmt? Hier kommen wir an einen toten Punkt. An einen toten Punkt natürlich nur, wenn wir logisch zu folgern versuchen. Die Prediger jener Doktrin machen mit logischen Skrupeln allerdings kurzen Prozeß. Unser Freund Weston zum Beispiel. Erst erklärte er uns, daß der Arbeitslohn den Warenpreis bestimme und daß folglich mit dem Steigen des Arbeitslohns die Preise steigen müßten. Dann machte er eine Wendung, um uns weiszumachen, eine Lohnsteigerung sei zu nichts gut, weil die Warenpreise gestiegen wären und weil die Löhne in der Tat durch die Preise der Waren, worauf sie verausgabt, gemessen würden. Somit beginnen wir mit der Behauptung, daß der Wert der Arbeit den Wert der Waren bestimme, und enden mit der Behauptung, daß der Wert der Waren den Wert der Arbeit bestimme. So drehen wir uns in einem höchst fehlerhaften Kreislauf und kommen überhaupt zu keinem Schluß.

Alles in allem ist es klar, daß, wenn man den Wert einer Ware, sage von Arbeit, Korn oder jeder andern Ware, zum allgemeinen Maß und Regulator des Werts macht, man die Schwierigkeit bloß von sich abschiebt, da man einen Wert durch einen andern bestimmt, der seinerseits wieder der Bestimmung bedarf.

Auf seinen abstraktesten Ausdruck gebracht, läuft das Dogma, daß »der Arbeitslohn die Warenpreise bestimmt«, darauf hinaus, daß »Wert durch Wert bestimmt ist«, und diese Tautologie bedeutet, daß wir in Wirklichkeit überhaupt nichts über den Wert wissen. Halten wir uns an diese Prämisse, so wird alles Räsonieren über die allgemeinen Gesetze der politischen Ökonomie zu leerem Geschwätz. Es war daher das große Verdienst Ricardos, daß er in seinem 1817 veröffentlichten Werk ›*On the Principles of Political Economy*‹ den alten landläufigen und abgedroschnen Trugschluß, wonach »der Arbeitslohn die Preise bestimmt«, von Grund aus zunichte machte, einen Trugschluß, den Adam Smith und seine französischen Vorgänger in den wirklich wissenschaftlichen Partien ihrer Untersuchungen aufgegeben hatten, den sie aber in den mehr exoterischen und verflachenden Kapiteln dennoch wieder aufnahmen.

Bürger, ich bin jetzt an einen Punkt gelangt, wo ich auf die wirkliche Entwicklung der Frage eingehn muß. Ich kann nicht versprechen, daß ich dies in sehr zufriedenstellender Weise tun werde, weil ich sonst gezwungen wäre, das ganze Gebiet der politischen Ökonomie durchzunehmen. Ich kann, wie die Franzosen sagen würden, bloß ›effleurer la question‹, die Hauptpunkte berühren.

Die erste Frage, die wir stellen müssen, ist dies: Was ist der *Wert* einer Ware? Wie wird er bestimmt?

Auf den ersten Blick möchte es scheinen, daß der Wert einer Ware etwas ganz *Relatives* und ohne die Betrachtung der einen Ware in ihren Beziehungen zu allen andern Waren gar nicht zu Bestimmendes ist. In der Tat, wenn wir vom Wert, vom Tauschwert einer Ware sprechen, meinen wir die quantitativen Proportionen, worin sie sich mit allen andern Waren austauscht. Aber dann erhebt sich die Frage: Wie werden die Proportionen reguliert, in denen Waren sich miteinander austauschen?

Wir wissen aus Erfahrung, daß diese Proportionen unendlich mannigfaltig sind. Nehmen wir eine einzelne Ware, z. B. Weizen, so finden wir, daß ein Quarter Weizen sich in fast unzähligen Variationen von Proportionen mit den verschiedensten Waren austauscht. Indes, *da sein Wert stets derselbe bleibt,* ob in Seide, Gold oder irgendeiner andern Ware ausgedrückt, so muß er etwas von diesen *verschiednen Proportionen des Austausches* mit verschiednen Artikeln Unterschiedliches und Unabhängiges sein. Es muß möglich sein, diese mannigfachen Gleichsetzungen mit mannigfachen Waren in einer davon sehr verschiednen Form auszudrükken.

Sage ich ferner, daß ein Quarter Weizen sich in bestimmten Proportionen mit Eisen austauscht oder daß der Wert eines Quarters Weizen in einer bestimmten Menge Eisen ausgedrückt wird, so sage ich, daß der Weizenwert und sein Äquivalent in Eisen *irgendeinem Dritten* gleich sind, das weder Weizen noch Eisen ist, weil ich ja unterstelle, daß beide dieselbe Größe in zwei verschiednen Gestalten ausdrücken. Jedes der beiden, der Weizen und das Eisen, muß daher unabhängig vom andern reduzierbar sein auf dies Dritte, das ihr gemeinsames Maß ist.

Ein ganz einfaches geometrisches Beispiel veranschauliche dies. Wie verfahren wir, wenn wir die Flächeninhalte von Dreiecken aller erdenklichen Form und Größe oder von Dreiecken mit Rechtecken oder andern gradlinigen Figuren vergleichen? Wir reduzieren den Flächeninhalt jedes beliebigen Dreiecks auf einen von seiner sichtbaren Form ganz verschiednen Ausdruck. Nachdem wir aus der Natur des Dreiecks gefunden, daß sein Flächeninhalt gleich ist dem halben Produkt aus seiner Grundlinie und seiner Höhe, können wir nunmehr die verschiednen Flächeninhalte aller Arten von Dreiecken und aller erdenklichen gradlinigen Figuren miteinander vergleichen, weil sie alle in eine bestimmte Anzahl von Dreiecken zerlegt werden können.

Dieselbe Verfahrungsweise muß bei den Werten der Ware stattfinden. Wir müssen imstande sein, sie alle auf einen allen gemeinsamen Ausdruck zu reduzieren und sie nur durch die Proportionen zu unterscheiden, worin sie eben jenes und zwar identische Maß enthalten.

Da die *Tauschwerte* der Waren nur *gesellschaftliche Funktionen* dieser Dinge sind und gar nichts zu tun haben mit ihren *natürlichen* Qualitäten, so fragt es sich zunächst: Was ist die gemeinsame *gesellschaftliche Substanz* aller Waren? Es ist die *Arbeit.* Um eine Ware zu produzieren, muß eine bestimmte Menge Arbeit auf sie verwendet oder in ihr aufgearbeitet werden. Dabei sage ich nicht bloß *Arbeit,* sondern *gesellschaftliche Arbeit.* Wer einen Artikel für seinen eignen unmittelbaren Gebrauch produziert, um ihn selbst zu konsumieren, schafft zwar ein *Produkt,* aber keine *Ware.* Als selbstwirtschaftender Produzent hat er nichts mit der Gesellschaft zu tun. Aber um eine *Ware* zu produzieren, muß der von ihm produzierte Artikel nicht nur irgendein *gesellschaftliches* Bedürfnis befriedigen, sondern seine Arbeit selbst muß Bestandteil und Bruchteil der von der Gesellschaft verausgabten Gesamtarbeitssumme bilden. Seine Arbeit muß unter die *Teilung der Arbeit innerhalb der Gesellschaft* subsumiert sein. Sie ist nichts ohne die andern Teilarbeiten, und es ist erheischt, daß sie für ihr Teil diese *ergänzt.*

Wenn wir *Waren als Werte* betrachten, so betrachten wir sie ausschließlich unter dem einzigen Gesichtspunkt der in ihnen *vergegenständlichten, dargestellten* oder, wenn es beliebt, *kristallisierten gesellschaftlichen Arbeit.* In dieser Hinsicht können sie sich nur *unterscheiden* durch die in ihnen repräsentierten größeren oder kleineren Arbeitsquanta, wie z. B. in einem seidnen Schnupftuch eine größere Arbeitsmenge aufgearbeitet sein mag als in einem Ziegelstein. Wie aber mißt man *Arbeitsquanta?* Nach der *Dauer der Arbeitszeit,* indem man die Arbeit nach Stunde, Tag etc. mißt. Um dieses Maß anzuwenden, reduziert man natürlich alle Arbeitsarten auf durchschnittliche oder einfache Arbeit als ihre Einheit.

Wir kommen daher zu folgendem Schluß. Eine Ware hat *Wert,* weil sie *Kristallisation gesellschaftlicher Arbeit* ist. Die *Größe* ihres Werts oder ihr *relativer* Wert hängt ab von der größeren oder geringeren Menge dieser in ihr enthaltnen gesellschaftlichen Substanz; d. h. von der zu ihrer Produktion notwendigen relativen Arbeitsmasse. Die *relativen Werte der Waren* werden daher bestimmt durch die *respektiven in ihnen aufgearbeiteten, vergegenständlichten, dargestellten Quanta* oder *Mengen von Ar-*

beit. Die *korrelativen* Warenquanta, die in *derselben Arbeitszeit* produziert werden können, sind *gleich.* Oder der Wert einer Ware verhält sich zum Wert einer andern Ware wie das Quantum der in der einen Ware dargestellten Arbeit zu dem Quantum der in der andern Ware dargestellten Arbeit.

Ich habe den Verdacht, daß viele von euch fragen werden: Besteht denn in der Tat ein so großer oder überhaupt irgendein Unterschied zwischen der Bestimmung der Werte der Waren durch den *Arbeitslohn* und ihrer Bestimmung durch die *relativen Arbeitsquanta,* die zu ihrer Produktion notwendig? Ihr müßt indes gewahr geworden sein, daß das *Entgelt* für die Arbeit und das *Quantum* der Arbeit ganz verschiedenartige Dinge sind. Angenommen z.B., in einem Quarter Weizen und einer Unze Gold seien *gleiche Arbeitsquanta* dargestellt. Ich greife auf das Beispiel zurück, weil *Benjamin Franklin* es in seinem ersten Essay benutzt hat, der 1729[2] unter dem Titel ›*A Modest Inquiry into the Nature and Necessity of a Paper Currency*‹ veröffentlicht wurde und worin er als einer der ersten der wahren Natur des Werts auf die Spur kam. Schön. Wir unterstellen nun, daß ein Quarter Weizen und eine Unze Gold *gleiche Werte* oder *Äquivalente* sind, weil sie *Kristallisationen gleicher Mengen von Durchschnittsarbeit* soundso vieler jeweils in ihnen dargestellter Arbeitstage oder -wochen sind. Nehmen wir nun dadurch, daß wir die relativen Werte von Gold und Korn bestimmen, in irgendeiner Weise Bezug auf die Arbeitslöhne des Landarbeiters und des Bergarbeiters? Nicht im geringsten. Wir lassen es ganz *unbestimmt, wie* ihre Tages- oder Wochenarbeit bezahlt, ja ob überhaupt Lohnarbeit angewandt worden ist. Geschah dies, so kann der Arbeitslohn sehr ungleich gewesen sein. Der Arbeiter, dessen Arbeit in dem Quarter Weizen vergegenständlicht ist, mag bloß 2 Bushel, der im Bergbau beschäftigte Arbeiter mag die eine Hälfte der Unze Gold erhalten haben. Oder, ihre Arbeitslöhne als gleich unterstellt, es können diese in allen erdenklichen Proportionen abweichen von den Werten der von ihnen produzierten Waren. Sie können sich auf die Hälfte, ein Drittel, ein Viertel, ein Fünftel oder jeden andern aliquoten Teil des einen Quarters Korn oder der einen Unze Gold belaufen. Ihre *Arbeitslöhne* können natürlich die Werte der von ihnen produzierten Waren nicht *überschreiten,* nicht *größer* sein, wohl aber können sie in jedem möglichen Grad *geringer* sein. Ihre *Arbeitslöhne* werden ihre *Grenze haben* an den *Werten* der Produkte, aber die *Werte ihrer Produkte* werden nicht ihre Grenze haben an ihren Arbeitslöhnen. Was indes die Hauptsache: die Werte, die relativen Werte von Korn und Gold z.B., sind ohne jede Rücksicht auf den Wert der angewandten Arbeit, d.h. den *Arbeitslohn,* festgesetzt worden. Die Bestimmung der Werte der Waren durch die *in ihnen dargestellten relativen Arbeitsquanta* ist daher etwas durchaus Verschiedenes von der tautologischen Manier, die Werte der Waren durch den Wert der Arbeit oder den *Arbeitslohn* zu bestimmen. Dieser Punkt wird indes im Fortgang unserer Untersuchung noch näher beleuchtet werden.

Bei Berechnung des Tauschwerts einer Ware müssen wir zu dem Quantum der *zuletzt* auf sie angewandten Arbeit noch das *früher* in dem Rohstoff der Ware aufgearbeitete Arbeitsquantum hinzufügen, ferner die Arbeit, die auf Geräte, Werkzeuge, Maschinerie und Baulichkeiten verwendet worden, die bei dieser Arbeit mitwirken. Zum Beispiel ist der Wert einer bestimmten Menge Baumwollgarn die Kristallisation des Arbeitsquantums, das der Baumwolle während des Spinnprozesses zugesetzt worden, des Arbeitsquantums, das früher in der Baumwolle selbst vergegenständlicht worden, des Arbeitsquantums, vergegenständlicht in Kohle, Öl und andern verbrauchten Hilfsstoffen, des Arbeitsquantums, dargestellt in der Dampfmaschine, den Spindeln, den Fabrikgebäuden usw. Die Produktionsinstrumente im eigentlichen Sinn, wie Werkzeuge, Maschinerie, Baulichkeiten, dienen für eine längere oder kürzere Periode immer aufs neue während wiederholter Produktionsprozesse. Würden sie auf einmal verbraucht wie der Rohstoff, so würde ihr ganzer Wert auf einmal auf die Waren übertragen, bei deren Produktion sie mitwirken. Da aber eine Spindel z. B. nur nach und nach verbraucht wird, so wird auf Grund der Durchschnittszeit, die sie dauert, und ihrer allmählichen Abnutzung oder ihres durchschnittlichen Verschleißes während einer bestimmten Periode, sage eines Tages, eine Durchschnittsberechnung angestellt. Auf diese Weise berechnen wir, wieviel vom Wert der Spindel auf das täglich gesponnene Garn übertragen wird und wieviel daher von der Gesamtmenge der z. B. in einem Pfund Garn vergegenständlichten Arbeit auf die früher in der Spindel vergegenständlichte Arbeit kommt. Für unsern gegenwärtigen Zweck ist es nicht notwendig, länger bei diesem Punkt zu verweilen.

Es könnte scheinen, daß, wenn der Wert einer Ware bestimmt ist durch das *auf ihre Produktion verwendete Arbeitsquantum,* je fauler oder ungeschickter ein Mann, desto wertvoller seine Ware, weil die Zeit desto größer, die zur Verfertigung der Ware erheischt. Dies wäre jedoch ein bedauerlicher Irrtum. Ihr werdet euch erinnern, daß ich das Wort ›*gesellschaftliche Arbeit*‹ gebraucht, und diese Qualifizierung ›gesellschaftlich‹ schließt viele Momente in sich. Sagen wir, der Wert einer Ware werde bestimmt durch das in ihr aufgearbeitete oder kristallisierte *Arbeitsquantum,* so meinen wir *das Arbeitsquantum, notwendig* zu ihrer Produktion in einem gegebnen Gesellschaftszustand, unter bestimmten gesellschaftlichen Durchschnittsbedingungen der Produktion, mit einer gegebnen gesellschaftlichen Durchschnittsintensität und Durchschnittsgeschicklichkeit der angewandten Arbeit. Als in England der Dampfwebstuhl mit dem Handwebstuhl zu konkurrieren begann, ward nur halb soviel Arbeitszeit erforderlich wie früher, um eine gegebne Menge Garn in eine Elle Baumwollgewebe oder Tuch zu verwandeln. Der arme Handwerker arbeitete jetzt 17 oder 18 Stunden täglich statt 9 oder 10 Stunden früher. Aber das Produkt seiner zwanzigstündigen Arbeit repräsentierte jetzt nur noch 10 Stunden gesellschaftliche Arbeit oder 10 Stunden Arbeit, gesellschaftlich notwendig, um eine bestimmte Menge Garn in Textilstoffe zu verwandeln. Das Produkt seiner 20 Stunden hatte daher nicht mehr Wert als das Produkt seiner frühern 10 Stunden.

Wenn nun das Quantum der in den Waren vergegenständlichten gesellschaftlich notwendigen Arbeit ihre Tauschwerte reguliert, so muß jede Zunahme des zur Produktion einer Ware erforderlichen Arbeitsquantums ebenso ihren Wert vergrößern, wie jede Abnahme ihn vermindern muß.

Blieben die zur Produktion der respektiven Waren notwendigen respektiven Arbeitsquanta konstant, so wären ihre relativen Werte ebenfalls konstant. Dies ist jedoch nicht der Fall. Das zur Produktion einer Ware notwendige Arbeitsquantum wechselt ständig mit dem Wechsel in der Produktivkraft der angewandten Arbeit. Je größer die Produktivkraft der Arbeit, desto mehr Produkt wird in gegebner Arbeitszeit verfertigt, und je geringer die Produktivkraft der Arbeit, desto weniger. Ergibt sich z.B. durch das Wachstum der Bevölkerung die Notwendigkeit, minder fruchtbaren Boden in Bebauung zu nehmen, so könnte dieselbe Menge Produkt nur erzielt werden, wenn eine größere Menge Arbeit verausgabt würde, und der Wert des landwirtschaftlichen Produkts würde folglich steigen. Andrerseits, wenn ein einzelner Spinner mit modernen Produktionsmitteln in einem Arbeitstag eine vieltausendmal größere Menge Baumwolle in Garn verwandelt, als er in derselben Zeit mit dem Spinnrad hätte verspinnen können, so ist es klar, daß jedes einzelne Pfund Baumwolle vieltausendmal weniger Spinnarbeit aufsaugen wird als vorher und folglich der durch das Spinnen jedem einzelnen Pfund Baumwolle zugesetzte Wert tausendmal kleiner sein wird als vorher. Der Wert des Garns wird entsprechend sinken.

Abgesehn von den Unterschieden in den natürlichen Energien und den erworbnen Arbeitsgeschicken verschiedner Völker muß die Produktivkraft der Arbeit in der Hauptsache abhängen:

1. von den *Natur*bedingungen der Arbeit, wie Fruchtbarkeit des Bodens, Ergiebigkeit der Minen usw.

2. von der fortschreitenden Vervollkommnung der *gesellschaftlichen Kräfte der Arbeit,* wie sie sich herleiten aus Produktion auf großer Stufenleiter, Konzentration des Kapitals und Kombination der Arbeit,

Teilung der Arbeit, Maschinerie, verbesserten Methoden, Anwendung chemischer und andrer natürlicher Kräfte, Zusammendrängung von Zeit und Raum durch Kommunikations- und Transportmittel und aus jeder andern Einrichtung, wodurch die Wissenschaft Naturkräfte in den Dienst der Arbeit zwingt und wodurch der gesellschaftliche oder kooperierte Charakter der Arbeit zur Entwicklung gelangt. Je größer die Produktivkraft der Arbeit, desto kleiner die auf eine gegebne Menge Produkt verwendete Arbeit; desto kleiner also der Wert des Produkts. Je geringer die Produktivkraft der Arbeit; desto größer die auf dieselbe Menge Produkt verwendete Arbeit; desto größer also sein Wert. Als allgemeines Gesetz können wir daher aufstellen:

Die Werte der Waren sind direkt proportional der auf ihre Produktion angewandten Arbeitszeiten und umgekehrt proportional der Produktivkraft der angewandten Arbeit.

Nachdem ich bis jetzt nur vom *Wert* gesprochen, werde ich noch einige Worte hinzufügen über den *Preis,* der eine eigentümliche Form ist, die der Wert annimmt.

Preis ist an sich nichts als der *Geldausdruck des Werts.* Hierzulande z. B. werden die Werte aller Waren in Goldpreisen, auf dem Kontinent dagegen hauptsächlich in Silberpreisen ausgedrückt. Der Wert von Gold oder Silber wie der aller andern Waren wird reguliert von dem zu ihrer Erlangung notwendigen Arbeitsquantum. Eine bestimmte Menge eurer einheimischen Produkte, worin ein bestimmter Betrag eurer nationalen Arbeit kristallisiert ist, tauscht ihr aus gegen das Produkt der Gold und Silber produzierenden Länder, in welchem ein bestimmtes Quantum *ihrer* Arbeit kristallisiert ist. Es ist in dieser Weise, faktisch durch Tauschhandel, daß ihr lernt, die Werte aller Waren, d. h. die respektiven auf sie verwendeten Arbeitsquanta, in Gold und Silber auszudrücken. *Den Geldausdruck des Werts* etwas näher betrachtet, oder, was dasselbe, *die Verwandlung des Werts in Preis,* werdet ihr finden, daß dies ein Verfahren ist, wodurch ihr den *Werten* aller Waren eine *unabhängige* und *homogene Form* verleiht oder sie als *Quanta gleicher* gesellschaftlicher Arbeit ausdrückt. Soweit der Preis nichts ist als der Geldausdruck des Werts, hat ihn Adam Smith den *»natürlichen Preis«*, haben ihn die französischen Physiokraten den *»prix nécessaire«*[3] genannt.

Welche Beziehung besteht nun zwischen *Werten* und *Marktpreisen* oder zwischen *natürlichen Preisen* und *Marktpreisen?* Ihr alle wißt, daß der *Markt*preis für alle Waren derselben Art *derselbe* ist, wie verschieden immer die Bedingungen der Produktion für die einzelnen Produzenten sein mögen. Die Marktpreise drücken nur die unter den Durchschnittsbedingungen der Produktion für die Versorgung des Markts mit einer bestimmten Masse eines bestimmten Artikels notwendige *Durchschnitts-*

menge gesellschaftlicher Arbeit aus. Er wird aus der Gesamtheit aller Waren einer bestimmten Gattung errechnet.

Soweit fällt der *Marktpreis* einer Ware mit ihrem *Wert* zusammen. Andrerseits hängen die Schwankungen der Marktpreise bald über, bald unter den Wert oder natürlichen Preis ab von den Fluktuationen des Angebots und der Nachfrage. Abweichungen der Marktpreise von den Werten erfolgen also ständig, aber, sagt *Adam Smith:*

»Der natürliche Preis ist also gewissermaßen das Zentrum, zu dem die Preise aller Waren beständig gravitieren. Verschiedene Zufälle können sie mitunter hoch darüber erheben und manchmal darunter herabdrükken. Welches aber immer die Umstände sein mögen, die sie hindern, in diesem Zentrum der Ruhe und Beharrung zum Stillstand zu kommen, sie streben ihm beständig zu.«

Ich kann jetzt nicht näher auf diesen Punkt eingehn. Es genügt zu sagen, daß, *wenn* Angebot und Nachfrage einander die Waage halten, die Marktpreise der Waren ihren natürlichen Preisen entsprechen werden, d. h. ihren durch die respektiven zu ihrer Produktion erheischten Arbeitsquanta bestimmten Werten. Aber Angebot und Nachfrage *müssen* einander ständig auszugleichen streben, obgleich dies nur dadurch geschieht, daß eine Fluktuation durch eine andre, eine Zunahme durch eine Abnahme aufgehoben wird und umgekehrt. Wenn ihr, statt nur die täglichen Fluktuationen zu betrachten, die Bewegung der Marktpreise für längere Perioden analysiert, wie dies z. B. Tooke in seiner ›*History of Prices*‹ getan, so werdet ihr finden, daß die Fluktuationen der Marktpreise, ihre Abweichungen von den Werten, ihre Auf- und Abbewegungen einander ausgleichen und aufheben, so daß, abgesehn von der Wirkung von Monopolen und einigen andern Modifikationen, die ich hier übergehn muß, alle Gattungen von Waren im Durchschnitt zu ihren respektiven *Werten* oder natürlichen Preisen verkauft werden. Die Durchschnittsperioden, während welcher die Fluktuationen der Marktpreise einander aufheben, sind für verschiedne Warensorten verschieden, weil es mit der einen Sorte leichter gelingt als mit der andern, das Angebot der Nachfrage anzupassen.

Wenn nun, allgemeiner gesprochen und mit Einschluß etwas längerer Perioden, alle Gattungen von Waren zu ihren respektiven Werten verkauft werden, so ist es Unsinn zu unterstellen, daß die ständigen und in verschiednen Geschäftszweigen üblichen Profite – nicht etwa der Profit in einzelnen Fällen – aus einem Aufschlag auf die Preise der Waren entspringen oder daraus, daß sie zu einem Preis weit über ihrem *Wert* verkauft werden. Die Absurdität dieser Vorstellung springt in die Augen, sobald sie verallgemeinert wird. Was einer als Verkäufer ständig gewönne, würde er als Käufer ebenso ständig verlieren. Es würde zu nichts führen, wollte man sagen, daß es Menschen gibt, die Käufer sind, ohne Verkäufer zu sein, oder Konsumenten, ohne Produzenten zu sein. Was diese Leute den Produzenten zahlen, müssen sie zunächst umsonst von ihnen erhalten. Wenn einer erst euer Geld nimmt und es dann dadurch zurückgibt, daß er eure Waren kauft, so werdet ihr euch nie dadurch bereichern, daß ihr eure Waren diesem selben Mann zu teuer verkauft. Ein derartiger Umsatz könnte einen Verlust verringern, würde aber niemals dazu verhelfen, einen Gewinn zu realisieren.

Um daher die *allgemeine Natur des Profits* zu erklären, müßt ihr von dem Grundsatz ausgehn, daß im Durchschnitt Waren *zu ihren wirklichen Werten verkauft* werden und daß *Profite sich herleiten aus dem Verkauf der Waren zu ihren Werten,* d. h. im Verhältnis zu dem in ihnen vergegenständlichten Arbeitsquantum. Könnt ihr den Profit nicht unter dieser Voraussetzung erklären, so könnt ihr ihn überhaupt nicht erklären. Dies scheint paradox und der alltäglichen Beobachtung widersprechend. Es ist ebenso paradox, daß die Erde um die Sonne kreist und daß Wasser aus zwei äußerst leicht entflammenden Gasen besteht. Wissenschaftliche Wahrheit ist immer paradox vom Standpunkt der alltäglichen Erfahrung, die nur den täuschenden Schein der Dinge wahrnimmt.

7. Die Arbeitskraft

Nachdem wir nun, soweit es in so flüchtiger Weise möglich war, die Natur des *Werts,* des *Werts jeder beliebigen Ware* analysiert haben, müssen wir unsre Aufmerksamkeit dem spezifischen *Wert der Arbeit* zuwenden. Und hier muß ich euch wieder mit einem scheinbaren Paradoxon überraschen. Ihr alle seid fest überzeugt, daß, was ihr täglich verkauft, eure Arbeit sei; daß daher die Arbeit einen Preis habe und daß, da der Preis einer Ware bloß der Geldausdruck ihres Werts, es sicherlich so etwas wie den *Wert der Arbeit* geben müsse. Indes existiert nichts von der Art, was im gewöhnlichen Sinn des Wortes *Wert der Arbeit* genannt wird. Wir haben gesehn, daß die in einer Ware kristallisierte Menge notwendiger Arbeit ihren Wert konstituiert. Wie können wir nun, indem wir diesen Wertbegriff anwenden, sage den Wert eines zehnstündigen Arbeitstags bestimmen? Wieviel Arbeit enthält dieser Arbeitstag? Zehnstündige Arbeit. Vom Wert eines zehnstündigen Arbeitstags auszusagen, daß er zehnstündiger Arbeit oder dem darin enthaltenen Arbeitsquantum gleich sei, wäre ein tautologischer und überdies unsinniger Ausdruck. Nachdem wir einmal den richtigen, aber versteckten Sinn des Ausdrucks ›*Wert der Arbeit*‹ gefunden, werden wir natürlich imstande sein, diese irrationale und anscheinend unmögliche Anwendung des Begriffs Wert richtig zu deuten, ebenso wie wir imstande sein werden, die scheinbare oder bloß phänomenale Bewegung der Himmelskörper zu erkennen, nachdem wir einmal ihre wirkliche Bewegung erkannt.

Was der Arbeiter verkauft, ist nicht direkt seine *Arbeit,* sondern seine *Arbeitskraft,* über die er dem Kapitalisten vorübergehend die Verfügung überläßt. Dies ist so sehr der Fall, daß – ich weiß nicht, ob durch englisches Gesetz, jedenfalls aber durch einige Gesetze auf dem Kontinent – die *maximale Zeitdauer,* wofür ein Mann seine Arbeitskraft verkaufen darf, festgestellt ist. Wäre es ihm erlaubt, das für jeden beliebigen Zeitraum zu tun, so wäre ohne weiteres die Sklaverei wiederhergestellt. Wenn solch ein Verkauf sich z. B. auf seine ganze Lebensdauer erstreckte, so würde er dadurch auf einen Schlag zum lebenslänglichen Sklaven seines Lohnherrn gemacht.

Einer der ältesten Ökonomen und originellsten Philosophen Englands – *Thomas Hobbes* – hat in seinem ›*Leviathan*‹ schon vorahnend auf diesen von allen seinen Nachfolgern übersehenen Punkt hingewiesen. Er sagt: »*Der Wert*[4] *eines Menschen* ist wie der aller anderen Dinge sein Preis; das heißt soviel, als für die *Benutzung seiner Kraft* gegeben würde.«

Von dieser Basis ausgehend, werden wir imstande sein, den *Wert der Arbeit* wie den aller andern Waren zu bestimmen.

Bevor wir jedoch dies tun, könnten wir fragen, woher die sonderbare Erscheinung kommt, daß wir auf dem Markt eine Gruppe Käufer finden, die Besitzer von Boden, Maschinerie, Rohstoff und Lebensmitteln sind, die alle, abgesehn von Boden in seinem rohen Zustand, *Produkte der Arbeit* sind, und auf der andern Seite eine Gruppe Verkäufer, die nichts zu verkaufen haben außer ihre Arbeitskraft, ihre werktätigen Arme und Hirne. Daß die eine Gruppe ständig kauft, um Profit zu machen und sich zu bereichern, während die andre ständig verkauft, um ihren Lebensunterhalt zu verdienen? Die Untersuchung dieser Frage wäre eine Untersuchung über das, was die Ökonomen »*Vorgängige oder ursprüngliche Akkumulation*« nennen, was aber *ursprüngliche Expropriation* genannt werden sollte. Wir würden finden, daß diese sogenannte *ursprüngliche Akkumulation* nichts andres bedeutet als eine Reihe historischer Prozesse, die in einer *Auflösung* der *ursprünglichen Einheit* zwischen dem Arbeitenden und seinen Arbeitsmitteln resultieren. Solch eine Untersuchung fällt jedoch außerhalb des Rahmens meines jetzigen Themas. Sobald einmal die *Trennung* zwischen dem Mann der Arbeit und den Mitteln der Arbeit vollzogen, wird sich dieser Zustand erhalten und auf ständig wachsender Stufenleiter reproduzieren, bis eine neue und gründliche Umwälzung der Produktionsweise ihn wieder umstürzt und die ursprüngliche Einheit in neuer historischer Form wiederherstellt.

Was ist nun also der *Wert der Arbeitskraft?*

Wie der jeder andern Ware ist der Wert bestimmt durch das zu ihrer Produktion notwendige Arbeitsquantum. Die Arbeitskraft eines Menschen existiert nur in seiner lebendigen Leiblichkeit. Eine gewisse Menge Lebensmittel muß ein Mensch konsumieren, um aufzuwachsen und sich am Leben zu erhalten. Der Mensch unterliegt jedoch, wie die Maschine, der Abnutzung und muß durch einen andern Menschen ersetzt werden. Außer der zu *seiner eignen* Erhaltung erheischten Lebensmittel bedarf er einer andern Lebensmittelmenge, um eine gewisse Zahl Kinder aufzuziehn, die ihn auf dem Arbeitsmarkt zu ersetzen und das Geschlecht der Arbeiter zu verewigen haben. Mehr noch, um seine Arbeitskraft zu entwickeln und ein gegebnes Geschick zu erwerben, muß eine weitere Menge von Werten verausgabt werden. Für unsern Zweck genügt es, nur *Durchschnitts*arbeit in Betracht zu ziehn, deren Erziehungs- und Ausbildungskosten verschwindend geringe Größen sind. Dennoch muß ich diese Gelegenheit zu der Feststellung benutzen, daß, genauso wie die Produktionskosten für Arbeitskräfte verschiedner Qualität nun einmal verschieden sind, auch die Werte der in verschiednen Geschäftszweigen beschäftigten Arbeitskräfte verschieden sein müssen. Der Ruf nach *Gleichheit* der *Löhne* beruht daher auf einem Irrtum, ist ein unerfüllbarer *törichter* Wunsch. Er ist die Frucht jenes falschen und platten Radikalismus, der die Voraussetzungen annimmt, die Schlußfolgerungen aber umgehn möchte. Auf Basis des Lohnsystems wird der Wert der Arbeitskraft in derselben Weise festgesetzt wie der jeder andern Ware; und da verschiedne Arten Arbeitskraft verschiedne Werte haben oder verschiedne Arbeitsquanta zu ihrer Produktion erheischen, so *müssen* sie auf dem Arbeitsmarkt verschiedne Preise erzielen. Nach *gleicher oder gar gerechter Entlohnung* auf Basis des Lohnsystems rufen, ist dasselbe, wie auf Basis des Systems der Sklaverei nach *Freiheit* zu rufen. Was ihr für recht oder gerecht erachtet, steht nicht in Frage. Die Frage ist: Was ist bei einem gegebnen Produktionssystem notwendig und unvermeidlich?

Nach dem Dargelegten dürfte es klar sein, daß der *Wert der Arbeitskraft* bestimmt ist durch den *Wert der Lebensmittel,* die zur Produktion, Entwicklung, Erhaltung und Verewigung der Arbeitskraft erheischt sind.

8. Die Produktion des Mehrwerts

Unterstellt nun, daß die Produktion der Durchschnittsmenge täglicher Lebensmittel für einen Arbeitenden *6 Stunden Durchschnittsarbeit* erheischt. Unterstellt überdies auch, 6 Stunden Durchschnittsarbeit seien in einem Goldquantum gleich 3 sh. vergegenständlicht. Dann wären 3 sh. der *Preis* oder Geldausdruck des *Tageswerts* der *Arbeitskraft* jenes

Mannes. Arbeitete er täglich 6 Stunden, so würde er täglich einen Wert produzieren, der ausreicht, um die Durchschnittsmenge seiner täglichen Lebensmittel zu kaufen oder sich selbst als Arbeitenden am Leben zu erhalten.

Aber unser Mann ist ein Lohnarbeiter. Er muß daher seine Arbeitskraft einem Kapitalisten verkaufen. Verkauft er sie zu 3 sh. per Tag oder 18 sh. die Woche, so verkauft er sie zu ihrem Wert. Unterstellt, er sei ein Spinner. Wenn er 6 Stunden täglich arbeitet, wird er der Baumwolle einen Wert von 3 sh. täglich zusetzen. Dieser von ihm täglich zugesetzte Wert wäre exakt ein Äquivalent für den Arbeitslohn oder Preis seiner Arbeitskraft, den er täglich empfängt. Aber in diesem Fall käme dem Kapitalisten *keinerlei Mehrwert* oder *Mehrprodukt* zu. Hier kommen wir also an den springenden Punkt.

Durch Kauf der Arbeitskraft des Arbeiters und Bezahlung ihres Werts hat der Kapitalist, wie jeder andre Käufer, das Recht erworben, die gekaufte Ware zu konsumieren oder zu nutzen. Man konsumiert oder nutzt die Arbeitskraft eines Mannes, indem man ihn arbeiten läßt, wie man eine Maschine konsumiert oder nutzt, indem man sie laufen läßt. Durch Bezahlung des Tages- oder Wochenwerts der Arbeitskraft des Arbeiters hat der Kapitalist daher das Recht erworben, diese Arbeitskraft während *des ganzen Tags oder der ganzen Woche* zu nutzen oder arbeiten zu lassen. Der Arbeitstag oder die Arbeitswoche hat natürlich bestimmte Grenzen, die wir aber erst später betrachten werden.

Für den Augenblick möchte ich eure Aufmerksamkeit auf einen entscheidenden Punkt lenken.

Der *Wert* der Arbeitskraft ist bestimmt durch das zu ihrer Erhaltung oder Reproduktion notwendige Arbeitsquantum, aber die *Nutzung* dieser Arbeitskraft ist nur begrenzt durch die aktiven Energien und die Körperkraft des Arbeiters. Der Tages- oder Wochen*wert* der Arbeitskraft ist durchaus verschieden von der täglichen oder wöchentlichen *Betätigung* dieser Kraft, genauso wie das Futter, dessen ein Pferd bedarf, durchaus verschieden ist von der Zeit, die es den Reiter tragen kann. Das Arbeitsquantum, wodurch der *Wert* der Arbeitskraft des Arbeiters begrenzt ist, bildet keineswegs eine Grenze für das Arbeitsquantum, das seine Arbeitskraft zu verrichten vermag. Nehmen wir das Beispiel unsres Spinners. Wir haben gesehn, daß er, um seine Arbeitskraft täglich zu reproduzieren, täglich einen Wert von 3 sh. reproduzieren muß, was er dadurch tut, daß er täglich 6 Stunden arbeitet. Dies hindert ihn jedoch nicht, 10 oder 12 oder mehr Stunden am Tag arbeiten zu können. Durch die Bezahlung des Tages- oder Wochen*werts* der Arbeitskraft des Spinners hat nun aber der Kapitalist das Recht erworben, diese Arbeitskraft während *des ganzen Tags oder der ganzen Woche* zu nutzen. Er wird ihn daher zwingen, sage 12 Stunden täglich zu arbeiten. *Über* die zum Ersatz seines Arbeitslohns oder des Werts seiner Arbeitskraft erheischten 6 Stunden *hinaus* wird er daher noch *6 Stunden* zu arbeiten haben, die ich Stunden der *Mehrarbeit* nennen will, welche Mehrarbeit sich vergegenständlichen wird in einem *Mehrwert* und einem *Mehrprodukt*. Wenn unser Spinner z.B. durch seine täglich sechsstündige Arbeit der Baumwolle einen Wert von 3 sh. zusetzt, einen Wert, der exakt ein Äquivalent für seinen Arbeitslohn bildet, so wird er der Baumwolle in 12 Stunden einen Wert von 6 sh. zusetzen und *ein entsprechendes Mehr an Garn* produzieren. Da er seine Arbeitskraft dem Kapitalisten verkauft hat, so gehört der ganze von ihm geschaffne Wert oder sein ganzes Produkt dem Kapitalisten, dem zeitweiligen Eigentümer seiner Arbeitskraft. Indem der Kapitalist 3 sh. vorschießt, realisiert er also einen Wert von 6 sh., weil ihm für den von ihm vorgeschossenen Wert, worin 6 Arbeitsstunden kristallisiert sind, ein Wert zurückerstattet wird, worin 12 Arbeitsstunden kristallisiert sind. Durch tägliche Wiederholung desselben Prozesses wird der Kapitalist täglich 3 sh. vorschießen und täglich 6 sh. einstecken, wovon eine Hälfte wieder auf Zahlung des Arbeitslohns geht und die andre Hälfte den *Mehrwert* bildet, für den der Kapitalist kein Äquivalent zahlt. Es ist *diese Art Austausch zwischen Kapital und Arbeit,* worauf die kapitalistische Produktionsweise oder das Lohnsystem beruht und die ständig in der Reproduktion des Arbeiters als Arbeiter und des Kapitalisten als Kapitalist resultieren muß.

Die Rate des Mehrwerts wird, wenn alle andern Umstände gleichbleiben, abhängen von der Proportion zwischen dem zur Reproduktion des Werts der Arbeitskraft notwendigen Teil des Arbeitstags und der für den Kapitalisten verrichteten *Mehrarbeitszeit* oder *Mehrarbeit*. Sie wird daher abhängen von dem *Verhältnis, worin der Arbeitstag über die Zeitspanne hinaus verlängert ist,* in der der Arbeiter durch seine Arbeit nur den Wert seiner Arbeitskraft reproduzieren oder seinen Arbeitslohn ersetzen würde.

9. Der Wert der Arbeit

Wir müssen nun zurückkommen auf den Ausdruck ›*Wert oder Preis der Arbeit.*‹

Wir haben gesehn, daß er in der Tat nichts ist als die Bezeichnung für den Wert der Arbeitskraft, gemessen an den zu ihrer Erhaltung notwendigen Warenwerten. Da der Arbeiter aber seinen Arbeitslohn erst *nach* Verrichtung der Arbeit erhält und außerdem weiß, daß, was er dem Kapitalisten tatsächlich gibt, seine Arbeit ist, so erscheint ihm der Wert oder Preis seiner Arbeitskraft notwendigerweise als *Preis* oder *Wert seiner Arbeit selbst.* Ist der Preis seiner Arbeitskraft gleich 3 sh., worin 6 Arbeitsstunden vergegenständlicht, und arbeitet er 12 Stunden, so betrachtet er diese 3 sh. notwendigerweise als den Wert oder Preis von 12 Arbeitsstunden, obgleich diese 12 Arbeitsstunden sich in einem Wert von 6 sh. vergegenständlichen. Hieraus folgt zweierlei:

Erstens. Der Wert oder Preis der Arbeitskraft nimmt das Aussehn des *Preises oder Werts der Arbeit selbst* an, obgleich, genau gesprochen, Wert und Preis der Arbeit sinnlose Bezeichnungen sind.

Zweitens. Obgleich nur ein Teil des Tagewerks des Arbeiters aus *bezahlter,* der andre dagegen aus *unbezahlter* Arbeit besteht und gerade diese unbezahlte oder Mehrarbeit den Fonds konstituiert, woraus der *Mehrwert* oder *Profit* sich bildet, hat es den Anschein, als ob die ganze Arbeit aus bezahlter Arbeit bestünde.

Dieser täuschende Schein ist das unterscheidende Merkmal der *Lohnarbeit* gegenüber andern *historischen* Formen der Arbeit. Auf Basis des Lohnsystems erscheint auch die *unbezahlte* Arbeit als *bezahlt.* Beim *Sklaven* umgekehrt erscheint auch der bezahlte Teil seiner Arbeit als unbezahlt. Natürlich muß der Sklave, um zu arbeiten, leben, und ein Teil seines Arbeitstags geht drauf auf Ersatz des zu seiner eignen Erhaltung verbrauchten Werts. Da aber zwischen ihm und seinem Herrn kein Handel abgeschlossen wird und zwischen beiden Parteien keine Verkaufs- und Kaufakte vor sich gehn, so erscheint alle seine Arbeit als Gratisarbeit.

Nehmt andrerseits den Fronbauern, wie er noch gestern, möchte ich sagen, im ganzen Osten Europas existierte. Dieser Bauer arbeitete z. B. 3 Tage für sich auf seinem eignen oder dem ihm zugewiesnen Felde, und die drei folgenden Tage verrichtete er zwangsweise Gratisarbeit auf dem herrschaftlichen Gut. Hier waren also der bezahlte und der unbezahlte Teil der Arbeit sichtbar getrennt, zeitlich und räumlich getrennt; und unsre Liberalen schäumten über vor moralischer Entrüstung angesichts der widersinnigen Idee, einen Menschen umsonst arbeiten zu lassen.

Faktisch jedoch bleibt es sich gleich, ob einer 3 Tage in der Woche für sich auf seinem eignen Felde und 3 Tage umsonst auf dem herrschaftlichen Gut, oder ob er 6 Stunden täglich in der Fabrik oder Werkstatt für sich und 6 Stunden für den Lohnherrn arbeitet, obgleich in letzterem Fall der bezahlte und der unbezahlte Teil seiner Arbeit unentwirrbar miteinander vermengt sind, so daß die Natur der ganzen Transaktion durch die *Dazwischenkunft eines Kontrakts* und die am Ende der Woche erfolgende *Zahlung* völlig verschleiert wird. Die Gratisarbeit erscheint in dem einen Fall als freiwillige Gabe und in dem andern als Frondienst. Das ist der ganze Unterschied.

Wo ich also das Wort ›*Wert der Arbeit*‹ gebrauche, werde ich es nur als landläufigen Vulgärausdruck für ›*Wert der Arbeitskraft*‹ gebrauchen.

10. Profit wird gemacht durch Verkauf einer Ware zu ihrem Wert

Unterstellt, eine Durchschnittsarbeitsstunde sei vergegenständlicht in einem Wert gleich 6 d. oder 12 Durchschnittsarbeitsstunden in 6 sh. Unterstellt ferner, der Wert der Arbeit sei 3 sh. oder das Produkt sechsstündiger Arbeit. Wenn nun in Rohstoff, Maschinerie usw., die bei der Produktion einer Ware aufgebraucht wurden, 24 Durchschnittsarbeitsstunden vergegenständlicht wären, so würde sich ihr Wert auf 12 sh. belaufen. Setze darüber hinaus der vom Kapitalisten beschäftigte Arbeiter diesen Produktionsmitteln 12 Arbeitsstunden zu, so wären diese 12 Stunden vergegenständlicht in einem zusätzlichen Wert von 6 sh. Der *Gesamtwert des Produkts* beliefe sich daher auf 36 Stunden vergegenständlichter Arbeit und wäre gleich 18 sh. Da aber der Wert der Arbeit oder der dem Arbeiter bezahlte Arbeitslohn nur 3 sh. betrüge, so würde der Kapitalist für die von dem Arbeiter geleisteten, in dem Wert der Ware vergegenständlichten 6 Stunden Mehrarbeit kein Äquivalent gezahlt haben. Verkaufte der Kapitalist diese Ware zu ihrem Wert von 18 sh., so würde er daher einen Wert von 3 sh. realisieren, für den er kein Äquivalent gezahlt hat. Diese 3 sh. würden den Mehrwert oder Profit konstituieren, den er einsteckt. Der Kapitalist würde folglich den Profit von 3 sh. nicht dadurch realisieren, daß er die Ware zu einem Preis *über* ihrem Wert, sondern dadurch, daß er sie *zu ihrem wirklichen* Wert verkauft.

Der Wert einer Ware ist bestimmt durch das in ihr enthaltne *Gesamtarbeitsquantum.* Aber ein Teil dieses Arbeitsquantums ist in einem Wert vergegenständlicht, wofür in Form des Arbeitslohns ein Äquivalent bezahlt, ein Teil jedoch in einem Wert, wofür *kein* Äquivalent bezahlt worden ist. Ein Teil der in der Ware enthaltnen Arbeit ist *bezahlte* Arbeit; ein Teil ist *unbezahlte* Arbeit. Verkauft daher der Kapitalist die Ware *zu ihrem Wert,* d.h. als Kristallisation des auf sie verwendeten *Gesamtarbeitsquantums,* so muß er sie notwendigerweise mit Profit verkaufen. Er verkauft nicht nur, was ihm ein Äquivalent gekostet, er verkauft vielmehr auch, was ihm nichts gekostet, obgleich es die Arbeit seines Arbeiters gekostet hat. Die Kosten der Ware für den Kapitalisten und ihre wirklichen Kosten sind zweierlei Dinge. Ich wiederhole daher, daß normale und durchschnittliche Profite gemacht werden durch Verkauf der Waren nicht *über,* sondern *zu ihren wirklichen Werten.*

Den *Mehrwert* oder den Teil des Gesamtwerts der Ware, worin die *Mehrarbeit* oder *unbezahlte Arbeit* des Arbeiters vergegenständlicht ist, nenne ich *Profit.* Es ist nicht die Gesamtsumme dieses Profits, die der industrielle Kapitalist einsteckt. Das Bodenmonopol setzt den Grundeigentümer in den Stand, einen Teil dieses *Mehrwerts* unter dem Namen *Rente* an sich zu ziehn, sei es, daß der Boden für Agrikultur oder Baulichkeiten oder Eisenbahnen, sei es, daß er für irgendeinen andern produktiven Zweck benutzt wird. Andrerseits, gerade die Tatsache, daß der Besitz der *Arbeitsmittel* den industriellen Kapitalisten befähigt, einen *Mehrwert* zu produzieren, oder, was auf dasselbe hinausläuft, *sich eine bestimmte Menge unbezahlter Arbeit anzueignen,* befähigt den Eigentümer der Arbeitsmittel, die er ganz oder teilweise dem industriellen Kapitalisten leiht – befähigt, in einem Wort, den *geldverleihenden Kapitalisten,* einen andern Teil dieses Mehrwerts unter dem Namen *Zins* für sich in Anspruch zu nehmen, so daß dem industriellen Kapitalisten *als solchem* nur verbleibt, was man *industriellen* oder *kommerziellen Profit* nennt.

Welche Gesetze diese Teilung der Gesamtmenge des Mehrwerts unter die drei Menschenkategorien regulieren, ist eine Frage, die unserm Gegenstand gänzlich fernliegt. Soviel resultiert indes aus dem bisher Entwickelten.

Rente, Zins und industrieller Profit sind bloß *verschiedne Namen für verschiedne Teile des Mehrwerts* der Ware oder der *in ihr vergegenständlichten unbezahlten Arbeit* und *leiten sich in gleicher Weise aus dieser Quelle und nur aus ihr her.* Sie leiten sich nicht aus dem *Boden* als solchem her oder aus dem *Kapital* als solchem, sondern Boden und Kapital setzen ihre Eigentümer in den Stand, ihre respektiven Anteile an dem von dem industriellen Kapitalisten aus seinem Arbeiter herausgepreßten Mehrwert zu erlangen. Für den Arbeiter selbst ist es eine Angelegenheit von untergeordneter Bedeutung, ob jener Mehrwert, der das Resultat seiner Mehrarbeit oder unbezahlten Arbeit ist, ganz von dem industriellen Kapitalisten eingesteckt wird oder ob letzterer Teile davon unter den Namen Rente und Zins an dritte Personen weiterzuzahlen hat. Unterstellt, daß der industrielle Kapitalist nur sein eignes Kapital anwendet und sein eigner Grundeigentümer ist. In diesem Fall wanderte der ganze Mehrwert in seine Tasche.

Es ist der industrielle Kapitalist, der unmittelbar Mehrwert aus dem Arbeiter herauspreßt, welchen Teil auch immer er schließlich zu behalten imstande ist. Um dies Verhältnis zwischen industriellem Kapitalisten und Lohnarbeiter dreht sich daher das ganze Lohnsystem und das ganze gegenwärtige Produktionssystem. Einige Bürger, die an unsrer Debatte teilnahmen, taten daher unrecht, als sie versuchten, die Dinge zu beschönigen und dies grundlegende Verhältnis zwischen industriellem Kapitalisten und Arbeiter als eine zweitrangige Frage zu behandeln, obgleich sie recht hatten mit der Feststellung, daß unter gegebnen Umständen ein Steigen der Preise in sehr ungleichen Graden den industriellen Kapitalisten, den Grundeigentümer, den Geldkapitalisten und, wenn es beliebt, den Steuereinnehmer berührt.

Aus dem bisher Entwickelten folgt nun noch etwas andres.

Der Teil des Werts der Ware, der nur den Wert der Rohstoffe, der Maschinerie, kurz den Wert der verbrauchten Produktionsmittel repräsentiert, bildet überhaupt *kein Einkommen,* sondern ersetzt *nur Kapital.* Aber abgesehn hiervon ist es falsch, daß der andre Teil des Werts der Ware, *der Einkommen bildet* oder in Form von Arbeitslohn, Profit, Rente, Zins verausgabt werden kann, sich aus dem Wert des Arbeitslohns, dem Wert der Rente, dem Wert des Profits usw. *konstituiert.* Wir wollen zunächst einmal den Arbeitslohn aus dem Spiel lassen und nur den industriellen Profit, Zins und Rente behandeln. Eben sahen wir, daß der in der Ware enthaltne *Mehrwert,* oder der Teil ihres Werts, worin *unbezahlte Arbeit* vergegenständlicht, sich *auflöst* in verschiedne Teile mit drei verschiednen Namen. Aber es hieße die Wahrheit in ihr Gegenteil verkehren, wollte man sagen, daß ihr Wert sich aus den *selbständigen Werten dieser drei Bestandteile zusammensetzt* oder sich durch deren *Zusammenzählung bildet.*

Wenn eine Arbeitsstunde sich vergegenständlicht in einem Wert von 6 d., wenn der Arbeitstag des Arbeiters 12 Stunden ausmacht, wenn die Hälfte dieser Zeit aus unbezahlter Arbeit besteht, wird diese Mehrarbeit der Ware einen *Mehrwert* von 3 sh. zusetzen, d.h. einen Wert, für den kein Äquivalent gezahlt worden ist. Dieser Mehrwert von 3 sh. konstituiert den *ganzen Fonds,* den sich der industrielle Kapitalist mit dem Grundeigentümer und dem Geldverleiher, in welchen Proportionen immer, teilen kann. Der Wert dieser 3 sh. konstituiert die Grenze des Werts, den sie unter sich zu verteilen haben. Es ist aber nicht der industrielle Kapitalist, der dem Wert der Ware einen willkürlichen Wert zum Zwecke seines Profits zusetzt, dem ein weitrer Wert für den Grundeigentümer angereiht wird usw., so daß die Zusammenzählung dieser drei willkürlich festgestellten Werte den Gesamtwert konstituierte. Ihr seht daher das Trügliche der landläufigen Vorstellung, die die *Spaltung* eines *gegebnen Werts* in drei Teile mit der *Bildung* dieses Werts durch Zusammenzählung dreier *selbständiger* Werte verwechselt, indem sie so den Gesamtwert, woraus Rente, Profit und Zins sich herleiten, in eine willkürliche Größe verwandelt.

Wenn der von einem Kapitalisten realisierte Gesamtprofit gleich 100 Pfd. St. ist, so nennen wir diese Summe, als *absolute* Größe betrachtet, die *Menge des Profits*. Berechnen wir aber das Verhältnis, worin diese 100 Pfd. St. zu dem vorgeschossenen Kapital stehn, so nennen wir diese *relative* Größe die *Rate des Profits*. Es ist augenscheinlich, daß diese Profitrate auf zweierlei Art ausgedrückt werden kann.

Unterstellt, 100 Pfd. St. seien in *Arbeitslohn vorgeschossenes* Kapital. Wenn der erzeugte Mehrwert ebenfalls 100 Pfd. St. beträgt – was uns anzeigen würde, daß der halbe Arbeitstag des Arbeiters aus *unbezahlter* Arbeit besteht – und wir diesen Profit an dem in Arbeitslohn vorgeschossenen Kapital messen, so würden wir sagen, daß die *Profitrate* sich auf 100 % beliefe, weil der vorgeschossene Wert 100 und der realisierte Wert 200 wäre.

Wenn wir andrerseits nicht bloß das *in Arbeitslohn vorgeschossene Kapital* betrachten, sondern das *vorgeschossene Gesamtkapital,* sage z. B. 500 Pfd. St., wovon 400 Pfd. St. den Wert der Rohstoffe, Maschinerie usw. repräsentierten, so würden wir sagen, daß die *Profitrate* sich nur auf 20 % beliefe, weil der Profit von 100 nicht mehr wäre als der fünfte Teil des vorgeschossenen *Gesamt*kapitals.

Die erste Ausdrucksform der Profitrate ist die einzige, die euch das wirkliche Verhältnis zwischen bezahlter und unbezahlter Arbeit anzeigt, den wirklichen Grad der *Exploitation* (ihr müßt mir dies französische Wort gestatten) *der Arbeit.* Die andre Ausdrucksform ist die allgemein übliche, und in der Tat ist sie für bestimmte Zwecke geeignet. Jedenfalls ist sie sehr nützlich zur Verschleierung des Grads, worin der Kapitalist Gratisarbeit aus dem Arbeiter herauspreßt.

In den Bemerkungen, die ich noch zu machen habe, werde ich das Wort *Profit* für die Gesamtmenge des von dem Kapitalisten herausgepreßten Mehrwerts anwenden ohne jede Rücksicht auf die Teilung dieses Mehrwerts zwischen den verschiednen Personen, und wo ich das Wort *Profitrate* anwende, werde ich stets den Profit am Wert des in Arbeitslohn vorgeschossenen Kapitals messen.

12. Das allgemeine Verhältnis zwischen Profiten, Arbeitslöhnen und Preisen

Zieht man von dem Wert einer Ware jenen Wert ab, der Ersatz ist für den in ihr enthaltnen Wert der Rohstoffe und andern Produktionsmittel, d. h. den Wert der in ihr enthaltnen *vergangnen* Arbeit, so löst sich der Rest ihres Werts in das Arbeitsquantum auf, das ihr der *zuletzt* beschäftigte Arbeiter zugesetzt hat. Wenn dieser Arbeiter 12 Stunden täglich arbeitet, wenn sich 12 Stunden Durchschnittsarbeit in einer Goldmenge gleich 6 sh. kristallisieren, so wird dieser zugesetzte Wert von 6 sh. der *einzige* Wert sein, den seine Arbeit geschaffen hat. Dieser gegebne, durch seine Arbeitszeit bestimmte Wert ist der einzige Fonds, wovon beide, er und der Kapitalist, ihre respektiven Anteile oder Dividenden ziehn können, der einzige Wert, der in Arbeitslohn und Profit geteilt werden kann. Es ist klar, daß dieser Wert selbst nicht geändert wird durch die variablen Proportionen, worin er zwischen den beiden Parteien geteilt werden mag. Es würde hieran auch nichts geändert, wenn statt eines einzigen Arbeiters die gesamte Arbeiterbevölkerung unterstellt wird, 12 Millionen Arbeitstage z. B. an Stelle eines einzigen.

Da Kapitalist und Arbeiter nur diesen begrenzten Wert zu teilen haben, d.h. den durch die Gesamtarbeit des Arbeiters gemessenen Wert, so erhält der eine desto mehr, je weniger dem andern zufällt, und umgekehrt. Sobald ein Quantum gegeben ist, wird der eine Teil davon zunehmen, wie, umgekehrt, der andre abnimmt. Wenn der Arbeitslohn sich ändert, wird der Profit sich in entgegengesetzter Richtung ändern. Wenn der Arbeitslohn fällt, so steigt der Profit; und wenn der Arbeitslohn steigt, so fällt der Profit. Würde der Arbeiter nach unsrer frühern Unterstellung 3 sh. gleich der Hälfte des von ihm erzeugten Werts erhalten oder sein ganzer Arbeitstag zur Hälfte aus bezahlter, zur Hälfte aus unbezahlter Arbeit bestehn, so würde die *Profitrate* 100 % ausmachen, weil der Kapitalist ebenfalls 3 sh. erhielte. Würde der Arbeiter nur 2 sh. erhalten oder nur ⅓ des ganzen Tags für sich arbeiten, so erhielte der Kapitalist 4 sh., und die Profitrate wäre 200 %. Würde der Arbeiter 4 sh. erhalten, so erhielte der Kapitalist nur 2, und die Profitrate würde auf 50 % sinken, aber alle diese Veränderungen werden nicht den Wert der Ware berühren. Eine allgemeine Lohnsteigerung würde daher auf eine Senkung der allgemeinen Profitrate hinauslaufen, ohne jedoch die Werte zu beeinflussen.

Aber obgleich die Werte der Waren, die in letzter Instanz ihre Marktpreise regulieren müssen, ausschließlich bestimmt sind durch die Gesamtquanta der in ihnen dargestellten Arbeit und nicht durch die Teilung dieses Quantums in bezahlte und unbezahlte Arbeit, so folgt daraus keineswegs, daß die Werte der einzelnen Waren oder Warenmengen, die z. B. in 12 Stunden produziert worden sind, konstant bleiben. Die in gegebner Arbeitszeit oder mit gegebnem Arbeitsquantum erzeugte *Zahl* oder Masse von Waren hängt ab von der *Produktivkraft* der angewandten Arbeit und nicht von ihrer *Dauer* oder Länge. Mit dem einen Grad der Produktivkraft der Spinnarbeit z. B. mag ein Arbeitstag von 12 Stunden 12 Pfund Garn produzieren, mit einem geringeren Grad nur 2 Pfund. Wenn nun zwölfstündige Durchschnittsarbeit sich in dem einen Fall in einem Wert von 6 sh. vergegenständlichte, so würden die 12 Pfund Garn 6 sh. kosten, in dem andern Fall die 2 Pfund Garn ebenfalls 6 sh. Ein Pfund Garn würde daher in dem einen Fall 6 d., in dem andern 3 sh. kosten. Diese Differenz des Preises würde resultieren aus der Differenz in den Produktivkräften der angewandten Arbeit. Mit der größeren Produktivkraft würde in 1 Pfund Garn 1 Arbeitsstunde vergegenständlicht, mit der geringeren dagegen 6 Arbeitsstunden. Der Preis von 1 Pfund Garn betrüge in dem einen Fall nur 6 d., obgleich der Arbeitslohn relativ hoch und die Profitrate niedrig wäre; er betrüge in dem andern Fall 3 sh., obgleich der Arbeitslohn niedrig und die Profitrate hoch wäre. Das wäre der Fall, weil der Preis des Pfundes Garn reguliert wird durch das *Gesamtquantum der in ihm aufgearbeiteten Arbeit* und nicht durch die *proportionelle Teilung dieses Gesamtquantums in bezahlte und unbezahlte Arbeit.* Die von mir vorhin erwähnte Tatsache, daß hochbezahlte Arbeit wohlfeile und niedrig bezahlte Arbeit teure Waren produzieren kann, verliert daher ihren paradoxen Schein. Sie ist nur der Ausdruck des allgemeinen Gesetzes, daß der Wert einer Ware reguliert wird durch das in ihr aufgearbeitete Arbeitsquantum, daß aber das in ihr aufgearbeitete Arbeitsquantum ganz abhängt von der Produktivkraft der angewandten Arbeit und daher mit jedem Wechsel in der Produktivität der Arbeit wechseln wird.

13. Die hauptsächlichsten Versuche, den Arbeitslohn zu heben oder seinem Sinken entgegenzuwirken

Laßt uns nun nacheinander die Hauptfälle betrachten, worin eine Steigerung des Arbeitslohns versucht oder seiner Herabsetzung entgegengewirkt wird.

1. Wir haben gesehn, daß der *Wert der Arbeitskraft,* oder in landläufigerer Redeweise: der *Wert der Arbeit,* bestimmt ist durch den Wert der Lebensmittel oder das zu ihrer Produktion erheischte Arbeitsquantum. Wenn nun in einem gegebnen Land der Durchschnittswert der täglichen Lebensmittel eines Arbeiters 6 Arbeitsstunden repräsentierte, die sich in 3 sh. ausdrückten, so würde der Arbeiter 6 Stunden täglich zu arbeiten haben, um ein Äquivalent für seinen täglichen Lebensunterhalt zu produzieren. Wäre der ganze Arbeitstag 12 Stunden, so würde der Kapitalist ihm den Wert seiner Arbeit bezahlen, indem er ihm 3 sh. zahlte. Der halbe Arbeitstag bestünde aus unbezahlter Arbeit und die Profitrate beliefe sich auf 100 %. Unterstellt jedoch nun, daß infolge einer Verminderung der Produktivität mehr Arbeit erforderlich würde, um sage dieselbe Menge landwirtschaftlicher Produkte zu produzieren, so

daß der Durchschnittspreis der täglichen Lebensmittel von 3 auf 4 sh. stiege. In diesem Fall würde der *Wert* der Arbeit um ⅓ oder 33 ⅓ % steigen. Acht Stunden des Arbeitstags wären erheischt, um ein Äquivalent für den täglichen Lebensunterhalt des Arbeiters entsprechend seinem alten Lebensstandard zu produzieren. Die Mehrarbeit würde daher von 6 auf 4 Stunden und die Profitrate von 100 auf 50 % sinken. Bestünde aber der Arbeiter auf einer Steigerung des Arbeitslohns, so würde er bloß darauf bestehn, den *gestiegnen Wert seiner Arbeit* zu erhalten, genau wie jeder andre Verkäufer einer Ware, der, sobald die Kosten seiner Ware gestiegen, den Versuch macht, ihren gestiegnen Wert bezahlt zu bekommen. Stiege der Arbeitslohn gar nicht oder nicht genügend, um die erhöhten Werte der Lebensmittel zu kompensieren, so würde der *Preis* der Arbeit *unter den Wert der Arbeit* sinken und der Lebensstandard des Arbeiters würde sich verschlechtern.

Aber es könnte ein Wechsel auch in umgekehrter Richtung eintreten. Infolge der vermehrten Produktivität der Arbeit könnte dieselbe Durchschnittsmenge der täglichen Lebensmittel von 3 auf 2 sh. sinken, oder es wären bloß 4 statt 6 Stunden des Arbeitstags erforderlich zur Reproduktion eines Äquivalents für den Wert der täglichen Lebensmittel. Der Arbeiter würde nun befähigt, mit 2 sh. ebensoviel Lebensmittel zu kaufen, wie früher mit 3 sh. In der Tat wäre der *Wert der Arbeit* gesunken, aber dieser verminderte Wert würde dieselbe Lebensmittelmenge kommandieren wie früher. Dann würde der Profit von 3 auf 4 sh. steigen und die Profitrate von 100 auf 200 %. Obgleich der absolute Lebensstandard des Arbeiters derselbe geblieben wäre, wäre sein *relativer* Arbeitslohn und damit seine *relative gesellschaftliche Stellung,* verglichen mit der des Kapitalisten, niedriger geworden. Sollte der Arbeiter dieser Herabsetzung des relativen Arbeitslohns widerstreben, so wäre das bloß ein Versuch, sich einen gewissen Anteil an der Vermehrung der Produktivkraft seiner eignen Arbeit zu sichern und seine frühere relative Stellung auf der gesellschaftlichen Stufenleiter zu behaupten. So reduzierten die englischen Fabriklords nach Abschaffung der Korngesetze, und unter offensichtlicher Verletzung der während der Anti-Korngesetz-Agitation feierlichst gegebnen Versprechungen, den Arbeitslohn allgemein um 10 %. Der Widerstand der Arbeiter ward anfangs überwunden, aber infolge von Umständen, auf die ich jetzt nicht eingehn kann, wurden die verlornen 10 % nachträglich wiedererlangt.

2. Der *Wert* der Lebensmittel, und darum der *Wert der Arbeit,* könnte derselbe bleiben, aber sein *Geldpreis* könnte infolge eines vorhergehenden *Wechsels* im *Wert des Geldes* eine Änderung erfahren.

Nach Entdeckung ergiebigerer Minen usw. brauchte z.B. die Produktion von zwei Unzen Gold nicht mehr Arbeit zu kosten als früher die von einer Unze. Der *Wert* des Goldes hätte sich dann um die Hälfte oder 50 % vermindert. Da nun die *Werte* aller andern Waren, in ihren frühern *Geldpreisen* ausgedrückt, verdoppelt wären, so auch der *Wert der Arbeit.* Zwölf Arbeitsstunden, früher in 6 sh. ausgedrückt, würden sich nun in 12 sh. ausdrücken. Bliebe der Lohn des Arbeiters, statt auf 6 sh. zu steigen, 3 sh., so wäre der *Geldpreis seiner Arbeit* bloß gleich dem *halben Wert seiner Arbeit,* und sein Lebensstandard würde sich furchtbar verschlechtern. Dies fände in größerem oder geringerem Grad auch dann statt, wenn sein Arbeitslohn zwar stiege, aber nicht im Verhältnis zum Sinken des Goldwerts. In diesem Fall hätte sich nichts geändert, weder die Produktivkraft der Arbeit noch Angebot und Nachfrage, noch die Werte. Es hätte sich nichts geändert außer den Geld*namen* jener Werte. Wird gesagt, daß der Arbeiter in diesem Fall nicht auf einer proportionellen Lohnsteigerung bestehen solle, so heißt das, er solle sich damit zufriedengeben, mit Namen statt mit Sachen bezahlt zu werden. Alle bisherige Geschichte beweist, daß, wann immer eine solche Entwertung des Geldes vor sich geht, die Kapitalisten sich diese Gelegenheit, den Arbeiter übers Ohr zu hauen, nicht entgehen lassen. Eine sehr zahlreiche Schule politischer Ökonomen versichert, daß infolge der Entdeckung neuer Goldfelder, der besseren Ausbeute der Silberminen und der wohlfeileren Quecksilberzufuhr der Wert der edlen Metalle wieder gesunken sei. Dies würde erklären, warum auf dem Kontinent allgemein und gleichzeitig Versuche unternommen werden, eine Steigerung der Löhne durchzusetzen.

3. Wir haben bis jetzt die Grenzen des *Arbeitstags* als gegeben unterstellt. An sich hat aber der Arbeitstag keine konstanten Grenzen. Die Tendenz des Kapitals geht ständig dahin, ihn bis auf die äußerste physisch mögliche Länge auszudehnen, weil in gleichem Maße die Mehrarbeit und folglich der daraus resultierende Profit vermehrt wird. Je erfolgreicher das Kapital in der Verlängerung des Arbeitstags ist, desto größer ist die Menge fremder Arbeit, die es sich aneignen wird. Während des 17. und selbst in den ersten beiden Dritteln des 18. Jahrhunderts war ein zehnstündiger Arbeitstag Normalarbeitstag in ganz England. Während des Antijakobinerkriegs, der in Wirklichkeit ein von den britischen Baronen geführter Krieg gegen die britischen Arbeitermassen war, feierte das Kapital seine Orgien und verlängerte den Arbeitstag von 10 auf 12, 14, 18 Stunden. *Malthus,* den ihr keineswegs weinerlicher Sentimentalität verdächtigen werdet, veröffentlichte um 1815 ein Pamphlet, worin er erklärte, daß, wenn dieser Zustand fortdaure, das Leben der Nation unmittelbar an seiner Wurzel angegriffen würde. Einige Jahre vor der allgemeinen Einführung der neuerfundenen Maschinerie, um 1765, erschien in England ein Pamphlet unter dem Titel: ›*An Essay on Trade*‹.

Der anonyme Verfasser, ein geschworner Feind der arbeitenden Klassen, deklamiert über die Notwendigkeit, die Grenzen des Arbeitstags auszudehnen. Unter andern Mitteln zu diesem Zweck schlägt er *Arbeitshäuser* vor, die, wie er sagt, ›*Häuser des Schreckens*‹ sein müßten. Und was ist die Dauer des Arbeitstags, die er für diese ›Häuser des Schreckens‹ vorschreibt? *Zwölf Stunden,* genau dieselbe Zeit, die 1832 von Kapitalisten, politischen Ökonomen und Ministern nicht nur als existierende, sondern als notwendige Arbeitszeit eines Kindes unter 12 Jahren erklärt wurde.

Indem der Arbeiter seine Arbeitskraft verkauft, und unter dem gegenwärtigen System muß er das tun, überläßt er dem Kapitalisten die Konsumtion dieser Kraft, aber innerhalb gewisser rationeller Grenzen. Er verkauft seine Arbeitskraft, um sie, abgesehn von ihrem natürlichen Verschleiß, zu erhalten, nicht aber um sie zu zerstören. Indem er seine Arbeitskraft zu ihrem Tages- oder Wochenwert verkauft, gilt es als selbstverständlich, daß diese Arbeitskraft in einem Tag oder einer Woche nicht einem zweitägigen oder zweiwöchigen Verschleiß ausgesetzt werde. Nehmt eine Maschine, die 1000 Pfd. St. wert ist. Wird sie in 10 Jahren verbraucht, so setzt sie dem Wert der Waren, an deren Produktion sie mitwirkt, jährlich 100 Pfd. St. zu. Würde sie in 5 Jahren verbraucht, so setzte sie jährlich 200 Pfd. St. zu, oder der Wert ihres Jahresverschleißes steht in umgekehrtem Verhältnis zu der Zeitdauer, worin sie konsumiert wird. Aber dies unterscheidet den Arbeiter von der Maschine. Die Maschinerie wird nicht ganz im selben Verhältnis, wie sie genutzt wird, altes Eisen. Der Mensch dagegen wird in stärkerem Verhältnis zerrüttet, als aus der bloß numerischen Zusammenrechnung der geleisteten Arbeit ersichtlich sein würde.

Bei ihren Versuchen, den Arbeitstag auf seine frühern rationellen Ausmaße zurückzuführen oder, wo sie die gesetzliche Festsetzung eines Normalarbeitstags nicht erzwingen können, die Überarbeit durch Steigerung des Lohns zu zügeln, eine Steigerung nicht nur in Proportion zu der verlangten Überzeit, sondern in größerer Proportion, erfüllen die Arbeiter bloß eine Pflicht gegen sich selbst und ihren Nachwuchs. Sie weisen bloß das Kapital mit seinen tyrannischen Übergriffen in seine Schranken zurück. Zeit ist der Raum zu menschlicher Entwicklung. Ein Mensch, der nicht über freie Zeit verfügt, dessen ganze Lebenszeit – abgesehn von rein physischen Unterbrechungen durch Schlaf, Mahlzeiten usw. – von seiner Arbeit für den Kapitalisten verschlungen wird, ist weniger als ein Lasttier. Er ist eine bloße Maschine zur Produktion von fremdem Reichtum, körperlich gebrochen und geistig verroht. Dennoch zeigt die ganze Geschichte der modernen Industrie, daß das Kapital, wenn ihm nicht Einhalt geboten wird, ohne Gnade und Barmherzigkeit darauf aus ist, die ganze Arbeiterklasse in diesen Zustand äußerster Degradation zu stürzen.

Bei Verlängerung des Arbeitstags mag der Kapitalist *höhern Arbeitslohn* zahlen und dennoch den *Wert der Arbeit* senken, falls die Lohnsteigerung nicht der herausgepreßten größeren Arbeitsmenge und so herbeigeführten rascheren Zerrüttung der Arbeitskraft entspricht. Dies kann auch in andrer Weise geschehn. Eure Bourgeoisstatistiker werden euch z. B. erklären, daß der Durchschnittslohn der Fabrikarbeiterfamilien in Lancashire gestiegen sei. Sie vergessen, daß statt der Arbeit des Mannes, des Haupts der Familie, jetzt sein Weib und vielleicht drei oder vier Kinder unter die Juggernauträder des Kapitals geschleudert sind und daß die Steigerung ihres Gesamtarbeitslohns der Gesamtmehrheit, die aus der Familie herausgepreßt worden, durchaus nicht entspricht.

Selbst bei gegebnen Grenzen des Arbeitstags, wie sie jetzt in allen den Fabrikgesetzen unterworfnen Industriezweigen existieren, kann eine Lohnsteigerung notwendig werden, schon um den alten Normal*wert der Arbeit* aufrechtzuerhalten. Durch Erhöhung der *Intensität* der Arbeit mag ein Mann dazu gebracht werden, in einer Stunde soviel Lebenskraft zu verausgaben wie früher in zwei. Dies ist in den Geschäftszweigen, die der Fabrikgesetzgebung unterworfen wurden, bis zu gewissem Grade geschehn durch beschleunigten Lauf der Maschinerie und Vermehrung der Zahl der Arbeitsmaschinen, die ein einzelner nun zu überwachen hat. Wenn die Zunahme der Arbeitsintensität oder der in einer Stunde verausgabten Arbeitsmasse der Verkürzung des Arbeitstags einigermaßen angemessen ist, so wird der Arbeiter noch im Vorteil sein. Wird diese Grenze überschritten, so verliert er in der einen Form, was er in der andern gewonnen, und 10 Arbeitsstunden können dann ebenso ruinierend werden wie früher 12 Stunden. Tritt der Arbeiter dieser Tendenz des Kapitals entgegen, indem er für eine der steigenden Arbeitsintensität entsprechende Lohnsteigerung kämpft, so widersetzt er sich nur der Entwertung seiner Arbeit und der Schwächung seines Nachwuchses.

4. Ihr alle wißt, daß die kapitalistische Produktion aus Gründen, die ich jetzt nicht auseinanderzusetzen brauche, sich in bestimmten periodischen Zyklen bewegt. Sie macht nacheinander den Zustand der Stille, wachsenden Belebung, Prosperität, Überproduktion, Krise und Stagnation durch. Die Marktpreise der Waren und die Marktraten des Profits folgen diesen Phasen, bald unter ihren Durchschnitt sinkend, bald sich darüber erhebend. Wenn ihr den ganzen Zyklus betrachtet, werdet ihr finden, daß die eine Abweichung des Marktpreises durch die andre aufgehoben wird und daß, den Durchschnitt des Zyklus genommen, die Marktpreise der Waren durch ihre Werte reguliert werden. Schön! Während der Phase sinkender Marktpreise, ebenso wie während der Phasen der Krise und der Stagnation, ist der Arbeiter, falls er nicht überhaupt aufs Pflaster geworfen wird, einer Herabsetzung des Arbeits-

lohns gewärtig. Um nicht der Geprellte zu sein, muß er, selbst während eines solchen Sinkens der Marktpreise, mit dem Kapitalisten darüber markten, in welchem proportionellen Ausmaß eine Lohnsenkung notwendig geworden sei. Wenn er nicht bereits während der Prosperitätsphase, solange Extraprofite gemacht werden, für eine Lohnsteigerung kämpfte, so käme er im Durchschnitt eines industriellen Zyklus nicht einmal zu seinem *Durchschnittslohn* oder dem *Wert* seiner Arbeit. Es ist der Gipfel des Widersinns, zu verlangen, er solle, während sein Arbeitslohn notwendigerweise durch die ungünstigen Phasen des Zyklus beeinträchtigt wird, darauf verzichten, sich während der Prosperitätsphase schadlos zu halten. Allgemein ausgedrückt: Die *Werte* aller Waren werden nur realisiert durch Ausgleichung der ständig wechselnden Marktpreise, die aus den ständigen Fluktuationen von Nachfrage und Zufuhr entspringen. Auf Basis des gegenwärtigen Systems ist die Arbeit bloß eine Ware wie die andern. Sie muß daher dieselben Fluktuationen durchmachen, um einen ihrem Wert entsprechenden Durchschnittspreis zu erzielen. Es wäre absurd, sie einerseits als Ware zu behandeln und andrerseits zu verlangen, sie solle von den die Warenpreise regelnden Gesetzen ausgenommen werden. Der Sklave erhält eine ständige und fixe Menge zum Lebensunterhalt; der Lohnarbeiter erhält sie nicht. Er muß versuchen, sich in dem einen Fall eine Lohnsteigerung zu sichern, schon um in dem andern wenigstens für die Lohnsenkung entschädigt zu sein. Wollte er sich damit bescheiden, den Willen, die Machtsprüche des Kapitalisten als ein dauerndes ökonomisches Gesetz über sich ergehn zu lassen, so würde ihm alles Elend des Sklaven ohne die gesicherte Existenz des Sklaven zuteil.

5. In allen Fällen, die ich einer Betrachtung unterzogen habe – und sie machen 99 vom Hundert aus –, habt ihr gesehn, daß ein Ringen um Lohnsteigerung nur als Nachspiel *vorhergehender* Veränderungen vor sich geht und das notwendige Ergebnis ist von vorhergehenden Veränderungen im Umfang der Produktion, der Produktivkraft der Arbeit, des Werts der Arbeit, des Werts des Geldes, der Dauer oder der Intensität der ausgepreßten Arbeit, der Fluktuationen der Marktpreise, abhängend von den Fluktuationen von Nachfrage und Zufuhr und übereinstimmend mit den verschiednen Phasen des industriellen Zyklus – kurz, als Abwehraktion der Arbeit gegen die vorhergehende Aktion des Kapitals. Indem ihr das Ringen um eine Lohnsteigerung unabhängig von allen diesen Umständen nehmt, indem ihr nur auf die Lohnänderungen achtet und alle andern Veränderungen, aus denen sie hervorgehn, außer acht laßt, geht ihr von einer falschen Voraussetzung aus, um zu falschen Schlußfolgerungen zu kommen.

14. Der Kampf zwischen Kapital und Arbeit und seine Resultate

1. Nachdem wir gezeigt, daß der periodische Widerstand der Arbeiter gegen eine Lohnherabsetzung und ihre periodisch sich wiederholenden Versuche, eine Lohnsteigerung durchzusetzen, untrennbar sind vom Lohnsystem und eine gebieterische Folge eben der Tatsache sind, daß die Arbeit in die Kategorie der Waren versetzt und daher den Gesetzen unterworfen ist, die die allgemeine Bewegung der Preise regulieren; nachdem wir ferner gezeigt, daß eine allgemeine Lohnsteigerung ein Fallen der allgemeinen Profitrate zur Folge haben, nicht aber die Durchschnittspreise der Waren oder ihre Werte beeinflussen würde, erhebt sich nun schließlich die Frage, inwiefern in diesem unaufhörlichen Ringen zwischen Kapital und Arbeit letztere Aussicht auf Erfolg hat.

Ich könnte mit einer Verallgemeinerung antworten und sagen, daß wie bei allen andern Waren so auch bei der Arbeit ihr *Marktpreis* sich auf die Dauer ihrem *Wert* anpassen wird; daß daher der Arbeiter, was er auch tun möge, trotz aller Auf- und Abbewegungen, im Durchschnitt nur den Wert seiner Arbeit erhielte, der sich in den Wert seiner Arbeitskraft auflöst, bestimmt durch den Wert der zu ihrer Erhaltung und Reproduktion erheischten Lebensmittel, deren Wert in letzter Instanz reguliert wird durch das zu ihrer Produktion erforderliche Arbeitsquantum.

Allein es gibt gewisse eigentümliche Merkmale, die den *Wert der Arbeitskraft* oder den *Wert der Arbeit* vor dem Wert aller andern Waren auszeichnen. Der Wert der Arbeitskraft wird aus zwei Elementen gebildet – einem rein physischen und einem historischen oder gesellschaftlichen. Seine *äußerste Grenze* ist durch das *physische* Element bestimmt, d.h. um sich zu erhalten und zu reproduzieren, um ihre physische Existenz auf die Dauer sicherzustellen, muß die Arbeiterklasse die zum Leben und zur Fortpflanzung absolut unentbehrlichen Lebensmittel erhalten. Der *Wert* dieser unentbehrlichen Lebensmittel bildet daher die äußerste Grenze des *Werts der Arbeit.* Andrerseits ist die Länge des Arbeitstags ebenfalls durch äußerste, obgleich sehr elastische Schranken begrenzt. Ihre äußerste Grenze ist gegeben mit der Körperkraft des Arbeiters. Wenn die tägliche Erschöpfung seiner Lebenskraft einen bestimmten Grad überschreitet, kann sie nicht immer wieder aufs neue, tagaus, tagein, angespannt werden. Indes ist, wie gesagt, diese Grenze sehr elastisch. Eine rasche Folge schwächlicher und kurzlebiger Generationen wird den Arbeitsmarkt ebensogut mit Zufuhr versorgen wie eine Reihe robuster und langlebiger Generationen.

Außer durch dies rein physische Element ist der Wert der Arbeit in jedem Land bestimmt durch einen *traditionellen Lebensstandard.* Er betrifft nicht das rein physische Leben, sondern die Befriedigung bestimmter Bedürfnisse, entspringend aus den gesellschaftlichen Verhältnissen, in die die Menschen gestellt sind und unter denen sie aufwachsen. Der englische Lebensstandard kann auf den irischen Standard herabgedrückt werden; der Lebensstandard eines deutschen Bauern auf den eines livländischen. Welche bedeutende Rolle in dieser Beziehung historische Tradition und gesellschaftliche Gewohnheit spielen, könnt ihr aus Herrn *Thorntons* Werk von der ›*Overpopulation*‹ ersehn, wo er nachweist, daß der Durchschnittslohn in verschiednen Ackerbaudistrikten Englands noch heutigentags mehr oder weniger bedeutende Unterschiede aufweist je nach den mehr oder minder günstigen Umständen, unter denen die Distrikte aus dem Zustand der Hörigkeit herausgekommen sind.

Dies historische oder gesellschaftliche Element, das in den Wert der Arbeit eingeht, kann gestärkt oder geschwächt, ja ganz ausgelöscht werden, so daß nichts übrigbleibt als die *physische Grenze*. Während der Zeit des *Antijakobinerkriegs* – unternommen, wie der alte George Rose, dieser unverbesserliche Nutznießer der Steuern und Sinekuren, zu sagen pflegte, um die Tröstungen unsrer heiligen Religion vor den Übergriffen der französischen Ungläubigen zu schützen – drückten die ehrenwerten englischen Pächter, die in einer unsrer frühern Zusammenkünfte so zart angefaßt worden sind, die Löhne der Landarbeiter selbst unter jenes *rein physische Minimum,* ließen aber den für die physische Fortdauer des Geschlechts notwendigen Rest vermittels der *Armengesetze* aufbringen. Dies war eine glorreiche Manier, den Lohnarbeiter in einen Sklaven und Shakespeares stolzen Freisassen in einen Pauper zu verwandeln.

Vergleicht ihr die Standardlöhne oder Werte der Arbeit in verschiednen Ländern und vergleicht ihr sie in verschiednen Geschichtsepochen desselben Landes, so werdet ihr finden, daß der *Wert der Arbeit* selber keine fixe, sondern eine variable Größe ist, selbst die Werte aller andern Waren als gleichbleibend unterstellt.

Ein ähnlicher Vergleich würde zeigen, daß nicht bloß die *Marktraten des Profits,* sondern auch seine *Durchschnittsraten* sich ändern.

Was aber die *Profite* angeht, so gibt es kein Gesetz, das ihr *Minimum* bestimmte. Wir können nicht sagen, was die äußerste Grenze ihrer Abnahme sei. Und warum können wir diese Grenze nicht feststellen? Weil wir, obgleich wir das *Minimum* der Arbeitslöhne feststellen können, nicht ihr *Maximum* feststellen können. Wir können nur sagen, daß mit gegebnen Grenzen des Arbeitstags das *Maximum des Profits* dem *physischen Minimum des Arbeitslohns* entspricht; und daß mit gegebnem Arbeitslohn das *Maximum des Profits* einer solchen Verlängerung des Arbeitstags entspricht, wie sie mit den Körperkräften des Arbeiters verträglich ist. Das Maximum des Profits ist daher begrenzt durch das physische Minimum des Arbeitslohns und das physische Maximum des Arbeitstags. Es ist klar, daß zwischen den beiden Grenzen dieser *Maximalprofitrate* eine unendliche Stufenleiter von Variationen möglich ist. Die Fixierung ihres faktischen Grads erfolgt nur durch das unaufhörliche Ringen zwischen Kapital und Arbeit, indem der Kapitalist ständig danach strebt, den Arbeitslohn auf sein physisches Minimum zu reduzieren und den Arbeitstag bis zu seinem physischen Maximum auszudehnen, während der Arbeiter ständig in der entgegengesetzten Richtung drückt.

Die Frage löst sich auf in die Frage nach dem Kräfteverhältnis der Kämpfenden.

2. Was die *Beschränkung des Arbeitstags* angeht, in England wie in allen andern Ländern, so ist sie nie anders als durch *legislative Einmischung* erfolgt. Ohne den ständigen Druck der Arbeiter von außen hätte diese Einmischung nie stattgefunden. Jedenfalls aber war das Resultat nicht durch private Vereinbarung zwischen Arbeitern und Kapitalisten zu erreichen. Eben diese Notwendigkeit *allgemeiner politischer Aktion* liefert den Beweis, daß in seiner rein ökonomischen Aktion das Kapital der stärkere Teil ist.

Was die *Grenzen des Werts der Arbeit* angeht, so hängt seine faktische Festsetzung immer von Angebot und Nachfrage ab, ich meine die Nachfrage nach Arbeit von seiten des Kapitals und das Angebot von Arbeit durch die Arbeiter. In Kolonialländern begünstigt das Gesetz von Angebot und Nachfrage den Arbeiter. Daher der relativ hohe Lohnstandard in den Vereinigten Staaten. Das Kapital kann dort sein Äußerstes versuchen. Es kann nicht verhindern, daß der Arbeitsmarkt ständig entvölkert wird durch die ständige Verwandlung von Lohnarbeitern in unabhängige, selbstwirtschaftende Bauern. Die Tätigkeit eines Lohnarbeiters ist für einen sehr großen Teil des amerikanischen Volks nur eine Probezeit, die sie sicher sind, über kurz oder lang durchlaufen zu haben. Um diesem Stand der Dinge in den Kolonien abzuhelfen, machte sich die väterliche britische Regierung eine Zeitlang das zu eigen, was die moderne Kolonisationstheorie genannt wird, die darin besteht, den Preis des Kolonialbodens künstlich hochzuschrauben, um die allzu rasche Verwandlung des Lohnarbeiters in den unabhängigen Bauern zu verhindern.

Aber wenden wir uns nun den alten zivilisierten Ländern zu, in denen das Kapital den ganzen Produktionsprozeß beherrscht. Nehmt z. B. das Steigen der Landarbeiterlöhne in England von 1849 bis 1859. Was war seine Folge? Weder konnten die Pächter, wie unser Freund Weston ihnen geraten haben würde, den Wert des Weizens noch auch nur seine Marktpreise erhöhn. Sie hatten sich vielmehr mit ihrem Fallen abzufinden. Aber während dieser 11 Jahre führten sie allerlei Maschinerie ein, wandten wissenschaftliche Methoden an, verwandelten einen Teil des Ackerlandes in Viehweide, erweiterten den Umfang der Pachtungen und damit die Stufenleiter der Produktion, und da sie durch diese und andre Prozeduren die Nachfrage nach Arbeit verringerten, indem sie deren Produktivkraft steigerten, machten sie die ländliche Bevölkerung wieder relativ überflüssig. Das ist in altbesiedelten Ländern allgemein die Methode, wie eine raschere oder langsamere Reaktion des Kapitals auf eine Lohnsteigerung vor sich geht. Ricardo hat richtig bemerkt, daß die Maschinerie ständig mit der Arbeit konkurriert und oft nur eingeführt werden kann, wenn der Preis der Arbeit eine bestimmte Höhe erreicht hat, doch ist die Anwendung von Maschinerie bloß eine der vielen Methoden, die Produktivkraft der Arbeit zu steigern. Genau dieselbe Entwicklung, die die ungelernte Arbeit relativ überflüssig macht, vereinfacht andrerseits die gelernte Arbeit und entwertet sie.

Das gleiche Gesetz findet sich noch in andrer Form. Mit der Entwicklung der Produktivkraft der Arbeit wird die Akkumulation des Kapitals beschleunigt, selbst trotz einer relativ hohen Lohnrate. Hieraus könnte man schließen, wie *A. Smith,* zu dessen Zeit die moderne Industrie noch in den Kinderschuhen steckte, wirklich schloß, daß diese beschleunigte Akkumulation des Kapitals die Waagschale zugunsten des Arbeiters neigen müßte, indem sie ihm eine wachsende Nachfrage nach seiner Arbeit sichert. Von demselben Standpunkt haben viele jetzt lebende Schriftsteller sich darüber gewundert, daß, da das englische Kapital in den letzten zwanzig Jahren soviel rascher als die englische Bevölkerung gewachsen ist, der Arbeitslohn nicht bedeutender gestiegen sei. Allein gleichzeitig mit dem Fortschritt der Akkumulation findet eine *fortschreitende Veränderung* in der *Zusammensetzung des Kapitals* statt. Der Teil des Gesamtkapitals, der aus fixem Kapital – Maschinerie, Rohstoffen, Produktionsmitteln in allen erdenklichen Formen – besteht, nimmt stärker zu, verglichen mit dem andern Teil des Kapitals, der in Arbeitslohn oder im Ankauf von Arbeit ausgelegt wird. Dies Gesetz ist mehr oder weniger präzis festgestellt worden von Barton, Ricardo, Sismondi, Professor Richard Jones, Professor Ramsay, Cherbuliez u. a.

Wenn das Verhältnis dieser beiden Elemente des Kapitals ursprünglich 1:1 war, so wird es im Fortschritt der Industrie 5:1 usw. werden. Wenn von einem Gesamtkapital von 600 in Instrumenten, Rohstoffen usw. 300 und 300 in Arbeitslohn ausgelegt ist, so braucht das Gesamtkapital nur verdoppelt zu werden, um eine Nachfrage nach 600 Arbeitern statt nach 300 zu schaffen. Bei einem Kapital von 600, von dem 500 in Maschinerie, Materialien usw. und nur 100 in Arbeitslohn ausgelegt sind, muß dasselbe Kapital von 600 auf 3600 anwachsen, um eine Nachfrage nach 600 Arbeitern wie im vorigen Fall zu schaffen. Im Fortschritt der Industrie hält daher die Nachfrage nach Arbeit nicht Schritt mit der Akkumulation des Kapitals. Sie wird zwar noch wachsen, aber in ständig abnehmender Proportion, verglichen mit der Vergrößerung des Kapitals.

Diese wenigen Andeutungen werden genügen, um zu zeigen, daß die ganze Entwicklung der modernen Industrie die Waagschale immer mehr zugunsten des Kapitalisten und gegen den Arbeiter neigen muß und daß es folglich die allgemeine Tendenz der kapitalistischen Produktion ist, den durchschnittlichen Lohnstandard nicht zu heben, sondern zu senken oder den *Wert der Arbeit* mehr oder weniger bis zu seiner *Minimalgrenze* zu drücken. Da nun die Tendenz der *Dinge* in diesem System solcher Natur ist, besagt das etwa, daß die Arbeiterklasse auf ihren Widerstand gegen die Gewalttaten des Kapitals verzichten und ihre Versuche aufgeben soll, die gelegentlichen Chancen zur vorübergehenden Besserung ihrer Lage auf die bestmögliche Weise auszunutzen? Täte sie das, sie würde degradiert werden zu einer unterschiedslosen Masse ruinierter armer Teufel, denen keine Erlösung mehr hilft. Ich glaube nachgewiesen zu haben, daß ihre Kämpfe um den Lohnstandard von dem ganzen Lohnsystem unzertrennliche Begleiterscheinungen sind, daß in 99 Fällen von 100 ihre Anstrengungen, den Arbeitslohn zu heben, bloß Anstrengungen zur Behauptung des gegebnen Werts der Arbeit sind und daß die Notwendigkeit, mit dem Kapitalisten um ihren Preis zu markten, der Bedingung inhärent ist, sich selbst als Ware feilbieten zu müssen. Würden sie in ihren tagtäglichen Zusammenstößen mit dem Kapital feige nachgeben, sie würden sich selbst unweigerlich der Fähigkeit berauben, irgendeine umfassendere Bewegung ins Werk zu setzen.

Gleichzeitig, und ganz unabhängig von der allgemeinen Fron, die das Lohnsystem einschließt, sollte die Arbeiterklasse die endgültige Wirksamkeit dieser tagtäglichen Kämpfe nicht überschätzen. Sie sollte nicht vergessen, daß sie gegen Wirkungen kämpft, nicht aber gegen die Ursachen dieser Wirkungen; daß sie zwar die Abwärtsbewegung verlangsamt, nicht aber ihre Richtung ändert; daß sie Palliativmittel anwendet, die das Übel nicht kurieren. Sie sollte daher nicht ausschließlich in diesem unvermeidlichen Kleinkrieg aufgehen, der aus den nie enden wollenden Gewalttaten des Kapitals oder aus den Marktschwankungen unaufhörlich hervorgeht. Sie sollte begreifen, daß das gegenwärtige System bei all dem Elend, das es über sie verhängt, zugleich schwanger geht mit den *materiellen Bedingungen* und den gesellschaftlichen Formen, die für eine ökonomische Umgestaltung der Gesellschaft notwendig sind. Statt des *konservativen* Mottos: *»Ein gerechter Tagelohn für ein gerechtes Tagewerk!«*, sollte sie auf ihr Banner die *revolutionäre* Losung schreiben: *»Nieder mit dem Lohnsystem!«*

Nach dieser sehr langen und, wie ich fürchte, ermüdenden Auseinandersetzung, auf die ich mich einlassen mußte, um dem zur Debatte stehenden Gegenstand einigermaßen gerecht zu werden, möchte ich mit dem Vorschlag schließen, folgende Beschlüsse anzunehmen:

1. Eine allgemeine Steigerung der Lohnrate würde auf ein Fallen der allgemeinen Profitrate hinauslaufen, ohne jedoch, allgemein gesprochen, die Warenpreise zu beeinflussen.

2. Die allgemeine Tendenz der kapitalistischen Produktion geht dahin, den durchschnittlichen Lohnstandard nicht zu heben, sondern zu senken.

3. Gewerkschaften tun gute Dienste als Sammelpunkte des Widerstands gegen die Gewalttaten des Kapitals. Sie verfehlen ihren Zweck zum Teil, sobald sie von ihrer Macht einen unsachgemäßen Gebrauch machen. Sie verfehlen ihren Zweck gänzlich, sobald sie sich darauf beschränken, einen Kleinkrieg gegen die Wirkungen des bestehenden Systems zu führen, statt gleichzeitig zu versuchen, es zu ändern, statt ihre organisierten Kräfte zu gebrauchen als einen Hebel zur schließlichen Befreiung der Arbeiterklasse, d.h. zur endgültigen Abschaffung des Lohnsystems.

Karl Marx

Das Kapital, erstes Buch
Der Produktionsprozeß des Kapitals

Erstes Kapitel

Ware und Geld (1867)

1) *Die Ware.*

Der Reichtum der Gesellschaften, in welchen kapitalistische Produktionsweise herrscht, erscheint als eine ›ungeheure Warenansammlung‹[1], die einzelne Ware als seine *Elementarform.* Unsere Untersuchung beginnt daher mit der Analyse der Ware. Die Ware ist zunächst ein äußerer Gegenstand, ein Ding, das durch seine Eigenschaften menschliche Bedürfnisse irgend einer Art befriedigt. Die Natur dieser Bedürfnisse, ob sie z.B. dem Magen oder der Phantasie entspringen, ändert nichts an der Sache[2]. Es handelt sich hier auch nicht darum, *wie* die Sache das menschliche Bedürfnis befriedigt, ob unmittelbar als Lebensmittel, d.h. als Gegenstand des Genusses, oder auf einem Umweg, als Produktionsmittel.

Jedes nützliche Ding, wie Eisen, Papier usw., ist unter doppeltem Gesichtspunkt zu betrachten, nach *Qualität* und *Quantität.* Jedes solche Ding ist ein Ganzes vieler Eigenschaften und kann daher nach verschiedenen Seiten nützlich sein. Diese verschiedenen Seiten und daher die mannigfachen Gebrauchsweisen der Dinge zu entdecken, ist geschichtliche Tat[3]. So ist die Findung gesellschaftlicher *Masse* für die *Quantität* der nützlichen Dinge. Die Verschiedenheit der Warenmasse entspringt teils aus der verschiedenen Natur der zu messenden Gegenstände, teils aus Konvention.

Die Nützlichkeit eines Dings für das menschliche Leben macht es zum *Gebrauchswert*[4]. Abkürzend nennen wir das nützliche Ding selbst oder den *Warenkörper,* wie Eisen, Weizen, Diamant usw., *Gebrauchswert,* Gut, Artikel. Bei Betrachtung der Gebrauchswerte wird stets quantitative Bestimmtheit vorausgesetzt, wie *Dutzend* Uhren, *Elle* Leinwand, *Tonne* Eisen usw. Die Gebrauchswerte der Waren liefern das Material einer eignen Disziplin, der *Warenkunde*[5]. Der Gebrauchswert verwirklicht sich nur im Gebrauch oder der Konsumtion. Gebrauchswerte bilden *den stofflichen Inhalt des Reichtums,* welches immer seine *gesellschaft-*

liche Form sei. In der von uns zu betrachtenden Gesellschaftsform bilden sie zugleich die stofflichen Träger des – *Tauschwerts.*

Der Tauschwert erscheint zunächst als das *quantitative Verhältnis,* die Proportion, worin sich Gebrauchswerte einer Art gegen Gebrauchswerte anderer Art austauschen[6], ein Verhältnis, das beständig mit Zeit und Ort wechselt. Der Tauschwert scheint daher etwas Zufälliges und rein *Relatives,* ein der Ware innerlicher, immanenter Tauschwert (valeur intrinsèque) also eine contradictio in adjecto[7]. Betrachten wir die Sache näher.

Eine einzelne Ware, ein Quarter Weizen z. B. tauscht sich in den *verschiedensten Proportionen* mit andern Artikeln aus. Dennoch bleibt sein Tauschwert *unverändert,* ob in x Stiefelwichse, y Seide, z Gold usw. ausgedrückt. Er muß also von diesen seinen verschiedenen *Ausdrucksweisen* unterscheidbar sein.

Nehmen wir ferner zwei Waren, z. B. Weizen und Eisen. Welches immer ihr Austauschverhältnis, es ist stets darstellbar in einer Gleichung, worin ein gegebenes Quantum Weizen irgend einem Quantum Eisen gleichgesetzt wird, z. B. 1 Quarter Weizen = a Ztr. Eisen. Was besagt diese Gleichung? Daß *derselbe Wert* in *zwei verschiednen Dingen,* in 1 Qrtr. Weizen und ebenfalls in a Ztr. Eisen existiert. Beide sind also gleich einem *Dritten,* das an und für sich weder das eine, noch das andere ist. Jedes der beiden, soweit es Tauschwert, muß also, unabhängig von dem andern, auf dies Dritte reduzierbar sein.

Ein einfaches geometrisches Beispiel veranschauliche dies. Um den Flächeninhalt aller gradlinigen Figuren zu bestimmen und zu vergleichen, löst man sie in Dreiecke auf. Das Dreieck selbst reduziert man auf einen von seiner sichtbaren Figur ganz verschiednen Ausdruck – das halbe Produkt seiner Grundlinie mit seiner Höhe. Ebenso sind die Tauschwerte der Waren zu reduzieren auf ein *Gemeinsames,* wovon sie ein Mehr oder Minder darstellen.

Daß die Substanz des Tauschwerts ein von der physisch-handgreiflichen Existenz der Ware oder ihrem Dasein als *Gebrauchswert* durchaus Verschiedenes und Unabhängiges, zeigt ihr Austauschverhältnis auf den ersten Blick. Es ist charakterisiert eben durch die *Abstraktion vom Gebrauchswert.* Dem Tauschwert nach betrachtet ist nämlich eine Ware grade so gut als jede andere, wenn sie nur in richtiger Proportion vorhanden ist[8].

Unabhängig von ihrem Austauschverhältnis oder von der *Form,* worin sie als *Tausch-Werte erscheinen,* sind die Waren daher zunächst als *Werte* schlechthin zu betrachten[9].

Als Gebrauchsgegenstände oder Güter sind die Waren *körperlich verschiedne* Dinge. Ihr *Wert*sein bildet dagegen ihre *Einheit.* Diese Einheit entspringt nicht aus der Natur, sondern aus der Gesellschaft. Die *gemeinsame gesellschaftliche Substanz,* die sich in verschiednen Gebrauchswerten nur verschieden darstellt, ist – *die Arbeit.*

Als *Werte* sind die Waren nichts als *kristallisierte Arbeit.* Die Maßeinheit der Arbeit selbst ist die *einfache Durchschnittsarbeit,* deren Charakter zwar in verschiedenen Ländern und Kulturepochen wechselt, aber in einer vorhandnen Gesellschaft gegeben ist. Kompliziertere Arbeit gilt nur als *potenzierte* oder vielmehr *multiplizierte* einfache Arbeit, so daß z. B. ein kleineres Quantum komplizierter Arbeit gleich einem größeren Quantum einfacher Arbeit. *Wie* diese Reduktion geregelt wird, ist hier gleichgültig. *Daß* sie beständig vorgeht, zeigt die Erfahrung. Eine Ware mag das Produkt der kompliziertesten Arbeit sein. Ihr *Wert* setzt sie dem Produkt einfacher Arbeit gleich und stellt daher selbst nur ein bestimmtes Quantum einfacher Arbeit dar.

Ein Gebrauchswert oder Gut hat also nur einen *Wert,* weil *Arbeit* in ihm *vergegenständlicht* oder *materialisiert* ist. Wie nun die *Größe* seines Wertes messen? Durch das *Quantum* der in ihm enthaltenen ›wertbildenden Substanz‹, der Arbeit. Die Quantität der Arbeit selbst mißt sich an ihrer *Zeitdauer* und die *Arbeitszeit* besitzt wieder einen Maßstab an *bestimmten Zeitteilen,* wie Stunde, Tag usw.

Es könnte scheinen, daß wenn der Wert einer Ware durch das während ihrer Produktion verausgabte Arbeitsquantum bestimmt ist, je fauler oder ungeschickter ein Mann, desto wertvoller seine Ware, weil er desto mehr Arbeitszeit zu ihrer Verfertigung braucht. Aber nur die *gesellschaftlich notwendige Arbeitszeit* zählt als wertbildend. Gesellschaftlich notwendige Arbeitszeit ist Arbeitszeit, erheischt um irgend einen Gebrauchswert mit den vorhandnen gesellschaftlich-normalen Produktionsbedingungen und dem gesellschaftlichen Durchschnittsgrad von Geschick und Intensivität der Arbeit herzustellen. Nach der Einführung des Dampfwebstuhls in England z. B. genügte vielleicht halb so viel Arbeit als vorher, um ein gegebenes Quantum Garn in Gewebe zu verwandeln. Der englische Handweber brauchte zu dieser Verwandlung in der Tat nach wie vor dieselbe Arbeitszeit, aber das Produkt seiner individuellen Arbeitsstunde stellte jetzt nur noch eine *halbe* gesellschaftliche Arbeitsstunde dar und fiel daher auf die Hälfte seines früheren Werts.

Es ist also nur das *Quantum gesellschaftlich notwendiger Arbeit* oder die zur *Herstellung eines Gebrauchswerts gesellschaftlich notwendige Arbeitszeit,* welche seine Wert*größe* bestimmt. Die einzelne Ware gilt hier überhaupt als Durchschnittsexemplar ihrer Art[10]. Waren, worin gleich große Arbeitsquanta enthalten sind, oder die *in derselben Arbeitszeit* hergestellt werden können, haben daher *dieselbe Wertgröße.* Der Wert einer Ware verhält sich zum Wert jeder andern Ware, wie die zur Produktion der einen notwendige Arbeitszeit zu der für die Produktion der andern notwendigen Arbeitszeit. »Als Werte sind alle Waren nur bestimmte Maße *festgeronnener Arbeitszeit«*[11].

Die *Wertgröße* einer Ware bliebe daher konstant, wäre die zu ihrer Produktion erheischte Arbeitszeit konstant. Letztere wechselt aber mit jedem Wechsel in der *Produktivkraft der Arbeit.* Die Produktivkraft der Arbeit ist durch mannigfache Umstände bestimmt, unter andern durch den Durchschnittsgrad des Geschickes der Arbeiter, die Entwicklungsstufe der Wissenschaft und ihrer technologischen Anwendbarkeit, die gesellschaftliche Kombination des Produktionsprozesses, den Umfang und die Wirkungsfähigkeit der Produktionsmittel, und durch *Naturverhältnisse.* Dasselbe Quantum Arbeit stellt sich z. B. mit günstiger Jahreszeit in 8 Bushel Weizen dar, mit ungünstiger in nur 4. Dasselbe Quantum Arbeit liefert mehr Metalle in reichhaltigen, als in armen Minen usw. Diamanten kommen selten in der Erdrinde vor und ihre Findung kostet daher *im Durchschnitt* viel Arbeitszeit. Folglich stellen sie in wenig Volumen viel Arbeit dar. *Jacob* bezweifelt, daß Gold jemals seinen vollen Wert bezahlt hat. Noch mehr gilt dies vom Diamant. Nach *Eschwege* hatte 1823 die achtzigjährige Gesamtausbeute der brasilischen Diamantgruben noch nicht den Wert des 1½jährigen Durchschnittsprodukts der brasilischen Zucker- oder Kaffeepflanzungen erreicht. Mit reichhaltigeren Gruben würde dasselbe Arbeitsquantum sich in mehr Diamanten darstellen und ihr Wert sinken. Gelingt es mit wenig Arbeit Kohle in Diamant zu verwandeln, so kann sein Wert unter den von Ziegelsteinen fallen. Allgemein: Je größer die Produktivkraft der Arbeit, desto kleiner die zur Herstellung eines Artikels erheischte Arbeitszeit, desto kleiner die in ihm kristallisierte Arbeitsmasse, desto kleiner sein Wert. Umgekehrt, je kleiner die Produktivkraft der Arbeit, desto größer die zur Herstellung eines Artikels notwendige Arbeitszeit, desto größer sein Wert. Die *Wertgröße* einer Ware wechselt also *direkt* wie das *Quantum* und *umgekehrt* wie die *Produktivkraft* der sich in ihr verwirklichenden Arbeit.

Wir kennen jetzt die *Substanz* des Werts. Es ist die *Arbeit.* Wir kennen sein *Größenmaß.* Es ist die *Arbeitszeit.* Seine *Form,* die den *Wert* eben zum *Tausch*-Wert stempelt, bleibt zu analysieren. Vorher jedoch sind die bereits gefundenen Bestimmungen etwas näher zu entwickeln.

Ein Ding kann *Gebrauchswert* sein, ohne *Tauschwert* zu sein. Es ist dies der Fall, wenn sein Dasein für den Menschen nicht durch Arbeit vermittelt ist. So Luft, jungfräulicher Boden, natürliche Wiesen, wildwachsendes Holz usw. Ein Ding kann nützlich und Produkt menschlicher Arbeit sein, ohne *Ware* zu sein. Wer durch sein Produkt sein eigenes Bedürfnis befriedigt, schafft zwar *Gebrauchswert,* aber nicht *Ware.* Um Ware zu produzieren, muß er nicht nur Gebrauchswert produzieren, sondern *Gebrauchswert für andere, gesellschaftlichen Gebrauchswert.*

Endlich kann kein Ding *Wert* sein, ohne Gebrauchsgegenstand zu sein. Ist es nutzlos, so ist auch die in ihm enthaltene Arbeit nutzlos, zählt nicht als Arbeit und bildet daher keinen Wert.

Ursprünglich erschien uns die *Ware* als ein *Zwieschlächtiges,* Gebrauchswert *und* Tauschwert. Näher betrachtet wird sich zeigen, daß auch die in der Ware *enthaltene Arbeit zwieschlächtig* ist. Dieser Punkt, der von mir zuerst kritisch entwickelt wurde[12], ist der Springpunkt, um den sich das Verständnis der politischen Oekonomie dreht.

Nehmen wir zwei Waren, etwa einen Rock und 10 Ellen Leinwand. Der erstere habe den zweifachen Wert der letzteren, so daß wenn 10 Ellen Leinwand = W, der Rock = 2 W.

Der Rock ist ein Gebrauchswert, der ein besonderes Bedürfnis befriedigt. Um ihn hervorzubringen, bedarf es einer *bestimmten Art zweckmäßig produktiver Tätigkeit.* Sie ist bestimmt nach Zweck, Operationsweise, Gegenstand, Mitteln und Resultat. Die Arbeit, deren Nützlichkeit sich so im Gebrauchswert ihres Produkts oder darin darstellt, daß ihr Produkt ein Gebrauchswert ist, heiße hier der Vereinfachung halber kurzweg *nützliche Arbeit.* Unter diesem Gesichtspunkt ist sie stets betrachtet in Bezug auf den *Nutzeffekt,* dessen Hervorbringung sie bezweckt.

Wie Rock und Leinwand *qualitativ verschiedene Gebrauchswerte,* so sind die ihr Dasein vermittelnden Arbeiten *qualitativ verschieden – Schneiderarbeit* und *Weberei.* Wären jene Dinge nicht qualitativ verschiedene Gebrauchswerte und daher Produkte qualitativ verschiedener nützlicher Arbeiten, so könnten sie sich überhaupt nicht als *Waren* gegenübertreten. Rock tauscht sich nicht aus gegen Rock, derselbe Gebrauchswert nicht gegen denselben Gebrauchswert.

In der Gesamtheit der verschiedenartigen Gebrauchswerte oder Warenkörper erscheint eine Gesamtheit eben so mannigfaltiger, nach Gattung, Art, Familie, Unterart, Varietät verschiedner nützlicher Arbeiten – eine *gesellschaftliche Teilung der Arbeit.* Sie ist Existenzbedingung der Warenproduktion, obgleich Warenproduktion nicht umgekehrt Existenzbedingung gesellschaftlicher Arbeitsteilung. In der altindischen Gemeinde ist die Arbeit gesellschaftlich geteilt, ohne daß die *Produkte* zu *Waren* werden. Oder, ein näher liegendes Beispiel, in jeder Fabrik ist die Arbeit systematisch geteilt, aber diese Teilung nicht dadurch vermittelt, daß die Arbeiter *ihre individuellen Produkte* austauschen. Nur Produkte selbstständiger und *von einander unabhängiger Privatarbeiten* treten einander *als Waren* gegenüber. Man hat also gesehen: In dem Gebrauchswert jeder Ware steckt eine bestimmte zweckmäßig produktive Tätigkeit oder nützliche Arbeit. Gebrauchswerte können sich nicht als *Waren* gegenübertreten, wenn nicht qualitativ verschiedene nützliche Arbeiten in ihnen stecken. In einer Gesellschaft, deren Produkte *allgemein* die

Form der *Ware* annehmen, d.h. in einer Gesellschaft von Warenproduzenten, entwickelt sich dieser qualitative Unterschied der nützlichen Arbeiten, welche unabhängig von einander als Privatgeschäfte selbständiger Produzenten betrieben werden, zu einem vielgliedrigen System, zu einer gesellschaftlichen Teilung der Arbeit.

Dem Rock ist es übrigens gleichgültig, ob er vom Schneider oder vom Kunden des Schneiders getragen wird. In beiden Fällen wirkt er als Gebrauchswert. Ebensowenig ist das Verhältnis zwischen dem Rock und der ihn produzierenden Arbeit an und für sich dadurch verändert, daß die Schneiderarbeit eigene Profession wird, selbständiges Glied der gesellschaftlichen Teilung der Arbeit. Wo ihn das Kleidungsbedürfnis zwang, hat der Mensch Jahrtausende lang geschneidert, bevor aus einem Menschen ein Schneider ward. Aber das Dasein von Rock, Leinwand, jedem nicht von Natur vorhandenen Element des *stofflichen Reichtums,* mußte immer vermittelt sein durch eine spezielle, zweckmäßig produktive Tätigkeit, die besondere Naturstoffe besonderen menschlichen Bedürfnissen assimiliert. Als Bildnerin von Gebrauchswerten, als *nützliche Arbeit,* ist die Arbeit daher von allen Gesellschaftsformen unabhängige Existenzbedingung des Menschen, ewige Naturnotwendigkeit, um den Stoffwechsel zwischen Mensch und Natur, also das menschliche Leben zu vermitteln.

Die Gebrauchswerte Rock, Leinwand usw., kurz die Warenkörper, sind *Verbindungen von zwei Elementen,* Naturstoff und Arbeit. Zieht man die Gesamtsumme aller verschiedenen nützlichen Arbeiten ab, die in Rock, Leinwand usw. stecken, so bleibt stets ein materielles Substrat zurück, das ohne Zutun des Menschen von Natur vorhanden ist. Der Mensch kann in seiner Produktion nur verfahren, wie die Natur selbst, d.h. nur die *Formen* der *Stoffe ändern.*[13] Noch mehr. In dieser Arbeit der Formung selbst wird er beständig unterstützt von Naturkräften. *Arbeit* ist also *nicht die einzige Quelle der von ihr produzierten Gebrauchswerte,* des *stofflichen Reichtums.* Die Arbeit ist sein Vater, wie *William Petty* sagt, und die Erde seine Mutter.

Gehen wir nun von der Ware, so weit sie Gebrauchsgegenstand, über zum Waren-*Wert.*

Nach unsrer Unterstellung hat der Rock den doppelten Wert der Leinwand. Dies ist aber nur ein *quantitativer* Unterschied, der uns zunächst noch nicht interessiert. Wir erinnern daher, daß wenn der Wert eines Rockes doppelt so groß als der von 10 Ellen Leinwand, 20 Ellen Leinwand *dieselbe Wertgröße* haben wie ein Rock. Als Werte sind Rock und Leinwand Dinge von *gleicher Substanz,* objektive Ausdrücke *gleichartiger Arbeit.* Aber *Schneiderarbeit* und *Weberei* sind qualitativ verschiedene Arbeiten. Es gibt jedoch Gesellschaftszustände, worin *derselbe*

Mensch abwechselnd schneidert und webt, diese beiden verschiedenen Arbeitsweisen daher nur *Modifikationen der Arbeit desselben Individuums* und noch nicht besondere feste Funktionen verschiedener Individuen sind, ganz wie der Rock, den unser Schneider heute, und die Hosen, die er morgen macht, nur Variationen derselben individuellen Arbeit voraussetzen. Der Augenschein lehrt ferner, daß in unserer kapitalistischen Gesellschaft, je nach der wechselnden Richtung der Arbeitsnachfrage, *eine gegebene Portion menschlicher Arbeit* abwechselnd in der Form von Schneiderei oder in der Form von Weberei zugeführt wird. Dieser Formwechsel der Arbeit mag nicht ohne Friktion abgehen, aber er muß gehen. Sieht man ab von der Bestimmtheit der produktiven Tätigkeit und daher vom nützlichen Charakter der Arbeit, so bleibt das an ihr, daß sie eine *Verausgabung menschlicher Arbeitskraft* ist. Schneiderarbeit und Weberei, obgleich qualitativ verschiedene produktive Tätigkeiten, sind beide produktive Verausgabung von *menschlichem* Hirn, Muskel, Nerv, Hand usw., und in diesem Sinn beide *menschliche Arbeit.* Es sind nur zwei verschiedene Formen, menschliche Arbeitskraft zu verausgaben. Allerdings muß die menschliche Arbeitskraft selbst mehr oder minder entwikkelt sein, um in dieser oder jener Form verausgabt zu werden. Der Wert der Waren aber stellt menschliche Arbeit schlechthin dar, Verausgabung *menschlicher Arbeitskraft* überhaupt. Wie nun in der bürgerlichen Gesellschaft ein General oder Bankier eine große, der *Mensch* schlechthin dagegen eine sehr schäbige Rolle spielt[14], so steht es hier auch mit der *menschlichen Arbeit.* Sie ist Verausgabung *einfacher* Arbeitskraft, die jeder gewöhnliche Mensch, ohne besondere Entwicklung, in seinem leiblichen Organismus besitzt. Die Arbeitskraft eines Bauernknechts gelte z.B. für einfache Arbeitskraft, ihre Verausgabung daher für *einfache Arbeit* oder *menschliche Arbeit* ohne weiteren Schnörkel, Schneiderarbeit dagegen für Verausgabung höher entwickelter Arbeitskraft. Während sich der Arbeitstag des Bauernknechts daher etwa im Wertausdruck von ½ W, stellt sich der Arbeitstag des Schneiders im Wertausdrucke von W dar[15]. Dieser Unterschied ist jedoch nur *quantitativ.* Wenn der Rock das Produkt eines Arbeitstags des Schneiders, hat er denselben Wert wie das Produkt von 2 Arbeitstagen des Bauernknechts. So zählt aber die Schneiderarbeit immer nur als *multiplizierte* Bauernarbeit. Die verschiedenen Proportionen, worin verschiedene Arbeitsarten auf einfache Arbeit als ihre *Maßeinheit* reduziert sind, werden durch einen gesellschaftlichen Prozeß hinter dem Rücken der Produzenten festgesetzt und scheinen ihnen daher durch das Herkommen gegeben. Der Vereinfachung halber gilt uns im Folgenden jede Art Arbeitskraft unmittelbar für *einfache* Arbeitskraft, wodurch nur die Mühe der Reduktion erspart wird.

Wie also in den *Werten* Rock und Leinwand von dem Unterschied ihrer *Gebrauchswerte* abstrahiert ist, so in der *Arbeit,* die diese *Werte* darstellen, von dem Unterschied der *nützlichen Formen,* worin sie das einemal *Schneiderarbeit* ist, das andremal *Weberei.* Wie die *Gebrauchswerte* Rock und Leinwand *Verbindungen* zweckbestimmter produktiver Tätigkeiten mit Tuch und Garn sind, die *Werte* Rock und Leinwand dagegen bloße *gleichartige Arbeitsgallerten,* so gilt auch die in diesen *Werten* enthaltene Arbeit nicht durch ihr produktives Verhalten zu Tuch und Garn, sondern nur als *Verausgabung menschlicher Arbeitskraft.* Bildungselemente der *Gebrauchswerte* Rock und Leinwand sind Schneiderarbeit und Weberei eben durch ihre *verschiedenen* Qualitäten, *Substanz* des Rock*werts* und Leinwand*werts* sind sie nur, soweit von ihrer besonderen Qualität *abstrahiert* wird und beide *gleiche Qualität* besitzen, die *Qualität menschlicher Arbeit.* Rock und Leinwand sind aber nicht nur *Werte überhaupt,* sondern Werte von *bestimmter Größe* und nach unserer Unterstellung ist der Rock doppelt so viel wert, als 10 Ellen Leinwand. Woher diese Verschiedenheit ihrer *Wertgrößen?* Daher daß die Leinwand nur halb so viel Arbeit enthält, als der Rock, sodaß zur Produktion des letzteren die Arbeitskraft während doppelt soviel *Zeit* verausgabt werden muß, als zur Produktion der ersteren.

Wenn also mit Bezug auf den *Gebrauchswert* die in der Ware enthaltene Arbeit nur *qualitativ* gilt, gilt sie mit Bezug auf die *Wertgröße* nur *quantitativ,* nachdem sie bereits auf menschliche Arbeit ohne weitere Qualität reduziert ist. Dort handelt es sich um das *Wie* und *Was* der Arbeit, hier um ihr *Wie Viel,* ihre Zeitdauer. Da die Wertgröße einer Ware nur das Quantum der in ihr enthaltenen Arbeit mißt, müssen Waren in gewisser Proportion stets gleich große Werte sein.

Bleibt die Produktivkraft sage aller zur Produktion eines Rocks erheischten nützlichen Arbeiten unverändert, so steigt die Wertgröße der Röcke mit ihrer eigenen Qualität. Wenn 1 Rock x, stellen 2 Röcke 2 x Arbeitstage dar usw. Nimm aber an, die zur Produktion eines Rocks notwendige Arbeitszeit steige auf das Doppelte oder falle um die Hälfte. Im ersten Fall hat ein Rock soviel Wert als vorher zwei Röcke, im letzteren Fall haben zwei Röcke nur so viel Wert, als vorher einer, obgleich in beiden Fällen ein Rock nach wie vor dieselben Dienste leistet und die in ihm enthaltene nützliche Arbeit nach wie vor von derselben Güte bleibt. Aber das in seiner Produktion verausgabte Arbeits*quantum* hat sich verändert.

Ein größres Quantum Gebrauchswert bildet an und für sich größeren *stofflichen Reichtum,* zwei Röcke mehr als einer. Mit zwei Röcken kann man zwei Menschen kleiden, mit einem Rock nur einen Menschen usw. Dennoch kann der steigenden Masse des stofflichen Reichtums ein gleichzeitiger Fall seiner *Wertgröße* entsprechen. Diese gegensätzliche Bewegung entspringt aus der *zwieschlächtigen Bestimmung* der Arbeit. Produktivkraft ist natürlich stets Produktivkraft nützlicher, konkreter Arbeit. Sie drückt in der Tat nur den Wirkungsgrad zweckbestimmter produktiver Tätigkeit in gegebnem Zeitraum aus. Die nützliche Arbeit wird daher reichere oder dürftigere Produktenquelle im *direkten Verhältnis* zum Steigen oder Fallen ihrer Produktivkraft. Dagegen trifft ein Wechsel der Produktivkraft die im *Wert* dargestellte Arbeit an und für sich gar nicht. Da die Produktivkraft der konkreten nützlichen Form der Arbeit angehört, kann sie natürlich die Arbeit nicht mehr berühren, sobald von ihrer konkreten nützlichen Form abstrahiert wird. Dieselbe Arbeit stellt sich daher in *denselben Zeiträumen* stets in *derselben Wertgröße* dar, wie immer die Produktivkraft wechsle. Aber sie liefert in *demselben Zeitraum verschiedene Quanta Gebrauchswerte,* mehr wenn die Produktivkraft steigt, weniger, wenn sie sinkt. Im ersteren Fall kann es geschehen, daß 2 Röcke weniger Arbeit enthalten als früher einer. Derselbe Wechsel der Produktivkraft, der die Fruchtbarkeit der Arbeit und daher die Masse der von ihr gelieferten Gebrauchswerte vermehrt, kann also die *Wertgröße* selbst der *vermehrten* Gesamtmasse *vermindern,* wenn er nämlich die zu ihrer Produktion notwendige *Arbeitszeit* abkürzt. Ebenso umgekehrt.

Aus dem Bisherigen folgt, daß in der Ware zwar nicht zwei verschiedene Sorten Arbeit stecken, wohl aber *dieselbe* Arbeit verschieden und selbst entgegengesetzt bestimmt ist, je nachdem sie auf den *Gebrauchswert* der Ware als ihr *Produkt* oder auf den *Waren-Wert* als ihren bloß *gegenständlichen* Ausdruck bezogen wird. Wie die Ware vor allem Gebrauchsgegenstand sein muß, um Wert zu sein, so muß die Arbeit vor allem nützliche Arbeit, zweckbestimmte produktive Tätigkeit sein, um als *Verausgabung menschlicher Arbeitskraft* und daher als *menschliche Arbeit* schlechthin zu zählen.

Da bisher nur noch Wertsubstanz und Wertgröße bestimmt, wenden wir uns jetzt zur Analyse der *Wertform.*

Kehren wir zunächst wieder zurück zur ersten *Erscheinungsform* des Waren*werts.*

Wir nehmen zwei Quanta Waren, die *gleichviel Arbeitszeit* zu ihrer Produktion kosten, also *gleiche Wertgrößen* sind, und wir haben *40 Ellen Leinwand = 2 Röcke,* oder 40 Ellen Leinwand sind zwei Röcke *wert.* Wir sehen, daß der *Wert* der Leinwand in einem bestimmten Quantum von *Röcken* ausgedrückt ist. Der *Wert* einer Ware, so dargestellt im *Gebrauchswert* einer anderen Ware, heißt ihr *relativer Wert.*

Der relative Wert einer Ware kann wechseln, obgleich ihr Wert konstant bleibt. Umgekehrt kann ihr relativer Wert konstant bleiben, obgleich ihr Wert wechselt. Die Gleichung: *40 Ellen Leinwand = 2 Röcke* setzt nämlich voraus, daß beide Waren gleich viel Arbeit kosten. Mit jedem Wechsel in der Produktivkraft der sie hervorbringenden Arbeiten wechselt aber die zu ihrer Produktion notwendige Arbeitszeit. Betrachten wir den Einfluß solcher Wechsel auf den relativen Wert.

I. Der Wert der Leinwand wechsle, während der Rock*wert* konstant bleibt. Verdoppelt sich die zur Produktion der Leinwand verausgabte Arbeitszeit, etwa in Folge zunehmender Unfruchtbarkeit des flachstragenden Bodens, so verdoppelt sich ihr Wert. Statt 40 Ellen Leinwand = 2 Röcke, hätten wir: *40 Ellen Leinwand = 4 Röcke,* da 2 Röcke jetzt nur halb so viel Arbeitszeit enthalten als 40 Ellen Leinwand. Nimmt dagegen die zur Produktion der Leinwand notwendige Arbeitszeit um die Hälfte ab, etwa in Folge verbesserter Webstühle, so sinkt der Leinwand*wert* um die Hälfte. Demgemäß jetzt: *40 Ellen Leinwand = 1 Rock.* Der *relative Wert* der Ware A, d. h. ihr Wert ausgedrückt in der Ware B, *steigt und fällt also direkt wie der Wert der Ware A,* bei gleichbleibendem Wert der Ware B.

II. Der Wert der Leinwand bleibe konstant, während der Rock*wert* wechsle. Verdoppelt sich unter diesen Umständen die zur Produktion des Rockes notwendige Arbeitszeit, etwa in Folge ungünstiger Wollschur, so haben wir statt 40 Ellen Leinwand = 2 Röcke jetzt: *40 Ellen Leinwand = 1 Rock.* Fällt dagegen der Wert des Rocks um die Hälfte, so *40 Ellen Leinwand = 4 Röcke.* Bei gleichbleibendem Wert der Ware A, fällt oder steigt daher ihr relativer, in der Ware B ausgedrückter Wert *im umgekehrten Verhältnis zum Wertwechsel von B.*

Vergleicht man die verschiedenen Fälle sub I und II, so ergibt sich, daß *derselbe Wechsel des relativen Werts aus ganz entgegengesetzten Ursachen entspringen kann.* So wird aus *40 Ellen Leinwand = 2 Röcke* 1) die Gleichung *40 Ellen Leinwand = 4 Röcke,* entweder weil der Wert der Leinwand sich verdoppelt oder der Wert der Röcke um die Hälfte fällt, und 2) die Gleichung *40 Ellen Leinwand = 1 Rock,* entweder weil der Wert der Leinwand um die Hälfte sinkt oder der Wert des Rockes auf das Doppelte steigt.

III. Die zur Produktion von Leinwand und Rock notwendigen Arbeitsquanta wechseln gleichzeitig, in derselben Richtung und derselben Proportion. In diesem Falle nach wie vor *40 Ellen Leinwand = 2 Röcke,* wie immer ihre Werte verändert seien. Man entdeckt ihren Wertwechsel, sobald man sie mit einer dritten Ware vergleicht, deren Wert konstant blieb. Stiegen oder fielen die Werte *aller* Waren gleichzeitig und in derselben Proportion, so blieben ihre *relativen Werte* unverändert. Ihren wirklichen Wertwechsel ersähe man daraus, daß in derselben Arbeitszeit allgemein ein größeres oder kleineres Warenquantum als vorher geliefert würde.

IV. Die zur Produktion von Leinwand und Rock resp. notwendigen Arbeitszeiten, und daher ihre Werte, mögen gleichzeitig in derselben Richtung wechseln, aber in ungleichem Grad, oder in entgegengesetzter Richtung usw. Der Einfluß aller möglichen derartigen Kombinationen auf den relativen Wert einer Ware ergibt sich einfach durch Anwendung der Fälle I., II. und III.

Wir haben eben untersucht, wie weit Wechsel in der *relativen Wertgröße* einer Ware, der Leinwand, einen Wechsel ihrer *eigenen Wertgröße* widerspiegelt, und überhaupt den *relativen Wert* nur nach seiner *quantitativen* Seite betrachtet. Wir wenden uns jetzt zu seiner *Form.* Wenn der relative Wert *Darstellungsform des Werts,* ist der Ausdruck der Aequivalenz *zweier* Waren, wie x Ware A = y Ware B oder 20 Ellen Leinwand = 1 Rock, die *einfache Form des relativen Werts.*

I. *Erste oder einfache Form des relativen Werts: 20 Ellen Leinwand = 1 Rock.* (*x Ware A = y Ware B.*)

Diese Form ist etwas schwierig zu analysieren, weil sie *einfach* ist[16]. Die in ihr enthaltenen unterschiedenen Bestimmungen sind verhüllt, unentwickelt, abstrakt und daher nur durch einige Anstrengung der Abstraktionskraft auseinander- und festzuhalten. So viel ergibt sich aber auf den ersten Blick, daß die *Form* dieselbe bleibt, ob 20 Ellen Leinwand = 1 Rock oder 20 Ellen Leinwand = x Röcke[17].

Leinwand kommt auf die Welt in Gestalt eines *Gebrauchswerts* oder nützlichen Dings. Ihre steifleinene Körperlichkeit oder *Naturalform* ist daher nicht ihre *Wertform,* sondern deren gerades Gegenteil. Ihr eigenes *Wertsein* zeigt sie zunächst dadurch, daß sie sich auf eine *andere* Ware, den Rock, als *ihr Gleiches bezieht.* Wäre sie nicht selbst Wert, so könnte sie sich nicht auf den Rock als Wert, als *Ihresgleichen,* beziehen. *Qualitativ* setzt sie sich den Rock gleich, indem sie sich auf ihn bezieht als *Vergegenständlichung gleichartiger menschlicher Arbeit, d.h. ihrer eigenen Wertsubstanz,* und sie setzt sich nur einen Rock gleich statt x Röcke, weil sie nicht nur Wert überhaupt, sondern Wert von *bestimmter Größe* ist, ein Rock aber gerade *soviel* Arbeit enthält als 20 Ellen Leinwand. Durch diese Beziehung auf den Rock schlägt die Leinwand verschiedene Fliegen mit einer Klappe. Indem sie die *andere* Ware sich *als Wert gleichsetzt, bezieht sie sich auf sich selbst als Wert.* Indem sie sich auf sich selbst *als Wert* bezieht, *unterscheidet* sie sich zugleich *von sich selbst als Gebrauchswert.* Indem sie ihre *Wertgröße* – und Wertgröße ist beides, Wert überhaupt und quantitativ gemessener Wert – *im Rocke ausdrückt,* gibt sie ihrem *Wertsein* eine von ihrem unmittelbaren Dasein unterschiedene *Wertform.* Indem sie sich so als ein in sich selbst Differenziertes darstellt, stellt sie sich erst wirklich *als Ware* dar – nützliches Ding, das zugleich Wert ist. Soweit die Leinwand Gebrauchswert, ist sie *ein selbständiges Ding.* Ihr *Wert erscheint* dagegen nur *im Verhältnis* zu *anderer Ware,* dem Rocke z. B., ein Verhältnis, worin die Warenart Rock ihr qualitativ *gleichgesetzt* wird und daher in *bestimmter Quantität* gleichgilt, sie ersetzt, mit ihr austauschbar ist. Eigene, vom Gebrauchswert *unterschiedene Form* erhält der *Wert* daher nur durch seine Darstellung als *Tauschwert.*

Der Ausdruck des Leinwand*werts* im Rocke prägt dem Rocke selbst eine neue Form auf. In der Tat, was besagt die *Wertform* der Leinwand? Daß der Rock mit ihr austauschbar ist. Wie er geht oder liegt, mit Haut und Haaren, in *seiner Naturalform* Rock besitzt er jetzt die Form *unmittelbarer Austauschbarkeit mit anderer Ware,* die Form eines austauschbaren Gebrauchswerts oder *Aequivalents.* Die Bestimmung des Aequivalents enthält nicht nur, daß eine Ware *Wert* überhaupt *ist,* sondern daß sie in ihrer *dinglichen* Gestalt, in ihrer Gebrauchsform, *anderer Ware als Wert gilt* und daher unmittelbar *als Tauschwert* für die andere Ware da ist.

Als *Wert* besteht die Leinwand *nur* aus Arbeit, bildet eine durchsichtig kristallisierte Arbeitsgallerte. In der Wirklichkeit ist dieser Kristall jedoch sehr trüb. Soweit Arbeit in ihm zu entdecken, und nicht jeder Warenkörper zeigt die Spur der Arbeit, ist es nicht unterschiedslose menschliche Arbeit, sondern Weberei, Spinnerei usw., die auch keineswegs seine einzige Substanz bilden, vielmehr mit Naturstoffen verquickt sind. Um Leinwand als bloß dinglichen Ausdruck menschlicher Arbeit festzuhalten, muß man von allem absehen, was sie wirklich zum Ding macht. Gegenständlichkeit der menschlichen Arbeit, die selbst abstrakt ist, ohne weitere Qualität und Inhalt, ist notwendig abstrakte Gegenständlichkeit, ein *Gedankending.* So wird das Flachsgewebe zum Hirngespinnst. Aber *Waren* sind *Sachen.* Was sie sind, müssen sie sachlich sein oder in ihren eigenen sachlichen Beziehungen zeigen. In der Produktion der Leinwand *ist* ein bestimmtes Quantum menschlicher Arbeitskraft verausgabt worden. Ihr Wert ist der bloß *gegenständliche Reflex* der so verausgabten Arbeit, aber er reflektiert sich nicht in ihrem Körper. Er *offenbart* sich, erhält sinnlichen Ausdruck durch ihr *Wertverhältnis* zum Rock. Indem sie ihn *als Wert* sich *gleichsetzt,* während sie sich zugleich als *Gebrauchsgegenstand* von ihm *unterscheidet,* wird der Rock die *Erscheinungsform* des Leinwand-*Werts* im Gegensatz zum Leinwand-*Körper,* ihre *Wertform* im Unterschied von ihrer *Naturalform*[18].

In dem relativen Wertausdruck: 20 Ellen Leinwand = 1 Rock oder x Leinwand ist y Rock *wert,* gilt der Rock zwar nur *als Wert* oder Arbeitsgallerte, aber eben dadurch gilt die Arbeitsgallerte *als Rock,* der Rock als die Form, worin menschliche Arbeit gerinnt[18]. Der Gebrauchswert Rock wird nur zur Erscheinungsform des Leinwand-Werts, weil sich die Leinwand auf das *Rockmaterial* als *unmittelbare Materiatur abstrakter menschlicher Arbeit* bezieht, also Arbeit gleicher Art wie die in ihr selbst vergegenständlichte. Der Gegenstand Rock gilt ihr als sinnlich handgreifliche Gegenständlichkeit gleichartiger menschlicher Arbeit, daher als Wert in Naturalform. Da sie als Wert gleichen Wesens mit dem Rock ist, wird die Naturalform Rock so zur Erscheinungsform ihres eignen Werts. Aber die im *Gebrauchswert* Rock dargestellte Arbeit ist nicht menschliche Arbeit schlechthin, sondern eine bestimmte, nützliche Arbeit, *Schneiderarbeit.* Menschliche Arbeit schlechthin, Verausgabung menschlicher Arbeitskraft, ist zwar jeder Bestimmung fähig, aber an und für sich unbestimmt. Verwirklichen, vergegenständlichen kann sie sich nur, sobald die menschliche Arbeitskraft *in bestimmter Form* verausgabt wird, als *bestimmte* Arbeit, denn nur der *bestimmten* Arbeit steht ein Naturstoff gegenüber, ein äußeres Material, worin sie sich vergegenständlicht. Bloß der Hegel'sche ›*Begriff*‹ bringt es fertig, sich ohne äußern Stoff zu objektivieren[19].

Die Leinwand kann sich nicht auf den Rock als Wert oder *inkarnierte menschliche Arbeit* beziehen, ohne sich auf *Schneiderarbeit* als die unmittelbare *Verwirklichungsform menschlicher Arbeit* zu beziehen. Was jedoch die Leinwand am Gebrauchswert Rock interessiert, ist weder seine wollene Behäbigkeit, noch sein zugeknöpftes Wesen, noch irgend eine andere nützliche Qualität, die ihn zum Gebrauchswert stempelt. Er dient ihr nur dazu, ihre Wertgegenständlichkeit im Unterschied von ihrer steifleinenen Gebrauchsgegenständlichkeit darzustellen. Sie hätte denselben Zweck erreicht, wenn sie ihren Wert in Assa Fötida oder Poudrette oder Stiefelwichse ausgedrückt. Die *Schneiderarbeit* gilt ihr daher ebenfalls nicht, sofern sie zweckmäßig produktive Tätigkeit, nützliche Arbeit, sondern nur sofern sie als *bestimmte* Arbeit *Verwirklichungsform, Vergegenständlichungsweise menschlicher Arbeit überhaupt* ist. Drückte die Leinwand ihren Wert statt im Rock in Stiefelwichse aus, so gälte ihr auch statt Schneidern Wichsen als *die* unmittelbare Verwirklichungsform abstrakter menschlicher Arbeit.[19a] Erscheinungsform des Werts oder Aequivalent wird ein Gebrauchswert oder Warenkörper also nur dadurch, daß sich eine andere Ware auf die in ihm enthaltene konkrete, nützliche Arbeitsart als die unmittelbare Verwirklichungsform abstrakter menschlicher Arbeit bezieht.

Wir stehen hier bei dem Springpunkt aller Schwierigkeiten, welche das Verständnis der *Wertform* hindern. Es ist relativ leicht, den Wert der Ware von ihrem Gebrauchswert zu unterscheiden, oder die den Gebrauchswert formende Arbeit von derselben Arbeit, so weit sie bloß als Verausgabung menschlicher Arbeitskraft im Warenwert berechnet wird. Betrachtet man Ware oder Arbeit in der einen Form, so nicht in der andern und vice versa.

Diese abstrakten Gegensätze fallen von selbst auseinander und sind daher leicht auseinander zu halten. Anders mit der *Wertform,* die nur im Verhältnis von Ware zu Ware existiert. Der Gebrauchswert oder Warenkörper spielt hier eine neue Rolle. Er wird zur Erscheinungsform des Waren*werts,* also seines eigenen Gegenteils. Ebenso wird die im Gebrauchswert enthaltene *konkrete* nützliche Arbeit zu ihrem eigenen Gegenteil, zur bloßen Verwirklichungsform *abstrakter* menschlicher Arbeit. Statt auseinanderzufallen, reflektieren sich die gegensätzlichen Bestimmungen der Ware hier in einander. So befremdlich dies auf ersten Blick, erweist es sich bei weiterem Nachdenken als notwendig. Die Ware ist von Haus aus ein *zwieschlächtig* Ding, Gebrauchswert *und* Wert, Produkt nützlicher Arbeit *und* abstrakte Arbeitsgallerte. Um sich darzustellen als das was sie ist, muß sie daher ihre Form *verdoppeln.* Die Form eines Gebrauchswerts besitzt sie von Natur. Es ist ihre Naturalform. Wertform erwirbt sie erst im Umgang mit anderen Waren. Aber ihre Wertform muß selbst wieder *gegenständliche* Form sein. Die einzigen gegenständlichen Formen der Waren sind ihre Gebrauchsgestalten, ihre Naturalformen. Da nun die Naturalform einer Ware, der Leinwand z. B., das gerade Gegenteil ihrer Wertform ist, muß sie eine *andere* Naturalform, *die Naturalform einer andern Ware* zu ihrer *Wertform* machen. Was sie nicht unmittelbar für sich selbst, kann sie unmittelbar für andere Ware und daher auf einem Umweg für sich selbst tun. Sie kann ihren Wert nicht in ihrem eigenen Körper oder in ihrem eigenen Gebrauchswert ausdrükken, aber sie kann sich auf einen andern Gebrauchswert oder Warenkörper als unmittelbares Wertdasein beziehen. Sie kann sich nicht zu der in ihr selbst, wohl aber zu der in anderer Warenart enthaltenen konkreten Arbeit als bloßer Verwirklichungsform abstrakter menschlicher Arbeit verhalten. Sie braucht dazu nur die andere Ware sich als *Aequivalent* gleichzusetzen. Der Gebrauchswert einer Ware existiert überhaupt nur für eine andere Ware, soweit er in dieser Weise zur Erscheinungsform ihres Werts dient. Betrachtet man in dem einfachen relativen Wertausdrucke: x Ware A = y Ware B nur das *quantitative* Verhältnis, so findet man auch nur die oben entwickelten Gesetze über die Bewegung des relativen Werts, die alle darauf beruhen, daß die Wertgröße der Waren durch die zu ihrer Produktion notwendige Arbeitszeit bestimmt ist. Betrachtet man aber das Wertverhältnis der beiden Waren nach seiner *qualitativen* Seite, so entdeckt man in jenem einfachen Wertausdruck das Geheimnis der Wertform und daher, in nuce, des Geldes[20].

Unsere Analyse hat gezeigt, daß *der relative Wertausdruck einer Ware zwei verschiedene Wertformen einschließt.* Die Leinwand drückt ihren Wert und ihre *bestimmte Wertgröße* im Rock aus. Sie stellt ihren Wert dar im *Wertverhältnis* zu einer andern Ware, daher als *Tauschwert.* Andererseits die andere Ware, der Rock, *worin* sie ihren Wert relativ ausdrückt, erhält eben dadurch die Form eines mit ihr unmittelbar austauschbaren Gebrauchswerts oder *Aequivalents.* Beide Formen, *relative Wertform* der einen Ware, *Aequivalentform* der andern, sind Formen des *Tauschwerts.* Beide sind in der Tat nur *Momente,* wechselseitig durcheinander bedingte Bestimmungen, *desselben relativen Wertausdrucks,* aber polarisch verteilt auf die zwei gleichgesetzten *Warenextreme.*

Quantitative Bestimmtheit ist nicht in der *Aequivalentform* einer Ware eingeschlossen. Das bestimmte Verhältnis z. B., worin Rock Aequivalent von Leinwand ist, entspringt nicht aus seiner Aequivalentform, *der Form seiner unmittelbaren Austauschbarkeit* mit der Leinwand, sondern aus der Bestimmung der Wertgröße durch Arbeitszeit. Die Leinwand kann ihren eigenen Wert nur in Röcken darstellen, indem sie sich auf ein bestimmtes Rockquantum als *gegebenes Quantum* kristallisierter menschlicher Arbeit bezieht. Ändert sich der Rock*wert,* so ändert sich auch diese Beziehung. Damit sich aber der relative Wert der Leinwand ändere, muß er vorhanden sein, und er kann nur gebildet werden bei *gegebenem* Rockwert. Ob die Leinwand ihren eigenen Wert nun in 1, 2 oder x Röcken darstellt, hängt unter dieser Voraussetzung ganz von der Wertgröße einer Elle Leinwand und der Ellenanzahl ab, deren Wert in Rockform dargestellt werden soll. Die *Wertgröße einer Ware* kann sich nur im Gebrauchswert einer andern Ware *ausdrücken,* als *relativer Wert.* Die Form eines unmittelbar austauschbaren Gebrauchswerts oder *Aequivalents* erhält eine Ware dagegen umgekehrt nur als das *Material, worin* der Wert einer andern Ware ausgedrückt wird.

Diese Unterscheidung ist getrübt durch eine charakteristische Eigentümlichkeit des relativen Wertausdrucks in seiner einfachen oder ersten Form. Die Gleichung: *20 Ellen Leinwand = 1 Rock,* oder 20 Ellen Leinwand sind einen Rock wert, schließt nämlich offenbar die identische Gleichung ein: *1 Rock = 20 Ellen Leinwand,* oder 1 Rock ist 20 Ellen Leinwand wert. Der relative Wertausdruck der Leinwand, worin der Rock als Aequivalent figuriert, enthält also *rückbezüglich* den relativen Wertausdruck des Rocks, worin die Leinwand als Aequivalent figuriert.

Obgleich beide Bestimmungen der *Wertform* oder beide Darstellungsweisen des Waren*werts* als *Tauschwert* nur *relativ* sind, *scheinen* beide nicht in demselben Grad relativ. Im *relativen Wert* der Leinwand: 20 Ellen Leinwand = 1 Rock, ist der *Tauschwert* der Leinwand ausdrücklich als *ihre Beziehung auf eine andere Ware* dargestellt. Der Rock seinerseits ist zwar auch nur *Aequivalent,* so weit sich die Leinwand auf ihn als Erscheinungsform ihres eigenen Werts und daher mit ihr unmittelbar Austauschbares *bezieht.* Nur *innerhalb* dieser Beziehung ist er Aequivalent. Aber er verhält sich passiv. Er ergreift keine Initiative. Er findet sich in Beziehung, weil sich auf ihn bezogen wird. Der Charakter, der ihm aus dem Verhältnis mit der Leinwand erwächst, erscheint daher nicht als Resultat *seiner Beziehung,* sondern ohne sein Zutun vorhanden. Noch mehr. Die *bestimmte Art und Weise,* wie sich die Leinwand auf ihn bezieht, ist ganz dazu gemacht, es ihm ›anzutun‹, wäre er auch noch so bescheiden und keineswegs das Produkt eines ›tailor run mad with pride‹. Die Leinwand bezieht sich nämlich auf den Rock als sinnlich existierende Materiatur der menschlichen Arbeit in abstracto und daher als *vorhandenen Wertkörper.* Er *ist* dies nur, weil und sofern sich die Leinwand in dieser bestimmten Weise auf ihn *bezieht.* Sein *Aequivalentsein* ist so zu sagen nur eine *Reflexionsbestimmung* der Leinwand. Aber es *scheint* gerade umgekehrt. Einerseits gibt er sich selbst nicht die Mühe sich zu beziehen. Andererseits bezieht sich die Leinwand auf ihn, nicht um ihn zu etwas zu machen, sondern weil er ohne sie etwas ist. Das fertige Produkt der Beziehung der Leinwand auf den Rock, seine Aequivalentform, seine Bestimmtheit als unmittelbar austauschbarer Gebrauchswert, scheint ihm daher auch *außerhalb* der Beziehung zur Leinwand *dinglich* anzugehören, ganz wie etwa seine Eigenschaft warm zu halten. In der ersten oder einfachen Form des relativen Werts: 20 Ellen Leinwand = 1 Rock, ist dieser falsche Schein *noch nicht befestigt,* weil sie unmittelbar auch das Gegenteil aussagt, daß der Rock Aequivalent der Leinwand und daß jede der beiden Waren diese Bestimmtheit nur besitzt, weil und sofern die andere sie zu ihrem relativen Wertausdruck macht[21].

In der einfachen Form des relativen Werts oder dem Ausdrucke der Aequivalenz *zweier* Waren, ist die *Form*entwicklung des Werts für beide Waren *gleichmäßig,* obgleich jedesmal in *entgegengesetzter* Richtung. Der *relative Wertausdruck* ist ferner mit Bezug auf jede der beiden Waren *einheitlich,* denn die Leinwand stellt ihren Wert nur in *einer* Ware dar, dem Rocke und vice versa, aber für *beide* Waren ist dieser Wertausdruck *doppelt,* verschieden für jede derselben. Endlich ist jede der beiden Waren nur *Aequivalent* für die andere einzelne Warenart, also nur *einzelnes Aequivalent.*

Solche Gleichung, wie *20 Ellen Leinwand = 1 Rock,* oder zwanzig Ellen Leinwand *sind* einen Rock *wert,* drückt offenbar den Wert der Ware nur ganz beschränkt und einseitig aus. Vergleiche ich die Leinwand z. B., statt mit Röcken, mit andern Waren, so erhalte ich auch *andere relative Wertausdrücke,* andere *Gleichungen,* wie 20 Ellen Leinwand = u Kaffee, 20 Ellen Leinwand = v Tee usw. Die Leinwand hat *eben so viele verschiedene relative Wertausdrücke,* als es von ihr verschiedene Waren gibt und die Zahl ihrer relativen Wertausdrücke wächst beständig mit der Zahl neu auftretender Warenarten[22].

Die erste Form *20 Ellen Leinwand = 1 Rock* gab *zwei relative Ausdrücke* für den Wert *zweier* Waren. Diese zweite Form gibt für *den Wert derselben Ware* die bunteste Mosaik relativer Ausdrücke. Auch scheint weder für den Ausdruck der Wert*größe* irgend etwas gewonnen, denn in 20 Ellen Leinwand = 1 Rock ist die *Wertgröße* der Leinwand, die ja in jedem Ausdrucke dieselbe bleibt, eben so erschöpfend dargestellt als in 20 Ellen Leinwand = u Tee usw., noch für die Formbestimmung des *Aequivalents,* denn in 20 Ellen Leinwand = u Kaffee usw., sind Kaffee usw. nur *einzelne Aequivalente,* ganz wie es der Rock war.

Dennoch birgt diese zweite Form eine wesentliche Fortentwicklung. Es liegt darin nämlich nicht nur, daß die Leinwand ihren Wert zufällig bald in Röcken ausdrückt, bald in Kaffee usw., sondern daß sie ihn *sowohl* in Röcken *als* in Kaffee usw. ausdrückt, *entweder* in *dieser* Ware *oder* jener *oder* der dritten usw. Die Weiterbestimmung zeigt sich, sobald diese zweite oder *entfaltete Form des relativen Wertausdrucks* in ihrem *Zusammenhang* dargestellt wird. Wir erhalten dann:

II. *Zweite oder entfaltete Form des relativen Werts:*

20 Ellen Leinwand = 1 Rock *oder* = u Kaffee *oder* = v Tee *oder* = x Eisen *oder* = y Weizen *oder* = usw., usw.

z Ware A = u Ware B *oder* = v Ware C *oder* = w Ware D *oder* = x Ware E *oder* = y Ware F *oder* = usw.

Zunächst bildet offenbar die erste Form das *Grundelement* der zweiten, denn letztere besteht aus vielen einfachen relativen Wertausdrücken, wie 20 Ellen Leinwand = 1 Rock, 20 Ellen Leinwand = u Kaffee usw.

In der ersten Form: *20 Ellen Leinwand = 1 Rock* kann es zufällige Tatsache scheinen, daß diese zwei Waren in diesem *bestimmten quantitativen Verhältnisse* austauschbar sind. In der zweiten Form leuchtet dagegen sofort ein von der zufälligen Erscheinung wesentlich unterschiedener und sie bestimmender Hintergrund durch. Der Wert der Leinwand bleibt gleich groß, ob in Rock oder Kaffee oder Eisen usw. dargestellt, in zahllos verschiedenen Waren, den verschiedensten Besitzern angehörig. Das zufällige Verhältnis zweier individueller Warenbesitzer fällt fort. Es wird offenbar, daß nicht der Austausch die Wertgröße der Ware, sondern umgekehrt die Wertgröße der Ware ihre Austauschverhältnisse reguliert.

In dem Ausdruck: *20 Ellen Leinwand = 1 Rock* galt der Rock als Erscheinungsform der *in der Leinwand* vergegenständlichten Arbeit. So wurde die in der Leinwand enthaltene Arbeit der im Rock enthaltenen gleichgesetzt und daher als gleichartige *menschliche* Arbeit bestimmt. Indes trat diese Bestimmung nicht *ausdrücklich* hervor. Unmittelbar setzt die erste Form die in der Leinwand enthaltene Arbeit nur der Schneiderarbeit gleich. Anders die zweite Form. In der endlosen, stets verlängerbaren Reihe ihrer relativen Wertausdrücke bezieht sich die Leinwand auf alle möglichen Warenkörper als bloße Erscheinungsformen der in ihr selbst enthaltenen Arbeit. Hier ist der Leinwand-*Wert* daher erst wahrhaft dargestellt als *Wert, d. h. Kristall menschlicher Arbeit überhaupt.*

Die zweite Form besteht aus einer *Summe* von lauter Gleichungen der ersten Form. Jede dieser Gleichungen, wie *20 Ellen Leinwand = 1 Rock* schließt aber auch die Rückbeziehung ein: *1 Rock = 20 Ellen Leinwand,* wo der Rock seinen Wert in der Leinwand und eben dadurch die Leinwand als Aequivalent darstellt. Da dies nun von jedem der zahllosen relativen Wertausdrücke der Leinwand gilt, erhalten wir:

III. *Dritte, umgekehrte oder rückbezogene zweite Form des relativen Werts:*

1 Rock = 20 Ellen Leinwand.
u Kaffee = 20 Ellen Leinwand.
v Tee = 20 Ellen Leinwand.
x Eisen = 20 Ellen Leinwand.
y Weizen = 20 Ellen Leinwand.
usw. = 20 Ellen Leinwand.

Der *relative Wertausdruck* der Waren kehrt hier zurück in seiner ursprünglichen Gestalt: 1 Rock = 20 Ellen Leinwand. Jedoch ist diese einfache Gleichung jetzt weiter entwickelt. Ursprünglich enthielt sie nur, daß der Rock*wert* durch seinen Ausdruck in einer *andern* Ware eine vom *Gebrauchswert* Rock oder dem *Rockkörper selbst unterschiedene* und *unabhängige Form* erhält. Jetzt stellt dieselbe Form den Rock auch *allen andern Waren* gegenüber *als Wert* dar und ist daher seine allgemein gültige Wertform. Nicht nur der Rock, sondern Kaffee, Eisen, Weizen, kurz alle andern Waren drücken ihren Wert jetzt im *Material Leinwand* aus. Alle stellen sich so einander als *dieselbe Materiatur menschlicher Arbeit* dar. Sie sind nur noch *quantitativ* verschieden, weswegen 1 Rock, u Kaffee, x Eisen usw., d. h. *verschiedene Quanta* dieser verschiedenen Dinge = 20 Ellen Leinwand, gleich *demselben Quantum* vergegenständlichter menschlicher Arbeit. Durch ihren *gemeinschaftlichen* Wertausdruck im Material Leinwand *unterscheiden* sich also alle Waren als *Tauschwerte* von ihren eigenen *Gebrauchswerten* und beziehen sich zugleich auf einander als *Wertgrößen,* setzen sich *qualitativ gleich* und *vergleichen* sich *quantitativ*. Erst in diesem *einheitlichen* relativen Wertausdruck *erscheinen* sie alle für einander als *Werte* und erhält ihr Wert daher erst seine entsprechende *Erscheinungsform als Tauschwert.* Im Unterschied zur *entfalteten* Form des relativen Werts (Form II), die den Wert einer Ware im Umkreis *aller andern* Waren darstellt, nennen wir diesen *einheitlichen* Wertausdruck die *allgemeine relative Wertform.*

In der *Form II:* 20 Ellen Leinwand = 1 Rock *oder* = u Kaffee *oder* = v Tee *oder* = x Eisen usw., worin die Leinwand *ihren relativen Wertaus-*

druck entfaltet, bezieht sie sich auf jede einzelne Ware, Rock, Kaffee usw. als ein *besonderes Aequivalent* und auf alle zusammen als den *Umkreis ihrer besonderen Aequivalentformen.* Ihr gegenüber gilt keine einzelne Warenart noch als Aequivalent schlechthin, wie im *einzelnen* Aequivalent, sondern nur als *besonderes* Aequivalent, wovon das eine das andere ausschließt. In der Form III, welche die rückbezogene zweite Form und also in ihr eingeschlossen ist, erscheint die Leinwand dagegen als die *Gattungsform* des Aequivalents für alle andern Waren. Es ist als ob neben und außer Löwen, Tigern, Hasen und allen andern wirklichen Tieren, die gruppiert die verschiedenen Geschlechter, Arten, Unterarten, Familien usw. des Tierreichs bilden, auch noch *das Tier* existierte, die individuelle Inkarnation des ganzen Tierreichs. Ein solches Einzelne, das in sich selbst alle wirklich vorhandenen Arten derselben Sache einbegreift, ist ein *Allgemeines,* wie *Tier, Gott* usw. Wie die Leinwand daher *einzelnes Aequivalent* wurde, dadurch daß sich *eine* andere Ware auf sie als Erscheinungsform des Werts bezog, so wird sie als allen Waren gemeinschaftliche Erscheinungsform des Werts das *allgemeine Aequivalent, allgemeiner Wertleib, allgemeine Materiatur der abstrakten menschlichen Arbeit.* Die in ihr materialisierte *besondere* Arbeit gilt daher jetzt als *allgemeine Verwirklichungsform* der menschlichen Arbeit, als *allgemeine Arbeit.*

Bei der Darstellung des Werts der Ware A in der Ware B, wodurch die Ware B *einzelnes Aequivalent* wird, war es gleichgültig, von welcher *besonderen* Sorte die Ware B. Nur mußte die Körperlichkeit der Ware B *anderer* Art sein als die der Ware A, daher auch Produkt *anderer nützlicher Arbeit.* Indem der Rock seinen Wert in Leinwand darstellte, bezog er sich auf Leinwand als *die verwirklichte menschliche Arbeit,* und eben dadurch auf *Leineweberei* als die *Verwirklichungsform der menschlichen Arbeit,* aber die *besondere* Bestimmtheit, welche Leineweberei von andern Arbeitsarten *unterscheidet,* war durchaus gleichgültig. Sie mußte nur anderer Art sein als die Schneiderarbeit und im übrigen eine *bestimmte* Arbeitsart. Anders sobald die Leinwand *allgemeines Aequivalent* wird. Dieser Gebrauchswert in seiner *besonderen* Bestimmtheit, wodurch er *Leinwand* im Unterschied von allen andern Warenarten, Kaffee, Eisen usw., wird jetzt die allgemeine Wertform aller andern Waren und daher *allgemeines Aequivalent.* Die in ihm dargestellte *besondre* nützliche Arbeitsart gilt daher jetzt als *allgemeine Verwirklichungsform der menschlichen Arbeit,* als *allgemeine* Arbeit, grade soweit sie Arbeit von *besondrer* Bestimmtheit ist, *Leineweberei* im Unterschied nicht nur von Schneiderarbeit, sondern von Kaffeebau, Minenarbeit und *allen* andern Arbeits*arten.* Umgekehrt gelten alle anderen Arbeitsarten, im *relativen Wertausdruck* der Leinwand, des allgemeinen Aequivalents

(*Form II*), nur noch als *besondre Verwirklichungsformen* der menschlichen Arbeit.

Als *Werte sind* die Waren Ausdrücke *derselben Einheit,* der abstrakten menschlichen Arbeit. In der Form des *Tauschwerts erscheinen* sie einander *als Werte* und *beziehen* sich auf einander *als Werte.* Sie beziehen sich damit zugleich auf die abstrakte menschliche Arbeit als ihre *gemeinsame gesellschaftliche Substanz.* Ihr *gesellschaftliches* Verhältnis besteht ausschließlich darin einander als nur quantitativ verschiedene, aber qualitativ gleiche und daher durch einander ersetzbare und mit einander vertauschbare Ausdrücke dieser ihrer gesellschaftlichen Substanz zu gelten. Als nützliches Ding besitzt eine Ware gesellschaftliche Bestimmtheit, soweit sie Gebrauchswert für andere außer ihrem Besitzer ist, also gesellschaftliche Bedürfnisse befriedigt. Aber gleichgültig, auf wessen Bedürfnisse ihre nützlichen Eigenschaften sie beziehen, sie wird durch dieselben immer nur auf *menschliche Bedürfnisse bezogener Gegenstand,* nicht Ware für *andere Waren.* Nur was bloße Gebrauchsgegenstände in *Waren* verwandelt, kann sie *als Waren* auf einander beziehen und daher in *gesellschaftlichen* Rapport setzen. Es ist dies aber ihr *Wert.* Die *Form,* worin sie sich als Werte, als menschliche Arbeitsgallerte *gelten,* ist daher ihre *gesellschaftliche Form. Gesellschaftliche Form* der Ware und *Wertform* oder *Form der Austauschbarkeit* sind also eins und dasselbe. Ist die Naturalform einer Ware zugleich Wertform, so besitzt sie die Form *unmittelbarer Austauschbarkeit* mit andern Waren und daher *unmittelbar gesellschaftliche Form.*

Die *einfache relative Wertform* (*Form I*) 1 Rock = 20 Ellen Leinwand unterscheidet sich von der *allgemeinen relativen Wertform* 1 Rock = 20 Ellen Leinwand nur dadurch, daß diese Gleichung jetzt ein Glied der Reihe bildet

1 Rock = 20 Ellen Leinwand
u Kaffee = 20 Ellen Leinwand
v Tee = 20 Ellen Leinwand
usw.

Sie unterscheidet sich also in der Tat nur dadurch, daß die Leinwand aus einem *einzelnen* zum *allgemeinen Aequivalent* fortentwickelt ist. Wenn also im *einfachen* relativen Wertausdrucke nicht die Ware, die ihre *Wertgröße* ausdrückt, sondern die Ware, *worin* Wertgröße ausgedrückt wird, die *Form unmittelbarer Austauschbarkeit,* Aequivalentform, also *unmittelbar gesellschaftliche Form* erhält, so gilt dasselbe für den allgemeinen relativen Wertausdruck. Aber in der einfachen relativen Wertform ist dieser Unterschied nur noch formell und verschwindend. Wenn in 1 Rock = 20 Ellen Leinwand der Rock seinen Wert relativ, nämlich in Leinwand ausdrückt und die Leinwand dadurch Aequivalentform erhält, so schließt dieselbe Gleichung unmittelbar die Rückbeziehung ein: 20 Ellen Leinwand = 1 Rock, worin der Rock die Aequivalentform erhält und der Wert der Leinwand relativ ausgedrückt wird. Diese gleichmäßige und gegenseitige Entwicklung der Wertform beider Waren als relativer Wert und als Aequivalent findet jetzt nicht länger statt. Wird die allgemeine relative Wertform 1 Rock = 20 Ellen Leinwand, wo die Leinwand *allgemeines Aequivalent,* umgekehrt in 20 Ellen Leinwand = 1 Rock, so wird der Rock dadurch nicht allgemeines Aequivalent für alle andern Waren, sondern nur ein besondres Aequivalent der Leinwand. *Allgemein* ist die relative Wertform des Rocks nur, weil sie zugleich die relative Wertform aller andern Waren. Was vom Rock, gilt vom Kaffee usw. Es folgt daher, daß die allgemeine relative Wertform der Waren sie selbst von der allgemeinen Aequivalentform *ausschließt.* Umgekehrt ist eine Ware, wie Leinwand, sobald sie die allgemeine Aequivalentform besitzt, von der allgemeinen relativen Wertform ausgeschlossen. Die allgemeine, mit den andern Waren einheitliche relative Wertform der Leinwand wäre: 20 Ellen Leinwand = 20 Ellen Leinwand. Dies ist aber eine Tautologie, welche die *Wertgröße* dieser in allgemeiner Aequivalentform und daher in stets austauschbarer Form befindlichen Ware nicht ausdrückt. Vielmehr wird die *entfaltete relative* Wertform: 20 Ellen Leinwand = 1 Rock *oder* = u Kaffee *oder* = v Tee *oder* = usw. jetzt zum *spezifischen* relativen Wertausdrucke des allgemeinen Aequivalents.

In dem allgemeinen relativen Wertausdruck der Waren besitzt jede Ware, Rock, Kaffee, Tee usw. eine von ihrer Naturalform verschiedene *Wertform,* nämlich die Form Leinwand. Und eben in dieser Form beziehen sie sich auf einander als Austauschbare und in quantitativ bestimmten Verhältnissen Austauschbare, denn wenn 1 Rock = 20 Ellen Leinwand, u Kaffee = 20 Ellen Leinwand usw., so ist auch 1 Rock = u Kaffee usw. Indem alle Waren sich in einer und derselben Ware als Wertgrößen bespiegeln, widerspiegeln sie sich wechselseitig als Wertgrößen. Aber die Naturalformen, die sie als Gebrauchsgegenstände besitzen, gelten ihnen wechselseitig nur auf diesem Umweg, also nicht unmittelbar als Erscheinungsformen des Werts. Sowie sie unmittelbar sind, sind sie daher nicht unmittelbar austauschbar. Sie besitzen also nicht die *Form unmittelbarer Austauschbarkeit* für einander oder ihre *gesellschaftlich gültige Form* ist eine *vermittelte.* Umgekehrt. Indem alle andern Waren auf Leinwand als Erscheinungsform des Werts sich beziehen, wird die Naturalform der Leinwand die *Form ihrer unmittelbaren Austauschbarkeit* mit allen Waren, daher *unmittelbar* ihre *allgemein gesellschaftliche Form.*

Eine Ware erhält nur die *allgemeine Aequivalentform,* weil und sofern sie allen andern Waren zur Darstellung ihrer *allgemeinen relativen,* daher *nicht unmittelbaren* Wertform dient. Waren müssen sich aber relative Wertform überhaupt geben, weil ihre Naturalformen nur ihre Gebrauchswertformen, und sie müssen sich einheitliche, daher allgemeine relative Wertform geben, um sich alle als Werte, als gleichartige Gallerten menschlicher Arbeit auf einander zu beziehen. *Eine* Ware befindet sich daher nur in der Form unmittelbarer Austauschbarkeit mit allen anderen Waren und daher in unmittelbar gesellschaftlicher Form, weil und sofern *alle anderen Waren* sich *nicht* darin befinden, oder weil die Ware überhaupt sich von Haus aus *nicht* in unmittelbar austauschbarer oder gesellschaftlicher Form befindet, indem ihre unmittelbare Form die Form ihres Gebrauchswerts, nicht ihres Wertes.

Man sieht es der Form *allgemeiner unmittelbarer Austauschbarkeit* in der Tat keineswegs an, daß sie eine *gegensätzliche* Warenform ist, von der Form *nicht unmittelbarer* Austauschbarkeit ebenso unzertrennlich, wie die Positivität eines Magnetpols von der Negativität des anderen. Man kann sich daher einbilden, man könne alle Waren zugleich den Stempel unmittelbarer Austauschbarkeit aufdrücken, wie man sich auch einbilden kann, man könne alle Arbeiter zu *Kapitalisten* machen. In der Tat aber sind *allgemeine relative Wertform* und *allgemeine Aequivalentform* die gegensätzlichen, sich wechselweise voraussetzenden und wechselweise abstoßenden Pole *derselben* gesellschaftlichen Form der Waren[23].

Als *unmittelbar gesellschaftliche Materiatur der Arbeit* ist die Leinwand, das allgemeine Aequivalent, *Materiatur unmittelbar gesellschaftlicher Arbeit,* während die anderen Warenkörper, welche ihren Wert in Leinwand darstellen, Materiaturen *nicht unmittelbar gesellschaftlicher* Arbeiten sind.

In der Tat sind alle Gebrauchswerte nur Waren, weil *Produkte von einander unabhängiger Privatarbeiten,* Privatarbeiten, die jedoch als besondere, wenn auch verselbständigte, Glieder des naturwüchsigen Systems der *Teilung der Arbeit* stofflich von einander abhängen. Sie hängen so gesellschaftlich zusammen gerade durch ihre *Verschiedenheit,* ihre *besondre Nützlichkeit.* Eben deswegen produzieren sie qualitativ verschiedene Gebrauchswerte. Wenn nicht, so würden diese Gebrauchswerte nicht zu Waren für einander. Andrerseits macht diese verschiedene nützliche Qualität Produkte noch nicht zu Waren. Produziert eine bäuerliche Familie für ihren eigenen Konsum Rock und Leinwand und Weizen, so treten diese Dinge der Familie als verschiedene Produkte ihrer Familienarbeit gegenüber, aber nicht sich selbst wechselseitig als Waren. Wäre die Arbeit *unmittelbar gesellschaftliche,* d.h. gemeinsame Arbeit, so erhielten die Produkte den unmittelbar gesellschaftlichen Charakter eines Gemeinprodukts für ihre Produzenten, aber nicht den Charakter von Waren für einander. Indes haben wir hier nicht weit zu suchen, worin die *gesellschaftliche Form* der in den Waren enthaltenen und von einander unabhängigen *Privatarbeiten* besteht. Sie ergab sich bereits aus der Analyse der Ware. Ihre gesellschaftliche Form ist ihre Beziehung auf einander als *gleiche Arbeit,* also, da die *Gleichheit* toto coelo *verschiedener* Arbeiten nur in einer *Abstraktion von ihrer Ungleichheit* bestehen kann, ihre Beziehung auf einander als *menschliche Arbeit* überhaupt, *Verausgabungen menschlicher Arbeitskraft,* was alle menschlichen Arbeiten, welches immer ihr Inhalt und ihre Operationsweise, in der Tat *sind.* In jeder gesellschaftlichen Arbeitsform sind die Arbeiten der verschiedenen Individuen auch als menschliche auf einander bezogen, aber hier gilt diese *Beziehung selbst* als die *spezifisch gesellschaftliche Form* der Arbeiten. Nun besitzt aber keine dieser Privatarbeiten in ihrer Naturalform diese spezifisch gesellschaftliche Form abstrakter menschlicher Arbeit, so wenig wie die Ware in ihrer Naturalform die gesellschaftliche Form bloßer Arbeitsgallerte, oder des Wertes, besitzt. Dadurch aber daß die Naturalform einer Ware, hier der Leinwand, allgemeine Aequivalentform wird, weil sich alle andern Waren auf dieselbe als Erscheinungsform ihres eigenen Werts beziehen, wird auch die Leineweberei zur allgemeinen Verwirklichungsform abstrakter menschlicher Arbeit oder zu Arbeit in unmittelbar gesellschaftlicher Form. Der Maßstab der ›Gesellschaftlichkeit‹ muß aus der Natur der jeder Produktionsweise eigentümlichen Verhältnisse, nicht aus ihr fremden Vorstellungen entlehnt werden. Wie vorhin gezeigt ward, daß die Ware von Natur die unmittelbare Form allgemeiner Austauschbarkeit ausschließt und die allgemeine Aequivalentform daher nur *gegensätzlich* entwickeln kann, so gilt dasselbe für die in den Waren steckenden Privatarbeiten. Da sie *nicht unmittelbar gesellschaftliche* Arbeit sind, so ist erstens die *gesellschaftliche Form* eine von den Naturalformen der wirklichen nützlichen Arbeiten unterschiedene, ihnen fremde, und abstrakte Form, und zweitens erhalten alle Arten Privatarbeit ihren *gesellschaftlichen* Charakter nur *gegensätzlich,* indem sie alle einer ausschließlichen Art Privatarbeit, hier der Leineweberei, *gleichgesetzt* werden. Dadurch wird letztere die unmittelbare und allgemeine Erscheinungsform abstrakter menschlicher Arbeit und *so* Arbeit in unmittelbar gesellschaftlicher Form. Sie stellt sich daher auch unmittelbar in einem gesellschaftlich geltenden und allgemein austauschbaren Produkt dar.

Der Schein, als ob die Aequivalentform einer Ware aus ihrer eignen dinglichen Natur entspringe, statt bloßer Reflex der Beziehungen der andern Waren zu sein, befestigt sich mit der Fortbildung des *einzelnen* Aequivalents zum *allgemeinen,* weil die gegensätzlichen Momente der Wertform sich nicht mehr *gleichmäßig* für die auf einander bezognen Waren entwickeln, weil die allgemeine Aequivalentform einer Ware als etwas ganz apartes von allen anderen Waren scheidet und endlich weil diese ihre Form in der Tat nicht mehr das Produkt der Beziehung irgend einer *einzelnen* andern Ware ist.

Indes ist auf unserem jetzigen Standpunkt das allgemeine Aequivalent noch keineswegs verknöchert. Wie wurde in der Tat die Leinwand in das allgemeine Aequivalent verwandelt? Dadurch, daß sie ihren Wert erst in einer einzelnen Ware (Form I), dann in allen andern Waren der Reihe nach *relativ* darstellte (Form II), und so *rückbezüglich* alle andern Waren in ihr ihre Werte relativ darstellten (Form III). Der einfache relative Wertausdruck war der Keim, woraus sich die allgemeine Aequivalentform der Leinwand entwickelte. Innerhalb dieser Entwicklung ändert sie die Rolle. Sie beginnt damit, ihre Wertgröße in *einer* anderen Ware darzustellen und endet damit, zum Material für den Wertausdruck *aller* andern Waren zu dienen. Was von der Leinwand, gilt von jeder Ware. In ihrem entfalteten relativen Wertausdrucke (Form II), der nur aus ihren *vielen, einfache*n Wertausdrücken besteht, figuriert die Leinwand noch nicht als allgemeines Aequivalent. Vielmehr bildet hier jeder andere Warenkörper *ihr Aequivalent,* ist daher unmittelbar austauschbar mit ihr und kann also die Stelle mit ihr wechseln.

Wir erhalten daher schließlich:

Form IV:

20 Ellen Leinwand = 1 Rock *oder* = u Kaffee *oder* = v Tee
oder = x Eisen *oder* = y Weizen *oder* = usw.
1 Rock = 20 Ellen Leinwand *oder* = u Kaffee *oder* = v Tee
oder = x Eisen *oder* = y Weizen *oder* = usw.
u Kaffee = 20 Ellen Leinwand *oder* = 1 Rock *oder* = v Tee
oder = x Eisen *oder* = y Weizen *oder* = usw.
v Tee = usw.

Aber jede dieser Gleichungen *rückbezogen* ergibt Rock, Kaffee, Tee usw. als allgemeines Aequivalent, daher den Wertausdruck in Rock, Kaffee, Tee usw. als allgemeine relative Wertform aller anderen Waren. Die allgemeine Aequivalentform kommt immer nur einer Ware zu im Gegensatz zu allen anderen Waren; aber sie kommt jeder Ware im Gegensatz zu allen anderen zu. Stellt aber jede Ware ihre eigene Naturalform allen anderen Waren gegenüber als allgemeine Aequivalentform, so schließen alle Waren alle von der allgemeinen Aequivalentform aus und daher sich selbst von der gesellschaftlich gültigen Darstellung ihrer Wertgrößen.

Man sieht: die Analyse der Ware ergibt alle *wesentlichen* Bestimmungen der *Wertform* und die Wertform selbst in ihren gegensätzlichen Momenten, die *allgemeine relative Wertform,* die *allgemeine Aequivalentform,* endlich die nie abschließende *Reihe einfacher relativer Wertaus-*

drücke, welche erst eine Durchgangsphase in der Entwicklung der Wertform bildet, um schließlich in die *spezifisch relative Wertform des allgemeinen Aequivalents* umzuschlagen. Aber die Analyse der Ware ergab diese Formen als *Warenformen* überhaupt, die also auch jeder Ware zukommen, nur *gegensätzlich,* so daß wenn die Ware A sich in der *einen* Formbestimmung befindet, die Waren B, C usw. ihr gegenüber die *andere* annehmen. Das entscheidend Wichtige aber war den inneren notwendigen Zusammenhang zwischen Wert*form,* Wert*substanz* und Wert*größe* zu entdecken, d. h. *ideell* ausgedrückt, zu beweisen, daß die Wert*form* aus dem Wert*begriff* entspringt[24].

Eine *Ware* scheint auf den ersten Blick ein selbstverständliches, triviales Ding. Ihre Analyse ergibt, daß sie ein sehr vertracktes Ding ist, voller metaphysischer Spitzfindigkeit und theologischer Mucken. Als bloßer *Gebrauchswert* ist sie ein sinnliches Ding, woran nichts Mysteriöses, ob ich sie nun unter dem Gesichtspunkt betrachte, daß ihre Eigenschaften menschliche Bedürfnisse befriedigen oder daß sie erst als *Produkt* menschlicher Arbeit diese Eigenschaften erhält. Es liegt absolut nichts rätselhaftes darin, daß der Mensch durch seine Tätigkeit die Formen der Naturstoffe in einer ihm nützlichen Weise verändert. Die Form des Holzes z. B. wird verändert, wenn man aus ihm einen Tisch macht. Nichtsdestoweniger bleibt der Tisch Holz, ein ordinäres sinnliches Ding. Aber sobald er *als Ware* auftritt, verwandelt er sich in ein sinnlich übersinnliches Ding. Er steht nicht nur mit seinen Füßen auf dem Boden, sondern er stellt sich allen anderen Waren gegenüber auf den Kopf und entwickelt aus seinem Holzkopf Grillen, viel wunderlicher, als wenn er aus freien Stücken zu tanzen begänne[25].

Der mystische Charakter der Ware entspringt also nicht aus ihrem Gebrauchswert. Er entspringt ebensowenig aus den *Wert*bestimmungen, für sich selbst betrachtet. Denn erstens, wie verschieden die nützlichen Arbeiten oder produktiven Tätigkeiten sein mögen, es ist eine *physiologische* Wahrheit, daß sie Funktionen eines spezifisch *menschlichen* Organismus im Unterschied von *andern* Organismen sind, und daß jede solche Funktion, welches immer ihr Inhalt und ihre Form, wesentlich *Verausgabung* von *menschlichem* Hirn, Nerv, Muskel, Sinnesorgan usw. ist. Was zweitens der Bestimmung der Wertgröße zu Grunde liegt, die *Zeitdauer* jener Verausgabung oder die *Quantität* der Arbeit, so ist die *Quantität* sogar sinnfällig von der *Qualität* der Arbeit unterscheidbar. In allen Zuständen mußte die Arbeits*zeit,* welche die Produktion der Lebensmittel kostet, den Menschen interessieren, obgleich nicht gleichmäßig auf verschiedenen Entwicklungsstufen. Endlich, sobald die Menschen in irgend einer Weise für einander arbeiten, erhält ihre Arbeit auch eine *gesellschaftliche* Form.

Nehmen wir den Robinson auf seiner Insel. Bescheiden, wie er von Haus aus ist, hat er doch verschiedenartige Bedürfnisse zu befriedigen und muß daher *nützliche Arbeiten verschiedner Art* verrichten, Werkzeuge machen, Möbel fabrizieren, Lama zähmen, fischen, jagen usw. Vom Beten u. dgl. sprechen wir hier nicht, da unser Robinson daran sein Vergnügen findet und derartige Tätigkeit als Erholung betrachtet. Trotz der Verschiedenheit seiner produktiven Funktionen weiß er, daß sie nur verschiedene Betätigungsformen desselben Robinson, also nur verschiedene Weisen *menschlicher* Arbeit sind. Die Not selbst zwingt ihn, seine *Zeit* genau zwischen seinen verschiedenen Funktionen zu verteilen. Ob die eine mehr, die andere weniger Raum in seiner Gesamttätigkeit einnimmt, hängt ab von der größeren oder geringeren Schwierigkeit, die zur Erzielung des bezweckten Nutzeffekts zu überwinden ist. Die Erfahrung lehrt ihn das, und unser Robinson, der Uhr, Hauptbuch, Tinte und Feder aus dem Schiffbruch gerettet, beginnt als guter Engländer bald Buch über sich selbst zu führen. Sein Inventarium enthält ein Verzeichnis der Gebrauchsgegenstände, die er besitzt, der *verschiedenen* Verrichtungen, die zu ihrer Produktion erheischt sind, endlich der *Arbeitszeit,* die ihn bestimmte Quanta dieser verschiedenen Produkte im Durchschnitt kosten. Alle Beziehungen zwischen Robinson und den Dingen, die seinen selbstgeschaffenen Reichtum bilden, sind hier so einfach und durchsichtig, daß selbst Herr M. Wirth sie ohne besondre Geistesanstrengung verstehen dürfte. Und dennoch sind darin alle wesentlichen Bestimmungen des *Werts* enthalten.

Setzen wir nun an die Stelle Robinson's einen Verein freier Menschen, die mit gemeinschaftlichen Produktionsmitteln arbeiten und ihre vielen individuellen Arbeitskräfte selbstbewußt als *eine* gesellschaftliche Arbeitskraft verausgaben. Alle Bestimmungen von Robinson's Arbeit wiederholen sich, nur *gesellschaftlich,* statt *individuell.* Ein wesentlicher Unterschied tritt jedoch ein. Alle Produkte Robinson's waren sein ausschließlich persönliches Produkt und daher unmittelbar Gebrauchsgegenstände *für* ihn. Das Gesamtprodukt des Vereins ist ein *gesellschaftliches* Produkt. Ein Teil dieses Produkts dient wieder als Produktionsmittel. Er bleibt gesellschaftlich. Aber ein anderer Teil wird als Lebensmittel von den Vereinsgliedern verzehrt. Er muß daher unter sie *verteilt* werden. Die *Art* dieser Verteilung wird wechseln mit der besonderen Art des gesellschaftlichen Produktionsorganismus selbst und der entsprechenden geschichtlichen Entwicklungshöhe der Produzenten. Nur zur Parallele mit der Warenproduktion setzen wir voraus, der Anteil jedes Produzenten an den Lebensmitteln sei bestimmt durch seine *Arbeitszeit.* Die Arbeitszeit würde also eine doppelte Rolle spielen. Ihre gesellschaftlich planmäßige Verteilung regelt die richtige Proportion der verschiedenen

Arbeitsfunktionen zu den verschiedenen Bedürfnissen. Andrerseits dient die Arbeitszeit zugleich als Maß des individuellen Anteils des Produzenten an der Gemeinarbeit und daher auch an dem individuell verzehrbaren Teil des Gemeinprodukts. Die gesellschaftlichen Beziehungen der Menschen zu ihren Arbeiten und ihren Arbeitsprodukten blieben hier durchsichtig einfach, in der Produktion sowohl als in der Distribution.

Woher also der rätselhafte Charakter des Arbeitsprodukts, sobald es die *Form der Ware* annimmt?

Wenn die Menschen ihre Produkte auf einander *als Werte* beziehen, sofern diese Sachen für *bloß sachliche Hüllen* gleichartig menschlicher Arbeit gelten, so liegt darin zugleich umgekehrt, daß ihre verschiedenen Arbeiten nur als gleichartige menschliche Arbeit gelten in *sachlicher Hülle.* Sie beziehen ihre verschiedenen Arbeiten auf einander als menschliche Arbeit, indem sie ihre *Produkte auf einander als Werte* beziehen. Die persönliche Beziehung ist versteckt durch die *sachliche* Form. Es steht daher dem Wert nicht auf der Stirn geschrieben, *was* er ist. Um ihre Produkte auf einander als Waren zu beziehen, sind die Menschen gezwungen, ihre verschiedenen Arbeiten abstrakt menschlicher Arbeit gleichzusetzen. Sie wissen das nicht, aber sie *tun* es, indem sie das materielle Ding auf die Abstraktion *Wert* reduzieren. Es ist dies eine naturwüchsige und daher bewußtlos instinktive Operation ihres Hirns, die aus der besonderen Weise ihrer materiellen Produktion und den Verhältnissen, worin diese Produktion sie versetzt, notwendig herauswächst. Erst ist ihr Verhältnis praktisch da. Zweitens aber, weil sie Menschen sind, ist *ihr Verhältnis als Verhältnis für sie da.* Die Art, wie es für sie da ist, oder sich in ihrem Hirn reflektiert, entspringt aus der Natur des Verhältnisses selbst. Später suchen sie durch die Wissenschaft hinter das Geheimnis ihres eignen gesellschaftlichen Produkts zu kommen, denn die Bestimmung eines Dings *als Wert* ist *ihr* Produkt, so gut wie die Sprache. Was nun ferner die *Wertgröße* betrifft, so werden die unabhängig von einander betriebenen, aber, weil Glieder der *naturwüchsigen Teilung der Arbeit,* allseitig von einander abhängigen Privatarbeiten dadurch fortwährend auf ihr gesellschaftlich proportionelles Maß reduziert, daß sich in den zufälligen und stets schwankenden *Austauschverhältnissen ihrer Produkte* die zu deren Produktion gesellschaftlich notwendige *Arbeitszeit* als regelndes *Naturgesetz* gewaltsam durchsetzt, wie etwa das Gesetz der Schwere, wenn einem das Haus über dem Kopf zusammenpurzelt.[26] Die Bestimmung der Wertgröße durch die Arbeitszeit ist daher unter den erscheinenden Bewegungen der relativen Warenwerte verstecktes Geheimnis. Die eigene gesellschaftliche Bewegung der Produzenten besitzt für sie die Form einer Bewegung von Sachen, unter deren Kontrolle sie stehen, statt sie zu kontrollieren. Was nun endlich die

Wertform betrifft, so ist es ja grade diese Form, welche die gesellschaftlichen Beziehungen der Privatarbeiter und daher die gesellschaftlichen Bestimmtheiten der Privatarbeiten *sachlich verschleiert,* statt sie zu offenbaren. Wenn ich sage, Rock, Stiefel usw. beziehen sich auf Leinwand als allgemeine Materiatur abstrakter menschlicher Arbeit, so springt die Verrücktheit dieses Ausdrucks ins Auge. Aber wenn die Produzenten von Rock, Stiefel usw. diese Waren auf die Leinwand als *allgemeines Aequivalent* beziehen, erscheint ihnen die gesellschaftliche Beziehung ihrer Privatarbeiten genau in dieser verrückten *Form.*

Derartige Formen bilden eben die *Kategorien* der bürgerlichen Oekonomie. Es sind gesellschaftlich gültige, also objektive Gedankenformen für Produktionsverhältnisse *dieser historisch bestimmten* gesellschaftlichen Produktionsweise.

Die Privatproduzenten treten erst in gesellschaftlichen Kontakt vermittelst ihrer Privatprodukte, der Sachen. Die gesellschaftlichen Beziehungen ihrer Arbeiten *sind* und *erscheinen* daher nicht als unmittelbar gesellschaftliche Verhältnisse der Personen in ihren Arbeiten, sondern als *sachliche Verhältnisse* der Personen oder *gesellschaftliche Verhältnisse der Sachen.* Die erste und allgemeine Darstellung der Sache als eines *gesellschaftlichen Dings* ist aber die Verwandlung des *Arbeitsprodukts* in Ware. Der Mystizismus der Ware entspringt also daraus, daß den Privatproduzenten die *gesellschaftlichen* Bestimmungen ihrer *Privatarbeiten als gesellschaftliche Naturbestimmtheiten der Arbeitsprodukte,* daß die *gesellschaftlichen Produktionsverhältnisse der Personen* als *gesellschaftliche Verhältnisse der Sachen* zu einander und zu den Personen erscheinen. Die Verhältnisse der Privatarbeiter zur gesellschaftlichen Gesamtarbeit *vergegenständlichen* sich ihnen gegenüber und existieren daher für sie in den *Formen von Gegenständen.* Für eine Gesellschaft von Warenproduzenten, deren allgemein gesellschaftliches Produktionsverhältnis darin besteht, sich zu ihren Produkten als *Waren,* also als *Werten* zu verhalten, und in dieser *sachlichen* Form ihre Privatarbeiten auf einander zu beziehen als *gleiche menschliche Arbeit,* ist das *Christentum,* mit seinem Kultus des abstrakten Menschen, namentlich in seiner bürgerlichen Entwicklung, dem Protestantismus, Deismus usw., die entsprechendste *Religionsform.* In den altasiatischen, antiken usw. Produktionsweisen spielt die Verwandlung des Produkts in Ware, und daher das Dasein der Menschen als Warenproduzenten, eine untergeordnete Rolle, die jedoch um so bedeutender wird, je mehr die Gemeinwesen in das Stadium ihres Untergangs treten. Eigentliche Handelsvölker existieren nur in den Intermundien der alten Welt, wie Epikurs Götter, oder wie Juden in den Poren der polnischen Gesellschaft. Jene alten gesellschaftlichen Produktionsorganismen sind außerordentlich viel einfacher und durchsichtiger als der bürgerliche, aber sie beruhen entweder auf der Unreife des individuellen Menschen, der sich von der Nabelschnur des natürlichen Gattungszusammenhangs mit Andern noch nicht losgerissen hat, oder auf unmittelbaren Herrschafts- und Knechtschaftsverhältnissen. Sie sind bedingt durch eine niedrige Entwicklungsstufe der Produktivkräfte der Arbeit und entsprechend befangene Verhältnisse der Menschen innerhalb ihres materiellen Lebenserzeugungsprozesses, daher zu einander und zur Natur. Diese wirkliche Befangenheit spiegelt sich ideell wider in den alten Natur- und Volksreligionen. Der *religiöse Wiederschein* der wirklichen Welt kann nur verschwinden, sobald die Verhältnisse des praktischen Werkeltagslebens den Menschen tagtäglich durchsichtig vernünftige Beziehungen zu einander und zur Natur darstellen. Die Verhältnisse können sich aber nur als das darstellen, was sie sind. Die Gestalt des gesellschaftlichen Lebensprozesses, d.h. des materiellen Produktionsprozesses, streift nur ihren mystischen Nebelschleier ab, sobald sie als Produkt frei vergesellschafteter Menschen unter deren bewußter planmäßiger Kontrolle steht. Dazu ist jedoch eine materielle Grundlage der Gesellschaft erheischt oder eine Reihe materieller Existenzbedingungen, welche selbst wieder das naturwüchsige Produkt einer langen und qualvollen Entwicklungsgeschichte sind.

Die politische Oekonomie hat nun zwar, wenn auch unvollkommen[27], Wert und Wertgröße analysiert. Sie hat niemals auch nur die Frage gestellt, warum sich die Arbeit *im Wert* und das Maß der Arbeit durch ihre Zeitdauer in der *Wertgröße* darstellt? Formen, denen es auf der Stirn geschrieben steht, daß sie einer Gesellschaftsformation angehören, worin der Produktionsprozeß die Menschen, der Mensch noch nicht den Produktionsprozeß bemeistert, gelten ihrem bürgerlichen Bewußtsein für eben so selbstverständliche Naturnotwendigkeit als die produktive Arbeit selbst. Vorbürgerliche Formen des gesellschaftlichen Produktionsorganismus werden daher von ihr behandelt, wie etwa von den Kirchenvätern vorchristliche Religionen[28].

Wie sehr ein Teil der Oekonomen von dem der Warenwelt anklebenden Fetischismus oder dem *gegenständlichen* Schein der *gesellschaftlichen* Arbeitsbestimmungen getäuscht wird, beweist u. a. der langweilig abgeschmackte Zank über die *Rolle der Natur* in der Bildung des Tauschwerts. Da Tauschwert eine bestimmte gesellschaftliche Manier ist, die auf ein Ding verwandte Arbeit auszudrücken, kann er nicht mehr Naturstoff enthalten als etwa der *Wechselkurs*.

Als allgemeinste und unentwickeltste Form der bürgerlichen Produktion, welche deswegen auch schon in früheren Produktionsperioden erscheint, obgleich nicht in derselben herrschenden, also charakteristischen Weise, war die *Warenform* noch relativ leicht zu durchschauen.

Aber konkretere Formen, wie das *Kapital* z.B.? Der Fetischismus der klassischen Oekonomie wird hier handgreiflich.

Um jedoch nicht vorzugreifen, genüge hier noch ein Beispiel bezüglich der Warenform selbst. Man hat gesehn, daß in der Beziehung von Ware auf Ware, z.B. von Stiefel auf Stiefelknecht, der Gebrauchswert des Stiefelknechts, also die Nützlichkeit seiner wirklichen *dinglichen* Eigenschaften dem Stiefel durchaus gleichgültig ist. Nur als Erscheinungsform ihres eignen Werts interessiert die Stiefel*ware* der Stiefelknecht. Könnten die Waren also sprechen, so würden sie sagen, unser Gebrauchswert mag den Menschen interessieren. Er kömmt uns nicht als Dingen zu. Was uns aber *dinglich* zukömmt, ist unser Wert. Unser eigner Verkehr als Warendinge beweist das. Wir beziehen uns nur als Tauschwerte auf einander. Man höre nun, wie der Oekonom aus der Warenseele heraus spricht: »*Wert* (Tauschwert) ist *Eigenschaft der Dinge,* Reichtum (Gebrauchswert) des Menschen. Wert in diesem Sinn schließt notwendig Austausch ein, Reichtum nicht[29].« »Reichtum (Gebrauchswert) ist ein Attribut des *Menschen, Wert ein Attribut der Waren.* Ein Mensch oder ein Gemeinwesen ist *reich;* eine Perle oder Diamant ist *wertvoll* ... Eine Perle oder Diamant *hat Wert als Perle oder Diamant*[30].« Bisher hat noch kein Chemiker Tauschwert in Perle oder Diamant entdeckt. Unsere Verfasser, die besondern Anspruch auf kritische Tiefe machen, finden aber, daß der Gebrauchswert der Sachen unabhängig von ihren sachlichen Eigenschaften, dagegen ihr Tauschwert ihnen als Sachen zukömmt. Was sie hierin bestätigt, ist der sonderbare Umstand, daß der Gebrauchswert der Dinge sich für den Menschen *ohne Austausch* realisiert, also im unmittelbaren Verhältnis zwischen Ding und Mensch, ihr Wert umgekehrt nur *im Austausch,* d.h. in einem *gesellschaftlichen* Prozeß. Wer erinnert sich hier nicht des guten Dogberry, der den Nachtwächter Seacoal belehrt: »Ein gut aussehender Mann zu sein, ist eine Gabe der *Umstände,* aber Lesen und Schreiben zu können, kömmt *von Natur*[31].«

Die Ware ist *unmittelbare Einheit von Gebrauchswert und Tauschwert,* also zweier Entgegengesetzten. Sie ist daher ein unmittelbarer *Widerspruch.* Dieser Widerspruch muß sich entwickeln, sobald sie nicht wie bisher analytisch bald unter dem Gesichtspunkt des Gebrauchswerts, bald unter dem Gesichtspunkt des Tauschwerts betrachtet, sondern als ein Ganzes wirklich auf andere Waren bezogen wird. Die *wirkliche* Beziehung der Waren aufeinander ist aber ihr *Austauschprozeß.*

Karl Marx

[Aus den Exzerptheften: die entfremdete und die unentfremdete Gesellschaft, Geld, Kredit und Menschlichkeit]

[1]Bei jener Kompensation des Geldes und Metallwerts, wie bei der Darstellung der Produktionskosten als des einzigen Momentes in der Wertbestimmung, begeht Mill – wie überhaupt die Schule von Ricardo – den Fehler, daß sie das *abstrakte Gesetz,* ohne den Wechsel oder die beständige Aufhebung dieses Gesetzes – wodurch es erst wird – ausspricht. Wenn es ein *beständiges* Gesetz ist, daß z. B. die Produktionskosten in letzter Instanz – oder vielmehr bei der periodisch zufällig[2] eintreffenden Deckung von Nachfrage und Zufuhr – den Preis (Wert) bestimmen, so ist es ein ebenso *beständiges Gesetz,* daß dies Verhältnis sich nicht deckt, also daß Wert und Produktionskosten in keinem notwendigen Verhältnis stehn. Ja, Nachfrage und Zufuhr decken sich immer nur momentan durch das vorhergegangne Schwanken von Nachfrage und Zufuhr, durch das Mißverhältnis zwischen Produktionskosten und Tauschwert, wie diese Schwankung und dies Mißverhältnis ebenso wieder der momentanen Deckung folgt. Diese *wirkliche* Bewegung, wovon jenes Gesetz nur ein abstraktes, zufälliges und einseitiges Moment ist, wird von den neueren Nationalökonomen zum Akzidens gemacht, zum Unwesentlichen. Warum? Weil bei den scharfen und exakten Formeln, worauf sie die Nationalökonomie reduzieren, die Grundformel, wollten sie jene Bewegung abstrakt aussprechen, heißen müßte: Das Gesetz ist in der Nationalökonomie durch sein Gegenteil, die Gesetzlosigkeit, bestimmt. Das wahre Gesetz der Nationalökonomie ist der *Zufall,* aus dessen Bewegung wir, die Wissenschaftlichen, einige Momente willkürlich in der Form von Gesetzen fixieren.–

Sehr gut und das Wesen der Sache in einen Begriff gebracht ist es, wenn Mill das *Geld* als den *Vermittler* des Austausches bezeichnet. Das Wesen des Geldes ist zunächst nicht, daß in ihm das Eigentum entäußert wird, sondern daß die *vermittelnde Tätigkeit* oder Bewegung, der *menschliche,* gesellschaftliche Akt, wodurch sich die Produkte des Menschen wechselseitig ergänzen, *entfremdet* und die Eigenschaft eines *materiellen Dings* außer dem Menschen, des Geldes wird. Indem der Mensch diese vermittelnde Tätigkeit selbst entäußert, ist er hier nur als sich abhanden gekommner, entmenschter Mensch tätig; die *Beziehung* selbst der Sachen, die menschliche Operation mit denselben, wird zur Operation eines

Wesens außer dem Menschen und über dem Menschen. Durch diesen *fremden Mittler* – statt daß der Mensch selbst der Mittler für den Menschen sein sollte – schaut der Mensch seinen Willen, seine Tätigkeit, sein Verhältnis zu andren als eine von ihm und ihnen unabhängige Macht an. Seine Sklaverei erreicht also die Spitze. Daß dieser *Mittler* nun zum *wirklichen Gott* wird, ist klar, denn der Mittler ist die *wirkliche Macht* über das, womit er mich vermittelt. Sein Kultus wird zum Selbstzweck. Die Gegenstände, getrennt von diesem Mittler, haben ihren Wert verloren. Also nur, insofern sie ihn *repräsentieren,* haben sie Wert, während es ursprünglich schien, daß er nur Wert hätte, so weit er *sie* repräsentierte. Diese Umkehrung des ursprünglichen Verhältnisses ist notwendig. Dieser *Mittler* ist daher das sich selbst abhanden gekommne, entfremdete *Wesen* des Privateigentums, das sich selbst äußerlich gewordne, *entäußerte* Privateigentum, wie es die *entäußerte Vermittlung* der menschlichen Produktion mit der menschlichen Produktion, die *entäußerte* Gattungstätigkeit des Menschen ist. Alle Eigenschaften, welche dieser in der Produktion dieser Tätigkeit zukommen, werden daher auf diesen Mittler übertragen. Der Mensch wird also umso ärmer als Mensch, d. h. getrennt von diesem Mittler, als[3] dieser Mittler *reicher* wird.–

Christus *repräsentiert* ursprünglich 1)[4] die Menschen vor Gott; 2) Gott für die Menschen; 3) die Menschen dem Menschen.

So repräsentiert das *Geld* ursprünglich seinem Begriff nach: 1) Das Privateigentum für das Privateigentum; 2) die[5] Gesellschaft für das Privateigentum; 3) das Privateigentum für die Gesellschaft.

Aber Christus ist der *entäußerte* Gott und der entäußerte *Mensch.* Gott hat nur mehr Wert, sofern er Christus, der Mensch nur mehr Wert, sofern er Christus repräsentiert. Ebenso mit dem Geld.–

Warum muß das Privateigentum zum *Geldwesen* fortgehn? Weil der Mensch als ein geselliges Wesen zum *Austausch [XXV]*[6] und weil der Austausch – unter der Voraussetzung des Privateigentums – zum Wert fortgehn muß. Die vermittelnde Bewegung des austauschenden Menschen ist nämlich keine gesellschaftliche, keine menschliche Bewegung, kein *menschliches Verhältnis,* es ist das *abstrakte Verhältnis* des Privateigentums zum Privateigentum, und dies *abstrakte* Verhältnis ist der *Wert,* dessen wirkliche *Existenz* als Wert erst das *Geld* ist. Weil die austauschenden Menschen sich nicht als Menschen zu einander verhalten, so verliert die *Sache* die Bedeutung des menschlichen, des persönlichen Eigentums. Das gesellschaftliche Verhältnis von Privateigentum zu Privateigentum ist schon ein Verhältnis, worin das Privateigentum sich selbst entfremdet ist. Die für sich seiende Existenz dieses Verhältnisses, das Geld, ist daher die Entäußerung des Privateigentums, die Abstraktion von seiner *spezifischen,* persönlichen Natur.

Der Gegensatz der modernen Nationalökonomie zu dem Geldsystem, système monétaire, kann daher trotz aller ihrer Klugheit es zu keinem entscheidenden Sieg bringen; denn, wenn der rohe nationalökonomische Aberglaube des Volks und der Regierungen, an dem *sinnlichen, handgreiflichen, augenfälligen* Geldsack festhält und daher an den absoluten Wert der edlen Metalle wie an ihren Besitz, als die einzige Realität des Reichtums glaubt, – wenn dann der aufgeklärte, weltkundige Nationalökonom kommt und ihnen beweist, daß das Geld eine Ware wie jede andre ist, deren Wert daher, wie der jeder andren Ware, von dem Verhältnis der Produktionskosten zur Nachfrage (Konkurrenz)[7] und Zufuhr, zu der Quantität oder Konkurrenz der andren Waren abhängt, – so wird diesem Nationalökonomen richtig erwidert, daß doch der *wirkliche* Wert der Dinge ihr *Tauschwert* sei und dieser in letzter Instanz im Geld, wie dieses in den edlen Metallen[8] existiere, daß also das Geld der *wahre* Wert der Dinge und darum das wünschenswerteste Ding sei. Die Lehren des Nationalökonomen liefen ja selbst in letzter Instanz auf diese Weisheit hinaus, nur daß er die Abstraktionsfähigkeit besitzt, dieses Dasein des Geldes unter allen Formen von Ware zu erkennen und darum nicht an den exklusiven Wert seines offiziellen metallenen Daseins zu glauben. – Das metallene Dasein des Geldes ist nur der offizielle sinnfällige Ausdruck der Geldseele, die in allen Gliedern der Produktionen und Bewegungen der bürgerlichen Gesellschaft steckt.

Der Gegensatz der modernen Nationalökonomen zu dem Geldsystem ist nur der, daß sie das *Geldwesen* in seiner Abstraktion und Allgemeinheit gefaßt und daher aufgeklärt sind über den *sinnlichen* Aberglauben, der an das exklusive Dasein dieses Wesens im edlen Metall glaubt. Sie setzen an die Stelle dieses rohen den raffinierten Aberglauben. Weil aber beide im Wesen eine Wurzel haben, so bringt es die aufgeklärte Form des Aberglaubens nicht dahin, die rohe sinnliche Form desselben gänzlich zu verdrängen, weil er nicht dessen Wesen, sondern nur die bestimmte Form dieses Wesens angreift. – Das *persönliche* Dasein des Geldes als Geld – und nicht nur als das innere, an sich seiende, versteckte Konversationsverhältnis oder Standesverhältnis der Waren zu einander – dies Dasein entspricht umso mehr dem Wesen des Geldes, je abstrakter es ist, je weniger *natürliches* Verhältnis es zu den andren Waren hat, je mehr es als Produkt und doch wieder als Nichtprodukt des Menschen erscheint, je weniger *naturwüchsiger* sein Daseinselement, je geschaffner es vom Menschen ist, oder nationalökonomisch, je größer das *umgekehrte* Verhältnis seines *Wertes als Geld* zum Tauschwert oder Geldwert des Materials ist, in welchem es existiert. Daher ist das *Papiergeld* und die Zahl der *papiernen Repräsentanten des Geldes* (wie Wechsel, Mandate, Schuldscheine etc.) das *vollkommenere* Dasein des *Geldes als Geld* und ein notwendiges Moment im Fortschritt der Entwicklung des Geldwesens. Im *Kreditwesen,* dessen vollständiger Ausdruck das *Bankwesen* ist, gewinnt es den Schein, als sei die Macht der fremden, materiellen Macht gebrochen, das Verhältnis der Selbstentfremdung aufgehoben und der Mensch wieder in menschlichen Beziehungen zum Menschen. Die *St. Simonisten,* von diesem *Schein* getäuscht, betrachten die Entwicklung von Geld, Wechselbriefen, Papiergeld, papiernen Repräsentanten des Geldes, *Kredit, Bankwesen* als eine stufenweise Aufhebung der Trennung des Menschen von der Sache, des Kapitals von der Arbeit, des Privateigentums vom Gelde und des Geldes vom Menschen, der Trennung des Menschen vom Menschen. Das organisierte *Bankwesen* ist daher ihr Ideal. Aber diese Aufhebung der *[XXVI]* Entfremdung, diese *Rückkehr* des Menschen zu sich selbst und daher zum andern Menschen ist nur ein *Schein,* sie ist eine um so *infamere* und *extremere* Selbstentfremdung, Entmenschung, als ihr Element nicht mehr Ware, Metall, Papier, sondern das *moralische* Dasein, das *gesellige* Dasein, das *Innere* der menschlichen Brust selbst ist; als sie unter dem Schein des *Vertrauens* des Menschen zum Menschen, das höchste *Mißtrauen* und die völlige Entfremdung ist. Was konstituiert das Wesen des *Kredits?* Wir sehn hier ganz vom *Inhalt* des Kredits ab, der wieder das Geld ist. Wir sehn also vom *Inhalt* dieses Vertrauens ab, wonach ein Mensch den andern dadurch *anerkennt,* daß er ihm Werte vorschießt und – im besten Fall, wenn er sich nämlich den Kredit nicht zahlen läßt, d.h. kein Wucherer ist – seinem Mitmenschen das Vertrauen schenkt, daß er kein Spitzbube, sondern ein ›guter‹ Mann ist. Unter einem ›guten‹ Mann versteht der Vertrauende hier, wie Shylock, einen ›zahlbaren‹ Mann. – Der Kredit ist unter zwei Verhältnissen und unter zwei verschiednen Bedingungen denkbar. Die zwei Verhältnisse sind: Einmal ein Reicher kreditiert einem Armen, den er für fleißig und ordentlich hält. Diese Art von Kredit gehört in den romantischen, sentimentalen Teil der Nationalökonomie, zu ihren Verirrungen, Exzessen, *Ausnahmen,* nicht zu der *Regel.* Allein selbst diese Ausnahme unterstellt, diese romantische Möglichkeit zugegeben, so gilt das Leben des Armen und sein Talent wie Tätigkeit dem Reichen für eine *Garantie* der Rückerstattung des geliehenen Geldes; d.h. also alle sozialen Tugenden des Armen, der Inhalt seiner Lebenstätigkeit, sein Dasein selbst, repräsentiert dem Reichen das Remboursement seines Kapitals mit den gewöhnlichen Zinsen. Der Tod des Armen ist daher für den Kreditierenden der schlimmste Fall. Er ist der Tod seines Kapitals samt Zinsen. Man bedenke, was in der *Schätzung* eines Menschen in *Geld,* wie sie im Kreditverhältnis geschieht, [für] eine Niederträchtigkeit liegt. Es versteht sich von selbst, daß der Kreditierende, außer den *moralischen* Garantien auch die Garantie des *juristischen* Zwangs und noch mehr oder minder *reale* Garantien für seinen Mann hat. Ist nun der, dem kreditiert wird, selbst vermögend, so wird der *Kredit* bloß zu einem erleichternden *Vermittler* des Austauschs, d.h. es ist das *Geld* selbst in eine ganz *ideale* Form erhoben. Der *Kredit* ist[9] das *nationalökonomische*[10] Urteil über die Moralität eines Menschen. Im Kredit ist statt des Metalls oder des Papiers der *Mensch* selbst der *Mittler* des Tausches geworden, aber nicht als Mensch, sondern als das *Dasein eines Kapitals* und der Zinsen. Das Medium des Austauschs ist also allerdings aus seiner materiellen Gestalt in den Menschen zurückgekehrt und zurückversetzt, aber nur weil der Mensch selbst außer sich versetzt und sich selbst zu einer materiellen Gestalt geworden ist. Nicht das Geld ist im Menschen – innerhalb des Kreditverhältnisses aufgehoben, sondern der Mensch selbst ist in *Geld* verwandelt oder das Geld ist in ihm *inkorporiert*. Die *menschliche Individualität,* die menschliche *Moral* ist sowohl selbst zu einem Handelsartikel geworden, wie zum *Material* worin das Geld existiert. Statt Geld, Papier ist mein eignes persönliches Dasein, mein Fleisch und Blut, meine gesellige Tugend und Geltung die Materie, der Körper des *Geldgeistes.* Der Kredit scheidet den Geldwert nicht mehr in Geld, sondern in menschliches Fleisch und in menschliches Herz. So sehr sind alle Fortschritte und Inkonsequenzen innerhalb eines falschen Systems der höchste Rückschritt und die höchste Konsequenz der Niedertracht. – Innerhalb des Kreditsystems bestätigt sich seine Menschen entfremdete Natur unter dem Schein der höchsten nationalökonomischen Anerkennung des Menschen auf doppelte Weise: 1) Der Gegensatz zwischen Kapitalist und Arbeiter, großem und kleinem Kapitalist wird noch größer, indem der Kredit nur dem gegeben wird, der schon hat und eine neue Chance der Akkumulation für den Reichen ist, oder indem der Arme in zufälligen Belieben und Urteil des Reichen über ihn seine *ganze* Existenz bestätigt oder verneint, sie völlig von diesem Zufall abhängig sieht;[11] 2) indem die wechselseitige Verstellung, Heuchelei und Scheinheiligkeit bis auf die Spitze getrieben werden, daß über den Kreditlosen nun außer dem einfachen Urteil, daß er arm ist, nun auch das moralische Urteil, daß er kein Vertrauen, keine Anerkennung besitzt, also ein geselliger Paria, ein schlechter Mensch ist, hinzukommt; und indem der Arme zu seiner Entbehrung diese Erniedrigung und die erniedrigende *Bitte* um Kredit bei dem Reichen hinzubekommt; *[XXVII]* 3) indem durch diese ganz *ideelle* Existenz des Geldes die *Falschmünzerei* von dem Menschen an keinem andern Stoff, sondern nur mehr an seiner eignen Person vorgenommen werden kann, er selbst sich zu einer falschen Münze machen, Kredit erschleichen, erlügen etc. muß und dieses Kreditverhältnis – sowohl nach Seite des Vertrauenden, als dessen, der das Vertrauen braucht – zum Handelsgegenstand, Gegenstand des wechselseitigen Betrugs und Mißbrauchs wird. Hier zeigt sich dann noch brillant das *Mißtrauen* als die Basis dieses nationalökonomischen Vertrauens; das mißtrauische Abwägen, ob der Kredit geschenkt werden soll oder nicht; die Espionnage nach den Geheimnissen des Privatlebens etc. des Kreditsuchenden; das Verraten momentaner Übelstände, um einen Rivalen durch plötzliche Erschütterung seines Kredits zu stürzen etc. Das ganze System des Bankerotts, die Scheinunternehmungen etc. ... Im *Staatskredit* hat der Staat ganz dieselbe Stellung, die oben der Mensch ... Im Spiel mit Staatspapieren zeigt sich, wie er zum Spielzeug der Handelsleute geworden ist etc.

4) Das *Kreditsystem* hat endlich seine Vollendung im *Bankwesen.* Die Schöpfung der Bankiers, die Staatsherrschaft der Bank, die Konzentration des Vermögens in diesen Händen, dieser nationalökonomische *Aeropag* der Nation, ist die würdige Vollendung des Geldwesens. Indem im Kreditsystem die *moralische Anerkennung eines Menschen,* wie das *Vertrauen zum Staat* etc. die Form des *Kredits* erhielt, tritt das Geheimnis, welches in der Lüge der moralischen Anerkennung liegt, die *unmoralische* Niedertracht dieser Moralität, wie die Scheinheiligkeit und der Egoismus in jenem Vertrauen zum Staat hervor und zeigt sich als das, was er wirklich ist.

Der *Austausch* sowohl der menschlichen Tätigkeit innerhalb der Produktion selbst, als auch der *menschlichen Produkte* gegen einander ist = der *Gattungstätigkeit* und Gattungsgeist[12], deren wirkliches, bewußtes und wahres Dasein die *gesellschaftliche* Tätigkeit und der *gesellschaftliche* Genuß ist. Indem das *menschliche* Wesen das *wahre Gemeinwesen* der Menschen, so *schaffen,* produzieren die Menschen durch Betätigung ihres *Wesens* das menschliche *Gemeinwesen,* das gesellschaftliche Wesen, welches keine abstrakt-allgemeine Macht gegenüber dem einzelnen Individuum ist, sondern das Wesen eines jeden Individuums, seine eigne Tätigkeit, sein eignes Leben, sein eigner Geist, sein eigner Reichtum ist. Nicht durch Reflektion entsteht daher jenes *wahre Gemeinwesen,* es erscheint daher durch die *Not* und den *Egoismus* der Individuen, d.h. unmittelbar durch die Betätigung ihres Daseins selbst produziert. Es hängt nicht vom Menschen ab, daß dies Gemeinwesen sei oder nicht; aber solange der Mensch sich nicht als Mensch erkennt und daher die Welt menschlich organisiert hat, erscheint dies *Gemeinwesen* unter der Form der *Entfremdung.* Weil sein *Subjekt,* der Mensch, ein sich selbst entfremdetes Wesen ist. Die Menschen, nicht in einer Abstraktion, sondern als wirkliche, lebendige, besondre Individuen *sind* dies Wesen. *Wie* sie sind, so ist daher es selbst. Es ist daher ein identischer Satz, daß der *Mensch* sich selbst entfremdet, und daß die *Gesellschaft* dieses entfremdeten Menschen die Karikatur seines *wirklichen Gemeinwesens,* seines wahren Gattungslebens sei, daß daher seine Tätigkeit als Qual, seine eigne

Schöpfung ihm als fremde Macht, sein Reichtum als Armut, das *Wesensband,* was ihn an den andren Menschen knüpft, als ein unwesentliches Band und vielmehr die Trennung vom andren Menschen als sein wahres Dasein, daß sein Leben als Aufopferung seines Lebens, daß die Verwirklichung seines Wesens als Entwirklichung seines Lebens, daß seine Produktion als Produktion seines Nichts[13], daß seine Macht über den Gegenstand als die Macht des Gegenstandes über ihn, daß er der Herr seiner Schöpfung als der Knecht dieser Schöpfung[14] erscheint.

Die Nationalökonomie nun faßt das *Gemeinwesen*[15] des *Menschen,* oder ihr sich betätigendes *Menschen*wesen, ihre wechselseitige Ergänzung zum Gattungsleben, zum wahrhaft menschlichen Leben unter der Form des *Austauschs* und des *Handels* auf. Die *Gesellschaft,* sagt Destutt de Tracy, ist eine *Reihe von wechselseitigen échanges.* Sie ist eben diese Bewegung der wechselseitigen Integration. Die *Gesellschaft,* sagt Adam Smith, ist eine *handeltreibende Gesellschaft.* Jedes ihrer Glieder ist ein *Kaufmann.*

Man sieht, wie die Nationalökonomie die *entfremdete* Form des geselligen Verkehrs als die *wesentliche* und *ursprüngliche* und der menschlichen Bestimmung entsprechende *fixiert.*

[XXVIII] Die Nationalökonomie – wie die wirkliche Bewegung – geht aus von dem *Verhältnis des Menschen zum Menschen,* als dem des *Privateigentümers zum Privateigentümer.* Wenn der Mensch als *Privateigentümer* vorausgesetzt wird, d. h. also exklusiver Besitzer, der durch diesen exklusiven Besitz seine Persönlichkeit bewährt und sich vom andern Menschen unterscheidet, wie auf sie bezieht[16] – das Privateigentum ist sein persönliches, sein ihn *auszeichnendes,* darum sein wesentliches Dasein – so ist der *Verlust* oder das *Aufgeben* des Privateigentums eine *Entäußerung des Menschen,* wie des *Privateigentums* selbst. Wir halten hier nur die letztere Bestimmung fest. Wenn ich mein Privateigentum an einen andren ablasse, so hört es auf, *mein* zu sein; es wird eine von mir unabhängige, *außer* meinem Bereich liegende Sache, eine mir *äußerliche* Sache. Ich *entäußere* also mein Privateigentum. In Bezug auf mich setze ich es also als *entäußertes* Privateigentum. Aber ich setze es nur als *entäußerte* Sache überhaupt, ich hebe nur mein *persönliches* Verhältnis zu ihm auf, ich gebe es den *elementarischen* Naturmächten zurück, wenn ich es nur in Bezug auf mich entäußere. Entäußertes *Privateigentum* wird es nur, wenn es zugleich aufhört, *mein* Privateigentum zu sein, ohne deswegen aufzuhören, überhaupt *Privateigentum* zu sein, d. h. also, wenn es zu einem *andren* Menschen *außer* mir in dasselbe Verhältnis tritt, in welchem es zu mir selbst stand, mit einem Wort, wenn es das *Privateigentum* eines *andren* Menschen wird. Den Fall der *Gewalt* ausgenommen – wie komme ich nun dazu, an einen andren Menschen *mein* Privateigen-

tum zu entäußern? Die Nationalökonomie antwortet richtig: Aus *Not,* aus *Bedürfnis.* Der andre Mensch ist auch Privateigentümer, aber von einer *andren* Sache, die ich entbehre und die ich nicht entbehren kann oder will, die mir ein *Bedürfnis* zur Vervollständigung meines Daseins und Verwirklichung meines Wesens scheint.

Das Band, welches die beiden Privateigentümer auf einander bezieht, ist die *spezifische Natur des Gegenstandes,* der die Materie ihres Privateigentums ist. Die Sehnsucht nach diesen beiden Gegenständen, d. h. das Bedürfnis nach ihnen, zeigt jedem der Privateigentümer, bringt es ihm zum Bewußtsein, daß er außer dem Privateigentum noch ein andres *wesentliches* Verhältnis zu den Gegenständen hat, daß er nicht das besondre Wesen ist, wofür er sich hält, sondern ein *totales* Wesen, dessen Bedürfnisse im Verhältnis des *innern* Eigentums – denn das Bedürfnis nach einer Sache ist der evidenteste, unwiderleglichste Beweis, daß die Sache zu *meinem* Wesen gehört, daß ihr Sein für mich, ihr *Eigentum* das Eigentum, die Eigentümlichkeit meines Wesens ist – auch zu den Produktionen der Arbeit des Andren stehn. Beide Eigentümer werden also getrieben, ihr Privateigentum aufzugeben, aber es so aufzugeben, daß sie zugleich das Privateigentum bestätigen, oder das Privateigentum innerhalb des Verhältnisses des Privateigentums aufzugeben. Jeder entäußert also einen Teil seines Privateigentums an den andern.

Die *gesellschaftliche* Beziehung[17] oder das *gesellschaftliche* Verhältnis der beiden Privateigentümer ist also die *Wechselseitigkeit* der *Entäußerung,* das Verhältnis der Entäußerung auf beiden Seiten gesetzt, oder die *Entäußerung* als das Verhältnis der beiden Eigentümer, während im einfachen Privateigentum die *Entäußerung* nur noch in Bezug auf sich, einseitig stattfindet.

Der *Tausch* oder der *Tauschhandel* ist also der gesellschaftliche, der Gattungsakt, das Gemeinwesen, der gesellschaftliche Verkehr und Integration der Menschen innerhalb des *Privateigentums* und darum der äußerliche, der *entäußerte* Gattungsakt. Eben darum erscheint er als *Tauschhandel.* Er ist darum ebenso das Gegenteil des *gesellschaftlichen* Verhältnisses.

Durch die wechselseitige Entäußerung oder Entfremdung des Privateigentums ist das *Privateigentum* selbst in die Bestimmung des *entäußerten* Privateigentums geraten. Denn erstens hat es aufgehört das Produkt der Arbeit, die exklusive, auszeichnende Persönlichkeit seines Besitzers zu sein, denn dieser hat es entäußert, es ist von dem Besitzer weggeraten[18], dessen Produkt es war und hat eine persönliche Bedeutung für den gewonnen, dessen Produkt es *nicht* ist[19]. Es hat seine persönliche Bedeutung für den Besitzer verloren. Zweitens ist es auf ein andres Privateigentum bezogen worden, diesem gleichgesetzt worden. An seine

Stelle ist ein Privateigentum von *andrer* Natur getreten, wie es selbst die Stelle eines Privateigentums von *andrer* Natur vertritt. Auf beiden Seiten erscheint also das Privateigentum als Repräsentant eines Privateigentums von andrer Natur, als[20] das *Gleiche* eines andern Naturprodukts und beide Seiten beziehen sich so auf einander, daß jede das Dasein ihres *Andern* vertritt und beide wechselseitig sich auf einander als *Ersatzmänner* ihrer selbst und ihres Andern beziehn. Das Dasein des Privateigentums als solchen ist daher zum *Ersatz,* zum *Äquivalent* geworden. An die Stelle seiner unmittelbaren Einheit mit sich selbst ist es nur mehr als Beziehung auf ein *andres.* Als *Äquivalent* ist sein Dasein nicht mehr sein ihm eigentümliches. Es ist daher zum *Wert* und unmittelbar zum *Tauschwert* geworden. Sein Dasein als *Wert* ist eine von seinem unmittelbaren Dasein verschiedne, seinem spezifischen Wesen äußerliche, eine *entäußerte* Bestimmung *[XXIX] seiner selbst;* ein nur *relatives* Dasein desselben.

Wie nun dieser *Wert* sich näher bestimmt, ist anderswo zu entwickeln, ebenso wie er zum *Preis* wird.

Das Verhältnis des Tausches vorausgesetzt, wird die *Arbeit* zur *unmittelbaren Erwerbsarbeit.* Dies Verhältnis der entfremdeten Arbeit erreicht seine[21] Höhe erst dadurch, daß 1) von der einen Seite die *Erwerbsarbeit,* das Produkt des Arbeiters in keinem *unmittelbaren* Verhältnis zu seinem Bedürfnis und zu seiner *Arbeitsbestimmung* steht, sondern nach beiden Seiten hin durch dem Arbeiter fremde gesellschaftliche Kombinationen bestimmt wird; 2) daß der, welcher das Produkt *kauft,* selbst nicht produziert, sondern das von einem andren Produzierte vertauscht. In jener rohen Gestalt des *entäußerten* Privateigentums, des *Tauschhandels,* hat jeder der beiden Privateigentümer das produziert, wozu ihn unmittelbar sein Bedürfnis, seine Anlage und das vorhandene Naturmaterial trieb. Jeder tauscht daher gegen den andren nur den Überschuß seiner Produktion aus. Die Arbeit war allerdings seine unmittelbare *Subsistenzquelle,* aber zugleich auch die Bestätigung seiner *individuellen Existenz.* Durch den Tausch ist seine *Arbeit* teilweise zur *Erwerbsquelle* geworden. Ihr Zweck und ihr Dasein sind verschieden geworden. Das Produkt wird als[22] *Wert,* als *Tauschwert,* als *Äquivalent,* nicht mehr seiner unmittelbaren persönlichen Beziehung zum Produzenten wegen produziert. Je vielseitiger die Produktion wird, je vielseitiger also einerseits die Bedürfnisse, je einseitiger andrerseits die Leistungen des Produzenten werden, um so mehr fällt seine Arbeit in die Kategorie einer *Erwerbsarbeit,* bis sie endlich nur mehr diese Bedeutung und es ganz *zufällig* und *unwesentlich* wird, sowohl ob der Produzent in dem Verhältnis des unmittelbaren Genusses und des persönlichen Bedürfnisses zu seinem Produkt steht, als auch ob die *Tätigkeit,* die Aktion der Arbeit selbst ihm Selbstgenuß seiner

Persönlichkeit, die Verwirklichung seiner Naturanlagen und geistigen Zwecke ist.

In der *Erwerbsarbeit* liegt: 1) Die Entfremdung und Zufälligkeit[23] der Arbeit vom arbeitenden Subjekt; 2) die Entfremdung und Zufälligkeit der Arbeit vom Gegenstand derselben; 3) die Bestimmung des Arbeiters durch die gesellschaftlichen Bedürfnisse, die ihm aber fremd und ein Zwang sind, dem er sich aus egoistischem Bedürfnis, aus Not unterwirft und die für ihn nur die Bedeutung einer Quelle der Befriedigung für seine Notdurft, wie er für sie nur als ein Sklave ihrer Bedürfnisse vorhanden ist; 4) daß dem Arbeiter die Erhaltung seiner individuellen Existenz als *Zweck* seiner Tätigkeit erscheint und sein wirkliches Tun ihm nur als Mittel gilt; daß er[24] sein Leben betätigt, um *Lebens*mittel zu erwerben.

Je größer, je ausgebildeter also die gesellschaftliche Macht[25] erscheint innerhalb des Privateigentumsverhältnisses, um so *egoistischer,* gesellschaftsloser, seinem eignen Wesen entfremdeter wird der Mensch.

Wie der wechselseitige Austausch[26] der Produkte der *menschlichen Tätigkeit* als *Tauschhandel,* als *Schacher,* so erscheint die wechselseitige Ergänzung und Austauschung der Tätigkeit selbst als: *Teilung der Arbeit,* welche aus dem Menschen möglichst ein abstraktes Wesen, eine Drehmaschine etc. macht und bis zur geistigen und physischen Mißgeburt ihn umwandelt.

Gerade die Einheit der menschlichen Arbeit wird nur als *Teilung* betrachtet, weil das gesellschaftliche Wesen nur als sein Gegenteil, in der Form der Entfremdung zum Dasein kommt. Mit der Zivilisation steigert sich die *Teilung der Arbeit.*

Innerhalb der Voraussetzung der Teilung der Arbeit erhält das Produkt, das Material des Privateigentums für den einzelnen immer mehr die Bedeutung eines *Äquivalents* und wie er nicht mehr seinen *Überschuß* austauscht, sondern der Gegenstand seiner Produktion ihm schlechthin *gleichgültig* sein kann, so tauscht er auch nicht mehr sein Produkt unmittelbar gegen das ihm *bedürftige* Wesen aus. Das Äquivalent erhält seine Existenz als Äquivalent in *Geld,* welches nun das unmittelbare Resultat der Erwerbsarbeit und der *Mittler* des Tauschs ist. (Siehe oben.)

Im *Geld,* der vollständigen Gleichgültigkeit sowohl gegen die Natur des Materials, gegen die spezifische Natur des Privateigentums, wie gegen die Persönlichkeit des Privateigentümers, ist die vollständige Herrschaft der entfremdeten Sache *über* den Menschen in die Erscheinung getreten.

Was als Herrschaft der Person über die Person, ist nun die allgemeine Herrschaft der *Sache* über die *Person,* des Produkts über den Produzenten. Wie schon im *Äquivalent,* im Wert die Bestimmung der *Entäußerung* des Privateigentums lag, so ist das *Geld* das sinnliche, selbst gegenständliche Dasein dieser *Entäußerung.*

[XXX] Es versteht sich, daß die Nationalökonomie diese ganze Entwicklung nur als ein factum, als die Ausgeburt zufälliger Not begreifen kann.

Die Trennung der Arbeit von sich selbst = Trennung des Arbeiters vom Kapitalisten = Trennung von Arbeit und Kapital, dessen ursprüngliche Form in *Grundeigentum* und *bewegliches Eigentum* zerfällt ... Die ursprüngliche Bestimmung des Privateigentums ist das Monopol; sobald es sich daher eine politische Konstitution gibt, ist sie die des Monopols. Das vollendete Monopol ist die Konkurrenz. – Dem Nationalökonomen zerfallen *Produktion, Konsumtion* und als Vermittler von beiden der *Austausch* oder die *Distribution.* Die Trennung von Produktion und Konsumtion, von Tätigkeit und Geist an verschiedne Individuen und in demselben Individuum, ist die *Trennung der Arbeit* von ihrem *Gegenstand* und von ihr selbst als einem Geist. Die *Distribution* ist die sich betätigende Macht des Privateigentums. – Die Trennung von Arbeit, Kapital, Grundeigentum wechselseitig, wie die der Arbeit von der Arbeit, des Kapitals vom Kapital, und des Grundeigentums vom Grundeigentum, endlich die Trennung der Arbeit vom Arbeitslohn, des Kapitals von dem Gewinn und des Gewinns von den Zinsen, endlich des Grundeigentums von der Grundrente, läßt die Selbstentfremdung sowohl in der Gestalt der Selbstentfremdung als der wechselseitigen Entfremdung erscheinen.

[XXXI] Mill analysiert hier mit seiner gewohnten zynischen Schärfe und Klarheit den Austausch auf der Basis des Privateigentums.

Der Mensch – dies ist die Grundvoraussetzung des Privateigentums – *produziert* nur, um zu *haben.* Der Zweck der Produktion ist das *Haben.* Und nicht nur hat die Produktion einen solchen *nützlichen* Zweck; sie hat einen *eigennützigen* Zweck; der Mensch produziert nur, um für sich zu *haben;* der Gegenstand seiner Produktion ist die Vergegenständlichung seines *unmittelbaren,* eigennützigen *Bedürfnisses.* Der Mensch, für sich – im wilden, barbarischen Zustand – hat daher das Maß seiner Produktion an dem *Umfang* seines unmittelbaren Bedürfnisses, dessen Inhalt *unmittelbar* der produzierte Gegenstand selbst ist.

Der Mensch produziert daher in diesem Zustand *nicht mehr,* als er unmittelbar bedarf. Die *Grenze seines Bedürfnisses* ist die *Grenze seiner Produktion.* Nachfrage und Zufuhr decken sich daher genau. Seine Produktion ist *gemessen* durch sein Bedürfnis. In diesem Fall findet kein Austausch statt oder der Austausch reduziert sich auf den Austausch seiner Arbeit gegen das Produkt seiner Arbeit, und dieser Austausch ist die latente Form (Keim)[27] des wirklichen Austausches.

Sobald der Austausch stattfindet, findet die Mehrproduktion über die unmittelbare Grenze des Besitzes hinaus statt. Diese Mehrproduktion ist aber keine Erhebung über das eigennützige Bedürfnis. Sie ist vielmehr nur eine *vermittelte* Weise, ein Bedürfnis, das nicht unmittelbar in *dieser* Produktion, sondern in der Produktion eines andren seine Vergegenständlichung findet, zu befriedigen. Die Produktion ist zur *Erwerbsquelle,* zur Erwerbsarbeit geworden. Während also in dem ersten Verhältnis das Bedürfnis das Maß der Produktion ist, ist in dem zweiten Verhältnis die Produktion oder vielmehr der *Besitz des Produktes* das Maß, wie weit sich die Bedürfnisse befriedigen können.

Ich habe[28] für mich produziert und nicht für dich, wie du für dich produziert hast und nicht für mich. Das Resultat meiner Produktion hat an und für sich ebenso wenig Beziehung auf dich, wie das Resultat deiner Produktion eine unmittelbare Beziehung auf mich hat. D.h. unsere Produktion ist keine Produktion des Menschen für den Menschen als Menschen, d.h. keine *gesellschaftliche* Produktion. Als Mensch hat also keiner von uns eine Beziehung des Genusses auf das Produkt des andren. Als Menschen sind wir nicht für unsere wechselseitigen Produktionen vorhanden. Unser Austausch kann daher auch nicht die vermittelnde Bewegung sein, worin es bestätigt[29] würde, daß mein Produkt *[XXXII]* [für] dich ist, weil es eine *Vergegenständlichung* deines eigenen Wesens, deines Bedürfnisses ist. Denn nicht das *menschliche Wesen* ist das Band unserer Produktionen für einander. Der Austausch kann nur in *Bewegung* setzen, nur bestätigen den *Charakter,* den jeder von uns zu seinem eignen Produkt, also zu der Produktion des andern hat. Jeder von uns sieht in seinem Produkt nur seinen *eignen* vergegenständlichten Eigennutz, also in dem Produkt des andren einen *andren,* von ihm unabhängigen, fremden gegenständlichen Eigennutz.

Du hast allerdings als Mensch eine menschliche Beziehung zu meinem Produkt; du hast das *Bedürfnis* meines Produktes. Es ist daher für dich als Gegenstand deiner Begierde und deines Willens vorhanden. Aber dein Bedürfnis, deine Begierde, dein Wille sind ohnmächtiges Bedürfnis, Begierde, Wille für mein Produkt. D.h. also dein *menschliches* und darum auf meine menschliche Produktion notwendig in innerlicher Beziehung stehendes Wesen, ist nicht deine *Macht,* dein Eigentum an dieser Produktion, denn nicht die *Eigentümlichkeit,* nicht die *Macht* des menschlichen Wesens ist anerkannt in meiner Produktion. Sie sind vielmehr das *Band,* welches dich mir abhängig macht, weil sie dich in eine Abhängigkeit von meinem Produkt versetzen. Weit entfernt, daß sie das *Mittel* wären, welches dir *Macht* über meine Produktion gäbe, sind vielmehr das *Mittel,* mir Macht über dich zu geben.

Wenn ich *mehr* produziere, als ich unmittelbar selbst von dem produzierten Gegenstand brauchen kann, so ist meine *Mehr*produktion auf dein Bedürfnis *berechnet,* raffiniert. Ich produziere nur dem *Schein* nach ein Mehr von diesem Gegenstand. Ich produziere der Wahrheit nach einen *andren* Gegenstand, den Gegenstand deiner Produktion, den ich gegen dies Mehr auszutauschen gedenke, ein Austausch, den ich in Gedanken schon vollzogen habe.[30] Die *gesellschaftliche* Beziehung, in der ich zu dir stehe, meine Arbeit für dein Bedürfnis ist daher auch ein bloßer *Schein* und unsere wechselseitige Ergänzung ist ebenfalls ein bloßer *Schein,* dem die wechselseitige Plünderung zur Grundlage dient. Die Absicht der Plünderung, des Betrugs liegt notwendig im Hinterhalt, denn da unser Austausch ein eigennütziger ist, von deiner wie meiner Seite, da jeder Eigennutz den fremden zu überbieten sucht, so suchen wir uns notwendig zu betrügen. Das Maß der Macht, welche ich meinem Gegenstand über deinen einräume, bedarf allerdings, um zu einer wirklichen Macht zu werden, deiner *Anerkennung.* Unsere wechselseitige Anerkennung über die wechselseitige Macht unserer Gegenstände ist aber ein Kampf, und im Kampf siegt, wer mehr Energie, Kraft, Einsicht oder Gewandtheit besitzt. Reicht die physische Kraft hin, so plündere ich dich direkt. Ist das Reich der physischen Kraft gebrochen, so suchen wir uns wechselseitig einen Schein vorzumachen und der Gewandteste übervorteilt den andern. Wer den andern übervorteilt, ist für das *Ganze* des Verhältnisses ein Zufall. Die *ideelle, gemeinte* Übervorteilung findet auf beiden Seiten statt, d. h. jeder der beiden hat in seinem eignen Urteil den andren übervorteilt.

Der Austausch vermittelt sich also von beiden Seiten notwendig durch den *Gegenstand* der wechselseitigen Produktion und des wechselseitigen Besitzes. Das ideelle Verhältnis zu den wechselseitigen Gegenständen unserer Produktion, ist allerdings unser wechselseitiges Bedürfnis. Aber das *reelle,* sich in *Wirklichkeit* setzende, das *wahre,* sich ausführende Verhältnis ist nur der wechselseitige *exklusive Besitz* der wechselseitigen Produktion. Was deinem Bedürfnis[31] zu meiner Sache einen *Wert,* eine *Würde,* einen *Effekt* für mich gibt, ist allein dein *Gegenstand,* das *Äquivalent* meines Gegenstands. Unser wechselseitiges Produkt ist also das *Mittel,* die *Vermittelung,* das *Instrument,* die *anerkannte Macht* unsrer wechselseitigen Bedürfnisse auf einander. Deine *Nachfrage* und das *Äquivalent deines Besitzes* sind also *gleichbedeutende,* gleich gültige termini für mich und deine Nachfrage hat erst einen *Sinn,* weil eine Wirkung, wenn sie Sinn und Wirkung in Bezug auf mich hat. Als bloßer Mensch, ohne dies Instrument ist deine Nachfrage ein unbefriedigtes Streben deinerseits, ein nicht vorhandner Einfall für mich. Du als Mensch stehst also in keinem Verhältnis zu meinem Gegenstande, weil *ich selbst* kein menschliches Verhältnis zu ihm habe. Aber das *Mittel* ist die *wahre Macht* über einen Gegenstand und daher schauen wir wechselseitig unser Produkt als die *Macht* eines jeden über den andren und über sich selbst an, d.h. unser eignes Produkt hat sich auf die Hinterfüße gegen uns gestellt, es schien unser Eigentum, in Wahrheit aber sind wir sein Eigentum. Wir selbst sind von dem *wahren* Eigentum ausgeschlossen, weil unser *Eigentum* den andren Menschen ausschließt.

Die einzig verständliche Sprache, die wir zu einander reden, sind unsre Gegenstände in ihrer Beziehung auf einander. Eine menschliche Sprache verständen wir nicht und sie bliebe effektlos; sie würde von der einen Seite als Bitte, als Flehen *[XXXIII]* und darum als eine *Demütigung* gewußt, empfunden und daher mit Scham, mit dem Gefühl der Wegwerfung vorgebracht, von der andren Seite als *Unverschämtheit* oder *Wahnwitz* aufgenommen und zurückgewiesen werden. So sehr sind wir wechselseitig dem menschlichen Wesen entfremdet, daß die unmittelbare Sprache dieses Wesens uns als eine *Verletzung der menschlichen Würde,* dagegen die entfremdete Sprache der sachlichen Werte als die gerechtfertigte, selbstvertrauende und sichselbstanerkennende menschliche Würde erscheint.

Allerdings: In deinen Augen ist dein Produkt ein *Instrument,* ein *Mittel* zur Bemächtigung meines Produkts und daher zur Befriedigung deines Bedürfnisses. Aber in meinen Augen ist es der *Zweck* unsres Austauschs. Du giltst mir vielmehr als Mittel und Instrument zur Produktion dieses Gegenstandes, der ein Zweck für mich ist, wie du umgekehrt in diesem Verhältnis zu meinem Gegenstand giltst. Aber 1) jeder von uns *tut* wirklich das, als was der andre ihn anschaut. Du hast wirklich dich zum Mittel, zum Instrument, zum Produzenten *deines* eignen Gegenstandes gemacht, um dich des meinigen zu bemächtigen; 2) dein eigner Gegenstand ist dir nur die *sinnliche Hülle,* die *verborgne Gestalt*[32] meines Gegenstandes; denn seine Produktion *bedeutet,* will *ausdrücken:* den *Erwerb* meines Gegenstandes. Also bist du in der Tat für dich selbst zum *Mittel,* zum *Instrument* deines Gegenstandes geworden, dessen *Knecht* deine Begierde ist, und du hast Knechtsdienste getan, damit der Gegenstand deiner Begierde nie wieder eine Gnade antue. Wenn diese wechselseitige Knechtschaft des Gegenstandes bei uns im Beginn der Entwicklung nun auch wirklich als das Verhältnis der *Herrschaft* und *Sklaverei* erscheint, so ist das nur der *rohe* und *offen*herzige Ausdruck[33] unsres *wesentlichen* Verhältnisses.

Unser *wechselseitiger* Wert ist für uns der *Wert* unsrer wechselseitigen Gegenstände. Also ist der Mensch selbst uns wechselseitig *wertlos.*

Gesetzt, wir hätten als Menschen produziert: Jeder von uns hätte in seiner Produktion sich selbst und den andren *doppelt bejaht.* Ich hätte 1) in meiner *Produktion* meine *Individualität,* ihre *Eigentümlichkeit* vergegenständlicht und daher sowohl während der Tätigkeit eine individuelle *Lebensäußerung* genossen, als im Anschauen des Gegenstandes die individuelle Freude, meine Persönlichkeit als *gegenständliche, sinn-*

lich anschaubare und darum *über allen Zweifel erhabene* Macht zu[34] wissen. 2) In deinem Genuß oder Deinem Gebrauch meines Produkts hätte ich *unmittelbar* den Genuß, sowohl des Bewußtseins, in meiner Arbeit ein *menschliches* Bedürfnis befriedigt, als das *menschliche* Wesen vergegenständlicht und daher dem Bedürfnis eines andren *menschlichen* Wesens seinen entsprechenden Gegenstand verschafft zu haben, 3) für dich der *Mittler* zwischen dir und der Gattung gewesen zu sein, also von dir selbst als eine Ergänzung deines eignen Wesens und als ein notwendiger Teil deiner selbst gewußt und empfunden zu werden, also sowohl in deinem Denken wie in deiner Liebe mich bestätigt zu wissen, 4) in meiner individuellen Lebensäußerung unmittelbar Deine Lebensäußerung geschaffen zu haben, also in meiner individuellen Tätigkeit unmittelbar mein wahres[35] Wesen, mein *menschliches,* mein *Gemeinwesen bestätigt* und *verwirklicht* zu haben.

Unsere Produktionen wären ebensoviele Spiegel, woraus unser Wesen sich entgegen leuchtete.

Dies Verhältnis wie dabei wechselseitig von deiner Seite geschehe, was von meiner gesch[ieht].

Betrachten wir die verschiedenen Momente, wie sie in der Unterstellung erscheinen:

Meine Arbeit wäre *freie Lebensäußerung,* daher *Genuß* des *Lebens.* Unter der Voraussetzung des Privateigentums ist sie *Lebensentäußerung,* denn ich arbeite, *um zu leben,* um mir ein *Mittel* des Lebens zu verschaffen. Meine Arbeit *ist nicht* Leben.

Zweitens: In der Arbeit wäre daher die *Eigentümlichkeit* meiner Individualität, weil mein *individuelles* Leben bejaht. Die Arbeit wäre also *wahres, tätiges Eigentum.* Unter der Voraussetzung des Privateigentums ist meine Individualität bis zu dem Punkte entäußert, daß diese *Tätigkeit* mir *verhaßt,* eine *Qual* und vielmehr nur der *Schein* einer Tätigkeit, darum auch eine nur *erzwungene* Tätigkeit und nur durch eine *äußerliche* zufällige Not, *nicht* durch eine *innere notwendige* Not mir auferlegt ist.

Nur als das, was meine Arbeit ist, kann sie in meinem Gegenstand erscheinen. Sie kann nicht als das erscheinen, was sie dem Wesen nach *nicht* ist. Daher erscheint sie nur noch als der gegenständliche, sinnliche, angeschaute und darum über allen Zweifel erhabene Ausdruck meines *Selbstverlustes* und meiner *Ohnmacht.*

Anmerkungen

EINLEITUNG

1 Vgl. hierzu Adam Schaff: »Für Marx ist die Ökonomie, auch wenn er ihr sein Leben widmet, nicht Selbstzweck. Marx war und blieb ein Philosoph und Soziologe, für den die Frage des Menschen die zentrale Frage ist. Damit aber gewinnt sein Schaffen einen *Sinn* und eine *Bedeutung, die verlorengehen,* wenn man *Marxens ökonomische Theorie getrennt vom Gesamtkomplex* seiner Anschauungen *untersucht«*. (*Marxismus und das menschliche Individuum,* Wien 1965.) Vor Adam Schaff hat vor allem Pierre Bigo (*Marxisme et Humanisme, Introduction à l'œuvre économique de Marx,* Paris 1954) die Zusammengehörigkeit von philosophischer und ökonomischer Kritik bei Marx betont. Natürlich sind die eigentlichen Wegbereiter dieser Einsicht Georg Lukács und Karl Korsch gewesen.

2 Vgl. hierzu die Bibliographie ›Récents Travaux marxistes sur le Mode de Production asiatique‹ in *La Pensée,* Paris 1964, April, S. 67–73, die in der gleichen Zeitschrift abgedruckten Arbeiten von Charles Parain, Ferenc Tokei und Jean Chesneaux sowie das immer noch grundlegende Buch von Karl Wittfogel, *Die orientalische Despotie* (*Oriental Despotism,* 1957), Köln 1962. Vgl. ferner Shlomo Avineri, *Karl Marx on Colonialism and Modernization,* London 1968; Lawrence Krader, *The Asiatic Mode of Production,* London 1975; Edward W. Said, *Orientalism,* London 1978; Bryan Turner, *Marx and the End of Orientalism,* 1978; Anne Bailey and Josep R. Llobera, *The Asian Mode of Production,* 1981.

KARL MARX: ÖKONOMISCH-PHILOSOPHISCHE MANUSKRIPTE

1 können *Ms.* kann
2 Und ... ab *nachträglich eingefügt*
3 Konsti[tuierenden] *gestr.* Ware
4 allen *gestr.* Launen
5 Teil *gestr.* der Arbeit
6 Monopole *gestr.* Wechseldisk[ont]
7 So ... hält *nachträglich eingefügt*
8 wegen *gestr.* der Quantität
9 viel *gestr.* geringer
10 Arbeit *Ms.* Arbeiter
11 Kapitalien *korr. aus* Kapitalisten

12 Die ... größer *nachträglich eingefügt*
13 Konkurrenz *gestr.* Versinken Herabdrücku[ng]
14 Kapitals *gestr.* den Zuwachs der Indust[rie]
15 hätte *Ms.* wäre
16 Arbeitslohnes *korr. aus* Arbeitspreises
17 den *gestr.* Markt
18 nach ihm ... Ansprüche *korr. aus* seine theoretische und seine praktische Würdigung
19 Arbeiter *gestr.* nichts gehör[t]
20 Kapitalist *gestr.* nicht die Menschen sondern die bloß das Monopol
21 den *gestr.* Kapitalisten
22 Arbeitspreis *gestr.* und ist die Existenz
23 Kraft *gestr.* in den Waren
24 die *gestr.* Nation
25 *Vor diesem Absatz gestr.* ad 1
26 *Bei Schulz:* Und doch sind es oft solche ganz oberflächliche *Durchschnitts*berechnungen, womit man sich über die Lage der zahlreichsten Klasse der Bevölkerung täuscht, oder täuschen will.
27 *Bei Schulz:* Arbeits*lohns*
28 *Bei Schulz:* Arbeits*einkommens*
29 Gesellschaft *bei Schulz:* Bevölkerung
30 Organismus *Ms.* Egoismus
31 an der *gestr.* Produktion
32 *Bei Schulz:* Ähnliche Resultate, wenngleich nicht in demselben Umfange, sind in allen Zweigen der Produktion zu gewahren; als notwendige Folge davon, daß die äußeren Naturkräfte mehr und mehr zur Teilnahme an der menschlichen Arbeit gezwungen werden.
33 Arbeitskraft *bei Schulz* Körperkraft
34 Hervorhebung von Marx
35 Hervorhebung von Marx
36 *Diese nachträglich eingefügte Zeile befindet sich im Ms. vor dem* 2) *fonds beginnenden Absatz, gehört jedoch inhaltlich hierher*
37 steht *Ms.* stehn
38 an *gestr.* einem besondren
39 in *gestr.* bestimmter
40 Kapitalien *gestr.* Ja, es ist unmöglich die
41 198 *Ms.* 398
42 mit *gestr.* weniger Vorteil
43 190 *Ms.* 191, 192
44 verschiedenen *gestr.* Arten
45 228 *Ms.* 215
46 t. II, *Ms.* t. I.
47 Konkurrenz *gestr.* Beschleun[igung]
48 *Vor diesem Absatz gestr.* Je weniger Kapitalien auf Geldzins und je mehr auf Manufakturgeschäfte oder den Handel geworfen werden, umso stärker wird die Konkurrenz unter den Kapitalien
49 sich *gestr.* der Anwend[ung]

50 Geschäftes *ursprünglich* Platzes
51 t. II, *Ms.* t. I.
52 t. II, *Ms.* t. I.
53 226 *Ms.* 126, 127
54 sehr *gestr.* reicher
55 On sait ... de bras *nachträglich eingefügt*
56 teilweise *bei Schulz* zeitweise
57 entstehen *Ms.* entsteht
58 Ostprovinzen Schottlands *bei Smith* provinces du midi de l'Ecosse
59 t. II, *Ms.* t. I.
60 eine *gestr.* viel größere
61 Kapital *gestr.* beständig
62 von *gestr.* der Armut
63 einer Hand *korr. aus* wenigen Händen
64 da zu ... haben *Ms.* da zu säen, wo sie nicht geerntet haben
65 Addition *nachträglich über* Zutat *geschrieben*
66 *Korr. aus* Wir haben schon gehört, daß die Grundrente das Verhältnis der Fruchtbarkeit des Bodens ist.
67 Taglöhner *nachträglich eingefügt*
68 beim *gestr.* großen
69 kultiviert *Ms. irrtümlich* produziert
70 geworden *gestr.* während der größere welches mit dem größeren das
71 denn die Grundrente ... Kapitals ist. *nachträglich hinzugefügt*
72 Teil des *gestr.* großen
73 wie denn *Ms. irrtümlich* wie sich denn
74 Klassen *gestr.* von Menschen gibt, die produk[tive]
75 welche die *gestr.* Grundeigentums [.?.] romantische
76 seinem *gestr.* Begriff
77 Majoratsherr, der *gestr.* notwendige
78 Ebenso erscheint ... von Nationalität *nachträglich an den oberen Rand der Seite geschrieben und durch × hierher verwiesen*
79 Sitten ... bezieht *nachträglich am oberen Rand der Seite hinzugefügt und durch × × hierher verwiesen*
80 Ehrenehe *korr. aus* Liebesehe
81 ist, *gestr.* die Ausschließung
82 der *gestr.* entfrem[deten]
83 aufzuheben *nachträglich hinzugefügt*
84 Die *gestr.* Neg[ation]
85 teilt *gestr.* erstens
86 realisiert *gestr.* zweitens
87 zur Erde *gestr.* und die Befreiung der Erde von ihrer Verschacherung
88 aufhört, *gestr.* eine Ware zu sein
89 Ein großer ... kann *nachträglich hinzugefügt*
90 Gar nicht ... sind *nachträglich hinzugefügt*
91 der Industrie *nachträglich eingefügt*
92 seine Monopole ... sie *die Stelle lautete ursprünglich* sein Monopol gegen das Monopol des Auslandes ab und wirft es

93 die *gestr.* Teilung
94 ganze *gestr.* Menschheit
95 als *gestr.* bewiesene
96 weist *Ms.* zeigt
97 einzigen *gestr.* Motoren, die Agenten der Bewegung,
98 und *gestr.* die Feindschaft
99 *Vor diesem Absatz gestrichen* Wir haben uns jetzt nach dem Wesen der geschilderten *materiellen* Bewegung des Eigentums umzusehn.
100 *Vor diesem Absatz gestr.* Warum wird der Arbeiter um so ärmer
Wir gehen von dem Faktum aus, daß der Arbeiter umso ärmer wird, je mehr die
101 Ferne *gestr.* z. B. wenn der Tausch erklärt werden soll, durch
102 zwei *gestr.* Faktoren
103 Sündenfall *gestr.* weil eine übergenaue [?] Tatsache, ein Ereignis über alle weiteren Fragen erhaben ist, durch seine Existenz schon beweist, was es beweisen soll. Der Sündenfall ist
104 sie *gestr.* verwandelt
105 des Arbeiters *korr. aus* der Arbeit
106 *Vor diesem Absatz gestr.* Gehn wir aber von dem Sinn dieses faktischen Zustandes aus, und
107 wird *gestr.* das, was sein eigen
108 *Vor diesem Absatz gestr.* Der *Gegenstand* oder die Arbeit des Arbeit[ers]
109 daß, je *gestr.* schö[ner]
110 je *gestr.* geistiger
111 *Vor diesem Absatz gestr.* Die äußerste Entfremdung, die der Arbeiter in dem Produkt schafft, ist, daß er selbst seine Arbei[t]
112 *Vor diesem Absatz gestr.* Wie beurteilt man die species, zu der ein Tier gehört? Außer seinem körperl[ichen]
113 etc. *gestr.* geistig ein
114 menschlichen *gestr.* Geistes
115 Die bewußte *korr. aus* Dies Bewußtsein ist
116 Zwar *gestr.* arbei[tet]
117 *Vor diesem Absatz gestr.* Wir sind ausgegangen von der *sich selbst entfremdeten Arbeit* und haben diesen Begriff nur analysier[t]
118 analysiert. *gestr.* Wir haben nicht den Begriff des Privateigentums vorausgesetzt
119 des *gestr.* Menschen
120 ist *gestr.* die Voraussetzung
121 Gesellschaft *gestr.* erscheint
122 jedoch *gestr.* die Reihe di[eser]
123 Frage nach *gestr.* der geschichtlichen Notwendigkeit, d. h. nach der Entw[icklung]
124 Arbeit *gestr.* zur geschichtlichen, men[schlichen]
125 Lebens *korr. aus* Leibes
126 fremde *gestr.* menschliche
127 zum Arbeiter *korr. aus* zur fremden Arbeit
128 *Vor diesem Absatz gestr.* Es ist ein tautologischer Satz, daß der, welcher sich die Natur durch die Natur aneignet, ihr entfremdet.

129 wie es *gestr.* das Dasein der
130 seines Lebens *korr. aus* seiner Arbeit
131 existieren *gestr.* Hirngespinste
132 *Papier beschädigt*
133 das Öl *bis* halten *nachträglich eingefügt*
134 Fabrikherrn *gestr.* unter der Herrschaft der
135 *Dieser Satz wurde nachträglich an den unteren Rand der Seite geschrieben und durch * hierher verwiesen.*
136 geistig *korr. aus* geistloses
137 Nicht die *gestr.* Plünderung
138 menschlichen *korr. aus* fremden
139 *Die eingeklammerte Stelle befindet sich im Ms. am Ende des Absatzes, wurde jedoch durch * hierher verwiesen.*
140 *Papier beschädigt*
141 von dem *bis* Privateigentum *nachträglich hier eingefügt*
142 Bildungs- und Entstehungsmoment *korr. aus* geschichtliches Bildungsmoment
143 Feudal *nachträglich über* adligen *geschrieben*
144 *Ms.* verwandeln
145 Geheimnis des *gestr.* Industrieherr
146 Erinnerung *gestr.* gegen den Industrieherrn geltend. Er schildert ihn (siehe
147 *Von* und wenn *bis* produktiv *nachträglich eingefügt*
148 *Nach* ohne Poesie *nachträglich eingefügt* ohne substanzlosen
149 *[Fußnote von Marx]* Siehe den gespreizten althegelschen Theologen *Funke,* der mit Tränen in den Augen nach Herrn Leo erzählte, wie ein Sklave, bei der Aufhebung der Leibeigenschaft, sich geweigert habe, aufzuhören, ein *adliges Eigentum* zu sein. Siehe auch *Justus Mösers patriotische Phantasien,* die sich dadurch auszeichnen, daß sie nicht einen Augenblick den biedern, kleinbürgerlichen ›hausbackenen‹, *gewöhnlichen,* bornierten Horizont des Philisters verlassen und dennoch *reine* Phantastereien sind. Dieser Widerspruch hat sie so ansprechend für das deutsche Gemüt gemacht.–
150 Arbeit die *gestr.* unmittelbare
151 historische *gestr.* prosais[che]
152 Grundeigentümer *gestr.* als ein wahrer
153 Genußsucht der *gestr.* uneigennützige, offene
154 über den *gestr.* ungebildeten
155 lokalen *gestr.* wahren verlogenen
156 phantastischen *gestr.* biedern
157 menschenfreundlichen *gestr.* Verkehr und
158 *Zu* Privateigentums *nachträgliche Bemerkung:* (Sie ist die für sich im Bewußtsein gewordne selbständige Bewegung des Privateigentums, die moderne Industrie als Selbst
159 einer *gestr.* anerkannten Macht ge[macht]
160 *Ms.* haben
161 der *gestr.* Entfr[emdung]
162 *Von* Was früher *bis* geworden *nachträglich eingefügt*
163 Band *gestr.* zu erkennen

164 Dasein *korr. aus* Quelle
165 des *gestr.* natür[lichen]
166 den Todesstoß gibt *korr. aus* aufhebt
167 Konsequenzen *gestr.* des Privateigentums
168 Industrie *gestr.* entspricht d[...]
169 nur das *gestr.* Geld
170 Grundeigentums *korr. aus* feu[dalen] Art des Eigentums
171 entäußerten *gestr.* Selbst der
172 geltend *gestr.* und ist als Wesen des industriellen Reichtums zugleich das
173 *Von* und das industrielle *bis* ist *nachträglich an den oberen Rand der Spalte geschrieben und durch ** hierher verwiesen*
174 *Ms.* besessen werden
175 *Von* er will *bis* abstrahieren *nachträglich an den unteren Rand der Spalte geschrieben und durch * hierher verwiesen*
176 Persönlichkeit des *gestr.* Eigentums
177 *Die drei Sätze von* In diesem natürlichen *bis* beurteilen *befinden sich auf der rechten Spalte des Blattes IV und sind durch * hierher verwiesen*
178 Wesen des *gestr.* Menschen
179 als *gestr.* allgemeine
180 Wesens *korr. aus* der menschlichen Natur
181 ist als vollendeter *gestr.* Materialismus
182 Vergegenständlichung und *gestr.* Beisichsein, zwischen
183 menschlichen *gestr.* Wesens
184 von *gestr.* dem Wesen
185 *Ms.* Gesetzes
186 Die *gestr.* Aneignung
187 Bewußtseins des *gestr.* idealen Subje[kts]
188 *An dieser Stelle, am unteren Rand des Blattes, folgende Bemerkung:* Die Prostitution nur ein *besondrer* Ausdruck der *allgemeinen* Prostitution des *Arbeiters,* und da die Prostitution ein Verhältnis ist, worin nicht nur der Prostituierte, sondern auch der Prostituierende fällt – dessen Niedertracht noch größer ist – so fällt auch der Kapitalist etc. in diese Kategorie.
189 gesellschaftliche *korr. aus* gemeinschaftliche
190 gesellschaftlicher *korr. aus* gemeinschaftliche
191 *Von* wie als Lebenselement *bis* Daseins *nachträglich eingefügt*
192 Wesen *gestr.* der Tätigkeit
193 theoretische *gestr.* Form
194 lebendige *gestr.* Form
195 Wesen *gestr.* und die vielen Individuen sind
196 Totalität, die *gestr.* menschliche
197 ideelle Totalität *gestr.* als Individuum
198 über das *gestr.* bestimmte
199 menschlichen *gestr.* Äußerungen
200 *Auf* Wirklichkeit; *folgt die nachträgliche Bemerkung:* Sie ist daher ebenso vielfach, wie die menschlichen *Wesensbestimmungen* und *Tätigkeiten* vielfach sind.
201 und zum Menschen *nachträglich eingefügt, dazu auf dem unteren Rand des*

Blattes die Bemerkung: Ich kann mich praktisch nur menschlich zu der Sache verhalten, wenn die Sache sich zum Menschen menschlich verhält.

202 wie die des *gestr.* unmensch[lichen]

203 *Von* den *bis* Reichtum *korr. aus* die entfaltete reiche Gegenstä[ndlichkeit]

204 ist *gestr.* ein Resultat

205 menschliche *gestr.* Zubereitung

206 nur *gestr.* das materi[elle]

207 *Nach* unterscheide *gestr.* Der Wie das Tier nicht das *Heu,* sondern nur Für einen bekümmerten Geschäftsmann existiert

208 *Dieser Absatz ist mit Farbstift durchgestrichen*

209 wie die *gestr.* Erzeugung

210 *Im Ms.* möglich sind

211 *Von* Man sieht *bis zum Ende des Absatzes mit Farbstift vertikal durchgestrichen*

212 nur das *gestr.* Spirituelle

213 *Ms.* zu fassen wurde

214 *Von* Man sieht *bis* unter der Form *mit Farbstift vertikal durchgestrichen*

215 *Von* der Entfremdung, *bis* reellen Wirtschaft werden *mit Farbstift vertikal durchgestrichen*

216 *Ms.* überhaupt zu

217 exoterische *gestr.* Gestalt

218 *Von* Die in *bis* anthropologische Natur ist *mit Farbstift durchgestrichen*

219 Geschichte *gestr.* dagewesen

220 *Über* Vorbereitungsgeschichte *hat M., ohne Vorbereitungs zu streichen,* Entwicklungs *geschrieben*

221 subsumieren *gestr.* beide werden eins sein

222 Gegenständen ihre *gestr.* unmittelbare

223 *Dieser Absatz mit Farbstift vertikal durchgestrichen*

224 *Von* und mein Leben *bis* Schöpfung *ist nachträglich eingefügt*

225 *Von* Frage dich *bis* existiert *nachträglich eingefügt*

226 den *gestr.* Physiker

227 mehr *gestr.* im Gegensatz stehende Aufhebung der Religion.–

228 Negation *gestr.* der Religion

229 als *gestr.* der Gegenstand

230 Aeschylus *gestr.* bewohnt

231 Die *gestr.* einfachsten

232 tierischen *gestr.* Sinne

233 nur der *gestr.* tuberk[ulösen]

234 *Von* Die Maschine *bis* zu machen *nachträglich hinzugefügt*

235 *Dieser Absatz mit Farbstift vertikal durchgestrichen*

236 *Vor* produzierende Sklave *gestr.* arbeitende verd[ienende]

237 *Von* Ihr moralisches *bis* aufs Theater gebracht *nachträglich eingefügt*

238 *Ms.* Der Arbeit bedarf

239 viel *gestr.* Leben

240 daß er *gestr.* haben

241 allein die *gestr.* Menschen

242 Verschwendung *gestr.* zu leben

243 *Dieser Absatz mit Farbstift vertikal durchgestrichen*

244 ich *gestr.* mich als dem Hungert[od]
245 *Von* jede sich *bis* verhält *nachträglich hinzugefügt*
246 *Von* und wie er *bis* Gesetze aus *nachträglich hinzugefügt*
247 *Dieser Absatz mit Farbstift vertikal durchgestrichen*
248 als *gestr.* das pr[eußische]
249 *Von hier ab größeres Stück der Seite abgerissen*
250 die *gestr.* prakt[ische]
251 bringen *gestr.* und da wir Menschen selbst
252 Zufuhr *gestr.* beständig
253 *Dieser Absatz mit Farbstift vertikal durchgestrichen*
254 *Ms.* alles
255 *Dieser Absatz mit Farbstift vertikal durchgestrichen*
256 *Bis zum Absatz* Die Verminderung ... *mit Farbstift vertikal durchgestrichen*
257 *Ein Stück des Ms. abgerissen*
258 *Von* der die Verwirklichung *bis* Einfälle weiß *nachträglich eingefügt*
259 *Ein Stück des Ms. abgerissen; es fehlen ungefähr drei Zeilen*
260 letztern *gestr.* Die Aufhebung
261 *Dieser Absatz mit Farbstift vertikal durchgestrichen*
262 *Ms.* vollendeten Herrschaft
263 Ausdruck der *gestr.* Selbstbetätigung
264 sobald *gestr.* der Reichtum
265 und *gestr.* Eigensch[aften]
266 ist *gestr.* Teilung der [Arbeit]
267 also *gestr.* Konzentrierung
268 Austausch *gestr.* Folgen
269 *Ms. beschädigt*
270 Eigentümlichkeit ihres *gestr.* Wesens
271 wird *gestr.* der Mensch
272 Dasein *gestr.* und Schaffen
273 *Ms.* Göthe
274 *Ms.* göthischen
275 *Ms.* Geldes sind meiner *oder* meines
276 qua *gestr.* individueller und gesellschaftlicher
277 Wenn ich *gestr.* hungere
278 oder *gestr.* müde
279 *Ein Wort von M. ausgelassen*
280 *Ms.* den wirklichen ... Hirngespinsten, den ... Wesenskräften
281 wirklich *gestr.* menschlich produktiv

KARL MARX: FORMEN, DIE DER KAPITALISTISCHEN PRODUKTION VORHERGEHEN

1 (Zentrum) *steht im Ms. ohne Einfügungszeichen über Sitz*
2 Dieser Einzelne *im Ms.* Diese Einheit
3 [[Im ... bildend.]] *Diese Bemerkungen sind Niebuhrs »Römischer Geschichte« Bd. I, 418, 436, 614, 615, 317–319, 326, 328–331, 333, 335 entnommen*

4 *Das hier beginnende nächste Heft ist überschrieben:* Heft V. (Das Kapitel vom Kapital. Fortsetzung) *Auf dem Titelblatt des Heftes steht:* Heft V. Januar 1858. London. (Begonnen 22. Januar)

5 durch *im Ms.* als

6 denn, wie ... Leib; *dieser Satz lautete ursprünglich so:* denn wie das arbeitende Individuum natürliches Individuum, natürliches Dasein war, so erscheinen die erste objektive Bedingung seiner Arbeit als die zur Natur, der Erde, seinem unorganischen Leib; *Marx merzte dann einige Worte aus, ohne die übrigen zu korrigieren.*

7 *[Anmerkung von Marx]* Die Auflösung der noch ältern Formen von Gemeinschaftlichem Eigentum und realem Gemeinwesen versteht sich von selbst.

8 Gebrauch; *im Ms.* Gebrauchswert;

9 *[Anmerkung von Marx]* Denn in diesem Fall ist das als Bedingung der Lohnarbeit vorausgesetzte Kapital ihr eignes Produkt und als Bedingung von ihr sich selbst vorausgesetzt, als Voraussetzung für sie selbst von ihr selbst geschaffen.

10 *[Anmerkung von Marx]* Sobald einmal das Kapital und Lohnarbeit als ihre eigne Voraussetzung gesetzt sind, als der Produktion selbst vorausgesetzte Basis, erscheint die Sache zunächst so, daß der Kapitalist außer dem Fonds von Rohmaterial und Arbeitsmitteln, nötig damit der Arbeiter sich selbst reproduziert, die nötigen Lebensmittel schafft, i.e. die *notwendige Arbeit* realisiert, einen Fonds von Rohmaterial und Arbeitsmitteln besitzt, in dem der Arbeiter seine Surplusarbeit, d.h. den Profit des Kapitalisten verwirklicht. Bei fernerer Analyse gestaltet es sich so, daß der Arbeiter beständig einen doppelten Fonds für den Kapitalisten schafft, oder in der Form des Kapitals schafft, wovon ein Teil die Bedingungen seiner eignen Existenz und der andre die Bedingungen der Existenz des Kapitals fortwährend erfüllt. Wie wir gesehn haben, ist im Surpluskapital – und Surpluskapital im Verhältnis zu seinem antediluvianischen Verhältnis zur Arbeit – ist alles *reale, gegenwärtige Kapital,* jedes Element desselben gleichmäßig als vergegenständlichte und vom Kapital angeeignete *fremde Arbeit,* ohne Austausch, ohne dafür gereichtes Äquivalent *angeeignet.*

11 *[Anmerkung von Marx]* Es ist auf den ersten Blick klar, welch abgeschmackter Zirkel es wäre, wenn einerseits die *Arbeiter,* die das Kapital ins Werk setzen muß, um als Kapital sich zu setzen, erst *geschaffen* werden müßten, ins Leben gerufen werden müßten durch *seine* Aufhäufung, auf sein *Werde!* warteten, während andrerseits es selbst unfähig wäre *aufzuhäufen* ohne fremde Arbeit, höchstens *seine eigne Arbeit* aufhäufen könnte, d.h. also selbst existieren in der Form von *Nicht-Kapital* und *Nicht-Geld,* da die Arbeit, vor der Existenz des Kapitals, sich nur selbst verwerten kann in Formen, wie die der handwerksmäßigen Arbeit, der kleinen Agrikultur etc., kurz lauter Formen, die *nicht* oder nur spärlich *aufhäufen* können; in Formen, die nur ein kleines Surplusproduce zulassen und dies zum großen Teil *aufzehren.* Überhaupt werden wir diese Vorstellung des *Aufhäufens* noch näher zu untersuchen haben.

12 ihrem *im Ms.* seinem

13 *[Anmerkung von Marx]* Obgleich entsprechend für die principalis summa rei creditae ἀρχεῖα bei den Griechen

KARL MARX: LOHN, PREIS, PROFIT

1 *Im Manuskript irrtümlich:* 1860
2 *Im Manuskript irrtümlich:* 1721
3 *[Anmerkung von Marx]* »Notwendigen Preis.«
4 *Im Manuskript* value or worth

KARL MARX: WARE UND GELD

1 *Karl Marx: ›Zur Kritik der Politischen Oekonomie. Berlin 1859‹*, p. 4.
2 »Desire implies want; it is the appetite of the mind, and as natural as hunger of the body ... the greatest number (of things) have their value from supplying the wants of the mind.« *Nicholas Barbon: ›A Discourse on coining the new money lighter, in answer to Mr. Locke's Considerations etc. London 1696‹*, p. 2, 3.
3 »Things have an intrinsick *vertue* (dies bei Barbon die spezifische Bezeichnung für *Gebrauchswert*), which in all places have the same vertue; as the loadstone to attract iron« (l.c.p. 16). Die Eigenschaft des Magnets, Eisen anzuziehn, wurde erst nützlich, sobald man vermittelst derselben die magnetische Polarität entdeckt hatte.
4 »The *natural worth* of anything consists in its fitness to supply the necessities, or serve the conveniences of human life.« (*John Locke: ›Some Considerations on the Consequences of the Lowering of Interest. 1691‹* in *›Works* edit. Lond. 1777‹ V. II p. 28). Im 17. Jahrhundert finden wir noch häufig bei englischen Schriftstellern *›Worth‹* für Gebrauchswerth und *›Value‹* für *Tauschwerth,* ganz im Geist einer Sprache, die es liebt, die *unmittelbare* Sache germanisch und die *reflektierte* Sache romanisch auszudrücken.
5 In der bürgerlichen Gesellschaft herrscht die fictio juris, daß jeder Mensch als Warenkäufer eine encyklopädische Warenkenntnis besitzt.
6 »*La valeur* consiste dans le *rapport d'échange* qui se trouve entre telle chose et telle autre, entre telle mesure d'une production et telle mesure d'une autre.« (*Le Trosne: ›De L'intérêt Social‹. Physiocrates. ed. Daire.* Paris 1846. p. 889.)
7 »Nothing can have an intrinsick value« (*N. Barbon,* l.c.p. 16), oder wie *Butler* sagt:

»The value of a thing
Is just as much as it will bring.«

8 »One sort of wares are as good as another, if the value be equal. There is *no difference or distinction* in things of equal value ... One hundred pounds worth of lead or iron, is of as great a value as one hundred pounds worth of silver and gold.« (*N. Barbon,* l.c.p. 53 u. 7.)
9 Wenn wir künftig das Wort *›Wert‹* ohne weitere Bestimmung brauchen, so handelt es sich immer vom *Tauschwert.*

10 »Toutes les productions d'un même genre ne forment proprement qu'une masse, dont le prix se détermine en général et sans égard aux circonstances particulières«. (*Le Trosne* l. c. p. 893.)

11 *K. Marx* l. c. p. 6.

12 l. c. p. 12, 13 und *passim*.

13 »Tutti i fenomeni dell' universo, sieno essi prodotti della mano dell' uomo, ovvero delle universali leggi della fisica, non ci danno idea di attuale *creazione,* ma unicamente di una *modificazione* della materia. *Accostare e separare* sono gli unici elementi che l'ingegno umano ritrova analizando l'idea della riproduzione; e tanto e riproduzione di valore (*Gebrauchswerth,* obgleich *Verri* hier in seiner Polemik gegen die Physiokraten selbst nicht recht weiß, von welcher Sorte Werth er spricht) e di richezze se la terra, l'aria e l'acqua ne campi si transmutino in grano, come se colla mano dell' uomo il glutine di un insetto si transmuti in velluto, ovvero alcuni pezzetti di metallo si organizzino a formare una ripetizione«. (*Pietro Verri: ›Meditazioni sulla Economia Politica‹* (zuerst gedruckt 1773) in der Ausgabe der italienischen Oekonomen von *Custodi, Parte Moderna,* t. XV p. 22.)

14 Vgl. *Hegel, ›Philosophie des Rechts*. Berlin 1840‹, p. 250, § 190.

15 Der Leser muß aufmerken, daß hier nicht vom *Lohn* oder Wert die Rede ist, den der Arbeiter etwa für einen Arbeitstag erhält, sondern vom Waren*wert,* worin sich sein Arbeitstag vergegenständlicht. Die Kategorie des Arbeitslohns existiert überhaupt noch nicht auf dieser Stufe unserer Darstellung.

16 Sie ist gewissermaßen die Zellenform oder, wie Hegel sagen würde, das *An sich des Geldes*.

17 Die wenigen Oekonomen, die sich, wie *J. Bailey,* mit der Analyse der Wert*form* beschäftigt haben, konnten zu keinem Resultat kommen, einmal, weil sie Wertform und Wert verwechseln, zweitens, weil sie, unter dem rohen Einfluß des praktischen Bürgers, von vorn herein ausschließlich die quantitative Bestimmtheit ins Auge fassen. »The command of *quantity* ... constitutes *value«* (›*Money and its Vicissitudes*‹. *Lond.* 1837, p. 11.) Verfasser: *J. Bailey*.

18 Man spricht deshalb vom *Rockwert* der Leinwand, wenn man ihren Wert in Röcken, von ihrem *Kornwert,* wenn man ihn in Korn darstellt usw. Jeder solcher Ausdruck besagt, daß es *ihr Wert* ist, der in den Gebrauchswerten Rock, Korn usw. erscheint.

18[a] In gewisser Art gehts dem Menschen wie der Ware. Da er weder mit einem Spiegel auf die Welt kommt, noch als Fichtescher Philosoph: Ich bin Ich, bespiegelt sich der Mensch zuerst nur in einem andern Menschen. Erst durch die Beziehung auf den Menschen Paul als seinesgleichen, bezieht sich der Mensch Peter auf sich selbst als Mensch. Damit gilt ihm aber auch der Paul mit Haut und Haaren, in seiner paulinischen Leiblichkeit, als Erscheinungsform des genus Mensch.

19 »Der Begriff, welcher zunächst nur subjektiv ist, schreitet, ohne daß es dazu eines äußeren Materials oder Stoffs bedarf, seiner eigenen Tätigkeit gemäß dazu fort, sich zu objektivieren.« *Hegel, ›Logik‹* p. 367 in der *›Encyklopädie: Erster Theil. Berlin 1840.‹*

19[a] Sofern man nämlich populär die Bereitung der Wichse selbst Wichsen heißt.

20 Es ist kaum verwunderlich, daß die Oekonomen, ganz unter dem Einfluß stofflicher Interessen, den Formgehalt des relativen Wertausdrucks übersehen haben, wenn vor *Hegel* die Logiker von Profession sogar den Forminhalt der Urteils- und Schlußparadigmen übersahen.

21 Es ist mit solchen Reflexionsbestimmungen überhaupt ein eigenes Ding. Dieser Mensch ist z. B. nur König, weil sich andere Menschen als Untertanen zu ihm verhalten. Sie glauben umgekehrt Untertanen zu sein, weil er König ist.

22 »The value of any commodity denoting its relation in exchange, we may speak of it as ... cornvalue, clothvalue, according to the commodity with which it is compared; and then there are a *thousand different kinds of value,* as many kinds of value as there are commodities in existence, and all are equally real and equally nominal.« (›*A Critical Dissertation on the Nature, Measure and Causes of Value: chiefly in reference to the writings of Mr. Ricardo and his followers. By the Author of Essays on the Formation etc. of Opinions. London 1825*‹, p. 39). *S. Bailey,* der Verfasser dieser anonymen Schrift, die ihrer Zeit viel Lärm in England machte, bildet sich ein durch diesen Hinweis auf die kunterbunten relativen *Ausdrücke* desselben Waren-*Werts* alle Begriffsbestimmung des Werts vernichtet zu haben. Daß er übrigens, trotz eigner Borniertheit, wunde Flecken der Ricardo'schen Theorie sondiert hat, bewies die Gereiztheit, womit die Ricardo'sche Schule ihn angriff, z. B. in der Westminster Review.

23 Für den Kleinbürger, der in der Form der Warenproduktion das nec plus ultra menschlicher Freiheit und individueller Unabhängigkeit erblickt, wäre es natürlich sehr wünschenswert, zugleich der mit dieser Form verbundnen *Mißstände* überhoben zu sein, namentlich auch der *nicht unmittelbaren* Austauschbarkeit der Waren. Die Ausmalung dieser Philisterutopie bildet Proudhon's Sozialismus, der, wie ich anderswo gezeigt, nicht einmal das Verdienst der Originalität besitzt, vielmehr lange vor ihm von Bray, Gray und Andern weit besser entwickelt wurde. Dies verhindert solche Weisheit nicht, heutzutage unter dem Namen der ›science‹ in Frankreich zu grassieren. Nie hat eine Schule mehr als die Proudhon'sche mit dem Wort ›science‹ um sich geworfen, denn

»wo Begriffe fehlen,
Da stellt zur rechten Zeit ein Wort sich ein.«

24 Es ist einer der Grundmängel der klassischen politischen Oekonomie, daß es ihr nie gelang, aus der Analyse der Ware und spezieller des Waren*werts* die *Form* des Werts, die ihn eben zum *Tauschwert* macht, herauszufinden. Grade in ihren besten Repräsentanten, wie A. Smith und Ricardo, behandelt sie die Wert*form* als etwas ganz Gleichgültiges oder der Natur der Ware selbst Äußerliches. Der Grund ist nicht allein, daß die Analyse der *Wertgröße* ihre Aufmerksamkeit ganz absorbiert. Er liegt tiefer. Die *Wertform des Arbeitsprodukts* ist die abstrakteste, aber auch allgemeinste *Form* der *bürgerlichen* Produktionsweise, die hierdurch als eine *besondre* Art *gesellschaftlicher* Produktionsweise und damit zugleich *historisch* charakterisiert wird. Versieht man sie daher für die ewige Naturform gesellschaftlicher Produktion, so übersieht man notwendig auch das Spezifische der Wert*form,* also der

*Waren*form, weiter entwickelt der *Geld*form, *Kapital*form usw. Man findet daher bei Oekonomen, welche über das Maß der Wertgröße durch Arbeitszeit durchaus übereinstimmen, die kunterbuntesten und widersprechendsten Vorstellungen von *Geld,* d. h. der fertigen Gestalt des allgemeinen Aequivalents. Dies tritt schlagend hervor z. B. bei der Behandlung des Bankwesens, wo mit den gemeinplätzlichen Definitionen des Geldes nicht mehr ausgereicht wird. Im Gegensatz entsprang daher ein *restauriertes Merkantilsystem* (Ganilh usw.), welches im Wert nur die *gesellschaftliche Form* sieht oder vielmehr nur ihren substanzlosen Schein. – Um es ein für allemal zu bemerken, verstehe ich unter *klassischer politischer Oekonomie* alle Oekonomie seit *W. Petty,* die den *innern Zusammenhang* der bürgerlichen Produktionsverhältnisse erforscht, im Gegensatz zur *Vulgärökonomie,* die sich nur innerhalb des *scheinbaren* Zusammenhangs herumtreibt, für eine plausible Verständlichmachung der so zu sagen gröbsten Phänomene und den bürgerlichen Hausbedarf das von der wissenschaftlichen Oekonomie längst gelieferte Material stets von neuem wiederkaut, im Uebrigen aber sich darauf beschränkt, die banalen und selbstgefälligen Vorstellungen der bürgerlichen Produktionsagenten von ihrer eignen besten Welt zu systematisieren, pedantisieren und als ewige Wahrheiten zu proklamieren.

25 Man erinnert sich, daß China und die Tische zu tanzen anfingen, als alle übrige Welt still zu stehn schien – pour encourager les autres.

26 »Was soll man von einem Gesetze denken, das sich nur durch periodische Revolutionen durchsetzen kann? Es ist eben ein *Naturgesetz, das auf der Bewußtlosigkeit der Betheiligten beruht.«* (*Friedrich Engels: ›Umrisse zu Einer Kritik der Nationalökonomie‹,* p. 103 in *›Deutsch-Französische Jahrbücher,* herausgegeben *von Arnold Ruge und Karl Marx. Paris 1849.‹*)

27 Das Unzulängliche in Ricardo's Analyse der *Wertgröße* – und es ist die beste – wird man aus dem dritten und vierten Buch dieser Schrift ersehn. Was aber den *Wert* überhaupt betrifft, so unterscheidet die klassische politische Oekonomie nirgendwo ausdrücklich und mit klarem Bewußtsein Arbeit, die sich in *Wert,* von derselben Arbeit, soweit sie sich im *Gebrauchswert* ihres Produkts darstellt. Sie macht natürlich den Unterschied tatsächlich, da sie die Arbeit das einemal quantitativ, das andremal qualitativ betrachtet. Aber es fällt ihr nicht ein, daß bloß *quantitativer Unterschied* der Arbeiten ihre *qualitative Einheit* oder *Gleichheit* voraussetzt, also ihre Reduktion auf *abstrakt menschliche Arbeit.* Ricardo z. B. erklärt sich einverstanden mit *Destutt de Tracy,* wenn dieser sagt: »As it is certain that our physical and moral faculties are alone our original riches, the employment of those faculties, labour of some kind, is our original treasure, and that it is always from this employment – that all those things are created which we call riches ... It is certain too, that *all those things only represent the labour which has created them, and if they have a value, or even two distinct values,* they can only *derive them from that* (the value) *of the labour* from which they emanate.« (*Ricardo: ›The Principles of Pol. Econ. 3 ed. Lond. 1821‹,* p. 334). Wir deuten nur an, daß Ricardo dem Destutt seinen eignen tieferen Sinn unterschiebt. Destutt sagt in der Tat zwar einerseits, daß alle Dinge, die den Reichtum bilden, *»die Arbeit repräsentieren,* die sie geschaffen hat«,

aber andrerseits, daß sie ihre »*zwei verschiedenen Werte*« (Gebrauchswert und Tauschwert) vom »*Wert der Arbeit*« erhalten. Er fällt damit in die Flachheit der Vulgärökonomie, die den *Wert* einer Ware (hier der Arbeit) *voraussetzt,* um dadurch hinterher den *Wert* der anderen Waren zu bestimmen. Ricardo liest ihn so, daß sowohl im Gebrauchswert als Tauschwert sich *Arbeit* (nicht *Wert* der Arbeit) darstellt. Er selbst aber scheidet sowenig den *zwieschlächtigen* Charakter der *Arbeit,* die *doppelt* dargestellt ist, daß er in dem ganzen Kapitel: ›*Value and Riches, Their Distinctive Properties*‹ sich mühselig mit den Trivialitäten eines *J. B. Say* herumschlagen muß. Am Ende ist er daher auch ganz erstaunt, daß Destutt zwar mit ihm selbst über *Arbeit* als *Wertquelle* und dennoch andererseits mit Say über den Wertbegriff harmoniere.

28 »Les économistes ont une singulière manière de procéder. Il n'y a pour eux que deux sortes d'institution, celles de l'art et celles de la nature. Les institutions de la féodalité sont des institutions artificielles, celles de la bourgeoisie sont des institutions naturelles. Ils ressemblent en ceci aux théologiens, qui eux aussi établissent deux sortes de religion. Toute religion qui n'est pas la leur est une invention des hommes, tandis que leur propre religion est une émanation de dieu. – Ainsi il y a eu de l'histoire, mais il n'y en a plus.« (*Karl Marx: ›Misère de la Philosophie. Réponse à la Philosophie de la Misère par M. Proudhon. 1847*‹, p. 113.) Wahrhaft drollig ist Herr *Bastiat,* der sich einbildet, die alten Griechen und Römer hätten nur von *Raub* gelebt. Wenn man aber viele Jahrhunderte durch von Raub lebt, muß doch beständig etwas zu rauben da sein oder der *Gegenstand* des Raubes sich fortwährend reproduzieren. Es scheint daher, daß auch Griechen und Römer einen Produktionsprozeß hatten, also eine Oekonomie, welche ganz so die materielle Grundlage ihrer Welt bildete, wie die bürgerliche Oekonomie die der heutigen Welt. Oder meint Bastiat etwa, daß eine Produktionsweise, die auf der *Sklavenarbeit* beruht, auf einem *Raubsystem* ruht? Er stellt sich dann auf gefährlichen Boden. Wenn ein Denkriese wie *Aristoteles* in seiner Würdigung der *Sklavenarbeit* irrte, warum sollte ein Zwergökonom, wie *Bastiat,* in seiner Würdigung der *Lohnarbeit* richtig gehn? – Ich ergreife diese Gelegenheit, um einen Einwand, der mir beim Erscheinen meiner Schrift ›*Zur Kritik der Pol. Oekonomie. 1859*‹ von einem deutsch-amerikanischen Blatte gemacht wurde, kurz abzuweisen. Es sagte, meine Ansicht, daß die bestimmte Produktionsweise und die ihr jedesmal entsprechenden Produktionsverhältnisse, kurz »die ökonomische Struktur der Gesellschaft die reale Basis sei, worauf sich ein juristischer und politischer Überbau erhebe, und welcher bestimmte gesellschaftliche Bewußtseinsformen entsprächen«, daß »die Produktionsweise des materiellen Lebens den sozialen, politischen und geistigen Lebensprozeß überhaupt bedinge« – alles dies sei zwar richtig für die heutige Welt, wo die materiellen Interessen, aber nicht für das Mittelalter, wo der Katholizismus, und für Athen und Rom, wo die Politik herrschten. Zunächst ist es befremdlich, daß Jemand vorauszusetzen beliebt, diese weltbekannten Redensarten über Mittelalter und antike Welt seien irgend Jemand unbekannt geblieben. So viel ist klar, daß das Mittelalter nicht vom Katholizismus und die antike Welt nicht von der Politik

leben konnten. Die Art und Weise, wie sie ihr Leben gewannen, erklärt umgekehrt, warum dort die Politik, hier der Katholizismus ihre Rollen spielten. Es gehört übrigens wenig Bekanntschaft z. B. mit der Geschichte der römischen Republik dazu, um zu wissen, daß die Geschichte des Grundeigenthums ihre Geheimgeschichte bildet. Andererseits hat schon Don Quixote den Irrtum gebüßt, daß er die fahrende Ritterschaft mit allen ökonomischen Formen der Gesellschaft gleich verträglich wähnte.

29 »*Value is a property of things,* riches of man. Value, in this sense, necessarily implies exchanges, riches do not.« ›*Observations on some verbal Disputes in Pol. Econ., particularly relating to value and to offer and demand. Lond. 1821*‹, p. 16.

30 »Riches are the attribute of man, value is the attribute of commodities. A man or a community is rich, a pearl or a diamond is valuable ... A pearl or a diamond *is valuable as a pearl or diamond.« S. Bailey* l. c. p. 165.

31 Der Verfasser der ›*Observations*‹ und *S. Bailey* beschuldigen Ricardo, er habe den Tauschwert aus einem *nur Relativen* in etwas *Absolutes* verwandelt. Umgekehrt. Er hat die *Scheinrelativität,* die diese Dinge, Diamant und Perlen z. B., als Tauschwerte besitzen, auf das hinter dem Schein verborgene wahre *Verhältnis* reduziert, auf ihre Relativität als bloße Ausdrücke menschlicher Arbeit. Wenn die Ricardianer dem Bailey grob, aber nicht schlagend antworteten, so nur weil sie bei Ricardo selbst keinen Aufschluß über den inneren Zusammenhang zwischen *Wert* und *Tauschwert* fanden.

KARL MARX: AUS DEN EXZERPTHEFTEN

1 *Der ganze Marxsche Text ist satz- bzw. absatzweise mit Farb- oder Bleistift vertikal durchgestrichen*

2 zufällig *nachträglich über* periodisch *geschrieben*

3 als *gestr.* er reicher an diesem

4 1) *gestr.* Die Menschen Waren des einen

5 die *gestr.* Mensche

6 *zwei aufeinanderfolgende Seiten des Ms. sind irrtümlich mit XXV bezeichnet*

7 Konkurrenz *nachträglich über* Nachfrage *geschrieben*

8 wie ... Metallen *nachträglich eingefügt*

9 ist *gestr.* die normal

10 nationalökonomische *gestr.* Schätzung

11 oder ... sieht; *nachträglich hinzugefügt*

12 und Gattungsgeist *nachträglich eingefügt*

13 Nichts, *gestr.* daß seine Konsumtion als die Konsumtion erscheint

14 er ... Schöpfung *korr. aus* seine Schöpfung als sein Schöpfer

15 Gemeinwesen *korr. aus* Gemeintätigkeit

16 wie ... bezieht *nachträglich eingefügt*

17 *Vor* Die gesellschaftliche Beziehung *gestr.* Der Tausch oder der Tauschhandel ist als[o]

18 von ... weggeraten *korr. aus* an einen andern Besitzer geraten

19 und ... ist *nachträglich am oberen Rand der Seite hinzugefügt*

20 als *gestr.* Äquivalent
21 seine *gestr.* Spitze
22 wird als *gestr.* Erwerbs
23 und Zufälligkeit *nachträglich eingefügt*
24 er *gestr.* arbeitet
25 Macht *gestr.* die Not, als der
26 *Vor* Wie der wechselseitige Austausch *gestr.* Die wechselseitige Tätigkeit, Austa[usch]
27 Keim *nachträglich über* Form *geschrieben*
28 *Vor* Ich habe *gestr.* Im Austausch
29 *Ms. beschädigt*
30 ein ... habe, *nachträglich hinzugefügt*
31 Bedürfnis *Ms.* Bedürfnisse
32 die ... Gestalt *nachträglich eingefügt*
33 Ausdruck *gestr.* des wechsel[seitigen]
34 zu *gestr.* genießen
35 wahres *gestr.* Leben

Literaturverzeichnis

I. LEXIKON

Marx-Lexikon zur politischen Ökonomie. Hrsg. von Samezo Kuruma. 15 Bde. Tokyo 1968–1985.

II. KARL MARX UND FRIEDRICH ENGELS: ÖKONOMISCHE SCHRIFTEN

F. ENGELS, *Einführungen in ›Das Kapital‹ von Karl Marx,* Berlin 1967.
K. MARX, *Das Kapital.* 3 Bde. Neudruck: Frankfurt/M. 1967.
K. MARX, *Grundrisse der Kritik der politischen Ökonomie* (Rohentwurf). Frankfurt/M. 1967.
K. MARX, *Theorien über den Mehrwert.* Neudruck: Frankfurt/M. 1968.
K. MARX, *Zur Kritik der politischen Ökonomie.* Neudruck: Berlin 1967.

III. SEKUNDÄRLITERATUR

1. ZUR ERSTEN EINFÜHRUNG

O. BAUER, *Einführung in die Volkswirtschaftslehre.* Wien 1956.
E. MÄRZ, *Die Marxsche Wirtschaftslehre im Widerstreit der Meinungen – Ist sie heute noch gültig?* Wien 1959.
E. MANDEL, *Einführung in die marxistische Wirtschaftstheorie.* Frankfurt/M. 1969.
P. NIKITIN, *Politische Ökonomie – leicht verständlich.* Berlin 1963.
H. SCHÄFER, *Lohn, Preis und Profit heute.* Frankfurt/M. 1969.
W. SCHELLENBERG, *Wie lese ich ›Das Kapital‹?* Frankfurt/M. 1969.
P. M. SWEEZY, *Theorie der kapitalistischen Entwicklung.* Köln 1959.

2. ALLGEMEINE WERKE

L. ALTHUSSER, *Für Marx.* Frankfurt/M. 1968.
L. ALTHUSSER, E. BALIBAR, *Das Kapital lesen.* Reinbek 1972.
W. BECKER, *Kritik der Marxschen Wertlehre.* Hamburg 1972.
H. BRAVERMAN, *Die Arbeit im modernen Produktionsprozeß,* Frankfurt/M., New York 1977.

M. Cogoy, *Wertstruktur und Preisstruktur. Die Bedeutung der linearen Produktionstheorie für die Kritik der politischen Ökonomie.* Frankfurt/M. 1977.

Contre Althusser. (Sammlung von Beiträgen) Paris 1974.

A. Cutler, B. Hindess, P. Hirst, A. Hussain, *Marx's Capital and Capitalism today.* 2 Bde. London 1977, 1978.

R. Dlubek und H. Skambraks, *›Das Kapital‹ von Karl Marx in der deutschen Arbeiterbewegung 1867–78.* Berlin 1967.

M. Dobb, *Der Lohn.* Frankfurt/M. 1970.

U. Erckenbrecht, *Das Geheimnis des Fetischismus. Grundmotive der Marxschen Theorie.* Göttingen 1984.

M. A. Fay, *Der Einfluß von Adam Smith auf Karl Marx' Theorie der Entfremdung.* Frankfurt/M. 1986.

Folgen einer Theorie. Essays über ›Das Kapital‹ von Karl Marx. Frankfurt/M. 1967.

B. Fritsch, *Die Geld- und Kredittheorie von Karl Marx.* Neudruck: Frankfurt/M. 1968.

Gesellschaft. Beiträge zur Marxschen Theorie. Frankfurt/M. 1974ff.

J. M. Gillman, *Das Gesetz des tendenziellen Falls der Profitrate.* Frankfurt/M. 1969.

H. Grossmann, *Marx, die klassische Nationalökonomie und das Problem der Dynamik.* Frankfurt/M. 1969.

R. Güsten, *Die langfristige Tendenz der Profitrate bei K. Marx und J. Robinson.* (Diss.) München 1960.

W. F. Haug, *Vorlesungen zur Einführung ins ›Kapital‹.* Berlin 1985[3].

R. Hilferding, *Böhm-Bawerks Marx-Kritiken.* Neudruck: Frankfurt/M. 1970.

V. L. Holy, *Über die Zeitgebundenheit der Kreislauftheorien von Quesnay, Marx und Keynes.* (Diss.) Basel 1957.

A. M. Jackiw, *Die Entwicklung der modernen Arbeitswerttheorien in England von Petty bis Marx.* (Diss.) München 1948.

W. Jahn, *Die Marxsche Wert- und Mehrwertlehre im Zerrspiegel bürgerlicher Ökonomen.* Berlin 1968.

K. Korsch, *Karl Marx.* Frankfurt/M. 1967.

R. Kronstein, *Die Diskussion um die Arbeitswerttheorie.* Wien 1946.

O. Lange, *Politische Ökonomie.* 2 Bde. Frankfurt/M. 1969.
Zur Kritik:
›Zu einem Versuch, die moderne bürgerliche Ökonomie zu rehabilitieren.‹ In: *Einheit,* 13. Jg. Heft 9. Berlin 1958.

R. Rosdolsky, ›Die neomarxistische Ökonomie‹. In: *Zur Entstehungsgeschichte des Marxschen ›Kapital‹.* Frankfurt/M. 1968.

H. Lehmann, *Grenznutzentheorie – Geschichte und Analyse eines bürgerlichen ökonomischen Lehrsystems.* Berlin 1968.

F. Löwenthal, *Studien zur Kritik des Marxismus.* Hamburg 1948.

E. Mandel, *Entstehung und Entwicklung der ökonomischen Lehre von Karl Marx.* Frankfurt/M. 1968.

E. Mandel, *Marxistische Wirtschaftstheorie.* Frankfurt/M. 1968.
Zur Kritik:
W. Müller, ›Kritische Bemerkungen zum Hauptwerk von E. Mandel‹. In: *Neue Kritik,* 51/52, 1969.

Heininger, Heß, Zieschang, ›Marxistische Wirtschaftstheorie contra Mandel‹. In: *Marxistische Blätter,* 7. Jg. Heft 3.
E. Mandel, *Karl Marx. Die Aktualität seines Werkes.* Frankfurt/M. 1984.
Marx' Methodologie. Neue Hefte für Philosophie, Heft 13. Göttingen 1978. Darin u.a.: E. M. Lange, ›Wertformanalyse, Geldkritik und die Konstruktion des Fetischismus bei Marx‹.
D. McLellan, *Marx's Grundrisse.* London 1973.
G. Mende und E. Lange, *Die philosophische Bedeutung des Kapital.* Berlin 1968.
Mensch und Wirtschaft – Zur Kritik der Auffassung des Menschen in der bürgerlichen politischen Ökonomie. Autorenkollektiv. Berlin 1967.
O. Morf, *Das Verhältnis von Wirtschaftstheorie und Wirtschaftsgeschichte bei Karl Marx.* Neudruck: Frankfurt/M. 1970.
N. Moszkowska, *Zur Dynamik des Spätkapitalismus.* Neudruck: Frankfurt 1970.
C. Napoleoni, *Ricardo und Marx.* Hrsg. von Christina Pennavaja. Frankfurt/M. 1974.
E. Neuthinger, *Marx und Keynes.* (Diss.) Heidelberg 1958.
F. Oelssner, *Die Wirtschaftskrisen.* Berlin 1949.
E. Preobaschenski, *Neue Ökonomie.* Neudruck: Frankfurt/M. 1970.
H. Reichelt, *Zur logischen Struktur des Kapitalbegriffs bei Marx.* Frankfurt/M. 1970.
R. Rosdolsky, *Zur Entstehungsgeschichte des Marxschen ›Kapital‹.* 2 Bde. Frankfurt/M. 1968.
D. I. Rosenberg, *Die Entwicklung der ökonomischen Lehre von Marx und Engels in den vierziger Jahren des 19. Jahrhunderts.* Berlin 1958.
I. I. Rubin, *Zu Marx' Werttheorie.* Neudruck: Frankfurt/M. 1970.
I. I. Rubin, S. A. Bessonow u.a., *Dialektik der Kategorien* (Debatte in der UdSSR 1927–1929). Berlin 1975.
J. Schampel, *Das Warenmärchen. Über den Symbolcharakter der Ware im ›Kapital‹ von Karl Marx.* Königstein 1982.
W. Schmied-Kowarzik, *Die Dialektik der gesellschaftlichen Praxis. Zur Genesis der Kernstruktur der Marxschen Theorie.* Freiburg u. München 1981.
W. Schwarz, *Die Strukturgeschichte des Marxschen Hauptwerkes. Vom ›Rohentwurf‹ zum ›Kapital‹.* Berlin 1978.
P. Sraffa, *Warenproduktion mittels Waren,* Nachwort von B. Schefold, Frankfurt/M. 1976.
W. Tuchscheerer, *Bevor ›Das Kapital‹ entstand.* Berlin 1968.
E. Wettengel, *Die Kritik an der Marxschen Wertlehre.* (Diss.) Leipzig 1948.
W. S. Wygodski, *Die Geschichte einer großen Entdeckung.* Berlin 1967.
J. Zeleny, *Die Wissenschaftslogik bei Marx und ›Das Kapital‹.* Frankfurt/M. 1968.

H. G. BACKHAUS, ›Zur Dialektik der Wertform.‹ In: *Beiträge zur marxistischen Erkenntnistheorie.* Hrsg. v. Alfred Schmidt. Frankfurt/M. 1969.

B. A. BALASSA, ›Karl Marx und John Stuart Mill.‹ In: *Weltwirtschaftliches Archiv.* Hamburg 1959, Bd. 83.

H. BYDEKARKEN, *Die Interpretation der Theorie. David Ricardos als geschlossenes nichtaxiomatisches Gleichgewichtssystem.* Berlin-München 1965.

I. FETSCHER, ›Karl Marx: Das Verhältnis von Frühwerk und »Kapital«‹. In: *Karl Marx und der Marxismus.* München 1967.

H. FRÖLICH, ›Die Reproduktion und Zirkulation des Kapitals.‹ In: *Unter dem Banner des Marxismus.* Jg. VI, Neudruck: Milano 1967.

W. HOFMANN, ›Das Elend der Nationalökonomie.‹ In: Ders., *Universität, Ideologie, Gesellschaft.* Frankfurt/M. 1969.

W. HOFMANN, ›Verelendung.‹ In: *Folgen einer Theorie – Essays über ›Das Kapital‹ von Karl Marx.* Frankfurt/M. 1969.

E. W. ILJENKOW, ›Die Dialektik des Abstrakten und Konkreten in Marx' »Kapital«‹. In: *Beiträge zur marxistischen Erkenntnistheorie.* Hrsg. v. Alfred Schmidt. Frankfurt/M. 1969.

W. JUNG, ›Zur Frage der Anwendungsmöglichkeiten der Marxschen Theorie der Profitrate.‹ In: *Wirtschaftswachstum.* Hrsg. v. R. Schilcher. Berlin (West) 1964.

R. KERSCHLAGL, ›Was kann uns Marx noch sagen?‹ In: *Schmollers Jahrbuch für Gesetzgebung.* Berlin 1960.

S. KLATT, ›Wachstumstheoretische Beziehungen in der Akkumulationstheorie von Karl Marx.‹ In: *Jahrbücher für Nationalökonomie und Statistik.* Stuttgart 1960, Bd. 172.

J. KOCKA, ›Karl Marx und Max Weber – Ein methodologischer Vergleich.‹ In: *Zeitschrift für die gesamte Staatswissenschaft.* Tübingen 1966.

K. KÜHNE, ›Marx und die moderne Nationalökonomie.‹ In: *Die Neue Gesellschaft.* Bielefeld 1955, Heft 1–4.

F. MARBACH, ›Zum Kapitalbegriff von Karl Marx.‹ In: *Gewerkschaftliche Monatshefte.* Köln 1953.

E. T. MOHL, ›Anmerkungen zur Marx-Rezeption.‹ In: *Folgen einer Theorie – Essays über ›Das Kapital‹ von Karl Marx.* Frankfurt/M. 1969.

N. MOSZKOWSKA, ›Das Krisenproblem bei Marx und Keynes.‹ In: *Schmollers Jahrbuch für Gesetzgebung.* Berlin 1959.

N. MOSZKOWSKA, ›Wandlung der Methode und des Erkenntnisobjekts in der Nationalökonomie.‹ In: *Schmollers Jahrbuch für Gesetzgebung.* Berlin 1963.

W. MÜLLER, ›Habermas und die Anwendbarkeit der Arbeitswerttheorie.‹ In: *Sozialistische Politik,* 1. Jg., Nr. 1, Berlin (West) 1969.

H. NANIWODA, ›Smith-Hegel-Marx.‹ In: *Zeitschrift für die gesamte Staatswissenschaft.* Tübingen 1955, Bd. 111.

J. A. NEUBAUER, ›Die Lösung der Marxschen Antinomie: Die Auflösung der Marxschen Theorie.‹ In: *Zeitschrift f. Nationalökonomie.* Wien 1956.

F. OELSSNER, ›Die Wert- und Preistheorie des Sozialfaschismus.‹ In: *Unter dem Banner des Marxismus.* Jg. VI. Neudruck: Milano 1967.

H. Peter, ›Dynamische Theorie bei Marx und Keynes.‹ In: *Jahrbücher für Nationalökonomie und Statistik*. Stuttgart 1950, Bd. 162.

R. Richter, ›Methodologie aus der Sicht des Wirtschaftstheoretikers.‹ In: *Weltwirtschaftliches Archiv*. Hamburg 1963.

I. I. Rubin, ›Alfred Amonn und das Objekt der theoretischen Nationalökonomie.‹ In: *Unter dem Banner des Marxismus*. Jg. III. Neudruck: Milano 1967.

A. Schmidt, ›Zum Erkenntnisbegriff der Kritik der politischen Ökonomie.‹ In: *Kritik der politischen Ökonomie heute – 100 Jahre Kapital*. Frankfurt/M. 1968.

O. v. Zwiedinek-Südenhorst, ›Von der älteren zur neueren Theorie.‹ In: *Sitzungsberichte der Bayer. Akademie der Wissenschaften*. Philos.-histor. Klasse. München 1951.

IV. BEITRÄGE ZUR ANALYSE DES GEGENWÄRTIGEN KAPITALISMUS

1. DIE KLASSISCHEN IMPERIALISMUSTHEORIEN

N. Bucharin, *Der Imperialismus und die Weltwirtschaft*. Neudruck: Frankfurt/M. 1969.

H. Grossmann, *Das Akkumulations- und Zusammenbruchsgesetz des kapitalistischen Systems*. Neudruck: Frankfurt/M. 1968.
Zur Kritik:
E. Varga, ›Akkumulation und Zusammenbruch des Kapitals.‹ In: *Unter dem Banner des Marxismus*. Jg. IV. Neudruck: Milano 1967.

R. Hilferding, *Das Finanzkapital*. Neudruck: Frankfurt/M. 1968.

W. I. Lenin, *Hefte zum Imperialismus*. *Werke* Bd. 39, Berlin 1968.
Zur Kritik:
H. W. Kettenbach, *Lenins Theorie des Imperialismus*. Teil I: Köln 1965.
Zur Interpretation:
F. Kumpf, *Probleme der Dialektik in Lenins Imperialismus-Analyse*. Berlin 1968.

W. I. Lenin, *Der Imperialismus als höchstes Stadium des Kapitalismus*. Neudruck: Berlin 1968.

R. Luxemburg, *Die Akkumulation des Kapitals und Antikritik*. Neudruck: Frankfurt/M. 1969.
Zur Kritik:
N. Bucharin, ›Der Imperialismus und die Akkumulation des Kapitals.‹ In: *Unter dem Banner des Marxismus*. Jg. I. Neudruck: Milano 1967.
J. Robinson, ›Rosa Luxemburgs »Akkumulation des Kapitals«.‹ In: *Über Keynes hinaus*. Wien 1962.
H. Neisser, ›Der ökonomische Imperialismus im Lichte der modernen Theorie.‹ In: *Hamburger Jahrbuch für Wirtschafts- und Gesellschaftspolitik*. 1959.
E. Preiser, ›Der Kapitalexport und die neuere Theorie.‹ In: *Bildung und Verteilung des Volkseinkommens,* Göttingen 1963[3].
R. Rosdolsky, ›Der Streit um die Marxschen Reproduktionsschemata.‹ In: *Zur Entstehungsgeschichte des Marxschen ›Kapital‹*. Frankfurt/M. 1968.

F. STERNBERG, *Der Imperialismus*. Berlin 1926.
Zur Kritik:
H. Grossmann: ›Eine neue Theorie des Imperialismus.‹ In: *Archiv für die Geschichte des Sozialismus und der Arbeiterbewegung*. XIII. Jg. (1928) Neudruck: Graz 1966.
J. Goldstein, ›Fritz Sternbergs »Imperialismus«‹, In: *Unter dem Banner des Marxismus*. Jg. IV. Neudruck: Milano 1967.
E. VARGA, *Die Krise des Kapitalismus und ihre politischen Folgen*. Neudruck: Frankfurt/M. 1969.

2. ZEITGENÖSSISCHE DARSTELLUNGEN

E. ALTVATER, *Die Weltwährungskrise*. Frankfurt/M. 1969.
R. ANDEXEL, *Staatsfinanzen, Rüstung, Krieg*. Berlin 1968.
P. A. BARAN, *Politische Ökonomie des wirtschaftlichen Wachstums*. Neuwied 1966.
P.A. BARAN, *Zur politischen Ökonomie der geplanten Wirtschaft*. Frankfurt/M. 1968.
P.A. BARAN UND P. M. SWEEZY, *Monopolkapital*. Frankfurt/M. 1967.
Zur Kritik:
E. Mandel, ›Die Arbeitswerttheorie und der Monopolkapitalismus.‹ In: *Die Internationale*. Jg. 1, 1968.
Monopolkapital und Werttheorie. Autorenkollektiv. Frankfurt/M. 1969.
A. BÖNISCH, *Wirtschaftsplanung im Kapitalismus*. Berlin 1969.
H. BURG, *Der Staat als Bankier*. Berlin 1968.
M. DOBB, *Organisierter Kapitalismus*. Frankfurt/M. 1968.
A. G. FRANK, *Allianz gegen den Fortschritt – Ökonomie und Politik in Lateinamerika*. Frankfurt/M. 1969.
J. M. GILLMANN, *Prosperität in der Krise*. Frankfurt/M. 1968.
Imperialismus heute. Autorenkollektiv. Berlin 1967[4].
Zur Kritik:
H. Scheler, ›Zu einem Problem der philosophischen Imperialismus-Analyse.‹ In: *Deutsche Zeitschrift für Philosophie,* 14. Jg. Berlin 1966.
K. H. Heise, ›Zu einigen philosophischen Aspekten der Imperialismus-Analyse.‹ In: *Deutsche Zeitschrift für Philosophie,* 14. Jg. Berlin 1966.
E. Albrecht, ›Staatsmonopolistische Regulierung und bewußte Ausnutzung ökonomischer Gesetze.‹ In: *Deutsche Zeitschrift für Philosophie,* 14. Jg. Berlin 1966.
P. JALÉE, *Die Ausbeutung der Dritten Welt*. Frankfurt/M. 1968.
P. JALÉE, *Die Dritte Welt in der Weltwirtschaft*. Frankfurt/M. 1969.
F. JÁNOSSY, *Das Ende der Wirtschaftswunder: Erscheinung und Wesen der wirtschaftlichen Entwicklung*. Frankfurt/M. 1969.
R. KATZENSTEIN, *Die Investitionen und ihre Bewegungen im staatsmonopolistischen Kapitalismus*. Berlin 1967.
J. KÜNTZEL, *Der Dollar-Imperialismus,* Neuwied 1968.
FR. LENZ, *Weltwirtschaft im Umbruch*. Velbert und Kettwig 1964.

P. Mattick, *Kritik an Herbert Marcuse.* Frankfurt/M. 1969.
L. A. Mendelson, ›Wirtschaftskrisen und Wirtschaftszyklen nach dem zweiten Weltkrieg.‹ In: *Konjunktur, Krise, Krieg.* Berlin 1959.
K. O. Müller, *Die bürgerliche Kreislauftheorie.* Berlin 1968.
K. Neelsen, *Das konstante fixe Kapital und die Zyklität des Krisenzyklus.* Berlin 1961.
J. Robinson, *Kleine Schriften zur Ökonomie.* Frankfurt/M. 1969.
P. Sraffa, *Warenproduktion mittels Waren.* Berlin 1968.
P. M. Sweezy, *Die Zukunft des Kapitalismus und andere Aufsätze zur politischen Ökonomie.* Frankfurt/M. 1970.
Theoretische Probleme des ökonomischen Wachstums im Sozialismus und Kapitalismus. 3 Bde. Autorenkollektiv. Berlin 1969.
Zur Theorie des staatsmonopolistischen Kapitalismus. Autorenkollektiv. Berlin 1967.

3. Weiterführende Arbeiten

Publikationen der Deutschen Akademie der Wissenschaften zu Berlin – Institut für Wirtschaftswissenschaften

a. Konjunktur und Krise

A. Bönisch, ›Die Bedeutung der mittel- und langfristigen Wirtschaftsprognosen für die Wachstums- und Strukturpolitik im modernen Kapitalismus.‹ 10. Jg. 1966.
R. Gündel, ›Dynamik und Widersprüche des Prozesses der Internationalisierung des Wirtschaftslebens im kapitalistischen System.‹ 10. Jg. 1966.
H. D. Kühne, ›Die akute Krise des spätkapitalistischen Währungssystems und ihre künftige Entwicklung.‹ 12. Jg. 1968.
H. D. Kühne, ›Die Kritik am Gold-Devisen-Standard und die Perspektiven einer Reformierung der gegenwärtigen Organisation des internationalen Währungssystems im staatsmonopolistischen Kapitalismus.‹ 11. Jg. 1967.
H. D. Kühne, ›Möglichkeiten und Grenzen staatsmonopolistischer Liquiditätsregulierungen im Rahmen der internationalen währungspolitischen Kooperation.‹ 10. Jg. 1966.
H. D. Kühne, ›Währungspolitik und Reproduktionsprozeß im staatsmonopolistischen Kapitalismus.‹ 9. Jg. 1965.
H. D. Kühne, ›Zur Theorie und Praxis monetärer Analysen als Funktionsbestandteil der staatsmonopolistischen Geldmengenregulierung.‹ 11. Jg. 1967.
K. O. Müller, ›Wirtschaftspolitische Ableitungen aus der modernen bürgerlichen kreislauftheoretischen Forschung zur Regulierung des gesell. Reproduktionsprozesses im staatsmonopolistischen Kapitalismus.‹ 10. Jg. 1966.
K. Nehls, ›Thesen zum Problem des relativen Kapitalüberschusses im staatsmonopolistischen Kapitalismus.‹ 11. Jg. 1967.
K. Nehls, ›Zum Problem des Wirkungsmechanismus des staatsmonopolistischen Kapitalismus – dargestellt am Beispiel der ökonomischen Beziehungen der imperialistischen Länder zu den Entwicklungsländern.‹ 8. Jg. 1964.

H. Riedel, ›Zur Funktion des staatsmonopolistischen Finanzsystems.‹ 11. Jg. 1967.
W. Rymalow, ›Neue Erscheinungen im Kapitalexport.‹ 9. Jg. 1965.
F. Rzesnitzek, ›Zur Rolle des Staatshaushalts und der Zentralbank im staatsmonopolistischen Kapitalismus.‹ 9. Jg. 1965.
H. Wagner, ›Die Rationalität ökonomischer Kategorien und das Problem der Wertmodifikation.‹ 11. Jg. 1967.

b. Wirtschaftswissenschaftliche Informationen

M. Godlier, ›Marginalistische und marxistische Wert- und Preistheorie.‹ Heft 43/44.
A. Mileikowski, ›Die bürgerliche Wirtschaftswissenschaft und die Versuche einer Regulierung der kapitalistischen Weltwirtschaft.‹ Heft 43/44.
B. Minc, ›Über die moderne bürgerliche Geldtheorie.‹ Heft 43/44.
T. Waltscheff, ›Neue Momente in Theorie und Praxis des Diskontsatzes.‹ Heft 41/42.

Publikationen des Deutschen Wirtschaftsinstituts Berlin

a. DWI-Berichte

›Die Legende von der Lohn-Preis-Spirale.‹ 1957, Nr. 18.
›Die Inflation im Dienste des westdeutschen Monopolkapitals.‹ 1960, Nr. 7.
›Der Staat der westdeutschen Monopolherren und »Umverteiler« von Kaufkraft.‹ 1962, Nr. 7.
›Labile Währungen und wachsende Widersprüche im westdeutschen Imperialismus 1964.‹ 1965, Nr. 1.
›Technischer Fortschritt und Hemmung der Produktivkräfte in den USA.‹ 1965, Nr. 19.
›Ein halbes Jahrhundert imperialistischer deutscher Staatshaushalt.‹ 1966, Nr. 9.
›Die staatsmonopolistische Umgestaltung der Staatsfinanzen.‹ 1968, Nr. 4.
›Konzentration und Zentralisation des Kapitals in Westdeutschland im Jahre 1968.‹ Juni 1969.

b. DWI-Forschungshefte

›Technische Revolution, Freisetzung und Vollbeschäftigung im Kapitalismus.‹ Heft 6/1966.
›Ökonomie und Politik einer Krise.‹ Heft 2/1968.
›Staat-Monopole-Wirtschaftsregulierung.‹ Heft 1/1969.

Wirtschaftswissenschaft

R. P. Arnot, ›D. Ricardo.‹ 1954/Heft 2. ›Noch einmal über Ricardo.‹ 1954/Heft 2.
F. Behrens, ›Brauchen wir eine sozialistische Theorie vom »natürlichen Zins«?‹ 1966/Heft 10.

M. Dobb, ›Die neuere Entwicklung der Wirtschaftstheorie in England und Amerika.‹ 1955/Heft 6.

P. Khalathari, ›Die Anwendung der Reproduktionsmodelle von Marx auf die Entwicklungsländer.‹ 1967/Heft 8.

D. Klein, ›Über die inneren Widersprüche des modernen Imperialismus.‹ 1967/Heft 6.

O. Lendle, ›Zur marxistischen Widerlegung der Quantitätstheorie des Geldes.‹ 1955/Heft 4.

E. Maier, ›Probleme des Wertes und der Währung.‹ 1966/Heft 9.

Th. Vladigeroff, ›Das ökonomische Grundgesetz des modernen Kapitalismus und die Durchschnittsprofitrate.‹ 1955/Heft 2.

H. Wagner, ›Bericht über die Konferenz »Die Widersprüche des kapitalistischen Systems«‹. 1967/Heft 9.

Marxistische Studien

Jahrbuch des Instituts für marxistische Studien und Forschungen (IMSF). Frankfurt/M. 1978ff., insbes. Bd. 11 u. 12 (Krisentheorien, Entwicklung der politischen Ökonomie).

Quellenverzeichnis

Friedrich Engels, *Umrisse zu einer Kritik der Nationalökonomie.* Geschrieben Ende 1843 – Januar 1844. ›Deutsch-französische Jahrbücher‹, Paris 1844. Nach: Karl Marx – Friedrich Engels, Werke Band 1, S. 499–524, Berlin (Dietz Verlag) 1964.

Karl Marx, *Ökonomisch-philosophische Manuskripte (1844).* Marx-Engels Gesamtausgabe Erste Abteilung, Band 3, S. 39–149, Berlin 1932.

Karl Marx, *Formen, die der Kapitalistischen Produktion vorhergehen.* Karl Marx, Grundrisse der Kritik der politischen Ökonomie, S. 375–413, Berlin (Dietz Verlag) 1953.

Karl Marx, *Lohn, Preis, Profit (1865).* Karl Marx – Friedrich Engels, Werke Band 16, S. 103–152, Berlin (Dietz Verlag) 1964.

Karl Marx, *Ware und Geld* (Das Kapital, 1. Auflage 1867, 1. Buch, Kapitel 1). Karl Marx, Das Kapital Band 1, Hamburg 1867.

Karl Marx, *Aus den Exzerptheften: die entfremdete und die unentfremdete Gesellschaft, Geld, Kredit und Menschlichkeit.* Marx-Engels Gesamtausgabe Erste Abteilung, Band 3, S. 530–547, Berlin 1932.

Philosophie

Jean Le Rond D'Alembert
Einleitung zur 'Enzyklopädie'
Herausgegeben und mit einem Essay von Günther Mensching
Band 6580

Jean Le Rond D'Alembert
Denis Diderot u.a.
Enzyklopädie
Eine Auswahl
Herausgegeben von Günther Berger
Band 6584

Francis Bacon
Weisheit der Alten
Herausgegeben und mit einem Essay von Philipp Rippel
Band 6588

Ernst Cassirer,
Jean Starobinski,
Robert Darnton
Drei Vorschläge, Rousseau zu lesen
Band 6569

René Descartes
Ausgewählte Schriften
Herausgegeben von Ivo Frenzel
Band 6549

Denis Diderot
Über die Natur
Herausgegeben und mit einem Essay von Jochen Köhler
Band 6583

Hans-Georg Gadamer (Hg.)
Philosophisches Lesebuch
3 Bände: 6576/6577/6578

Jens Heise
Traumdiskurse
Die Träume der Philosophie und die Psychologie des Traums
Band 6585

Max Horkheimer
Gesellschaft im Übergang
Aufsätze, Reden und Vorträge 1942-1970. Herausgegeben von Werner Brede
Band 6545

Sozialphilosophische Studien
Aufsätze, Reden und Vorträge 1930-1972. Herausgegeben von Werner Brede
Band 6540

Zur Kritik der instrumentellen Vernunft
Band 7355